游戏设计专业“十二五”规划教材

传统民间游戏

高金燕 编著

中国传媒大学出版社
·北京·

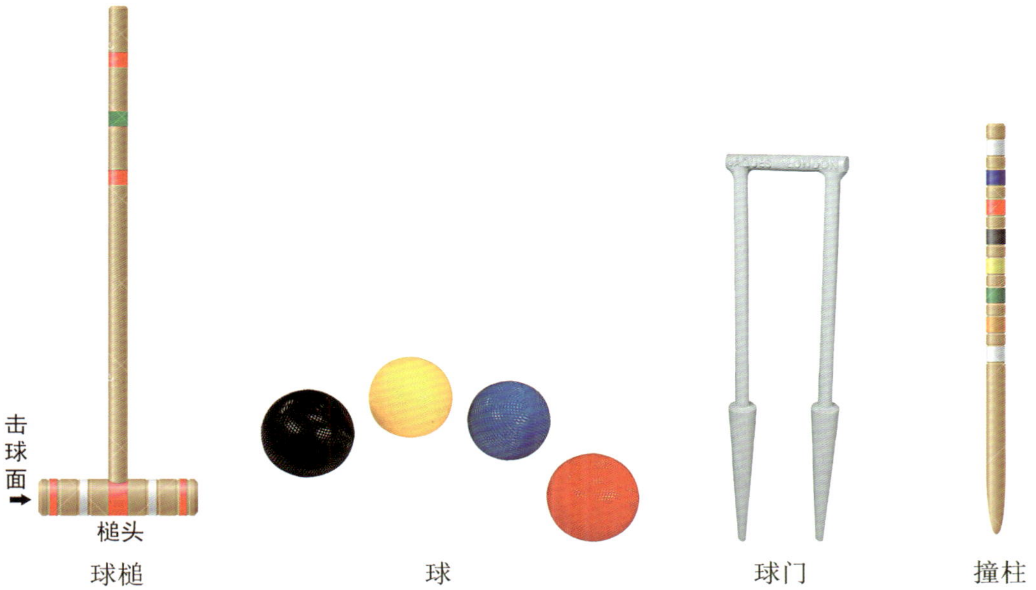

图 2-20　现代槌球球具 (彩图 1)

图 2-22　地掷球球具 (彩图 2)

图 4-7　两种不同底座样式的现代投环游戏 (彩图 3)

图 5-10　西洋双陆棋中不同色彩的圆形棋子造型 (彩图 4)

图 5-12　六博棋子 (彩图 5)

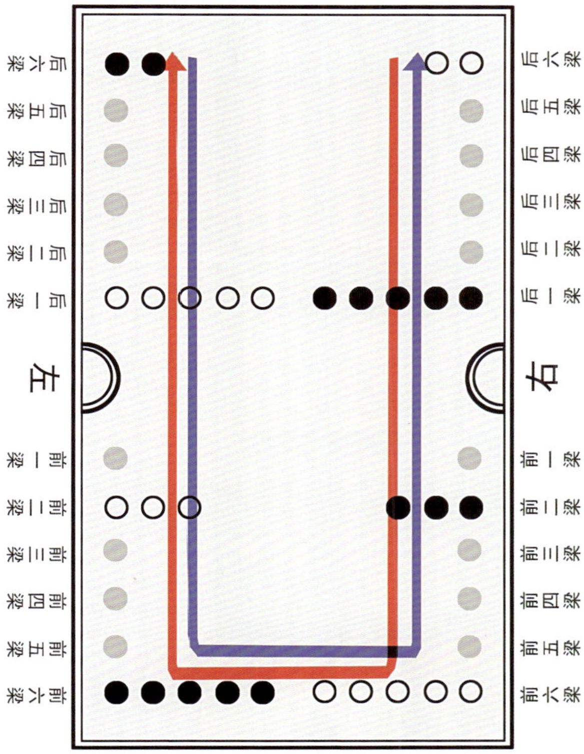

图 5-24　双陆棋盘、棋位及开局布子示意图（彩图 6）

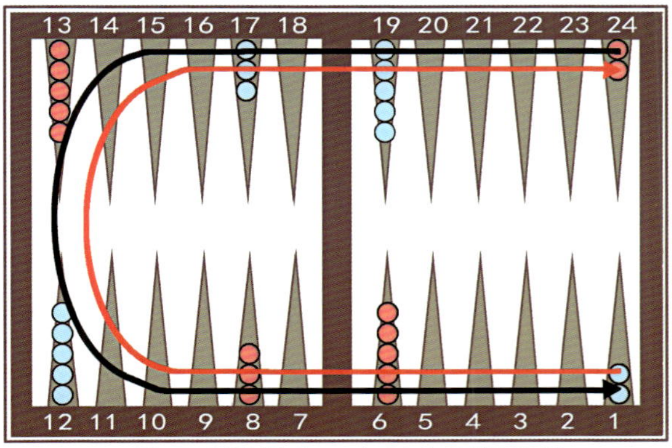

西洋双陆棋棋盘、布子和行棋路线

图 5-29　西洋双陆棋棋盘、棋位以及行棋路线（彩图 7）

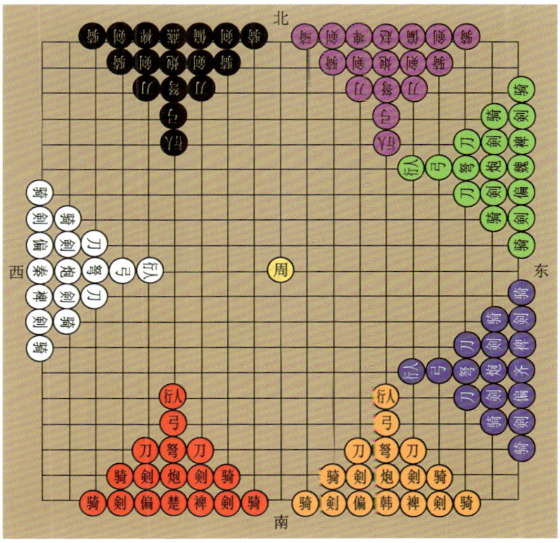

图 5-30　七国象棋棋盘及棋子布局（彩图 8）

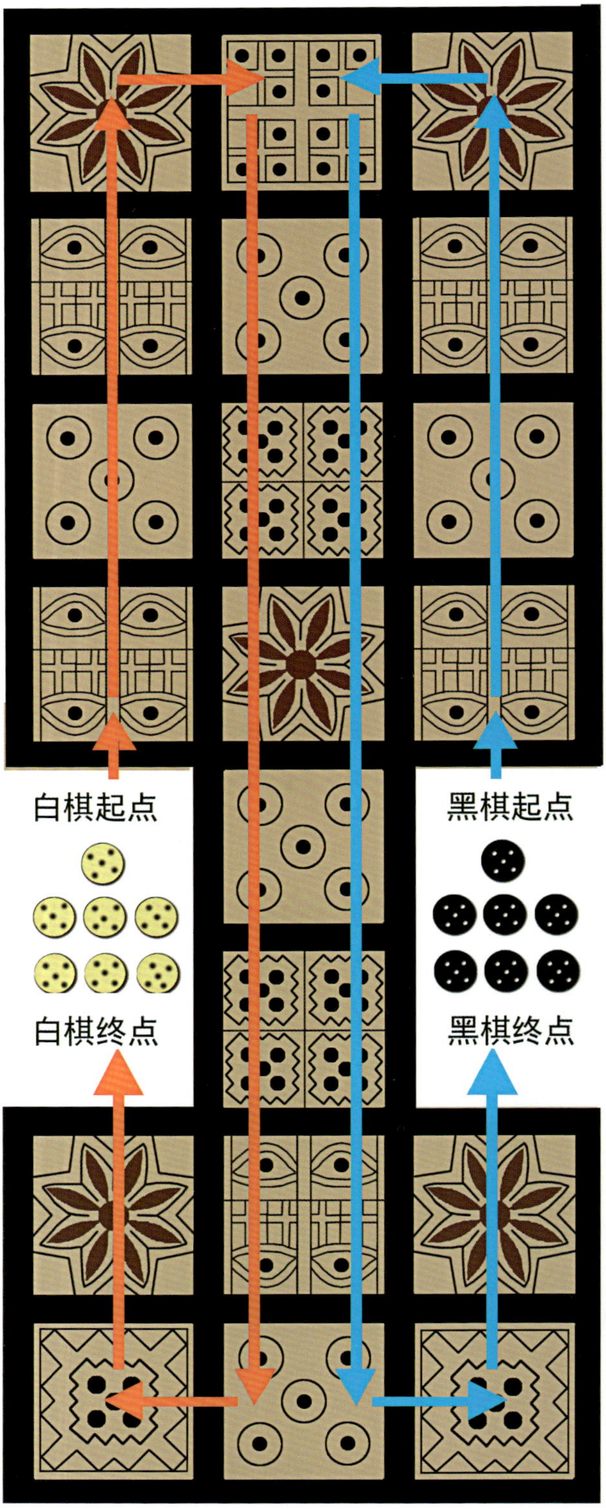

图 5-44　乌尔王朝棋行棋路线示意图（彩图 9）

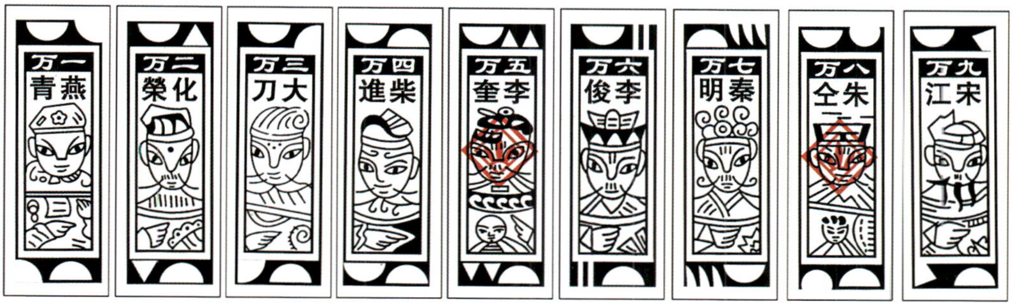

图 6-2　山东曹州老人牌中的水浒人物 (彩图 10)

图 6-3　江苏老人牌中的水浒人物 (彩图 11)

图 6-4　湖北老人牌中的水浒人物 (彩图 12)

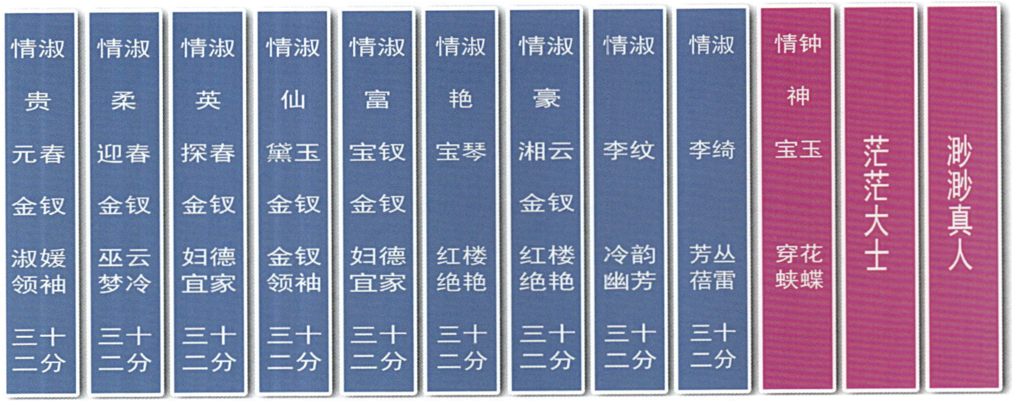

图 6-8　百子及情淑(彩图 13)

图 6-9　情贞、情义、情慧、情傲(彩图 14)

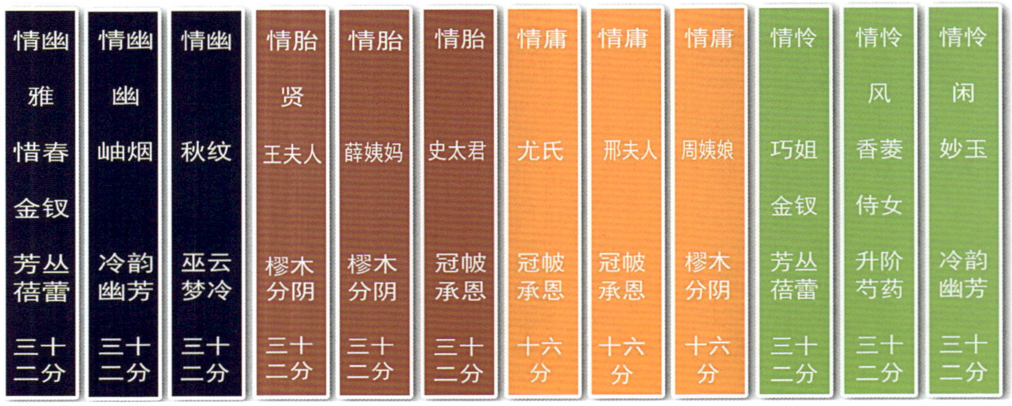

图 6-10　情幽、情胎、情庸、情怜(彩图 15)

九万	八万	七万	六万	五万	四万	三万	二万	一万
上：花卉 下：雷横	上：吴用 下：阮小七	上：朱仝 下：秦明	上：史进 下：孙立	上：何仙姑 下：李俊	上：鲁智深 下：柴进	上：关胜 下：李逵	上：蓝采和 下：杨志	上：扈三娘 下：燕青

图 6–17　南通长牌万字牌（彩图 16）

九饼	八饼	七饼	六饼	五饼	四饼	三饼	二饼	一饼
麒麟送子	刘海儿	河蚌精	乌龟精	孙悟空	唐僧	猪八戒	铁拐李	沙和尚

图 6–18　南通长牌饼子牌（彩图 17）

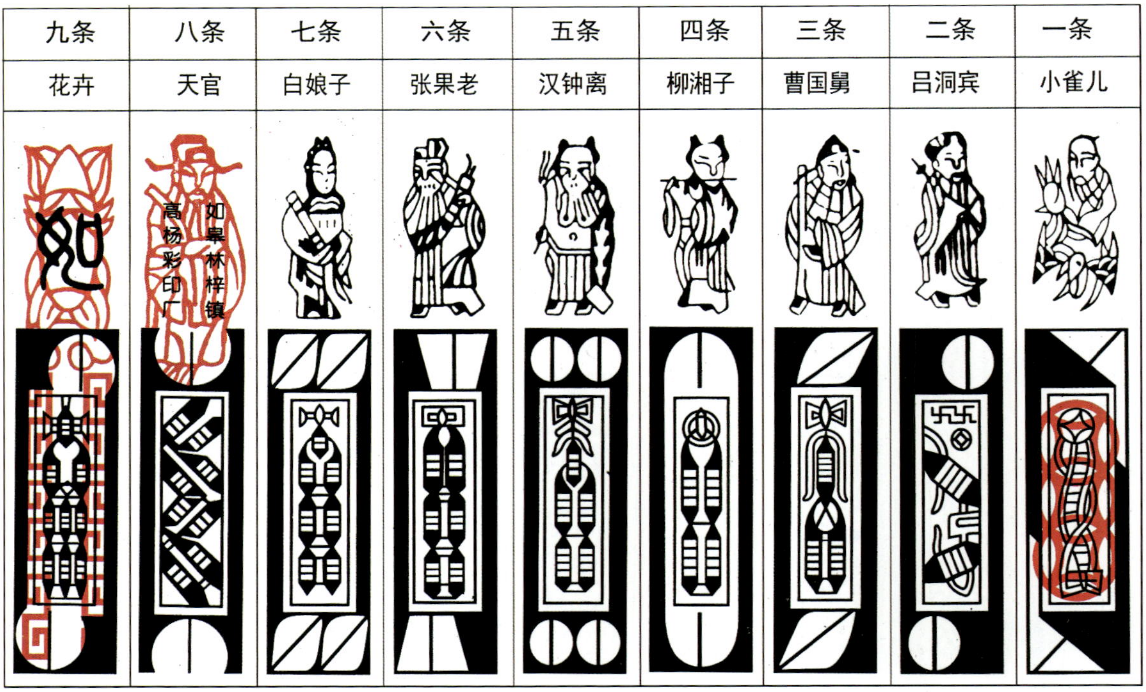

图 6–19　南通长牌条子牌（彩图 18）

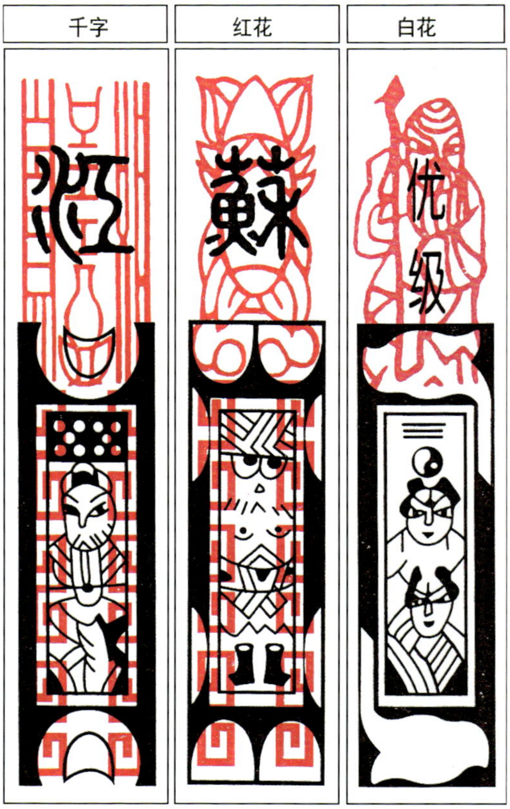

图 6–20　南通长牌中的将牌（彩图 19）

图 6–22　六虎牌牌面 (彩图 20)

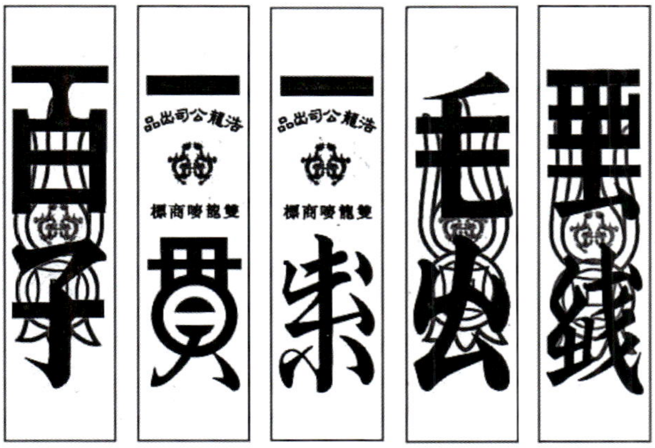

图 6–23　五虎下山 (彩图 21)

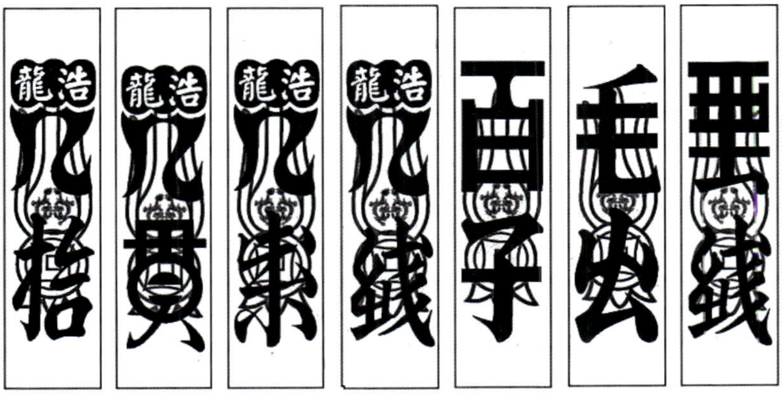

图 6–24　老岁牌

(彩图 22)

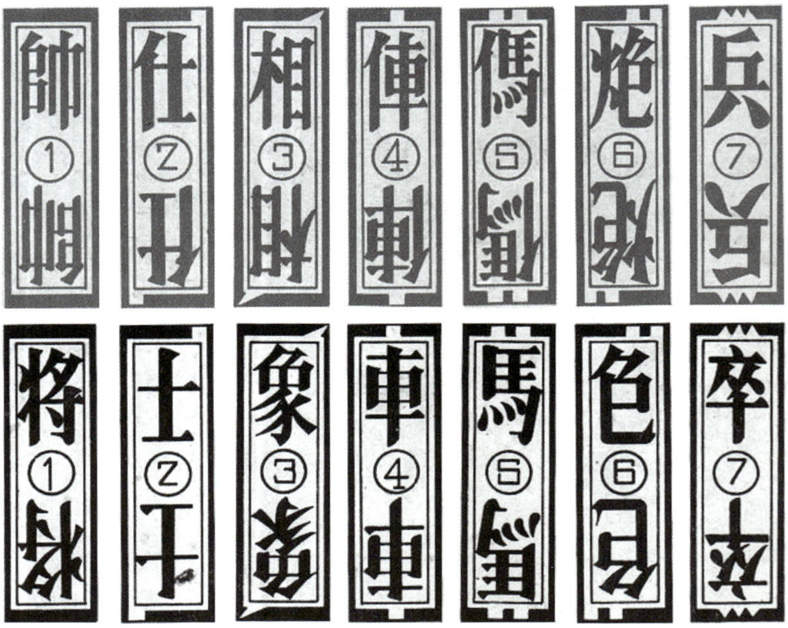

图 6–25 福建、广东、台湾流行的象棋牌（彩图 23）

图 6–26 越南象棋牌（彩图 24）

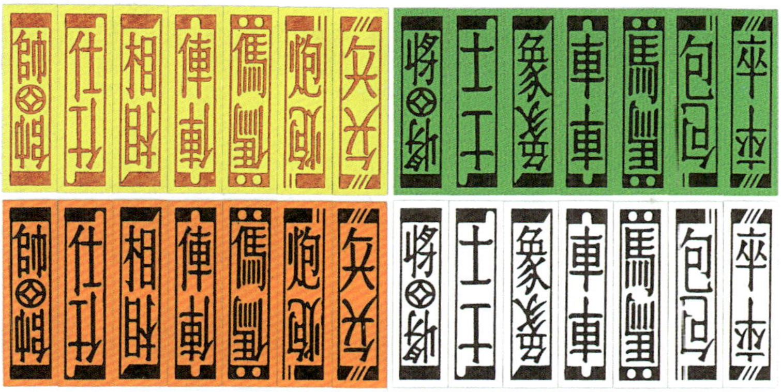

图 6–27　台湾四色番（彩图 25）

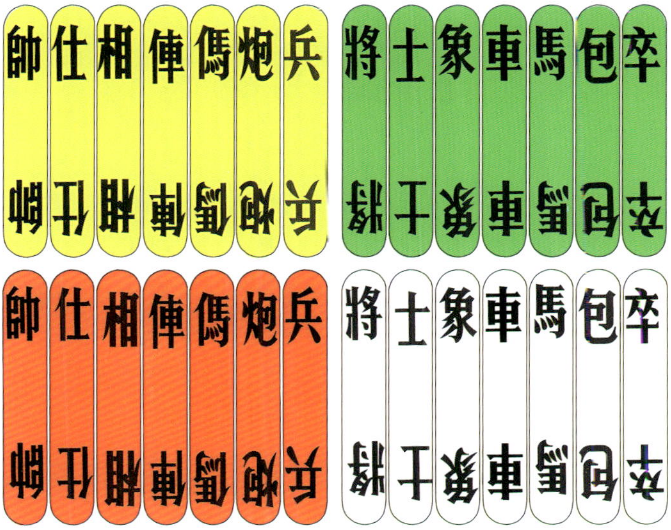

图 6–28　四色牌（彩图 26）

图 6–29　福州四色牌中的公、侯、伯、子、男（彩图 27）

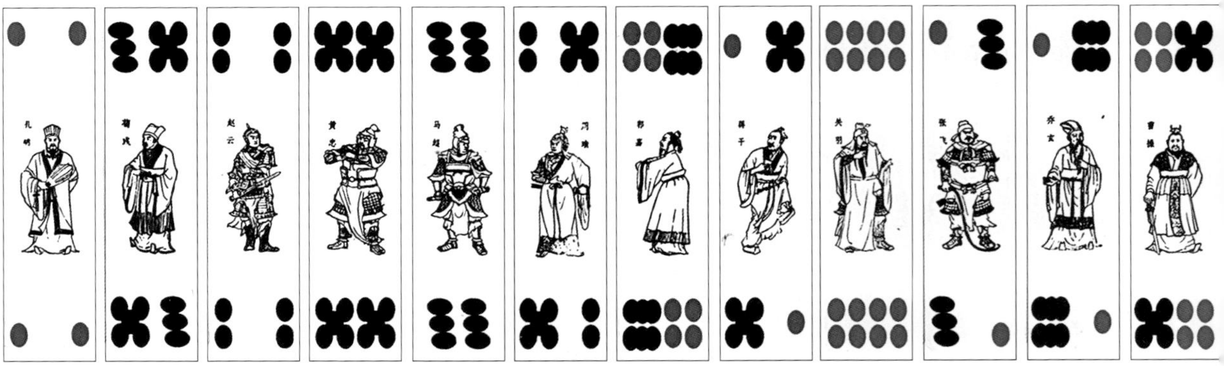

图 6-31　三国人物川牌部分点数牌 (彩图 28)

图 6-32　三国人物川牌 (含文字牌) (彩图 29)

图 6-33　水浒人物川牌部分点数牌 (彩图 30)

图 6–34　水浒人物川牌(含文字牌)(彩图 31)

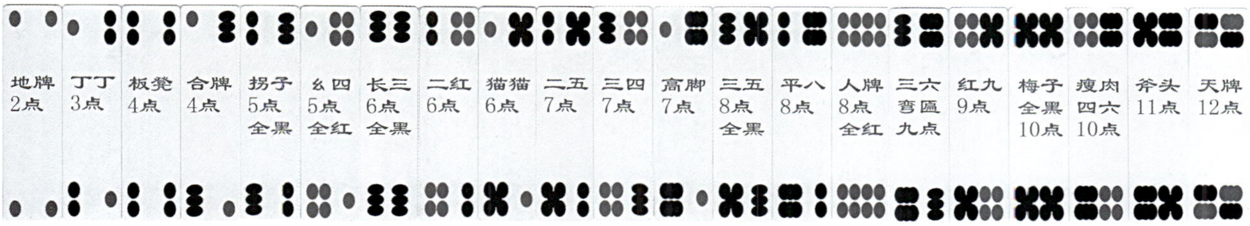

图 6–35　从右至左分别为“12 点”的“天牌”到“2 点”的“地牌”(彩图 32)

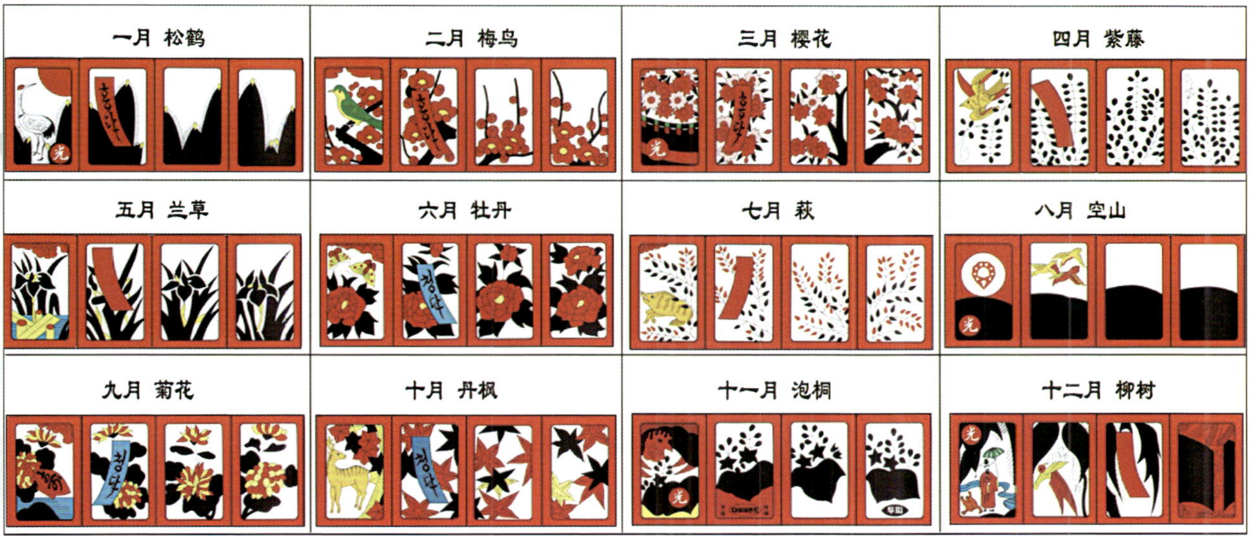

图 6–36　韩国花牌(彩图 33)

图 6-37　带有“光”字的牌 (彩图 34)

图 6-38　带有动物的牌 (彩图 35)

图 6-39　带条状物的牌 (彩图 36)

图 6-40　皮 (彩图 37)

图 6-41　埃及马穆鲁克时期的纸牌 (彩图 38)

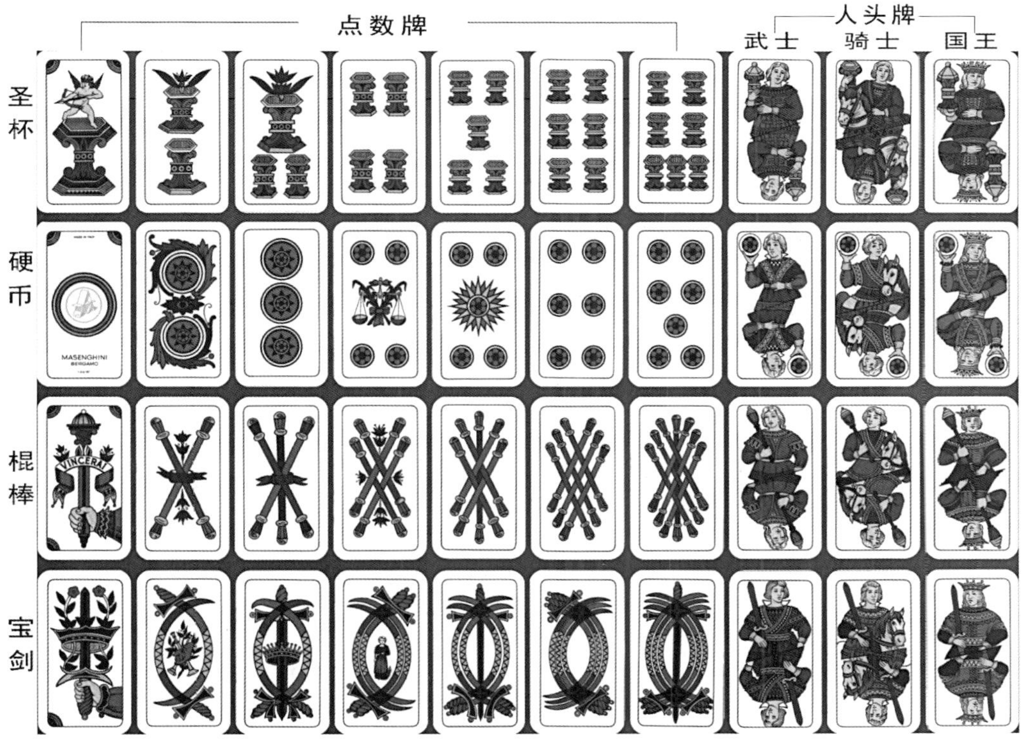

图 6-43　意大利纸牌 (彩图 39)

礼 知 可 仁 作 佳 子 九 八 生 小 尔 士 十 七 千 三 化 己 乙 孔 人 大 上

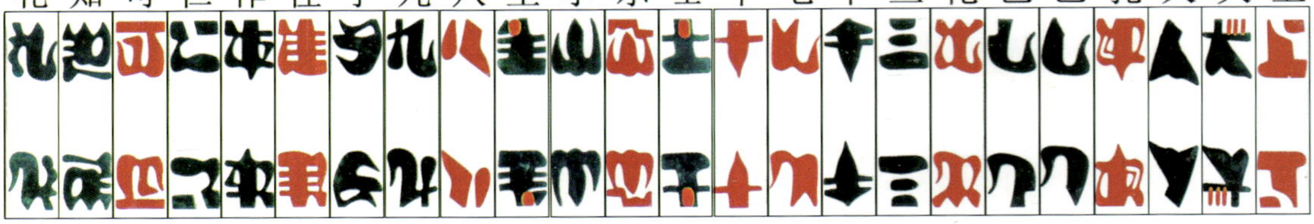

图 6-45　24 字的“上大人”牌 (彩图 40)

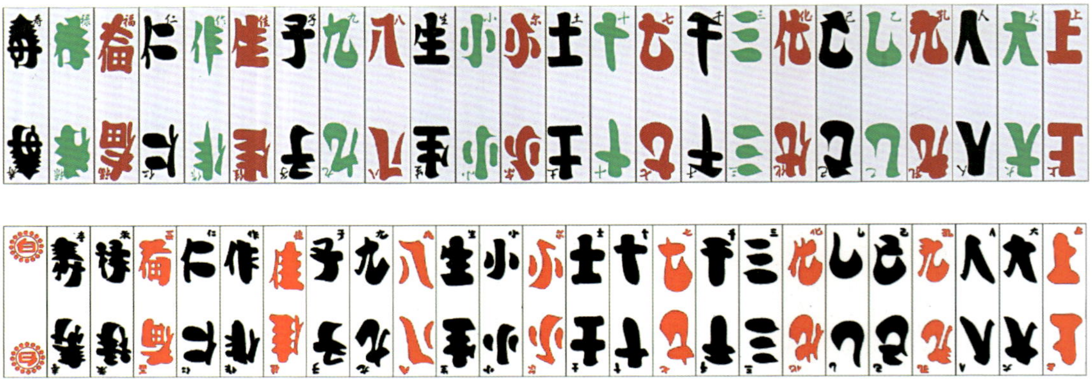

图 6-46　两种不同形式的“福禄寿”牌 (彩图 41)

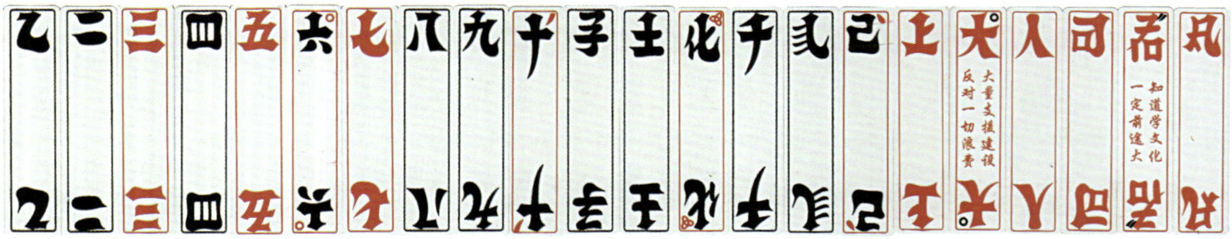

图 6-47　“三五七”牌 (彩图 42)

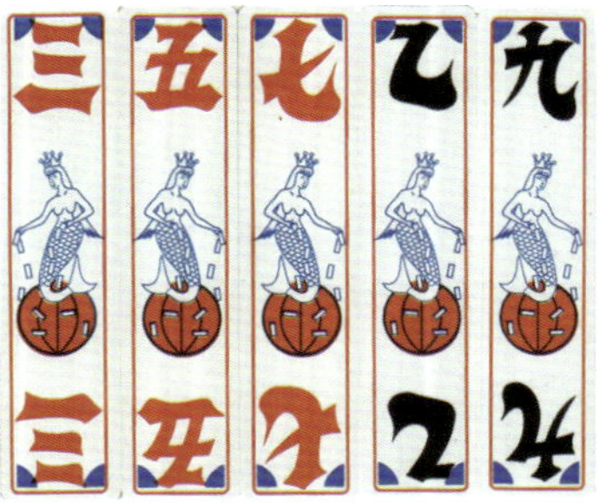

图 6-48　带“花”的乙、三、五、七、九 (彩图 43)

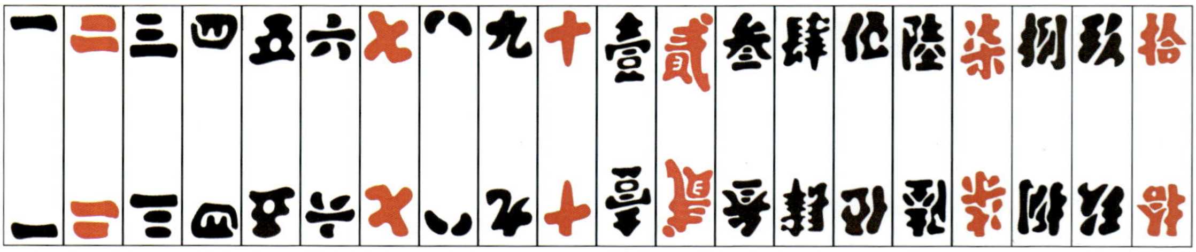

图 6-49　字牌 (彩图 44)

图 7–1　Apples to Apples(彩图 45)

图 7–2　Apples to Apples 的红苹果牌和绿苹果牌 (彩图 46)

图 7–3　4 人玩 “Apples to Apples” (彩图 47)

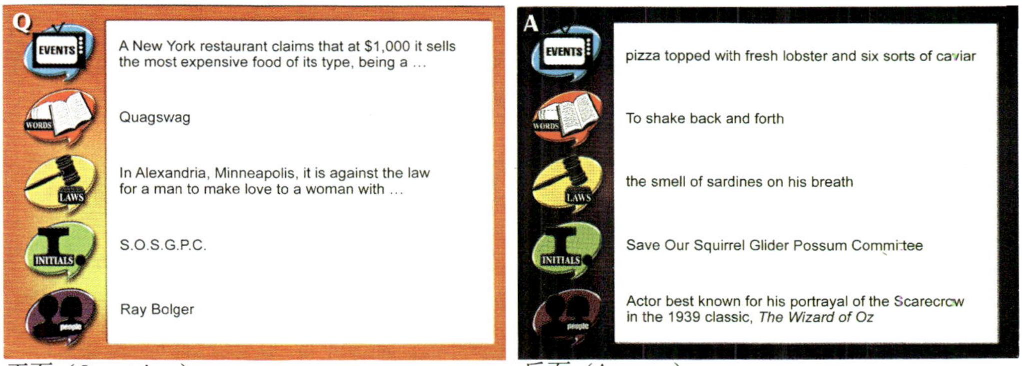

正面（Question）　　反面（Answer）

图 7–4　Balderdash 卡片的正面和反面 (彩图 48)

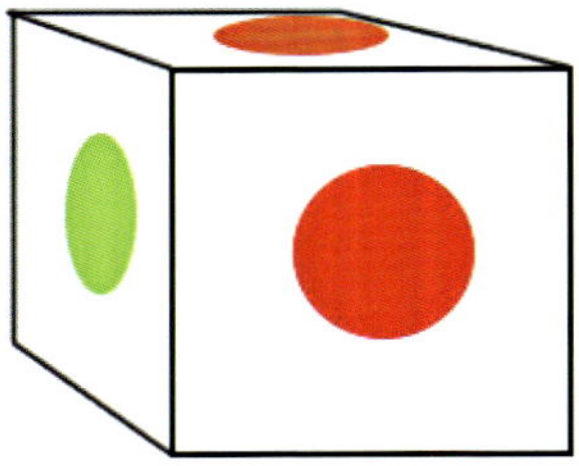

图 7–5　游戏所用颜色骰子
(彩图 49)

图 7–7　香蕉拼字游戏包装袋及字母方块 (彩图 50)

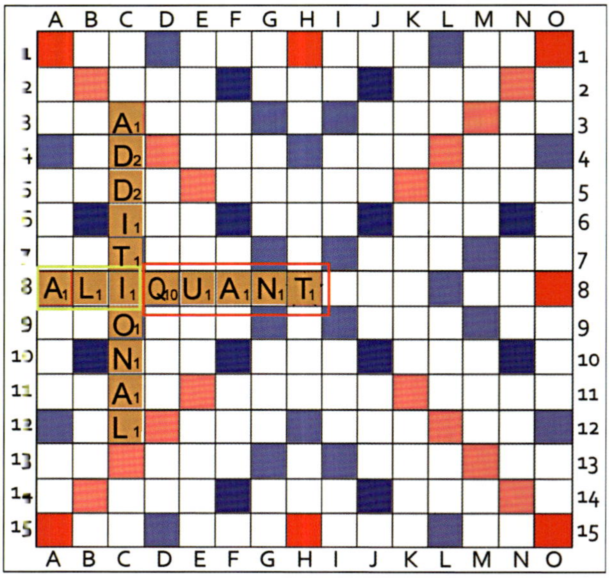

图 7–12　图版拼字游戏 (彩图 51)

图 8–8　葫芦消寒图 (彩图 53)

琴清流楚激弦商秦曲发声悲摧藏音和咏思惟空堂心忧增慕怀惨伤仁

芳廊东步阶西游王姿淑窕窈伯邵南周风兴自后妃荒经离所怀叹嗟智

兰休桃林阴翳桑怀归思广河女卫郑楚樊厉节中闱淫遐旷路伤中情怀

凋翔飞燕巢双鸠土迤逶路遐志咏歌长叹不能奋飞妄清帏房君无家德

茂流泉情水激扬卷颀其人硕兴齐商双发歌我衮衣想华饰容朗镜明圣

熙长君思悲好仇旧蕤葳粲翠荣曜流华观冶容为谁感英曜珠光纷葩虞

阳愁叹发容摧伤乡悲情我感伤情徵宫羽同声相追所多思感谁为荣唐

春方殊离仁君容身苦惟艰生患多殷忧缠情将如何钦苍穹誓终笃志贞

墙禽心滨均深身加怀忧是婴藻文繁虎龙宁自感思岑形荧城荣明庭妙

面伯改汉物日我兼思何漫漫荣曜华凋旗孜孜伤情幽未犹倾苟难闱显

殊在者之品润乎愁苦艰是丁丽壮观饰容侧君在时岩在炎在不受乱华

意诚感步育浸集悴我生何冤充颜曜绣衣梦想劳形峻慎盛戒义消作重

感故尼飘施愆殃少章时桑诗端无终始诗仁颜贞寒嵯深兴后姬源人荣

故遗亲飘生思愆精徽盛翳风比平始璇情贤丧物岁峨虑渐孽班祸谗章

新旧闻离天罪辜神恨昭感兴作苏心玑明别改知始深徵至嬖女因奸臣

霜废远微地积何遐微业孟鹿丽氏诗图显行华终凋渊察大赵婕所佞贤

冰故离隔德怨因幽元倾宜鸣辞理兴义怨土容始松重远伐氏好恃凶惟

齐君殊乔贵其备旷悼思伤怀日往感年衰念是旧愆涯祸用飞辞恣害圣

洁子我木平根尝远叹永感悲思忧远劳情谁为独居径在昭燕辇极我配

志惟同谁均难苦离戚戚情哀慕岁殊叹时贱女怀叹网防青实汉骄忠英

清新衾阴匀寻辛风知我者谁世异浮奇倾鄙贱何如罗萌青生成盈贞皇

纯贞志一专所当麟沙流颓逝异浮沉华英翳曜潜阳林西昭景薄榆桑伦

望微精感通明神龙驰若然倏逝惟时年殊白日西移光滋愚谗漫顽凶匹

谁云浮寄身轻飞昭亏不盈无倏必盛有衰无日不陂流蒙谦退休孝慈离

思辉光饬粲殊文德离忠体一违心意志殊愤激何施电疑危远家和雍飘

想群离散妾孤遗怀仪容仰俯荣华丽饰身将与谁为逝容节敦贞淑思浮

怀悲哀声殊乖分圣赀何情忧感惟哀志节上通神祗推持所贞记自恭江

所春伤应翔雁归皇辞成者作体不遗葑菲采者无差生从是敬孝为基湘

亲刚柔有女为贱人房幽处已悯微身长路悲旷感生民梁山殊塞隔河津

图 7–15　璇玑图 (彩图 52)

前 言

传统民间游戏是指流传于广大民间、依靠人们口耳相传的游戏活动和行为。传统指它是人们长期以来约定俗成的行为和习惯；民间指它的产生、发展和传播是在民间自发完成的。传统民间游戏内容丰富、形式多样；源于人们早期的生产劳动、军事战争、宗教祭祀等活动，涉及人类行为、心理、习俗、信仰、观念等多种学科和领域，是人类智慧的结晶和产物，是各族人民文化的组成部分。

一直以来，人们对传统民间游戏所蕴含的文化价值认识不足。随着世界各国对非物质文化遗产价值认识的不断提高，越来越多的非物质文化遗产项目不断被发掘和公布，得到世界各国的一致认同和关注，作为非物质文化遗产组成部分的传统民间游戏也不例外。联合国教科文组织在2011年公布的《人类文化遗产代表作名录》《急需保护的非物质文化遗产名录》及《最佳实践项目名册》中，“保护弗兰德斯传统游戏”入选为最佳实践项目①。在我国，《中华人民共和国非物质文化遗产法》第二条规定：“本法所称非物质文化遗产，是指各族人民世代相传并视为其文化遗产组成部分的各种传统文化表现形式，以及与传统文化表现形式相关的实物和场所。包括：(一)传统口头文学以及作为其载体的语言；(二)传统美术、书法、音乐、舞蹈、戏剧、曲艺和杂技；(三)传统技艺、医药和历法；(四)传统礼仪、节庆等民俗；(五)传统体育和游艺；(六)其他非物质文化遗产。”其中，第五项内容就包括传统民间游戏。我国国务院于2006年批准命名的第一批国家级非物质文化遗产名录中，北京市宣武区申报的抖空竹、吉林省延边朝鲜族自治州申报的朝鲜族跳板和秋千、山东省淄博市的蹴鞠分别入选；2008年国务院批准文化部确定的第二批国家级非物质文化遗产名录中，中国围棋、象棋及蒙古族象棋分别入选。这说明，传统民间游戏的价值和意义正在受到世界各国的肯定和关注。

传统民间游戏历史悠久，源远流长，单从我国来看，商周时期就出现了杂技，其中包括不少游戏。在不同历史发展时期，传统民间游戏的形式和内容得到不断完善和发展，并渗透在社会生活的方方面面，与生活、习俗、节气、物候等息息相关，许多游戏寓教于乐、充满智慧，从古代一脉相承流传至今，具有鲜明的民族文化特点。湖北荆州花牌中的汉字书写、麻雀纸牌上的水浒人物、南通长牌中的民间传说故事、历史文献资料中记录的双陆、木射、酒令等游戏形式，从不同角度将我国文化特点、伦理观念等思想通过游戏的方式代代传承，不断发展，形成了独具特

① 王文章．非物质文化遗产概论[M]. 北京：教育科学出版社，2013:415.

色的游戏文化。与此同时，我国传统民间游戏常常集各种功能于一体，在游戏的同时还具有一定的实用功能。如流传广泛的记日游戏“九九消寒图”，集诗、书、画于一体，在记日消寒的同时，记录当地气候变化，并以此为依据，指导农业耕作，预测来年丰歉，体现出我国古人朴素的统计思想和观念。一些传统地方年画，既是年画，又是游戏图，同时还体现出各地艺术风格与印刷特点。如武强的“升官图”，以“德”“才”“功”“赃”为行棋步数的判断依据，将明清官场制度中的各个部门作为棋盘，将不同部门的具体官职作为棋位，折射出仕途观念对我国古代人们生活的影响和渗透。

传统民间游戏是一种社会文化现象，具有全球普遍性。世界范围内的传统民间游戏，既具有共同的“类”特征，也因受不同地区文化影响而具有鲜明的文化性格和文化特征。它是世界各族人民的共同财富，是人类社会文化传承的途径之一。一些古老的游戏器具，如陀螺、骰子、棋盘等在世界不同国家都曾出现过。一些游戏样式和规则在世界范围内也曾广泛流行，如斗鸡、跳绳、摔跤、捉迷藏等。这些游戏形式种类非常接近，局部细节又各具特色，带有鲜明的地域文化特征。

传统民间游戏来自民间，是现实生活中长期存在的游戏，是民族个性、民族审美及行为习惯的体现。传统民间游戏依托于人本身而存在，以身口相传而得以延续，是“活”的文化，也是各种文化形式中比较脆弱的部分。一些游戏需要借助有形的道具才能进行，还有一些游戏仅借助玩家的身体、语言等就可以展开，这些游戏就像不可复制的影像瞬间，随着游戏的结束而消失。

本教材涉及的游戏内容，既包括世界各地比较有代表性的游戏种类，也包括中西方某些相似游戏的对比研究，可以作为游戏专业学生的教科书，拓展学生的人文视野、加深学生对传统文化的认识和了解，也可作为游戏从业人员的参考书，为其在游戏设计和开发过程中提供启发和帮助。传统民间游戏历史久远，流传广泛，内容包罗万象，远非一本小小的教材能够囊括。本教材中涉及的传统民间游戏是笔者多年来搜集观察到的一些具有代表性的中外游戏形式，旨在抛砖引玉，给读者一个新的视角，在中西文化碰撞下能够重新观察和认识传统民间游戏。

由于传统民间游戏内容庞大而复杂，涉及年代久远、地域范围广泛，一些游戏考证困难，加上学识浅陋，书中难免会有许多不足之处，还请各位专家、同行和读者不吝赐教，批评指正。

高金燕

2017年8月

目 录

第一章　传统民间游戏概述

本章要点

1. 游戏及传统民间游戏的定义和特点
2. 传统民间游戏的价值和意义
3. 中国传统民间游戏简史及演变特点

传统民间游戏是人类游戏的具体体现形式，是人类文化的缩影，也是相对于电子游戏而言的游戏样态。它是当今人类非物质文化遗产的组成部分，长期以来发挥着重要的文化传承作用，涉及人类生活的方方面面。一直以来，传统民间游戏将所蕴含的文化内涵以口耳相传的形式传播出去，跨越国界，是人类文化传播、文化融合的最好见证。传统民间游戏是人类智慧的结晶，其中许多游戏虽然历经千年，却依然保持着稳定的游戏形式和独特的游戏规则，是研究人类行为、心理、历史、习俗、信仰、观念等的重要资源。传统民间游戏还是人类文化形式的起源，许多文化形式都是由人类早期的游戏行为经过多年的发展演变而形成的。对传统民间游戏的学习和了解，也是对传统文化的学习和了解。

第一节　游戏和传统民间游戏

一、游戏

游戏是人和动物的本能行为，不仅人类会游戏，一些高等动物也会游戏。《简明不列颠百科全书》对游戏的定义是："动物学术语，指动物在缺乏正常刺激时呈现出的行为，或由正常刺激引起但没有完成全套仪式化模式的行为。游戏行为仅在哺乳动物和鸟类中出现过。游戏常见于未成年的动物，是其学习成年行为过程的一部分。”[①]作为动物本能行为的游戏缺乏意识，没有规则，与今天提到的具有多重文化内涵的人类游戏有很大不同。人类游戏从无意识的动物性行为发展到有意识制定规则的游戏行为经过了漫长的历史进程。早期的游戏是简单的、原始的、自发的，常常融混在生产、生活和宗教活动中，因此更接近于人的动物性本能。

游戏是一种古老的社会文化现象，是一个民族长期以来形成的比较稳定且具有民族心理特点的文化形式。人类早期的游戏行为与生产、生活紧密联系。随着文明程度的提高，人类游戏开始从生产、生活中分离出来，游戏规则也开始出现，游戏被赋予了文化的内涵，并从本能行为发展为有意为之的行为。在漫长的历史进程中，有的游戏被淘汰，有的游戏演变成其他人类活动，有的游戏则从其他文化现象中分离出来，最终成为具有独立意义的游戏。原本简单直接的游戏开始变得复杂，游戏的概念也很难被准确界定。

人类游戏行为涉及多个领域、多种对象，但又不是任何一个研究领域的核心部分，游戏的概念难免被解读得不够完整和准确。《中国大百科全书·教育卷》从教育学的角度对游戏进行定义：“儿童运用一定的知识和语言，借助各种物品，通过身体运动和心智活动，反映并探索周围世界的一种活动。幼儿游戏是3~6岁儿童的基本活动形式，它的主要特点是：①在假想的情境中反映周围现实和社会生活，具有社会性。②幼儿自发地、自愿地从事游戏，具有主动性。③形象、动作、语言相结合，在游戏中具有创造性。④游戏中的行为是象征行为，具有概括性。⑤没有外在的目标，是非生产性的，具有趣味性。”[②]从心理学的研究角度来看，“游戏是一种社会性活动。儿童通过游戏体验周围人们的劳动、生活和道德面貌，同时也理解和体验着人们之间的相互关系。游戏是实现儿童和周围现实相联系的特殊形式、特殊活动”[③]。《辞海》的游戏概念则反映了一般社会大众对游戏的看法：“游戏是体育的重要手段之一、文化娱乐的一种。游戏一般都有规则，对发展智力和体力有一定作用。”[④]荷兰人类学者约翰·赫伊津哈（1872—1945）从游戏自身或游戏者的角度对游戏下了定义：“游戏是在某一固定时空中进行的自愿活动或事业，依照自觉接受并完全遵从的规则，有其自身的目标，并伴以紧张、愉悦的

① 陈连山．游戏［M］．北京：中央民族大学出版社，2000：2.

② 陈连山．游戏［M］．北京：中央民族大学出版社，2000：2.

③ 陈连山．游戏［M］．北京：中央民族大学出版社，2000：3.

④ 陈连山．游戏［M］．北京：中央民族大学出版社，2000：3.

感受和有别于平常生活的意识。”[①]时至今日，世界文化更加多元，游戏不再是传统意义上的游戏，游戏的概念也更加难以明确和统一。

在一定时期内，人们对游戏总是存在偏见。“作为一种供人消遣娱乐的手段，游戏被认为是难登大雅之堂的行为活动。”[②]人们对游戏的态度也很矛盾：一方面，人们需要游戏；另一方面，人们抵制游戏。这种矛盾态度与游戏自身的矛盾功能相一致：游戏一方面能够给予人们无限乐趣，有益心智；另一方面又容易使人们养成某些不良嗜好。

游戏和体育赛事有着非常紧密的联系，早期的一些球类游戏、角力竞技类游戏都是今天体育场上的竞赛项目。因此，与其他学科对游戏的关注相比，体育学科对游戏的研究更深入、更广泛、更系统。许多研究体育历史的书籍和网站都涉及人类早期的游戏活动，如胡武功和石宝琇主编的《中国民间体育》一书用摄影图片记录了我国不同地区、不同民族的游戏活动，为游戏研究提供了珍贵的图片资料。

二、传统民间游戏

传统民间游戏广泛流行于民间，有着独特的规则和稳定的表现形式。它是非物质文化遗产的组成部分，是典型的活态文化，具有活态流变的特点。与电子游戏相比，传统民间游戏是现实生活中长期存在的游戏，它的传播媒介是活生生的人。许多传统民间游戏在不同时期出现于不同国家和地区，却传递着同样的游戏信息，体现出相同的游戏行为。

在漫长的发展演变过程中，传统民间游戏形成了自身的特点。

第一，传统民间游戏来自民间，是民间创造力量的具体体现，凝聚着丰富的传统文化。传统民间游戏源于生产劳动和日常生活，多数由集体创造。历史上流传广泛的传统民间游戏大部分并非专业人士创造，而是不断从生活中分离、演化而成的。历史上记载的一些游戏创造者，也多是参考当时流行的游戏而创造了新的游戏。如司马光参考象棋规则而发明了“七国象棋”；清人童叶庚以七巧板为基础创造了“十五巧板”；清末女诗人徐曼仙所创的“红楼叶戏谱”参考了当时民间流行的叶子戏，等等。传统民间游戏的创作源泉是人类的游戏天性与生活本身，因此，传统民间游戏是真正的原创艺术，与现在的游戏设计有很大区别。

---

① 赫伊津哈．游戏的人［M］.［译者不详］. 北京：中国美术学院出版社，1996：30.

② 本书编委会．汉语大词典简编［M］. 上海：汉语大词典出版社，1999：1656.

第二，传统民间游戏是早期游戏理论的研究对象，是游戏研究的理论依据，也是人类学、社会学、民俗学、心理学、教育学、文学、艺术学等学科研究的组成部分。它是人类文化的载体，也是人类文化的表现形式。传统民间游戏散布在各种民俗、节庆活动中，是艺术的表现对象，也是人类游戏行为的研究对象。

第三，作为一种行为，传统民间游戏以实体形式存在。它的规则只有在游戏过程中才能完成，有人玩它就存在，没有人玩它便会逐渐消失，这是传统民间游戏的独特魅力，也是传统民间游戏流失的重要原因。与漫长的游戏发展史相比，许多留存于世、记录游戏瞬间的艺术作品，只记录了众多民间游戏中的一小部分。这些艺术作品分布在世界各地，反映了当时的游戏活动种类和形式。

第四，传统民间游戏具有全球普遍性。从留存于世的艺术作品中可以看出，许多游戏在不同国家都有出现，反映出游戏在全球普遍存在的现象。16世纪尼德兰画家老彼得·勃鲁盖尔的绘画作品为我们留下了许多宝贵的游戏画面。勃鲁盖尔一生以农村生活为艺术创作题材，有大量作品内容是乡村地区人们游戏活动的精彩瞬间，其中尤以《儿童游戏》为代表。该作品记录了16世纪时80多个儿童游戏项目，其中的许多游戏为我们所熟知，如“滚铁环”“跳山羊”“骑马打仗”“抽陀螺”等(如图1–1)。在这部作品中，勃鲁盖尔充分发挥想象力，表现了儿童活泼好动、娱乐游戏的生活场景，刻画了许多生动活泼的儿童和各种不同的游戏场面。

西班牙画家弗戈雅–卢西恩特斯的许多作品也记录了游戏的精彩瞬间，涉及“盲人摸人”“投抛”“扑克牌”“踩高跷”等各种常见的游戏场面(如图1–2)。荷兰画家卢卡斯·凡·莱登的作品中也有玩牌的游戏场面(如图1–3)。图1–4是我国清末画家吴友如笔下描绘的女子台球游戏场景。另外，古希腊、古罗马的许多雕塑和花瓶上的插画都以游戏活动场面为题材(如图1–5、图1–6)。还有很多出土的游戏器具都是游戏研究中的宝贵资料，如图1–7为公元前6世纪至公元前1世纪流行于两河流域的骨质和石质的“骰子”，其形态与现在的“骰子”没有太大的区别。这说明传统民间游戏有着较强的历史稳定性；传统民间游戏的游戏形式具有多样性；传统民间游戏具有全球普遍性；传统民间游戏具有跨时空传播特点。

图 1-1　《儿童游戏》（老彼得·勃鲁盖尔，约 1560 年）

图 1-2　《虚张声势的盲人》（戈雅 - 卢西恩特斯，约 1789 年）

图 1–3　《玩牌的人》（卢卡斯·凡·莱登，约 1520 年）

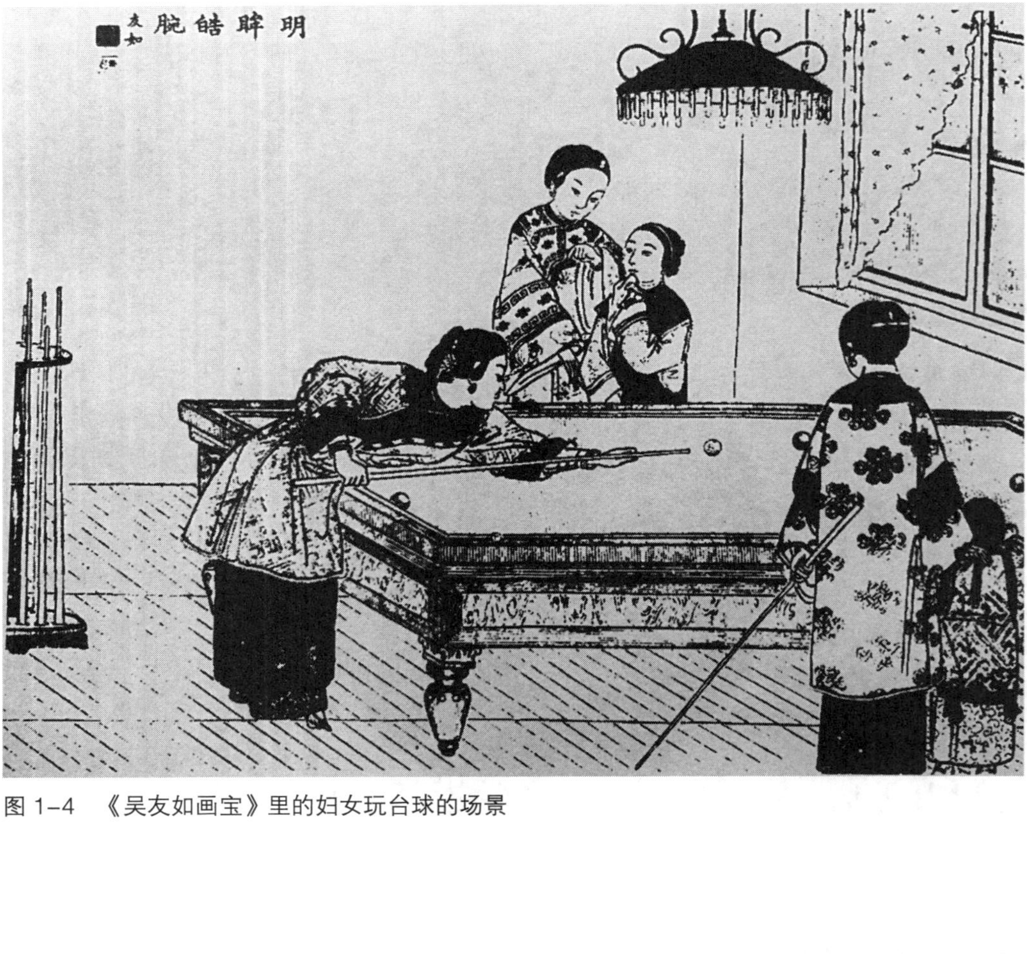

图 1–4　《吴友如画宝》里的妇女玩台球的场景

图 1–5　《玩羊拐的女孩》

图 1–6　带有搏击图案的古希腊深杯

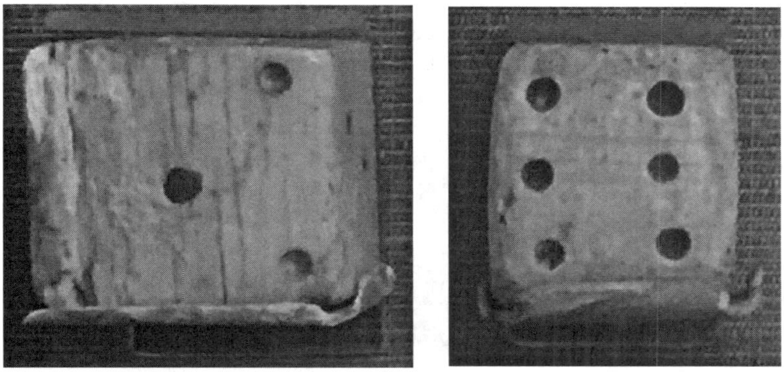

图 1–7　两河流域的“骰子”

第五，传统民间游戏应时应季，随季节而变，与自然融合，巧妙运用自然界千变万化的特点，将游戏植入进去，尤其在季节变化比较明显的时候，游戏活动更加丰富。老彼得·勃鲁盖尔的一幅宗教题材作品《伯利恒的人口普查》(如图1–8)，除画面主体之外，也表现了伯利恒生活中的游戏景象：画面右下侧，有儿童抽陀螺、滑冰车；远处的儿童也三三两两地在做游戏。他的另一幅作品《雪中猎人》(如图1–9)则表现了在大片结冰的湖面上欢快游戏的孩子们。英国画家约翰·乔治·布朗的作品《苏格兰冰壶游戏》(如图1-10)更是将苏格兰冬季特有的游戏活动表现得淋漓尽致。

图 1-8　《伯利恒的人口普查》(老彼得・勃鲁盖尔，约 1611 年)

图 1-9　《雪中猎人》局部(老彼得・勃鲁盖尔，约 1565 年)

图 1-10　《苏格兰冰壶游戏》(约翰·乔治·布朗，1862 年)

三、传统民间游戏的价值和意义

(一)文化传承的需要

传统民间游戏历史悠久、源远流长。我国早在商周时期就出现了杂技，其中包括不少游戏的元素。蔡丰明在《游戏史》中指出："中国的游戏史源远流长，如果从有史记载的先秦时代的斗鸡、走狗、六博、踏鞠等古老游戏形式算起，中国的游戏已经有三四千年的历史，如果从地下发掘的考古材料来看，中国的游戏史一直可以追溯到遥远的原始时代。"[①]事实上，除我国以外，埃及、希腊等历史悠久的国家也都存有年代久远的游戏形式。传统民间游戏承载着所属国的历史文化，经过不同时期的发展演变，将文化一代一代向下传承、向外传播，是了解这些国家的文化窗口。

我国古代游戏相当发达，在不同历史时期，人们都在不断创造着新的游戏形式，这些游戏渗透在社会生活的方方面面。我国传统民间游戏与生活、习俗、节气、物候等息息相关，许多游戏寓教于乐，充满智慧，具有鲜明的民族文化特点。湖北荆州花牌"上大人"就是一个典型代表。"上大人"是一种带有明显汉民族文化特点的地方纸牌，承载着一定的教化意义，是我国儒家思想的推广手段之一。"上大人"牌面由文字组成，文字内容来源于古代儿童的朗读材料，利用中国汉字的多音、多意特点将牌组成不同牌面，在供人们游戏的同时，传播儒家思想。四川泸州的"泸州大二"，根据中国汉字"一"到"十"大小写的不同，将牌组成不同"副"，充分体

① 蔡丰明 . 游戏史 [M]. 上海：上海文艺出版社，1997：4.

现了汉字灵活多变的特点。其他民间纸牌，比如川牌、南通长牌以及各地老年人玩的麻雀纸牌，牌面图案多由《水浒传》《三国演义》《红楼梦》《西游记》等作品中的人物组成，是我国汉族文化的典型代表。此外，我国传统民间游戏中的酒令游戏和与民俗节气有关的节庆游戏也独具特色。例如，我国民间传统游戏“九九消寒图”有记日功能，写有节气名称、谚语、诗词等。小小一张游戏图，就是我国汉族文化的集中体现，凝结着我国古代人民的聪明才智。

我国传统民间游戏常常集各种功能于一体。一些充满吉祥寓意的地方年画，既是消寒图，又是游戏棋盘，同时还体现出我国民间年画的绘画艺术与印刷特点。一些年画作坊也会印刷别致的游戏图。如流传广泛的“升官图”是我国明清官场制度的缩影，也是我国封建社会长期形成的民族心理的具体体现，还是了解我国古代政治制度的文化窗口。

近年来，由于科技的发展、网络时代的到来以及人们居住条件、生活方式的改变，传统民间游戏在我国越来越少见。尤其是在我国大中城市，传统民间游戏的数量、种类、游戏人群都在迅速减少。一些学者已经意识到这种文化流失的危机，开始把目光重新投向传统民间游戏。他们对传统民间游戏详加考察，试图在新的信息时代给它一个新的定位，赋予它新的意义，进而发掘它潜在的文化内涵和经济效益。

（二）游戏专业理论研究的需要

人类游戏有着漫长的发展史，然而对人类游戏进行系统研究大概从19世纪才开始，那时还没有现在流行的各种电子游戏，因此，传统民间游戏是早期游戏理论研究的具体对象。随着社会进步和历史发展，许多学科都将游戏作为研究对象纳入自己的学科领域，人类学、民俗学、哲学、美学、心理学和教育学等都从各自的专业角度对游戏进行研究。“在今天，人们对游戏已经不得不把它作为一门学问来研究。这个探索人的本质的领域，已经成为历史学、社会学等的正式研究对象。”①

随着科技的不断发展，人类游戏模式正在经历着翻天覆地的变化，以口耳相传的传统民间游戏逐渐被新兴的电子游戏所取代，集艺术和技术于一体、同时又具有交互体验的电子游戏以前所未有的商业效益改变了人们对游戏的看法。2003年11月18日，中国国家体育总局正式批准将电子竞技列为第99个体育竞赛项目；2008年，中国国家体育总局又将电子竞技改批为第78个正式体育竞赛项目。至此，不仅游戏产品的设计、开发、运营人员具有职业化特点，游戏玩家也像象棋棋手、围棋棋

---

① 刘炎．儿童游戏通论［M］．北京：北京师范大学出版社，2008：1.

手一样职业化了。

传统民间游戏和电子游戏都是人类游戏文化的组成部分，在不同时期反映出人类游戏文化的不同属性和特征。作为农耕社会产物的传统民间游戏，历时悠久，保存和积累了人类社会丰富的文化历史经验，是研究人类游戏行为、游戏心理、游戏特点的宝贵资料。与电子游戏不同，多数传统民间游戏没有商业效益，然而它的精神价值却值得人们去不断挖掘和持续关注。随着人们精神文明水平的不断提高，越来越多的文化遗产受到世界各国的关注和保护，作为非物质文化遗产的组成部分，传统民间游戏所蕴含的文化价值正在受到各国的肯定。在联合国教科文组织颁布的《人类非物质文化遗产代表作名录》、我国文化部及各级地方政府宣布通过的非物质文化遗产保护项目中，越来越多的传统民间游戏被列入其中。

随着游戏行业发展的日益成熟，国内外许多高校都开设了游戏设计专业，专门培养游戏行业的人才。电子游戏是一门集艺术与技术于一体的新兴学科，既有电影艺术的叙事功能，又有视听艺术的审美功能，还有其他艺术门类所没有的交互体验功能，同时又需要强大的技术支持和后台运营。因此，电子游戏涉及的学科领域相当复杂，游戏专业学生的培养也多从实用角度出发，分设艺术和技术两个方向，分别培养游戏设计技术人才和游戏设计艺术人才。出于市场需求和学生就业的双重考虑，这两个专业方向的人才培养，大多围绕电子游戏的行业需求而设计，以应用为主，理论研究也多集中在与电子游戏应用相关的部分。

综上所述，游戏设计专业对传统民间游戏进行专业系统的理论研究有以下几方面理由：

第一，从专业角度来看，由于游戏设计专业是新兴学科，对游戏的研究多集中在电子游戏领域，其他学科的研究虽涉及传统民间游戏，然而研究多从各自专业的角度展开。传统民间游戏和电子游戏都是人类游戏文化的组成部分，后者是前者的发展和延续，在日益成熟的电子游戏行业，理应将传统民间游戏和电子游戏作为一个整体加以考察和研究。

第二，从非物质文化遗产保护的角度来看，目前亟待抢救的人类文化遗产内容众多，传统民间游戏只是其中的一部分，然而它的内容又非常庞大和零碎，需要游戏学者对这一领域进行分门别类的具体研究。电子游戏行业既有技术优势，又有专业背景，在创造经济效益的同时，理应肩负起文化遗产保护的重任，加强游戏设计专业的理论研究，使专业发展更加完善。

第三，传统民间游戏遗留下来的文献资料需要专业人员去发掘整理。仅以我国为例，对传统民间游戏的研究自古有之，早在唐宋时期便有很多关于游戏的论著。其中包括唐代棋坛高手王积薪的游戏专著《围棋十诀》，关于古代“捶丸”游戏的专著《丸经》,南宋宰相贾似道写的我国历史上第一本系统、全面介绍蟋蟀斗赛游戏的专业书籍《促织经》等。此外,一些记载我国不同历史时期的文献资料,如南北朝的《荆楚岁时记》、北宋的《东京梦华录》、南宋的《武林旧事》等,也都收录了大量当时流行的传统民间游戏。这些文献资料一方面为人们了解古代游戏文化提供了宝贵的资源,另一方面也为游戏专业人才提供了多元的理论研究方向。

第二节　中国传统民间游戏简史

人类社会早期的生产劳动、宗教祭祀活动都可能是游戏的起源。远古社会中特殊的社会条件、社会背景和社会环境在很大程度上决定了古代游戏活动的存在方式、基本特点和发展方向。一般而言,人类早期的游戏活动以双方对抗、较量的形式居多,在社会稳定繁荣的历史时期,传统民间游戏活动普遍比较活跃,游戏种类和形式得到了长足发展。

一、春秋战国时期

春秋战国时期是中国古代游戏发展的重要时期,当时社会正处于奴隶制向封建制的过渡时期,社会经济和思想文化都取得了巨大的发展。在这种情况下,文化领域空前繁荣,出现了诸子群起、百家争鸣的盛况。尤其是在战国后期,社会思想活跃,人们对文化娱乐的需求也日益增长,许多具有特色的游戏应运而生。

《史记·苏秦列传》中写道:"临淄甚富而实,其民无不吹竽、鼓瑟、击筑、弹琴、斗鸡、走狗、六博、踏鞠者。"类似说法也见于《战国策·齐策》。这里提到的吹竽、鼓瑟、击筑、斗鸡、走狗、六博、踏鞠都是当时流行的游戏种类。

从总体上来说,春秋战国时期的游戏种类比较单一、规则简单直接、风格原始粗犷,注重竞技对抗,有些游戏还保留着原始狩猎和原始农业的痕迹。

二、汉魏六朝时期

汉魏六朝时期游戏活动的发展与当时的社会政治、经济、思想、文化等方面的因素有着密切关系。西汉前期,国家繁荣富强,体育、游戏和其他娱乐活动十分盛行,统治阶级持有享乐的生活态度,崇尚挥霍、奢靡的文化趣味。在这种宽松的社会氛围下,传统民间游戏得到了充分发展。

汉魏六朝时的游戏活动主要在统治阶级中流行，许多王公贵族热衷于游戏活动，游戏形式带有明显的官家色彩。当时流行于皇室贵族中的游戏形式主要有蹴鞠、棋戏、斗禽、骑竹马、荡秋千、放风筝等，许多游戏源于军事训练，以刚猛大气、团体对抗、角力竞技为主，蹴鞠、斗鸡等游戏都属于此种类型。六朝时，佛教、道教和玄学冲击着我国的传统文化体系，同时，数百年的战乱和人口迁徙也使得汉族与少数民族之间产生了民族融合，游戏活动在文化融合中得到了广泛传播。特别是北人南迁，使打秋千、踩高跷等游戏形式传到了当时的江南和闽粤等地，民间斗百草游戏也从荆楚一带传播到其他地区。

汉魏六朝的许多游戏先在皇宫流行，而后才传向民间。比如猜测类游戏就源于汉代宫廷的藏钩游戏。再如唐代流行的斗鹌鹑，鹌鹑是西域使者进贡给唐玄宗的，因此这种游戏势必在宫内流行后才能传向民间。可见，在任何文化的发展进程中，统治阶级的态度至关重要，游戏也不例外。

三、唐宋时期

唐宋时期是中国传统民间游戏发展的鼎盛时期，这一时期的游戏层出不穷，对当时的社会文化和社会生活都产生了深刻影响。唐代的文化恢宏壮阔，充满热烈昂扬的格调，为唐代游戏的发展提供了良好的社会文化基础。唐代社会开放，游戏人群不局限于男性，女子不仅可以在宫中下棋，还可骑马击球。如今出土的许多唐代陶俑和绘画作品中都有女子策马游戏的精彩场面。

宋代经济十分发达，市民文化得到了极大的发展。商品经济的发展和商业城市的扩大，使宋代形成了庞大而稳定的市民阶层，城市生活迅速市民化，文化向通俗化、娱乐化方向发展。大型商业、娱乐场所“瓦市”的出现，为游戏在民间的迅速普及和发展提供了良好的条件。各种杂技表演、说唱故事等娱乐活动得以在“瓦市”展开，专事蹴鞠的民间行会组织“圆社”也在北宋时建立，宋代的许多瓷器都有表现游戏活动的场面。北京故宫博物院的陶瓷馆里陈列的宋代民窑烧制的陶枕，绘有反映当时民间生活的风俗画，其中不乏当时的儿童游戏。

唐宋时期，传统民间游戏的发展具体表现在四个方面：一是人们对传统民间游戏的形制和方法进行了改革。比如蹴鞠的球体由毛发填充的实心球变成真正充气的气球。二是新游戏不断涌现。许多新兴游戏在这一时期出现。三是传统民间游戏世俗化、大众化。这一时期的游戏不再只是上层贵族的娱乐手段，角抵、相扑、斗鸡、斗蟋蟀等游戏也开始在民间兴起。四是和游戏有关的专业书籍开始问世。

四、明清时期

明代初期，统治阶级在意识形态上控制严格，游戏的发展受到很大限制。到了明代中后期，这一状况发生了很大改变，宫廷贵族开始追求享受，娱乐性的活动大大增加。明代有“蟋蟀皇帝”之称的宣宗朱瞻基，一生喜好游戏众多，明朝宫廷画师在《明宣宗宫中行乐图》中以长卷的形式详细描绘了各种与宣宗皇帝有关的游戏场面(如图1–11、图1–12)。这种风气对下层百姓的影响极大，民间的娱乐活动开始兴盛。与此同时，统治者采取种种措施加强文化专制，重视科举制度，将程朱理学奉为儒学正宗，科举考试以四书五经的内容命题，以程朱理学的注释为标准，目的是统一思想。这种社会体制使许多游戏的发展受到极大限制，力量型、运动技能型的对抗性团体游戏逐渐衰落，个人技巧型游戏越来越多。这一时期，游戏规则更加完善，出现了童叶庚、徐曼仙等喜好游戏创造的人才。

明清时期可谓是传统民间游戏发展的成熟阶段，凡是在古代流行过的游戏活动，如角力、竞技、斗禽、斗兽、棋牌等类型的游戏在此时都很盛行。但明清时期已是中国封建社会的衰落时期，思想风气和精神面貌远不如唐宋时期那样昂扬、开放，这就限制了文化活动的发展，也影响了游戏形式的开拓。这时的游戏形式和种类虽然很多，但大都继承了先秦、汉魏和唐宋时期的游戏传统，具有创新意义的游戏形式并不多见。不过，人类文明程度的提高和智力水平的发展必定推动游戏向更高层次发展，最具代表性的就是棋牌游戏，此时围棋、象棋的发展都达到了顶峰，涌现出了许多棋牌高手。棋牌游戏的特点是：规模小，活动幅度不是很大，用具简单，普及性、群众性的程度高，这也是棋牌游戏一直活跃到今天的直接原因。

图 1–11　《明宣宗宫中行乐图》局部 1

图 1–12　《明宣宗宫中行乐图》局部 2

五、近现代时期

近现代时期，传统民间游戏从种类风格到规则形式都发生了巨大变化。随着城市化进程不断推进，人们从院落走进楼房，传统民间游戏渐渐失去了生存的空间；同时，人们的生活节奏加快，新的娱乐手段应运而生。一些传统民间游戏因丧失了赖以生存的传统文化根基而消亡；另有一些被作为文物放进陈列馆或成为私人收藏；还有一些传统民间游戏经过不断改革和完善，一直传承到今天。在我国广大农村地区，以人际传播为主的传统生活方式依然存在，传统民间游戏继续担负着娱乐休闲的文化功能，这些游戏需要我们去发掘、整理、保护和开发。

六、中国传统民间游戏的演变

传统民间游戏史是一部人类文化发展史。在漫长的历史进程中，中国传统民间游戏的规则越来越完善、内容越来越丰富。然而，在发展、演变的过程中，一些传统民间游戏的游戏功能越来越不明显，而其他功能越来越突出，如从体育赛事、戏曲舞蹈、文学艺术等中都能看到游戏的影子。在现代社会，许多传统民间游戏被作为课程设计纳入学前教育或体育课程，有的游戏还被用作心理治疗的辅助方法。一些地方开展的放风筝、赛龙舟、舞狮子等具有观赏性民俗活动，是中国传统民间游戏演变的另一方向。

第三节　传统民间游戏分类

传统民间游戏的种类划分相对复杂，从不同角度会形成不同分类。从游戏时间来看，一年有四季之分，一日有昼夜之分；从游戏人群来看，有男女之别，也有老幼之分；从游戏空间来看，有室内、室外的区别；从游戏自身的特点来看，有球类游戏、牌类游戏、棋类游戏、投射类游戏、语言文字类游戏等。同时，许多游戏具有多重类型的特点，很难将其归到某一类别，如一些随季节变换而开展的游戏又包含动作、文字等元素。因此，传统民间游戏的种类划分只能相对而言，按照历史起源、流传范围，将游戏性质相似的归为一类，每种游戏下面再划分为若干小类。

按照游戏规则、游戏特点的相似性原则，本书将游戏主要划分为以下几类：(1)球类游戏；(2)角力、竞技类游戏；(3)投掷、击打、投射类游戏；(4)棋类游戏；(5)牌类游戏；(6)语言文字类游戏；(7)季节、助兴类游戏。其中，球类游戏，角力、竞技类游戏，投掷、击打、投射类游戏，棋类游戏、牌类游戏和语言文字类游戏在全球范围内普遍存在；季节、助兴类游戏则民族特色显著，如我国的酒令游戏、节日庆典游戏等，具有传统的中华民族文化特色。此外，由于时间跨度大、流行地区广，一些传统民间游戏长期以来为人们所熟知，自成体系，例如象棋、围棋、扑克、麻将等。因本书篇幅有限，并未涉及此类游戏，相关内容可作为课外阅读材料补充。

课内实践

结合当地实际情况，教师组织学生对本地特色游戏进行普查、筛选，选择有价值的游戏引导学生在课堂体验，并组织学生讨论。

第二章　球类游戏

本章要点

1. 球类游戏的形式特点
2. 中国古代球类游戏
3. 国外古代球类游戏

球类游戏是一种古老的游戏。据史料记载，早在春秋战国时期，我国就已经出现球类游戏。如果从出土文物来看，球类游戏的历史则更加久远。我国考古工作者在黄河流域的新石器时代遗址中，发掘出很多磨制光滑、做工精细的石球，它们有可能是早期的游戏玩具。在宋代时期的工艺作品中，我们也能看到不少的球类游戏图案。(如图2-1、图2-2)在古希腊和古罗马的雕塑中，也有很多反映球类游戏的作品(如图2-3、图2-4)。

图 2-1　宋代“蹴鞠”铜镜

图 2-2　宋代童子捶丸陶枕

图 2-3　古希腊球戏浮雕作品

图 2-4　古罗马儿童玩球的浮雕作品

从外形来看，球有圆形、椭圆形、不规则形等；从材料来看，有橡胶、皮质、石质、玻璃等；从体积、数量上来看，球类游戏不拘大小、数量，皆可成戏；从游戏玩家来看，不拘年龄性别，男女老幼均可参与；从玩法上来看，球可抛、可踢、可投；从游戏目的来看，有对抗竞技、娱乐休闲之分。正是球类游戏的多样化特点，使其能够在漫长的历史进程中持续发展。

早期的球类游戏以团体对抗为主，由于球具沉重，只能通过奔跑、争夺、踢踏等手段来突出力量、速度。到后来，随着球具制作工艺的提高，球变得越来越轻，甚至可以弹起，球的种类日渐丰富、参与游戏的人数更加灵活。除了团体性球类游戏，单人娱乐的球类游戏也开始出现并演变成其他游戏活动，如踢毽子即源于古代的踢球游戏。同时，古代不同类型的球类游戏之间也有着上下传承、东西传播的历史关联，如步打与曲棍球、捶丸与高尔夫、木射与保龄球等都有着相似的规则和形式。我国老年人玩的门球则是由国外传入的槌球变化而来的，而槌球的“以棒击球”与马球、步打、捶丸的击球方式又极其相似。

球类游戏和体育赛事有着非常紧密的联系，随着社会的进步，一些经典的球类游戏已转变成体育比赛项目。

第一节　中国古代球类游戏

中国古代球类游戏源于军事训练和其他文化活动，以团体对抗为主，游戏人群男女不限，游戏目的是赛力、竞技，比较有代表性的是蹴鞠、马球、步打、木射、捶丸等。这些球类游戏或从国外传入，或为我国独创。早期球类游戏的球具、规则与现代球类比赛有很多相似之处，可以说，早期球类游戏是现代球类体育比赛项目的历史起源和文化源头。

一、蹴鞠及其变体游戏

（一）蹴鞠

蹴鞠是我国古代球类游戏的代表，“蹴”为“踢”之意，“鞠”即球，蹴鞠是我国最古老的足球游戏。蹴鞠又称“蹋鞠”，传说由古代黄帝所创，有据可考的起源时间应在春秋战国之前。《战国策·齐策》记录了临淄的富庶和殷实，当时的居民在生产之余，纷纷进行“吹竽”“鼓瑟”“击筑”“弹琴”“斗鸡”“走狗”“六博”“踏鞠”等游戏活动。这说明，早在2000多年前的齐国，蹴鞠就已经成为一种比较普及的游戏形式。而民间游戏发展与完善的时间一般都很漫长，在战国之际已经成形并得到普及的游戏，起源时间应在此之前。由此可以推断，蹴鞠早在战国之前就已出现。

蹴鞠在汉代以及唐宋时期都有较高程度的发展，其影响上至皇族、下至百姓。在汉代，蹴鞠正式成为军事训练活动。班固所著《汉书·艺文志》收录有《蹴鞠二十五篇》，但此书并未流传下来。唐宋时期，蹴鞠有了巨大的发展，所用球具得到了完善，玩法也更加多样了。元明清时期，蹴鞠逐渐衰落，并于清末退出历史舞台。

唐代以前，蹴鞠多用实心球，球的外表用熟皮缝制，中间塞以毛发，使其饱满，成为圆球。唐代颜师古在《汉书注》中对此有详细描述。到了唐代，球具改用八片熟皮缝制而成，球形更圆，球心填充的毛发被动物的“尿泡”所取代，吹气可令其饱满，这样球体得以变轻，于是女子也能进行此项游戏，而且踢球的花样增多。到了宋代，球具由八片熟皮增加到十二片熟皮，制作更加精致考究。从《宋太祖蹴鞠图》

(如图2-5)和宋代童子蹴鞠瓷枕上(如图2-6),都可以清晰地看到当时蹴鞠所用的球具与现在的足球非常相似。

图2-5 《宋太祖蹴鞠图》

图2-6 宋代陶枕上的童子蹴鞠图

蹴鞠的游戏规则有多种,包括多球门的“直接对抗”、单球门的“间接对抗”和无场地等多种踢法。汉代时,以双方各有球门的“直接对抗”为主要游戏规则。据史书记载,当时的球场以墙围成方形,类似城池,其中一面有看台、台阶,球场内有“鞠室”12个,分设于球场两边,每边6个。上场队员为12个,双方球员身体可以直接接触,射入对方鞠室球数多者为胜方(如图2-7)。唐代以前,还有一种平地挖坑的方法,掘地为球场,内设鞠室12个,每个蹴室有一人把守,其规则大致与前者相同。唐宋时期,蹴鞠游戏不仅球具有了很大改变,球场、规则也有了很大的改进,由12个鞠室改为双方共用一个球门,球场依然是方形,三面有围墙,一面有看台,以单球门的“间接对抗”为主要游戏规则。宋末马端临编撰的《文献通考》描述球门时说:“植

图2-7 汉代蹴鞠场地和竞赛图

两修竹，高数丈，络网于上，为门以度球。球工分左右朋，以角胜负。”[①]此时的球门由两根两三丈高的竹竿撑起，设在场地中央，球门洞称为“风流眼”，直径一尺见方，比赛的双方各有12或16人，按照一定的分工分列在球门两边，将球踢过风流眼即为进球，进球多者为胜(如图2–8)。球门从地面升入空中，将球场一分为二，单个球门把竞赛的双方隔开，使之没有身体的接触和碰撞，大大削弱了蹴鞠游戏的竞争性。由于球门又高又小，踢球过门需要脚法精准，提高了踢球的技巧性。此时的蹴鞠在对抗性削弱的同时，表演和娱乐性有所增强。元明两代的蹴鞠比赛与宋代的基本相同，图2–9中为双球门的唐代蹴踘游戏。

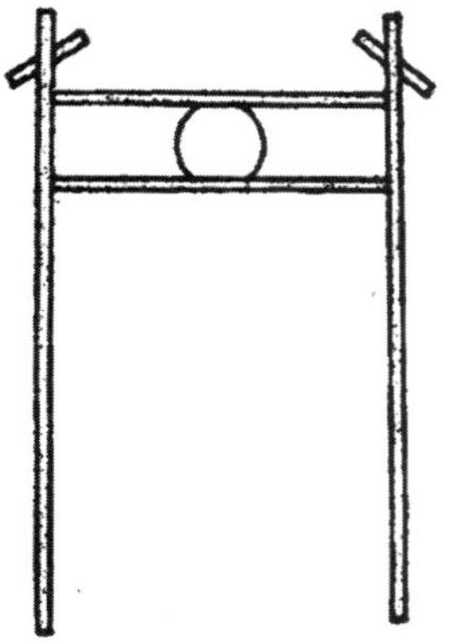

图 2–8　宋代蹴鞠球门

图 2–9　唐代蹴鞠示意图

此外，唐宋之后的蹴鞠还流行没有场地的散踢，根据竞技人数的不同有不同名称：二人对踢称为“白打”，三人踢称为“三人场户”，三人以上共踢称大场户，等等。唐代宫中女子盛行“白打”的踢法，玩法多样。据《事林广记》记载，每种玩法又包括数种其他玩法，人数不等，如五人玩的“五人场户”又有“小出尖”和“皮破”两种玩法。“皮破”玩法与今天的踢毽子颇为相似：一传给四，四传给二，二传给五，五传给三；然后再隔位传球，五传给一，一传给二，二传给三，三传给四(如图2–10)。这种踢法不用球门，注重技巧和花样，可一人踢，也可多人踢。据史料记载，“白打”的种类花样有上百种之多，可使用肩、背、膝、脚等身体不同部位，踢球技巧包括拍、拽、捺、控等。《事林广记》记载：“肩如手中持重物，用背慢下快回头。拐要控膝蹲腰取，搭用伸腰不起头。控时须用双睛顾，捺用肩尖微指高。拽时且用身先倒，右膝左手略微高。胸拍使了低头觑，何必频频问绿杨。”

① 麻国钧，麻淑云．中华传统游戏大全［M］．北京：农村读物出版社，1990：296.

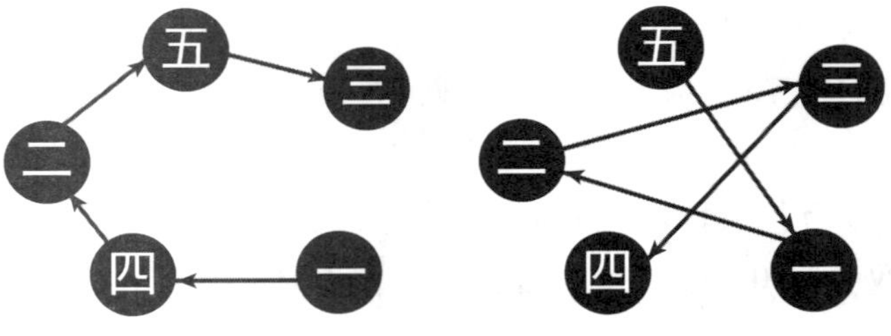

图 2–10 “五人场户”的“皮破”传球玩法

汉、唐、宋时期，蹴鞠游戏相当普及，关于蹴鞠的专业书籍也有很多，如《蹴鞠图谱》《蹴鞠谱》《事林广记·戊集》等。这些书籍对蹴鞠的由来、规则等进行了详细记载。这段时期，蹴鞠的游戏规则由注重射门转向注重控球，由注重团体对抗转向注重个人技巧。

明代宫廷画师的《明宣宗宫中行乐图》，描绘了明宣宗在宫中观看蹴鞠游戏的画面，画中似乎有三人在对踢，围观者较多，其中一人手中抱着一个备用球具(如图 2–11)。明清之后，受理学思想的影响，社会环境重文轻武，加上满清入关对汉人强身健体的限制，使得蹴鞠的发展空间越来越狭窄，乃至最终消失。

图 2–11 《明宣宗宫中行乐图》中的蹴鞠

（二）蹴鞠的演变——踢毽子

图 2-12 《吴友如画宝》中的儿童踢毽子场景

踢毽子是我国比较普及的大众游戏活动，在亚洲其他国家，如韩国、越南等地也很受欢迎。近些年，这项运动在欧美国家也开始普及。踢毽子始于何时，并无确切记载，目前最为流行的说法是起源于古代的蹴鞠游戏。宋人高承的《事物纪原》中记载：“今时小儿以铅锡为钱，装以鸡羽，呼为毽子，三五成群走踢……亦蹴鞠之遗事也。”唐宋时，集市上有专门制作出售毽子的店铺，可见踢毽子在当时已相当流行。明代开始有了正式的踢毽子比赛。清代则是踢毽子的鼎盛时期，在后宫里就有许多善于踢毽子的妃子，而当时的毽子在制作工艺和游戏技巧上，都达到了空前的高度。图2-12为清末画家吴友如绘制的儿童踢毽子场景。

毽子可分为鸡毛毽、皮毛毽、纸条毽、绒线毽等类型。传统毽子多为鸡毛毽，皆为手工制作，材料包括铜钱、禽类羽毛等，具体方法是用一块布片裹住一至两枚铜钱，将布头从铜钱中间的孔中翻上来，再拿鸡毛穿在钱孔中，然后用线扎紧即可。此外，也有以纸或塑料等物代替鸡毛的做法，将纸或塑料剪成长条，穿过铜钱的孔洞，反面用东西固定。现在儿童玩的毽子，多为工厂批量生产，结实、耐用、美观，从侧面反映出踢毽子已发展成一项规范的体育健身运动。

踢毽子对身体非常有益，可以训练关节的灵活性、身体的柔韧性。从个人技巧上看，踢毽子的基本动作大致有以下几种：

盘：用脚内侧向上或向前踢毽子，脚内侧向上踢是最常见的踢法，只要毽子不落地，一个人可以一直踢下去，向前踢在两到多人游戏中比较常见；绷：用脚面向前抬起踢毽子，多在两人或多人对踢时用；拐：一腿向身体外侧弯曲抬起，用脚外侧向前踢毽子；磕：用膝盖或大腿正面向上或向前踢毽子；抹：一条腿从支撑身体的另一条腿后面绕过，用脚内侧或脚底踢毽子。这些只是踢毽子的基本动作，如果加上花样踢法，技法就更多了，如以左右脚轮流交替完成的对称踢毽子动作，以及跳跃起来从身后踢毽子动作等。目前，踢毽子在我国已有详细的比赛规则和方法。

二、马球

马球是指人骑在马上，用杖击球入门的一种游戏活动，在我国古代称为“击鞠”“打球”“击球”等，是一种融“马术”和“球戏”为一体的游戏，也是一种技巧性比较高的游戏。同时，马球也是一项世界流行的球类游戏，在英语国家称作“Polo”。有关马球的最早记录是公元前600年土库曼人和波斯人的马球比赛。在波斯，马球曾被用作骑兵战术训练的工具。马球的起源至今尚无定论，比较流行的说法有两种：一种认为马球起源于波斯，另外一种认为马球起源于西藏，因为马球的英语名称“Polo”即为藏语音译。

马球在唐宋时期非常兴盛，这时期的不少雕塑、绘画作品中都出现了马球。唐代的马球参与者不仅有男性，而且还有许多女性玩家。到了宋代，女子参与者更多，甚至有“打球乐”舞队。元代的《析津志》记载，当时的辽国人把马球运动作为节日的传统风俗，他们于“端午”“重九”击球。到了明代，史书对马球的记载很少，马球也无新的发展。清朝中叶以后，马球渐渐淡出历史，最终在我国消亡。

图 2-13 唐代女子马球俑

在我国，马球的球具多为木制球，大小如拳头；马球的球杖长数尺，端如偃月，形状有点像今天的冰球杆，与后来的“步打”“捶丸”球杖很相似，杖身往往雕刻有精美纹彩，被称为“画杖”“月杖”等。

马球场地两边各设一个球门，有守门员把守。马球以“筹”记分，每射中一球得一筹，游戏以得筹多少论输赢，《资治通鉴·唐纪》和《宋史·礼志》对此都有详细记载。马球规则在不同朝代略有差别，但性质不变：骑马打球，以球入球门为胜。场地中的球员须先争球，球得手后将其运到合适位置，然后再击进球门。古时比赛虽没有现代设备，但马走如飞，场面激烈，锣鼓喧天，彩旗飘飘，是另一番热闹景象。

明朝宣德皇帝朱瞻基是一个很会享受生活的人。他在位时，大明王朝正处于“仁宣之治”中，社会安定，为奢华的宫廷生活创造了有利条件。明朝宫廷画师绘制的《明宣宗宫中行乐图》，有一部分正是描绘宣德皇帝坐观马球游戏的生动场面。画面中，共有球员六个人，两个人正在骑马击球，其中一个人手拿旗子飞奔在前，另外一个人正在挥舞球杖击球，其余四个人骑马在一侧等待。类似屏风的物件为球门，球门底部有一半圆孔洞，正是击球需越过的鞠室；球门之上，还有描绘着马球场面的图画作品。《明宣宗宫中行乐图》是不可多得的古代游戏的研究资料(如图2-14)。

图 2-14　《明宣宗宫中行乐图》中的马球场景

马球的出现，是我国古代游戏文化与其他国家游戏文化相融合的具体体现。这种融合是一种文化传播现象，也是人类文化互相影响、彼此渗透的有效途径。

第二节　国外古代球类游戏

球类游戏在国外同样有着悠久的历史和广阔的发展空间。在一些文明古国，球类游戏的记载遍布文献、艺术作品中。古埃及、古罗马等有很多与球相关的文物流传于世，为我们今天了解和研究球类游戏提供了宝贵的资料。槌球、地掷球、杯球等都是由国外传入我国的球类体育运动，它们同样源于古代的民间游戏或儿童游戏，经过长期的发展变化，逐步形成今天的比赛规则，成为锻炼身体的运动项目。

一、槌球（Croquet）

“Croquet”的中文名称是“槌球”，在中国和日本被称为“门球”(Cateball)，是一种在平地或草坪上用木槌击球穿过铁环门的室外球类游戏。单从球槌、球门来看，槌球和马球也有相似之处，但槌球安静，马球激烈。槌球的历史可追溯到13世纪，它源于法国，后传到英国，17世纪时又传到苏格兰和意大利，之后传到美国，20世纪三四十年代槌球传入中国。二战后，槌球在日本兴起，1970年开始作为老年人的活动项目推广开来。由于动作轻柔、运动量不大、比赛时间短、技术简单，槌球的游戏对象多以中老年人为主。

槌球原是西方上流社会的游戏，与槌球有关的艺术作品非常丰富，详细记载了它的发展、演变与规则。19世纪60年代，槌球开始在女性中流行，甚至带动了女性服饰的变化，使得服装设计师重新设计女性服装，掀起了新的服装潮流。美国女性杂志*Godey' s Magazine and Lady' s Book*在1866年4月刊登过一幅与槌球服饰有关的图片(如图2–15)，该服饰在1865年法国的时尚期刊上也出现过(如图2–16)，黑色羊驼质地、绿色滚边的服饰，既显示出女性的优雅，又透露着运动的干练。这款流行于法国、美国的槌球服饰，充分体现了游戏对人们生活的影响，甚至连儿童也有专门的槌球服饰(如图2–17)。

图2–15 美国女性杂志上的槌球服饰

图 2–16　法国时尚期刊上的槌球服饰

图 2–17　19 世纪美国儿童槌球服饰

槌球也是很多欧美画家热衷的绘画内容。美国画家温斯洛·霍默创作过很多表现槌球游戏的作品。在《槌球游戏》中，他描绘了衣着华丽的女子尽情游戏的场面，由于当时此项游戏是培养女性优雅举止的一项运动，可见运动量不是很大(如图2-18)。图2-19是美国画家约翰·布朗刻画的女性槌球游戏瞬间。

图2-18 《槌球游戏》（温斯洛·霍默）

图2-19 《槌球游戏》（约翰·布朗）

今天，槌球在国外依然非常流行，道具、规则也更加完善。现代槌球所用球具为木球或塑胶球，色彩鲜艳，直径约9.2厘米，重446.5～461克。球槌则为木制T形槌，“T头”部分长15.2～25.4厘米，槌面为圆形，槌头两端面为击球面，直径为6.35厘米，木柄长60.96厘米，固定在槌头中间。除了球、球槌之外，槌球游戏还有球门和撞柱。槌球的球门是球场内供球通过的铁环门，高30.5厘米，宽9.5厘米，一般为木制或金属，多数为纯白色，以方便户外辨认(如图2-20)。所谓撞柱，是插在球门外侧供球撞击的木柱，高45.7厘米左右，前后门各有一个。

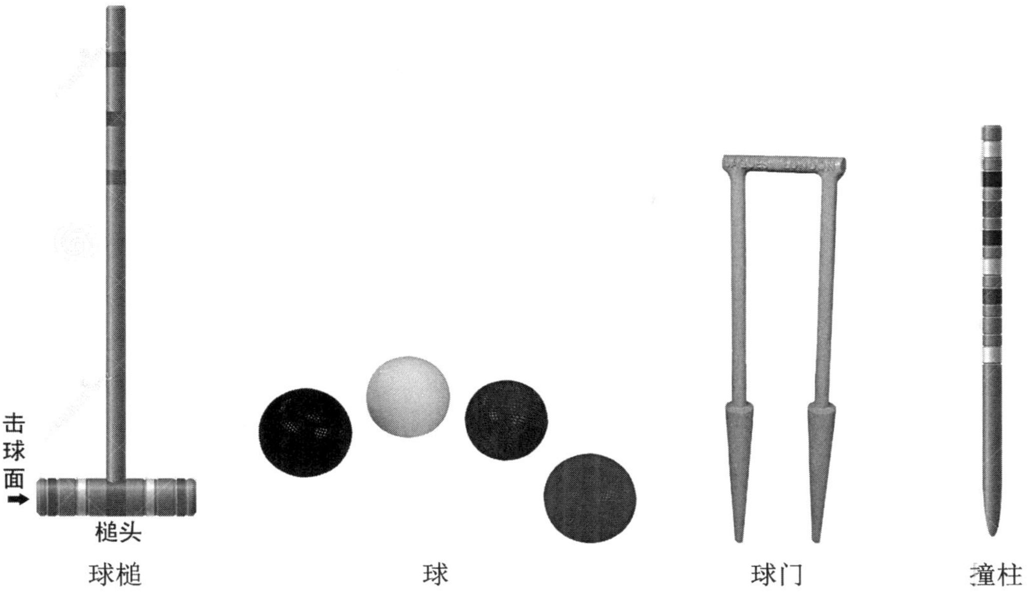

图 2-20　现代槌球球具（彩图 1）

槌球的场地为长方形，长32米、宽25.6米。由于流行时间比较长，槌球有不同的赛制，国外一般有9个球门和6个球门，球的颜色有黑、红、蓝、绿、橙、黄等。而我国的门球比赛，球门一般只有3个，球的颜色只有红、白两种。槌球的基本规则是：参赛双方依次使球通过球门，撞击终点柱，完成比赛。每球按顺序每通过一个球门得1分，撞柱得2分，以比赛结束时每队队员所得分值总和来判定胜负，总得分多者胜。

以“6门制”槌球为例，一般规则是：游戏开始前，球场上安置6个铁环门和1个撞柱(安放在两端球门外)，双方将球从球场一侧滚至另一侧界线上，球最接近界线者有权选择先击或后击。比赛用4个球，颜色分别为蓝、红、黑、黄。如果两人游戏，每人击两球；如果4人游戏，每人各击1球。游戏开始，双方轮流击球，每次各击1球，一般不得连击，如甲方击蓝、黑色球，乙方则要击红、黄色球，击球顺序为蓝、红、黑、黄，如此交替。如果有以下情况，可以连续击球：(1)按规定路线，球穿过1个铁环门，可再击球1次。(2)击球时，击中任何一个其他球，可再有两次击球权。第1次叫“贴击”，即把自己的球放在被击中的球旁，用一脚踩住自己的球，然后击打该球，使其撞走另一个球。如果被“贴击”的球属于本方，则可为该球创造有利条件，击中其他球则赢得连击机会。第2次击球时，如球不能穿过铁环门，则应将球击打到有利的地点(每回合只允许有1次连击机会)。

二、地掷球（Bocce）

地掷球是另外一项国外流行的球类运动，要求双方运动员在规定的场地内用手投掷球进行对抗，英文名称为“Bocce”。地掷球早期是古埃及的一种球类游戏，后来传入古希腊和古罗马，古罗马人为地掷球运动的发展作出了很大贡献。17、18世纪西欧国家殖民扩张时期，地掷球先后传到南、北美洲，后来遍及全世界。现在，地掷球已经演变为一种新兴体育项目，除了具有娱乐功能，还具有健身功能。

地掷球是两到多人玩的球类游戏，比赛场地长26.5米，宽4.5米，四周围板高度是25厘米，场地是沙土地或塑胶场地(如图2–21)。比赛用球分大球和小球两种，均由金属或合成塑料制成。其中大球重920—1,000克，直径为11厘米，为队员投掷用球；小球重60克，直径为4厘米，是比赛的基准球(如图2–22)。早期的地掷球是用石头磨制成的，在当时要做到重量和大小相等非常困难。后来，人们发现用橄榄木制成的硬木球不但做工简单，而且手感比石质球要好得多，于是这项运动逐渐流行起来。现在地掷球在欧美国家有了很大的发展，球的材料也被金属和合成塑料所取代，球的大小、重量、圆度等都有了严格的规定。同时，地掷球的战术也有了巨大变化，出现了不同的规则和玩法。

图2–21 地掷球场地

地掷球不像其他球类游戏那样极具对抗性，而是更加注重对球的控制能力。游戏时，双方首先用抛硬币或其他手段决定游戏场地和优先抛球权，然后选定所用大球的数量和颜色。第一局游戏，裁判将小球放在开球点上，争得优先抛球权的一方先向小球投掷己方大球，之后再开局时，由胜方决定小球的位置。双方交替投掷己方大球，看谁的球更接近小球。游戏过程中，可以投掷己方大球将接近小球的对方大球击远，也可以用己方大球击打己方另一大球使其更接近小球，目的是在规定时间内使己方更多大球接近小球，同时使对方大球远离小球。最后，由裁判测定哪方球更接近小球，最短距离得1分，有1球近得1分，有2球近得2分。依此类推，最后以得分多少判断胜负。

图 2-22 地掷球球具（彩图 2）

地掷球与槌球一样，运动量不大，对力量的要求不高，注重技艺的运用，从某种角度来说更加接近人类进行游戏的原始动机。

三、杯球（Cup and Ball）和穿环游戏（Ring and Pin）

“Cup and Ball”有时也称作“Ball in a Cup”，字面翻译为“杯球”，是与穿环游戏(Ring and Pin)异曲同工的球类游戏。该游戏起源尚无定论，目前流行于世界各地，尤其在美国、日本、法国常常能见到这种游戏。杯球顾名思义就是将球放进一个类似茶杯或碗的木制容器的游戏行为，即将一个球和杯状物的木柄通过一根绳子连接起来，然后手持木柄甩动绳子，尝试用木柄带杯的一端接住球，使之停靠在木柄的顶端(球具如图2-23、图2-24，玩法如图2-25)。

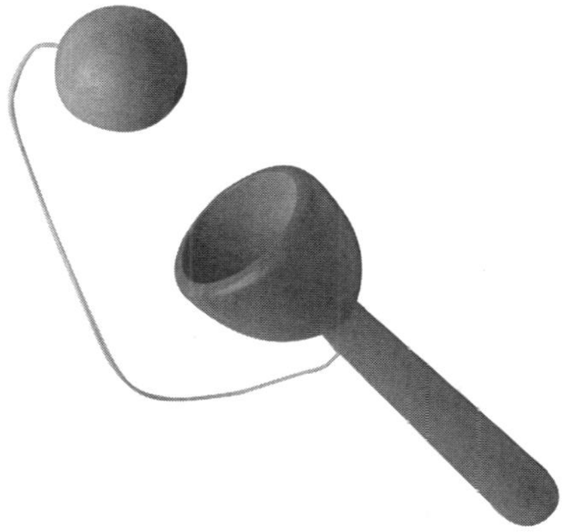

图 2-23 杯球球具

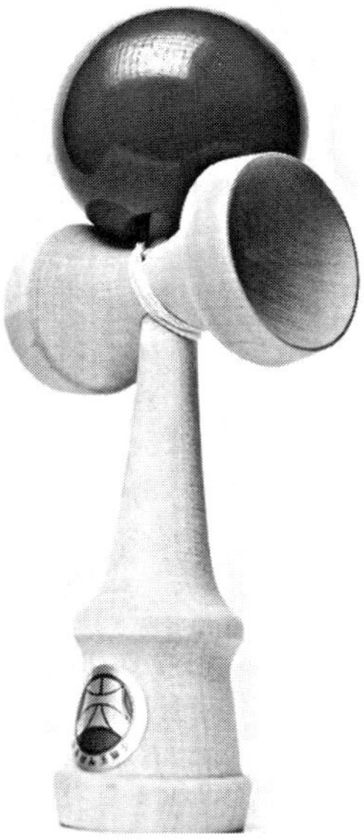

图 2-24 日本杯球“Kendama”球具　　　图 2-25 杯球玩法示意

穿环游戏与杯球原理相同，不过是换球为环，易杯为柄。早期的北美印第安人所玩的穿环游戏所用的材料多为兽骨，骨柄和骨环之间用绳子连接，玩家手持骨柄关节较粗的一端，尝试将尖的一端穿过骨关节。环的骨关节从大到小依次拴在绳子的一端，绳子另一端则与骨柄相连。相对而言，穿环游戏是难度更高的游戏，即使顺利穿过第一个骨环，也很难穿过顶端越来越小的环。图2-26为作者在北美印第安人所在地拍摄的兽骨制成的穿环游戏。

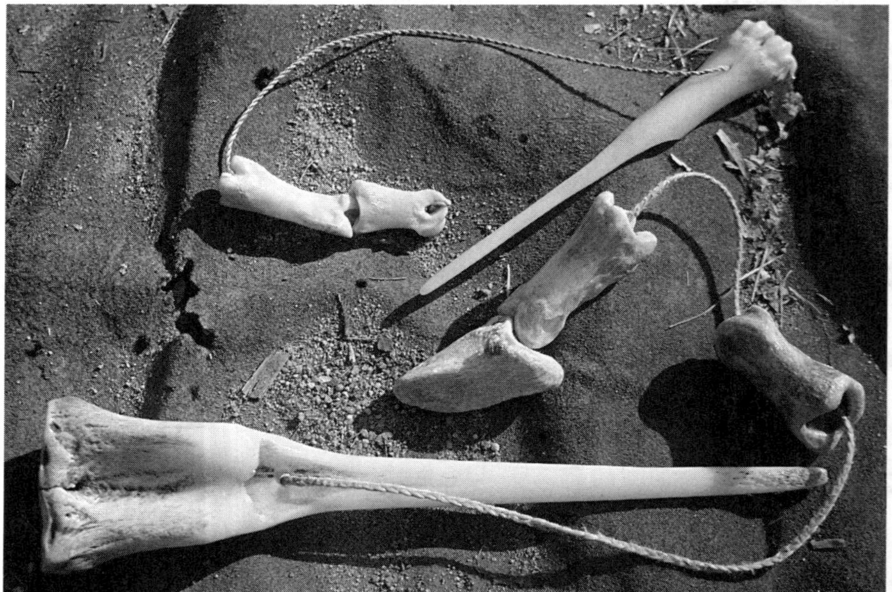

图 2-26 北美土著居民自制的穿环游戏

第三节　中外相似的球类游戏

一、步打球与曲棍球

步打球是我国古代的球类游戏，从马球演变而来，是一种徒步以杖击球的运动。步打球大概从唐代开始流行，宋代时又称“步击”。步打球让人弃马步行，是其与马球的不同之处，其余规则与马球颇为相似。步打球所用的球为硬质、表面涂色的木球，游戏时需用杖头弯曲的“月杖”击球。比赛时分两队，队员各持月杖徒步击球，以筹记分，得分多者获胜，其运动方式与现代曲棍球相同。

我国关于步打球的最早记录见于唐代王建的《宫词一百首》，其中的第十三首对宫中女子玩步打球进行了详细描述：“殿前铺设两边楼，寒食宫人步打球。一半走来争跪拜，上棚先谢得头筹。”这首诗描写了寒食节这天，宫女们到宫殿前给皇帝表演步打球的情形。“两边楼”应该就是双方的球门，“一半走来争跪拜，上棚先谢得头筹”即步打球是两队竞赛，每队人数相等，“得头筹”即胜第一个球的一队走到皇帝跟前去跪拜，胜者有赏。柏林体育出版社1981年出版的《曲棍球运动》一书也介绍了中国2000多年前的士兵用棍和球进行比赛的活动。从这些文字资料可以推断，欧洲的曲棍球与中国的步打球之间应该有一定的渊源。

我国的步打球在唐以后的很长一段时间内一直流行。宋元时，由步打球又发展出一种新的球类运动——“捶丸”，直到清末，它还在民间流传。

现代曲棍球起源于英国，英文名称为“Hockey”，意思是牧羊人的棍杖。它是世界上历史最悠久的体育项目之一，它的出现远远早于最初的奥林匹克运动会。早期的曲棍球是一种球类游戏，在埃及的金字塔和古希腊的大理石浮雕中都有曲棍球比赛的图案。

有历史学家认为，曲棍球运动在许多国家的古文明时期就已经出现，在中国、印度、波斯等国都有历史记载，但尚无资料表明我国的步打球就是曲棍球。古代人类曾以树枝和棍棒打击或滚动球状物，以庆贺凯旋，或向固定的目标滚掷石头，或用棍杖逗弄圆石滚转，以自我娱乐。这些活动经过漫长岁月的演变和发展，渐渐演化成曲棍球运动。

除了文字描述，一些国家出土的文物也为曲棍球的研究提供了依据。在埃及尼罗河流域的贝尼·哈桑发现的第十六个坟墓的壁画上，有两人相对而立且手持弯曲的木棍彼此交互重叠的图案。1922年，在雅典海岸防波堤上发掘的古代遗迹中，雕刻在堤壁上的一幅浮雕描绘有6个球员参加一种类似曲棍球的游戏，球杖与现代曲棍球球杖非常相似。浮雕中，4人持棍在两旁站立，中间两人似做曲棍球的争球动作，与现代曲棍球的争球方式十分相似(如图2-27)。因此，上述壁画和浮雕所表现的运动内容极有可能是现代曲棍球的前身。

图 2-27 古希腊游戏浮雕

二、捶丸、高尔夫球与儿童弹球

(一)捶丸与高尔夫球

捶丸被称为中国古代的高尔夫球，源于唐代的步打球，形成于宋代，成熟于北宋徽宗时期。元朝初年，文人编写了捶丸专著《丸经》一书，对捶丸游戏的场地、器具、竞赛规则、击法和战术等作了详细的记录和总结。捶丸大盛于宋、金、元三代，在元曲、杂剧中都有提及。捶丸发展至明代时虽然已经远不如元朝时那样普及，但尚未绝迹，到了清代便逐渐衰落，所见的仅是流行于妇女、儿童间简单的捶丸游戏。

凌洪龄教授在《捶丸和高尔夫球的对比与它们的关系》一文中，对捶丸和高尔夫球的场地、球丸、球杖、规则及品德要求等方面作了详细的对比研究，并得出结论认为两者十分相似。首先，捶丸和高尔夫球一样，也是用球杖击球，所用的球杖基本相同。捶丸所用的球杖，称为“杈”，杖的形式多样，分为“杓棒”“扑棒”“撺棒”“单手”“鹰嘴”等，并以球杖数分为全副(十根)、中副(八根)、小副(八根以下)三种。捶丸击打的球称为“丸”，用“赘木”(树瘤子)制成。这种木头纤维材质紧密，十分坚固，耐击打。“丸”的选择以适中为宜，不可太轻，轻则飘；也不可太重，重则使人行动迟滞。

其次，宋朝时，捶丸取消了步打球的球门，改为场上设“窝”，以杖击球，与高尔夫球相似。窝又叫“家”，即小洞。窝旁边插小旗，以示区别。游戏时，以球入窝为胜。在《明宣宗宫中行乐图》描绘宣宗进行捶丸游戏的场景中，场上遍插小旗的球窝与文字记载非常吻合(如图2-28)。在明代杜堇所绘的《仕女图》中，也有宫女玩捶丸的场景(如图2-29)。

图 2-28 《明宣宗宫中行乐图》中的捶丸

图 2-29 《仕女图·捶丸》(杜堇)

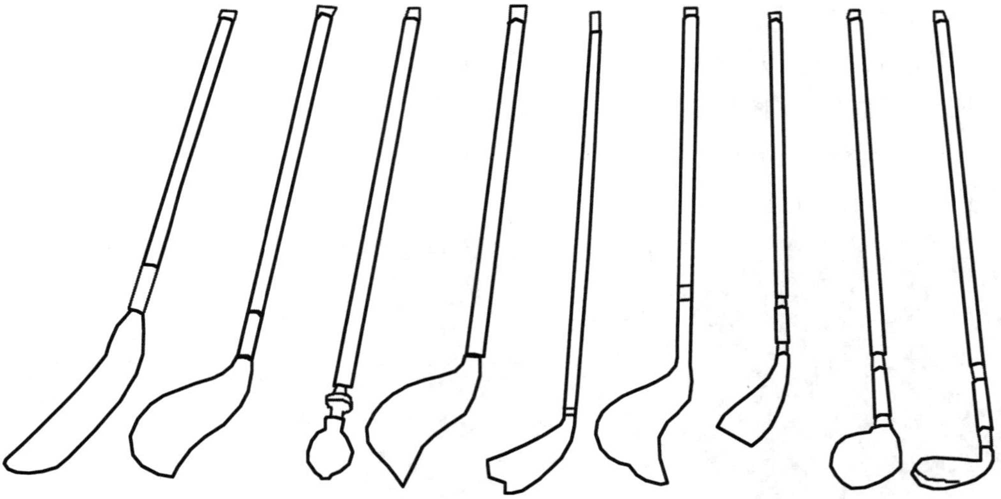

图 2–30 捶丸所用球杖复原图

最后，捶丸的场地选择与高尔夫球也极为相似，场地多设在野外，对地形都有“凸凹不平”“高低不等”“前阻后碍”等要求。球场内画定的击球点，称为“基”。基的大小，长宽不满一尺(约34厘米)，一般选择正对球窝的地方。捶丸对基的要求比较严格，有很多具体的规定。比如球不准放在基外，画完或未画完基时，均不可在基处试棒；脚不许踏基，手亦不可擦拭；一旦画定，不许更换，不许毁掉。假如基周围五尺(约167厘米)内有人行走，则该人所在的一组即输。

捶丸击球时，可分为头棒、二棒。头棒需先安基再击丸，二棒时，丸在何处，则在何处捶，不另行安基。游戏时，可依据人数分成不同规模的组，称为“班”或“朋”，也可不分，每人各自为战。比赛前，每人先到“关牌”处领筹(又叫牌)，每人五筹。捶丸时，每人三棒，三棒均将球击入窝中才能赢一筹，所赢的筹由输家给。根据筹之多少可分为大筹、中筹、小筹，大筹是20筹，中筹是15筹，小筹是10筹。判定胜负时，分别以先得以上各数者为胜，或者小组中胜者人数多的组赢。比如10人玩，5人一组，甲队5人胜，乙队4人胜，则甲队胜。

捶丸还有一系列惩罚规则：不许换球，不准重捶，犯者本人及同组皆输；不许为他人指示地形，犯者输；借棒与他人，错击他人球者输；替他人击者输双筹；打在窝中用杖拨丸而击者输；先有人在第二棒时将丸打在窝边，若后来人故意捶丸撞该球者输。凡此种种，输方出筹，交予对方。最后，以得筹多少判定胜负，并以筹为据分割财物。

（二）儿童弹球

弹球是一种世界范围内广泛流行的儿童游戏，大概有2000多年的历史。弹球又叫“打珠子”，英文叫作“Marble”。早期的弹球多为石子，19世纪后，随着玻璃工艺的出现，大量玻璃弹球被生产出来。弹球材料为透明或磨砂玻璃，直径大小为1厘米左右，球体中心饰有五颜六色的彩色玻璃芯，形状各异，有弯月形、花瓣形、树叶形、彩条形等(如图2–31)。弹球的玩法与捶丸、高尔夫球颇为相似，同样要求地上有球洞，将自己的球打进洞内。但儿童玩的弹球对球洞的要求不高，在泥地上直接将玻璃球踩进土地，压出的小坑即可作为球洞。游戏时，参与者拿出数枚玻璃球，输者将丧失对玻璃球的所有权。玩家一般通过手指力度来控制球的滚动速度和距离(如图2–32)。

图2–31　形态各异的玻璃球

弹球的玩法很多，但在世界范围内都很相似。最常见的玩法为在地上画一个圆圈，玩家将对方玻璃球弹出圈外，就能赢取被自己击中的玻璃球(如图2–33、图2–34)。另外一种弹球玩法与高尔夫球很相似，游戏时在地上挖5个圆洞(或者用脚将玻璃球在地面上“压”出一个圆坑)，先打完5个洞者就变“老虎”，“老虎”打着谁的球，就把谁的玻璃球赢走。

图2–32　弹球的指法

图 2–33 英国儿童弹球场景

图 2–34 北美儿童弹球场景

三、木射与保龄球

木射不是射击游戏，而是一种特别的球类游戏。木射又称“十五柱球戏”，规则类似于现在的保龄球，内涵则颇具中国传统道德观念意味。据传，木射始于唐代，唐人陆秉的《木射图》一书对此有详细记载，可惜该书早已失传，幸有宋人晁公武曾读到此书，在其《郡斋读书志》一书中对“木射”作了较为形象的描述：“为十五笋以代侯，击地球以触之。饰以朱、墨，字以贵、贱之。朱者：仁、义、礼、智、信、温、良、恭、俭、让；墨者：慢、傲、佞、贪、滥。仁者胜，滥者负，而行一赏罚焉。”[①]描述虽然简单，但玩法一目了然。用现代汉语表述就是，将木头削成笋状作为靶子，象征“侯”，形状上窄下宽，立在地上不易翻倒。以红、黑两种颜色区分靶子，共计15根，

① 麻国钧，麻淑云. 中华传统游戏大全［M］. 北京：农村读物出版社，1990：313.

竖立在场地一端。其中10个靶子涂上红色，上面刻写仁、义、礼、智、信、温、良、恭、俭、让；另外5个靶子以黑色涂之，并刻写慢、傲、佞、贪、滥。游戏时，靶子按红黑相间顺序排列，立在场地一端作为目标，游戏者站在场地另一端，持象征“箭”的木球使其滚向木笋，命中红靶子者胜，命中黑靶子者输，击倒红靶子多者为最终胜者（如图2-35、图2-36）。

图 2-35 木射球具

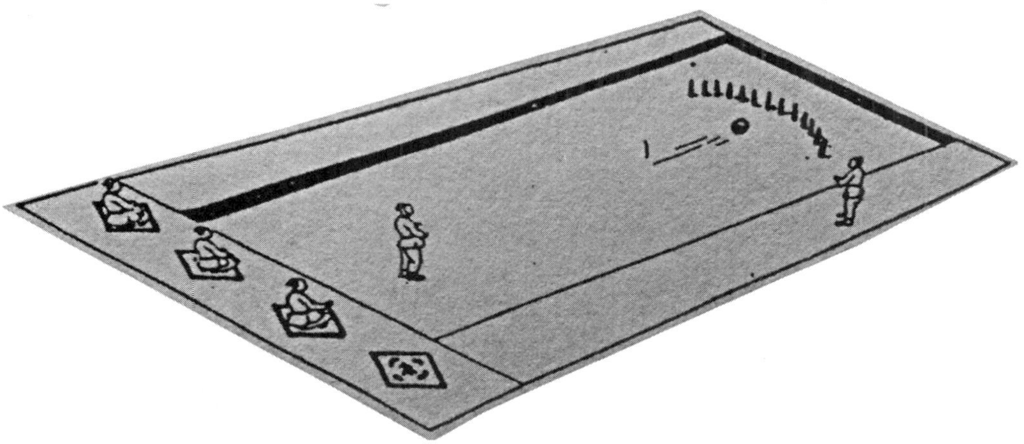

图 2-36 木射球场

仁、义、礼、智、信、温、良、恭、俭、让，傲、慢、佞、贪、滥是我国封建社会进行伦理道德评判的基本依据。其中，“仁、义、礼、智、信”是董仲舒提出的“五常”之道，是封建社会最重要的道德规范；“温、良、恭、俭、让”是我国古代为人处世的传统美德；“傲、慢、佞、贪、滥”则是在美德的对立面。木射反映了古代人的伦理观，体现了我国传统文化中惩恶扬善的道德观念，这也是中国传统民间游戏的典型特点。

保龄球又称地滚球，是一种在世界范围内广泛流行的球类游戏。国外保龄球有“十柱球”“九柱球”“五柱球”（流行于加拿大）之分，分别称为Ten-pins、Nine-pins、Five-pins。十柱球就是现在全世界流行的保龄球；九柱球为十柱球的早期形式，即现在保龄球的前身（如图2-37、图2-38）；而五柱球与前两种球差别较大，为加拿大特有的一种保龄球。在欧美等国，九柱球是传统文化的象征，一些旅游景点常常将其作为传统文化纪念品出售。同时，它也是西方其他国家民间游戏的代表。

图 2-37 九柱保龄球球具

图 2-38 九柱保龄球玩法

木射的游戏规则与西方的保龄球极为相似，两者都是在地面上滚球击中物体的游戏，并且被击物体的外形也很相似，都是上窄下宽的柱状物。据《中国大百科全书·体育卷》记载，公元3—4世纪的德国有一种类似于保龄球的运动。最初，天主教徒在教堂走廊中安放木柱象征异教徒和邪恶力量，人们用石头滚地击柱，认为击倒木柱，就能为自己赎罪、消灾；击不中就应更加虔诚地信仰“天主”。至14世纪初，这一活动逐渐演变为德国人普遍喜爱的体育运动。欧美的保龄球在20世纪初传到中国，而我国古代与之相似的木射则早已消失不见。

木射与保龄球的文化背景不同，分别体现出东西方的文化观念，前者反映的是儒家思想，后者体现的是西方的宗教文化。无论是木射和保龄球的游戏形式，还是它们所传递出的伦理观念，都有着异乎寻常的相似性。这种相似性为我们研究传统民间游戏的传播途径提供了很大的思考空间。

课内实践

结合当地球类游戏特色，选取有代表性的球类游戏组织学生体验和讨论。

第三章 角力、竞技类游戏

本章要点

1. 角力、竞技类游戏的形式特点
2. 人与人的角力与竞技
3. 与动物、植物有关的角力与竞技

角力、竞技类游戏是古老的游戏形式，源于古代的军事训练，带有强烈的较量、对抗色彩，游戏者需用自己的力量或技能压倒对方、战胜对方。在古希腊，角力、竞技类游戏是古代奥林匹克运动会的比赛内容，其形式有摔跤、拳击和搏击等，并且有详细的比赛规则和严格的参赛要求。直到现在，这些古老的竞赛形式依然保持着旺盛的生命力和稳固的观众基础。

与其他游戏相比，角力、竞技类游戏更加注重较量与对抗，更加注重展示游戏者的力量和技能。这类游戏在古代社会比较常见，游戏形式包括摔跤、拔河等团体对抗和斗鸡、搏击、掰手腕等单人竞技，还包括人与动物、动物与动物的较量。在古埃及的花瓶上、古希腊和古罗马的雕塑上、我国古代的画像砖和画像石上，常常有古老的角力、竞技类游戏场景。

第一节 人与人的角力与竞技

一、摔跤

摔跤是一种古老的游戏活动，也是近代体育比赛项目之一。摔跤在我国古代称为“角力”“角抵”“相扑”“争跤”等，它的萌芽和古人与自然的搏斗、部落与部落之间的战斗有密切联系。南朝人任昉的《述异记》记载，上古时的蚩尤部落“耳鬓如剑戟，头有角，与轩辕斗，以角抵人，人不能向。今冀州有乐名‘蚩尤戏’，其民两两三三，头戴牛角以相抵，汉造角抵戏，盖其遗制也”。这种“蚩尤戏”就是我国古代摔跤的雏形。

摔跤在我国古代也是军事作战的一种技能，属于徒手搏斗的范围。《礼记·月令》记载：“孟冬之月……天子乃命将帅讲武，习射御角力。”这与当时的现实条件息息相关，古代双方对战，靠的就是射箭、驾车、角力等手段，很多时候，军队操练的主要科目就是一些游戏项目。

战争结束之后，人们的生活稳定安逸，军事训练也不再那么频繁，于是摔跤从单一的军事训练活动走向民间，最终成为供人欣赏的娱乐活动。秦始皇统一六国后，将摔跤命名为“角抵”。汉代以后，摔跤逐渐成为表演或比赛项目，尤其是在一些节日里，成为宫廷的娱乐项目。唐代时，出现了我国第一部摔跤专著《角力记》，记载了从春秋战国到五代十国的摔跤历史。北宋时，摔跤技术强调轻便敏捷，名手辈出。女子摔跤在此时相当普及，周密的《武林旧事》卷六就列出多名南宋临安有名的女摔跤手。元、明、清时期，摔跤融合了满族和蒙古族的技艺。清朝时的摔跤很受皇帝重视，皇宫内设有“善扑营”，用来训练摔跤能手。清朝灭亡后，这些善扑营的摔跤手沦落民间，以表演摔跤养家糊口，从食俸禄的“官跤”转变为民间的“掼跤”。清朝宫廷画家在《塞宴四事图》中对清代摔跤有生动形象的刻画(如图3–1)。

图3–1　《塞宴四事图》中的摔跤场面

摔跤在古希腊和古罗马是一种打斗运动项目，非常受欢迎，与搏击、拳击并列为古代奥林匹克运动会的运动项目。许多早期的艺术作品都记载了摔跤的场景，可以想象这项运动在当时的普及程度。古希腊、古罗马的摔跤规则十分详细，对禁止与允许的动作都有明确规定。比如，当一方背、肩、臀着地，或主动投降，又或被摔出场地时，对方可以得分。同时，不准故意踢打、袭击眼部和撕咬对方，等等。图3–2是公元前510年左右的古罗马雕塑作品，其中有4名男子，中间两人为对战双方，两侧分别是己方队员，右侧一人手持杆杖，肌肉发达，显示出当时人们对人体力量美的崇拜。

图 3–2 古罗马摔跤浮雕作品

搏击是古希腊人为了训练士兵而发明的搏斗术，是古希腊拳击和摔跤的结合体。搏击与摔跤类似，但比摔跤更自由随意，除了不允许“咬”和“挖眼”外，允许使用任何技术手段，是古代的综合格斗术。死亡在比赛中是常有的事，裁判因而会严格执行规定，双方稍有犯规，裁判就会用鞭子或棍子击打犯规者以示警告。在出土的古希腊陶罐上，有许多作品以搏击、摔跤或其他早期对抗游戏场景作装饰(如图3–3、图3–4)。

图 3–3 古希腊陶罐上的搏击场面

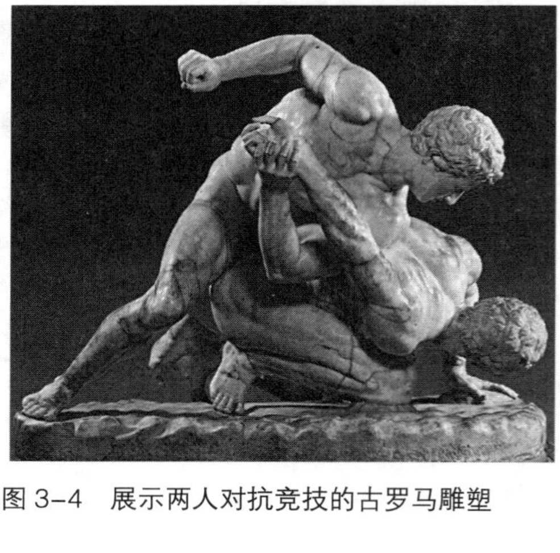

图 3–4 展示两人对抗竞技的古罗马雕塑

二、拔河

拔河是一项历史悠久的团队角力运动，是由人数相等的双方对拉一根粗绳以比较力量的对抗性娱乐活动。拔河在世界各地都很流行，甚至在1900—1920年的奥运会上被列为比赛项目。

拔河在我国最早出现于春秋战国时期，用来训练士兵在作战时“钩拉”或“强拒”的能力。在唐代之前，拔河叫作牵钩、钩强、施钩，拔河的名称也是在唐朝开始使用的。据《墨子·鲁问》和《荆楚岁时记》记载，拔河这种角力游戏起源于春秋后期的水上战争。在楚、吴的舟战对峙中，楚国聘请鲁国名匠公输般设计了一种器具来抗敌，名为“钩强”。当舟战有利于己方时，可以用它勾住敌船，以防敌人逃脱；当舟战不利于己方时，可用它顶住敌船，以防其靠近。后来，这种舟战的方式从水上转移到陆地，从“退则钩之，进则强(拒)之”演变为单一的“钩”，即拖、牵技巧。此时，钩、拖、牵原理和拔河已非常接近，这项活动也自然而然演变成娱乐竞技。唐宋时期，拔河不仅在民间流传，而且在皇宫中也有举行，且规模宏大。唐玄宗曾多次观看拔河比赛，尤其在宴请外宾时，拔河者多至千余人，呼声振天，中外观众无不震撼。至于民间，拔河比赛也是热闹非凡。唐代封演的《封氏闻见记》记载：“今民则以大麻絙，长四五十丈，两头分系小索数百条，挂于前。分两朋，两钩齐挽。当大絙之中，立大旗为界。震鼓叫噪，使相牵引。”从描述中可以看出，古代的拔河用绳极长，且不止一条，大绳中间以旗为界，大绳两头又分别挂小绳数百条。由此推算，游戏人数可达数千人。拔河时锣鼓喧天，规模之大，超出想象。因此，拔河非常具有节日气氛。古代拔河一般多在寒食节、清明节和元宵节举行，给节日增添了欢乐。

相对于古代，现代拔河的游戏规模要小很多，一般只有一根长绳，参赛人数为20—30人，双方人数一致，分站于绳的两端，被拉过界限的一方即为输。除了这种常见的拔河，一些民族和地区还有拔河的变体。藏族有一种名为“格吞”的拔河，把绳的两端分别套在两个人的颈部，他们相对而立，互相对拉(如图3-5)。此外，在另一种拔河中，两个人以手为绳，握住对方的手，以把对方拉到自己界限之内为胜。如果是多人参加，两队的第一个人需要彼此拉紧对方的手，从第二个人到最后一个人依次环抱住自己前面队员的腰，然后各方使劲往己方拉拽(如图3-6)。还有一种形式是两个人把绳子两端挎在肩上，侧向对拉，如老牛拉车，名曰“牛奔”；或者把绳套在颈部，从裆下拉过，两人背对着，手扶地，对拉，如大象一样，名曰“大象拔河”。

图 3-5 藏族拔河游戏“格吞”

图 3-6 北美儿童以手代绳的拔河比赛

国外称拔河为“Tug of War”或者“Rope War”，具有明显的对抗意味。这种拉绳子游戏源于古代的一些仪式和神话故事。柬埔寨吴哥窟一层东面一侧墙上有一组叫作《搅动乳海》(Churning of Milk Sea)(如图3–7)的长浮雕，讲的是印度教中“神”与“魔”抱着巨蟒“搅动乳海”获取长生不老药的神话故事。浮雕中，蛇头一端被魔控制，蛇尾一端被神拉着，各方都在使劲往己方拉扯巨蟒，完全是一幅生动的拔河运动场面。

图3–7 柬埔寨吴哥寺浮雕《搅动乳海》

三、跳绳

跳绳又称“跳白索”“跳百索”，是一种古老的民俗娱乐活动，在世界各地都很流行。现在，跳绳不仅是一种自发的游戏活动，还是一种强身健体的运动项目。跳绳形式多样，包括单人跳、双人跳以及多人跳。跳绳在我国具有悠久的历史，汉代出土的画像石上就有生动逼真的跳绳图案，其中的人物动作与今天的单人跳绳没有差别。可见，跳绳游戏早在汉代以前就已非常成熟。跳绳在我国许

图3–8 《乐舞百戏车马出行图》中的跳绳场景

图3-9 国外儿童单人跳绳场景

多文献资料中都有记载，清代诗人彭蕴章在《松风阁诗钞》中记录了清代童子跳绳时伴唱的歌谣："白光如轮舞索童，一童舞索一童唱，一童跳入光轮中。"

在国外，跳绳也是非常普及的游戏活动，许多绘画作品为我们再现了当时的生动场景。有趣的是，国外儿童在跳绳时也会伴唱一些儿歌或童谣，为游戏增添乐趣。这也显示出东西方在游戏行为上的相似之处。跳绳有"小绳""大绳"之分，小绳就是单人跳绳(如图3-9)，自摇自跳；大绳则为多人游戏，两人摇绳，其他人轮番进入绳内，随着摇绳节奏跳绳。从技巧上看，跳绳又可分为单脚跳、双脚跳和双脚交叉跳。随着游戏的发展，跳绳又逐渐形成许多花样跳法，如飞绳、编花、带人、连摇等。

四、儿童角力、竞技游戏

图3-10 《儿童游戏》局部(老彼得·勃鲁盖尔，约1560年)

儿童角力、竞技游戏虽然在激烈程度上不及比赛场上的成人摔跤、拔河等运动，但也不乏竞技对抗。儿童角力、竞技游戏形式多样、规则简单，通过双方体能、技能的对抗较量，展示出一方的过人之处，显示出儿童独有的游戏特点。常见的儿童角力、竞技游戏包括跳山羊、撞拐、跳房子、滚铁环、摔面包等。图3-10为老彼得·勃鲁盖尔的油画作品《儿童游戏》，其中儿童"骑马打仗"和"跳山羊"的游戏，与我国同类游戏没有差别。在这幅作品中，还有许多表现儿童游戏瞬间的场景，其中的绝大部分在我国民间儿童游戏中都能见到。图3-11是《儿童游戏》中各个精彩的游戏瞬间，每种游戏都广为世人所熟悉。

图3-11　《儿童游戏》中的各种游戏瞬间（老彼得·勃鲁盖尔，约1560年）

（一）撞拐

撞拐又叫“斗鸡”“打腿架”，是一种流行于儿童之间的两人以上户外游戏，尤其在冬天比较盛行。游戏时，游戏者一条腿站立，另一条腿盘在胯前，一手或双手握脚，膝盖向前突出，以膝盖攻击对方，不允许用头、手、手臂、肘关节等身体其他部位攻击对方，双脚落地、被击出场外或失去平衡而倒地的一方即输掉比赛。撞拐需要一定的技巧，在进攻的同时要保持自身的平衡，进退、闪跳都要有一定的灵活性，并非单靠力气取胜。撞拐既是游戏，也是健身运动。它要求游戏者保持身体平衡，对腿部肌肉的爆发力和力量可以起到很好的锻炼作用，还能提高心肺功能及髋关节、膝关节、踝关节等的灵活性。撞拐的基本技能动作包括“上挑”（用单膝去挑对方膝盖，使其失去平衡）、“下压”（单膝自上而下压对方膝盖）、“击打”（单膝击打对方膝盖）和“挤靠”。撞拐既可由两人比赛，也可由多人对垒，形式灵活，充分利用了人体自身的资源，是人类智慧在游戏中的体现。

（二）摔方包

摔方包又叫“拍纸牌”“打纸包”“摔面包”“摔四角”“翻烟盒”等，玩法与过去的儿童游戏“拍洋画片”近似。不同的是，洋画片来自香烟盒里附带的小画片，而方包是用废纸折成的方方正正的厚纸包，有正反两面，因其外形方正，所以叫“四角”或“方包”。折方包所用纸张最好是比较重又不厚的，比如牛皮纸和杂志封面。软皮的烟盒也是折方包的绝佳材料，由于韧性好，用它折出来的方包不仅结实耐用，而且容易将对方方包摔翻。摔方包带有一定赌博性质，输者的方包归赢者所有。

摔方包游戏人数可以是两人，也可是多人。游戏前需要决定游戏顺序，即先决出输赢，输者需要将自己的方包正面朝上放在地上，赢者用自己的方包往对方方包附近的地上使劲摔，通过方包落地瞬间产生的风力使对方的方包翻个儿，即反面朝上，这样就能获胜，赢取对方的方包(如图3–12)。如果该目的没有达到，则轮到对方摔方包。摔方包有一定的技巧性，放在地上的方包哪边有翘起，便可以在这一边摔己方方包，方包落地瞬间，产生的风力更易使对方方包翻个儿。图3–13是方包的折法步骤图。

图3–12 摔方包游戏

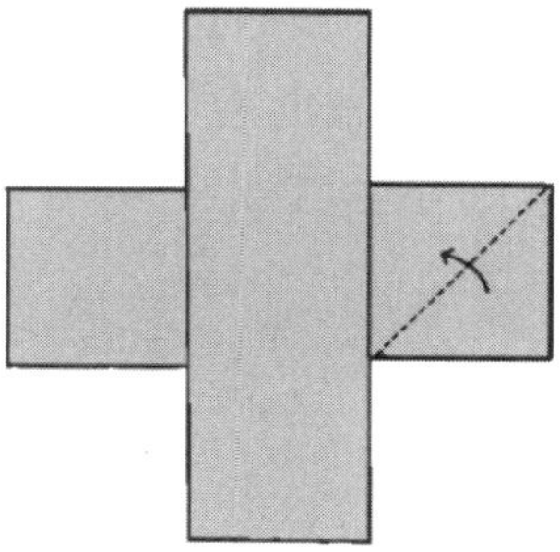

1. 两张纸如图交搭在一起，然后沿箭头把下面的那张纸以45度角折叠

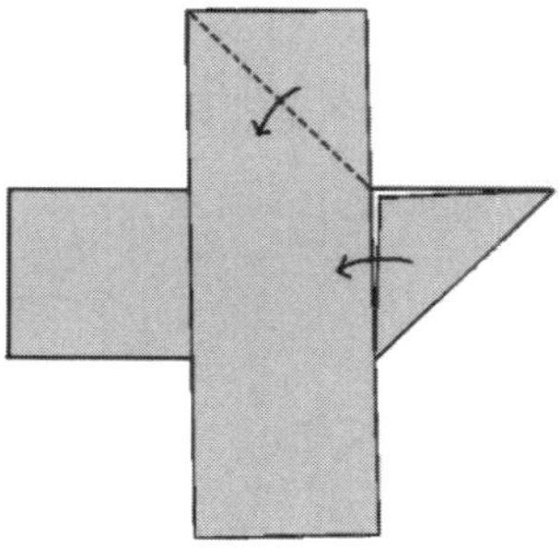

2. 第一个角折好后，沿箭头把它折到中间，然后再沿箭头折最上面的那个角

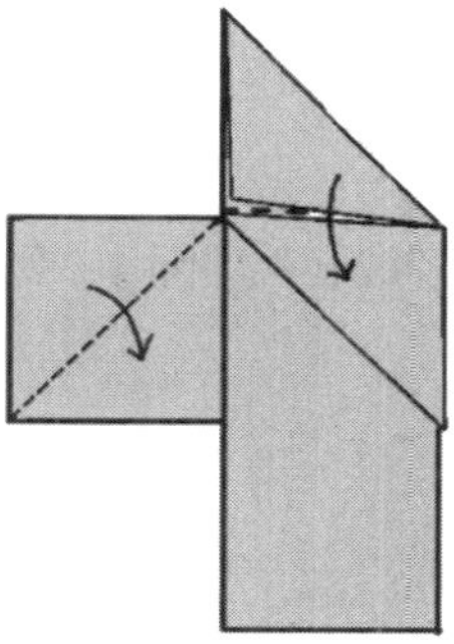

3. 按箭头所示依次折叠

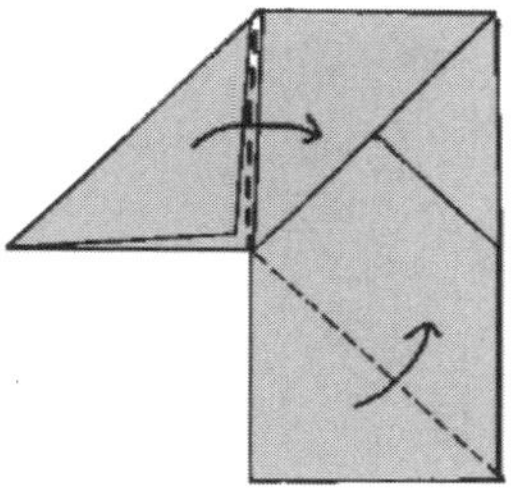

4. 继续沿着箭头折叠

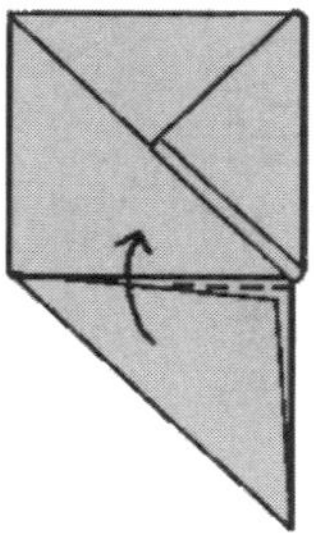

5. 折到最后一个角的时候

6. 把最后一个角塞进最开始折的那个角里面

正面

反面

图 3–13　方包的折法步骤图（含正反面）

（三）滚铁环

滚铁环是我国普遍流行的儿童游戏，国外称为滚圈，据说源自古埃及。古罗马时期，滚环在男女生之间也有差别，男生常用金属制“铁环”，而女生则多用木制

"圆环"。在我国，滚铁环多是铁制的。从图像资料上来看，国外儿童所用的铁环比我国儿童所用的铁环要大，辅助道具则要短小很多；我国儿童所玩的滚铁环正好相反，铁环小，辅助道具长。滚铁环游戏规则简单，一般就是用辅助道具推着铁环向前跑，铁环一旦倒下，则视为输掉比赛(如图 3–14、图 3–15、图 3–16)。

图 3–14 欧美儿童游戏滚铁环

图 3–15 我国儿童游戏滚铁环

图 3–16 《儿童游戏》中的滚铁环场景（老彼得・勃鲁盖尔，约 1560 年）

（四）跳房子

跳房子又称“跳飞机”“跳格子”，是世界上广泛流行的古老民间游戏，几乎在任何国家都能看到它的影子。有文字记载的跳房子游戏可追溯到17世纪的英国，但最早的跳房子游戏源自古罗马，罗马废墟上至今还有一幅保存完整的跳房子格子图。跳房子游戏在世界各地的名称都不相同，在英美国家称为“Hopscotch”或“Hop round”，又称为“Scotch-hop或Scotch-hoppers”；在印度叫作“Stapu”；在西班牙及拉美国家叫作“Rayuela”；在俄罗斯叫作“классики”；在我国某些省份叫作“踢瓦”“踢田”等。跳房子遍布世界各地，有很多变体，即便是同一个国家，跳房子所用的格子图也有差别。由名字推及，可知跳房子所用的格子图既像房间又像田地。格子图中的每个格子上写有数字、字母或其他标识性文字。格子图多为长方形，但在部分地区为圆形。我国跳房子的格子图与18世纪美国的跳房子格子图非常相似，都以长方形为主，顶端呈半圆弧形。在我国，格子图最上端的弧形处常常写着“天堂”“天空”或“天”等字，有些地方还会在代表房间或田地的不同格子里写上不同的动物名或规定要做的动作等（如图3-17）。

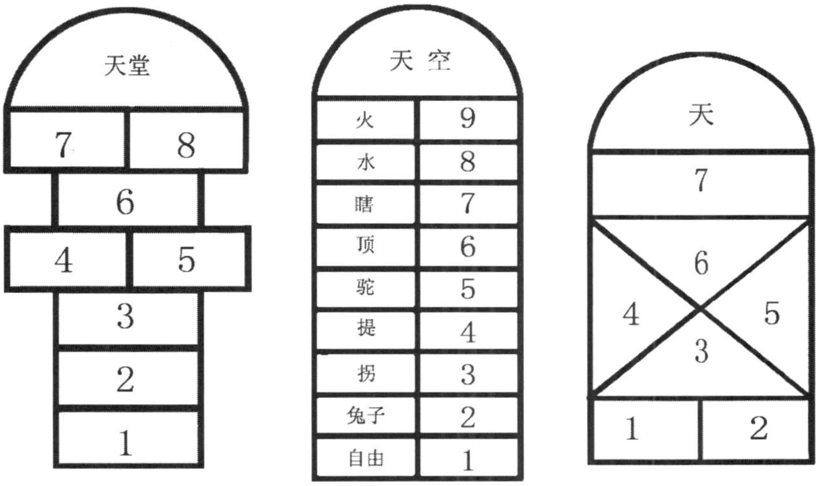

图3-17　我国部分地区的跳房子格子图

跳房子需要较大的游戏空间，过去一般多在土地上进行，用木棍或其他工具画格子图；现在多在水泥操场上进行，用粉笔或刷子画出格子图。其他国家有文物样的格子图，它们镶嵌在地面上，历经多年而未毁坏，既是游戏道具，也是历史见证。美国波士顿老市政厅门前的人行道上有一块用马赛克镶嵌的跳房子图形装饰，内容为波士顿拉丁中学的简介和说明，每一格子用儿童游戏图案装饰，具有浓厚的文化趣味（如图3-18）。

图 3-18　波士顿老市政厅门前镶嵌跳房子格子图的马路铺装

图 3-19　我国儿童玩跳房子的游戏场景

在我国,跳房子所用的“子”多为“瓦片”“石子”或“沙包”,也有一些地方用“田螺”或“干果皮”代替。用尖刀在干果皮上钻洞,然后用绳子串成一串,或者串几个算盘珠、旧铜钱等,都可以踢得趣味盎然(如图3-19)。瓦片或石子不太容易滚动,游戏者也不能用力太大,否则可能踢一次就越过两间或多间房子,这样即为犯规。跳房子具有一定技巧性,既能锻炼脚的控制能力,还可锻炼身体的平衡能力。

游戏时,先画好格子图,然后把游戏所用的代表“子”的物品扔进第一间房子(即标有数字1的格子),随后单脚跳进格子内,踢动“子”一间一间往前挪动,直到跳完全部房间。然后,背对格子站立,将“子”由头顶向后抛出。“子”落在哪一间房,这间房即为该玩家的房子,可以将其画上记号,称为“盖房子”。玩家以后跳至自己的房子这一格时,可以双脚落地休息;别人跳时则必须跃过这一间房子。跳房子游戏最后以盖房子的多少排列名次。第一间踢完,则下次再轮到自己时将“子”扔进第二间,然后像踢第一间房子那样完成所有步骤。跳房子还有很多犯规的专业术语,比如游戏中压到房间的边线叫“压杠”,脚踏到边线叫“踩杠”,双脚着地叫“落地”,在一个格子里踢了两次叫“活动脚”,等等。犯规后就要出局,等下一轮时再从上次失手处接着进行。此外,遇到格子图中如“4、5”或“7、8”这样并列的方格时,可双脚落地休息。

北美跳房子的规则与我国大同小异，也是从第一间房子开始，一间一间完成所有任务，赢家为最先踢完所有房间格子的人(如图3-20、图3-21)。

图3-20　北美儿童玩跳房子的游戏场景

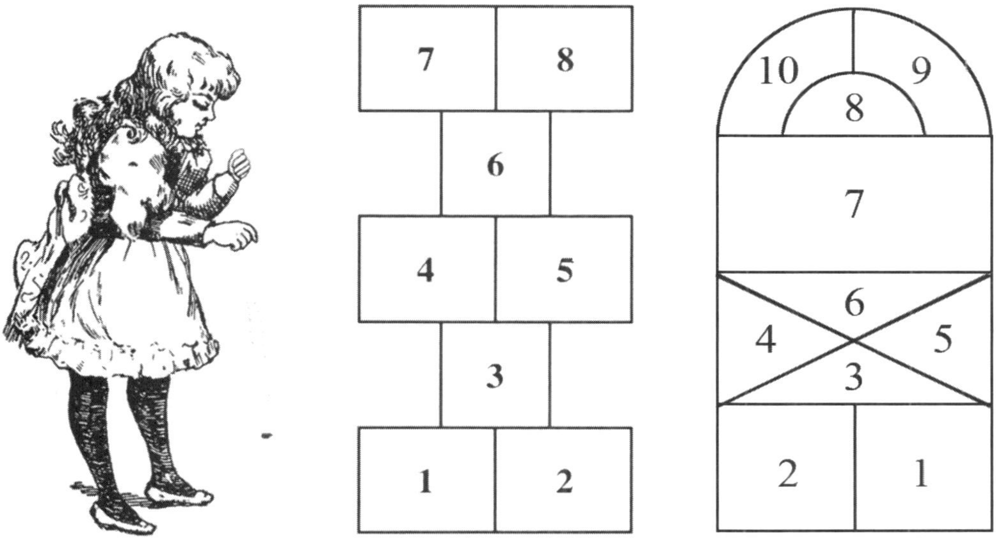

图3-21　北美跳房子所用的格子图

图 3-22 英格兰跳房子长方形格子图

图 3-23 英格兰跳房子圆形格子图

图 3-24 法国跳房子蜗牛壳格子图

英格兰的跳房子游戏称为“Hop-round”或“Scotch-hoppers”。据历史学家考证，古代英格兰的跳房子由罗马战士传入，规则与后来稍有差别。19世纪后，英格兰仍称跳房子为“Scotch-hoppers”，格子图与世界上大多数国家的相同，规则相似，也是从数字1开始扔石子，一格一格踢，踢完第一间再从第二间开始，依此类推，遇到“2、3”“5、6”“8、9”等格子时可双脚落地休息，这后来成为跳房子的标准(如图3-22)。

英国的跳房子游戏要求每人有五枚石子。游戏开始前，所有参与者一起商议一个分数，之后决定游戏顺序。第一个玩家开始时，需将自己的五枚石子丢进圆形格子图内，然后开始计算每枚石子的分数，五枚石子相加的分数为最终分数，压线或出界的石子不能算分。之后，玩家开始从第一个格子单腿跳起，每经过一个有自己石子的格子时要弯腰将其捡起，直到捡完所有石子并成功跳完所有格子，才可以挑选任一格子为自己的房子，写上自己的名字，其他玩家经过此格时必须越过，不可停留，首先达到开始规定的分数者即为赢家(如图3-23)。

法国的跳房子称为“Escargot”，意为“法国蜗牛”，因此，法国的跳房子格子图为螺旋状的“蜗牛壳”(如图3-24)。游戏不需要瓦片或石子等道具，赢取房间数目多者为赢家。游戏开始前，每位玩家需要选择用哪只脚跳，一旦确定，不能更改。然后，第一个玩家开始从数字1跳到数字17，中间若无差错，则完成后可站在中心空白处休息，然后再从数字17跳回到数字1。如此跳进跳出两遍后，可任选一间格子作为自己的房子，写上自己的名字，其他玩家经过此处时必须越过。当所有格子都被玩家占领或者所剩格子已不能使游戏继续进行时，则游戏结束。

第二节　与动物、植物有关的角力与竞技

在古代，豢养、把玩动物是民间游戏中的常见形式。直到今天，许多国家依然保留着这种文化传统。其中比较著名的是西班牙斗牛，它已经是西班牙文化的象征，每年的“斗牛节”堪比狂欢节。而在我国，斗牛虽不像西班牙那么普遍，但从2000年前的秦朝一直到今天的某些少数民族地区，依然保持着这种传统。不仅有人与牛相斗，还有牛与牛相斗，这种活动在我国汉代画像石里都有体现。动物“斗赛”不仅是动物“斗”，而且动物驯养人也要“斗”，因为动物的挑选、饲养、训练需要经历漫长过程，最能体现驯养人的水平。

“角力”所用的动物多种多样，大的如牛、羊、狗，小的如鸡、鸭、鹅，更小的如蟋蟀、蚂蚁。在许多国家和地区，动物角力是一种文化传统。尤其是在一些少数民族地区，自古就有饲养动物的传统，随之发展出专门的动物角力娱乐活动。最常见的如斗鸡，至今依然流行于很多国家。动物角力常常与赌博相关，围观者会对场上争斗的动物下赌注，这虽然在许多国家屡被禁止，但一直禁而不绝。

与植物相关的角力、竞技游戏在我国民间比较常见，古代的“斗百草”，近现代儿童玩的“拔根”“扯根”均属此类游戏。植物斗赛，比的是对植物名称和特性的了解和掌握，考验的是人的记忆、反应能力以及对花草的识别能力。

一、斗鸡

“斗鸡”是一种极为古老的禽类斗赛游戏，在我国春秋战国时期就已出现，距今已有数千年历史。据考证，斗鸡源于古代中国、印度、波斯和其他东方国家，约于公元前5世纪传入古希腊，之后经由小亚细亚、西西里传入罗马，继而传遍整个欧洲乃至世界各地。今天仍然流行斗鸡的国家有印度、菲律宾、日本、越南、泰国、缅甸、

古巴、墨西哥、巴西、秘鲁等。

世界上很多国家和地区都有关于斗鸡的图像资料，为后人研究斗鸡文化提供了丰富的依据。如约公元前330年—公元前100年的古希腊雕塑《观看斗鸡的人》，形象生动地刻画了数千年前的斗鸡场面(如图3-25)。在柬埔寨、叙利亚、英国等国，斗鸡都有着悠久的历史(如图3-26)。一些国家和地区甚至将斗鸡视为神圣、崇高的事情，亨利八世时，斗鸡成为英国全国性的活动，一些学校还专门教授与斗鸡有关的课程。这种狂热的斗鸡风潮在我国唐代同样存在，据说唐玄宗时，举国上下风行斗鸡，有的人还因斗鸡得宠，食朝廷俸禄。

图3-25 《观看斗鸡的人》

图3-26 柬埔寨通王城浮雕斗鸡场景

唐代朝野风行的斗鸡游戏影响了日本的遣唐僧人、外交使官和留学生，使斗鸡游戏传入日本，并很快在日本宫廷盛行。日本平安时期(公元794年—1192年)成书的《荣华物语》对日本宫廷的斗鸡进行了详细描述。此后，斗鸡传入民间，在民众中流行，许多日本浮世绘作品对此都有体现。

斗鸡在我国宋、元、明、清时期都有长足发展，尤其在一些历史文化古城，逢年过节时都有斗鸡的文化习俗。20世纪八九十年代的开封、郑州，还能见到零星的斗鸡比赛，人们聚在树下、街边偶尔斗鸡。明代的王圻和儿子王思义在《三才图会》中刻画了斗鸡场景(如图3-27)。

图 3-27　《三才图会》中的斗鸡图

斗鸡是一种专门的品种，与平时家养食用的鸡完全不同。这种鸡生来善打善斗，所以又叫“打鸡”“咬鸡”“军鸡”。斗鸡外形与家养鸡也不相同，毛短而稀疏，头小眼深，脚大皮厚，脖子长，鸡距发达，可避免打斗时被对方咬住。由于天性善打斗，斗鸡的性情刚烈，在赛场上常常会打斗至死。唐代文学家韩愈曾描写斗鸡的场面：“对起何急惊，随旋诚巧给。”唐代诗人孟郊则说：“一喷一醒然，再接再厉乃。”意为斗鸡如果昏死过去，还要用水将其浇醒，接着再斗，可谓惨烈至极。

古时斗鸡规则严格，有专门的斗鸡场所，我国现在还有一些地方有斗鸡台遗址。唐代文学家陈鸿的《东城老父传》记载：“玄宗(公元712—756年)在藩邸时，乐民间清明节斗鸡戏，及即位，治鸡坊于两宫间，索长安雄鸡，金毫、铁距、高冠、昂尾千数，养于鸡坊。选六军小儿五百人，使训扰教饲。”这段话形象地描绘了唐玄宗时皇宫斗鸡的规模、制度、装备以及对斗鸡品相的要求等。[①]斗鸡比赛时，场中设旗，

① 麻国钧，麻淑云. 中华传统游戏大全[M]. 北京：农村读物出版社，1990: 31.

摇旗击鼓，以壮声威。在国外，斗鸡场地如同体育比赛场地，周围设有看台，中间为赛场，裁判站在场地中判定输赢，两鸡之间以旗相隔，等到鼓声一响，裁判拿下旗子，两只鸡看到对方就开始激烈搏斗（如图3-28、图3-29）。

图3-28 《英国皇家斗鸡场》

图3-29 《马德里斗鸡》

二、斗鹌鹑

斗鹌鹑与斗鸡一样，也是我国民间禽类斗赛游戏之一，一般选择雄性鹌鹑进行饲养、驯化，使之打斗。斗鹌鹑始于我国民间游戏繁荣发展的唐代，最初源于皇宫，后流传到民间。《清稗类钞·赌博类》对此有详细记载："斗鹌鹑之戏，始于唐，西凉厩者进鹑于玄宗，能随金鼓节奏争斗，宫中人咸养之。"

明清时期是斗鹌鹑得到全面发展的时期，如同唐代斗鸡一样，文武百官、黎民百姓无不热衷于此。明代绢本绘画作品《朱瞻基斗鹌鹑图》就是对斗鹌鹑场景的写照。画面中，宣宗面前的方桌上为圆形围栏设置的鹌鹑斗赛场地，场中两只鹌鹑相对而立，桌旁两名宦官正在抖弄赛场中的鹌鹑，以激起鹌鹑的战斗情绪，宣宗旁边的侍从捧着装有备用鹌鹑的笼子(如图3–30)。

图 3–30 《朱瞻基斗鹌鹑图》局部

斗鹌鹑在我国北方地区比较常见，所用鹌鹑多为野生，捕获后需要对它进行训练。在淮北、东北等地区，每年冬季农闲时节，人们常聚在一起，三三两两手持鹌鹑笼，将自己驯化、调教好的鹌鹑拿出来厮杀一番。据清人程石邻所著《鹌鹑谱》一书介绍，鹌鹑有"丹山凤""七寸紫""蟒蛇头"等40多个品种。

程石邻在《鹌鹑谱》中说："鹌鹑既以搏斗争胜负，则选其材之勇懦不可不知。

如选将者，必曰虎头、骿胁、熊臂、伟躯，方能临阵摧敌，百战不疲。”他在该书中认为，鹌鹑的挑选要从以下多个方面来把握。

头：头如蟹壳阔还平，突似彪豺凹似鹰。若得坚圆如弹子，定然临阵作将军。
面：面须丑凹还须阔，不与眉领叹色同。赤白苍黄俱要老，最嫌嫩白与轻红。
嘴：直紧如钳硬似锥，三棱似玉世间稀。千嘴不如三嘴巧，披毛带血始为奇。
腿：长劲粗圆骨法全，要如葱白两条悬。玉指干筋须忌扁，胫雄掌大必争先。
毛：毛薄须知性格灵，红如火焰是将军。青黄要老灰无用，腿毛疏秀耳毛明。
骨：骨重筋多最是强，一条腹骨硬还长。鸢肩龟背棱撑样，鹤立如山压四方。
领：黑领一线要分明，紫领一片色须纯。银领须识雌相混，间杂花麻不可测。
眉：黄须黄色同金样，白要如银一线长。最忌阔过额顶上，一见诸鹌先躲藏。
眼：凹眶珠突朗如椒，红若珊瑚忌混淆。圆大将军灵秀巧，绿珠鬼眼莫全抛。
鼻：净洁丰隆两孔明，最难相称白如银。黑则带油红则小，麦皮血嫩总无能。
胸：挺然阔厚与宽平，毛紧皮坚露锦纹。头大颈粗身亦称，留心看取项间铃。

总体来说，头、嘴、腿、骨等最能说明一只鹌鹑潜在的战斗力，头、嘴为武器，腿、骨则是力量积蓄之处。

三、斗蟋蟀

蟋蟀又叫“促织”“蛐蛐儿”“秋虫”“夜鸣虫”“地喇叭”“将军虫”等，别名众多，分布广泛。蟋蟀既可鸣叫，又善打斗。一直以来，有关蟋蟀的记录和描述非常丰富，从挑选到饲养、从品种到相貌、从训练到搏斗，内容应有尽有。

把玩蟋蟀有两种方式：一种是“听声”，一种是“搏斗”。就前者来说，将蟋蟀作为宠物养在小笼子里不仅在我国流行，在西班牙和葡萄牙也很普遍。在有关清代贵族生活的影视剧里，常常可以看到达官贵人随身携带蟋蟀笼的画面，这是当时人们娱乐生活的真实写照。

斗蟋蟀始于唐代，兴于宋代，盛于明清时期，至今仍然玩家众多，在民间有着旺盛的生命力。

斗蟋蟀是一种游戏，更是一种文化现象。古时蟋蟀饲养、角斗所用工具十分专业，北京故宫博物院珍藏着多种明清宫中饲养蟋蟀的罐子，当时蟋蟀罐的烧制还有官窑、私窑之分，其中官窑烧制专供宫中使用。与斗蟋蟀有关的历史典故、文学作品更是形形色色，如朱瞻基有“蟋蟀皇帝”之称，以蟋蟀为题材的短篇小说有《促织》

等，可见斗蟋蟀这种游戏行为已经影响到当时人生活的方方面面(如图3-31)。

图3-31 民间年画《童戏蟋蟀》

四、斗草

斗草即以花草相斗论输赢，是一种以植物为道具的竞技游戏，又称“斗百草”，是我国民间古老的斗赛游戏，原为端午节习俗，与古时五月五日的“踏百草”和“采百药”有关，后发展成为传统节令游戏。斗草习俗最早见于我国南朝人宗懔编纂的《荆楚岁时记》，该书记载：“五月五日，四民并踏百草，又有斗百草之戏。”踏百草即后来的踏青，斗百草为后来的斗草游戏，两者关系紧密：先有踏青，后有斗草。夏历五月，蚊蝇孳生，各种疾病极易流行传染，故早在夏代，就有通过郊游踏青采摘草药来驱疾治病的习俗。在踏青游玩的过程中，人们会举行各种游戏相互嬉戏、竞斗，斗草习俗逐渐形成。

隋唐时，斗草游戏非常流行。《隋书·音乐志(下)》记载，隋炀帝命乐师制作了多篇供其欣赏的曲子，其中就有关于斗草的曲子。宋代以后，斗草在社会上更为普及，游戏时间不再局限于端午、春社和清明等。宋代诗人范成大在《春日田园杂兴》中提及春社日斗草：“社下烧钱鼓似雷，日斜扶得醉翁回。青枝满地花狼藉，知是儿孙斗草来。”欧阳修的“鸣蜩惊早夏，斗草及良辰”，谈论的是斗草游戏始于早夏，及至端午良辰；柳永的“盈盈斗草踏青人”，说的是清明节斗草。由此可见，斗草的时间并非固定。元、明、清时，斗草游戏仍然盛行，许多文学作品对此都有详细描述。《红楼梦》第六十二回描写了宝玉生日那天，小螺和香菱、芳官、蕊官、藕官、豆官等人采了些花草来兜着，坐在花草堆里斗草。姑娘们一边拿出花草，一边报出花草名，名字既与花草名相合，又能与前一个人报出的花草名形成文字对仗，其实就是在用花草的名称来“对对子”。这些“花草对”在《声律启蒙》一类旧韵书中常可见到，将花草名作为游戏工具来考察彼此的反应能力与应对能力，双方你来我往，谁答不上来谁便输了。这种斗草不用蛮力，显得文静，很多人称之为“文斗”，古代文学作品中描写的明清女子斗草游戏多为此类。

除了提及斗草习俗的文学作品之外，还有专门描写斗草活动的文学作品。如明代吴非熊的长诗《秦淮斗草篇》详细描述了斗草的时间、方法：“分行花队逐，对垒叶旗张。花花非一色，叶叶两相当。君有麻与枲，妾有葛与藟。君有萧与艾，妾有兰与芷。君有合欢枝，妾有相思子。君有拔心生，妾有断肠死。赢归若个中，输落阿谁里。”从年代上看，《红楼梦》中的斗草形式与此诗所述完全一致。

图 3–32 《斗草图》（陈洪绶）局部

斗草也是很多画家喜欢表现的题材之一。明代画家陈洪绶的《斗草图》（如图3–32）描绘的就是古代女子斗草的场面。画面中，五位女子席地而坐，每人手里各拿花草数枝，应该是在进行对花草名的文斗游戏。明代画家仇英所绘的《汉宫春晓图》（如图3–33）也有对斗草游戏的刻画，画面中四位女子席地而坐，每人各举花草以示别人，旁边站着两位围观女子，地下还有一堆备用花草，将宫中妇人闲暇时候游戏玩耍的场面表现得栩栩如生。

图 3–33 《汉宫春晓图》（仇英）局部

相对于《红楼梦》中斗草的文斗方法，还有一种被称为“武斗”的民间斗草方法，现在叫作“拔根”。比赛时，双方先各自采摘具有一定韧性的草(多为车前草)，然后相互交叉成十字状并用力拉扯，以不断者为胜。这种以人的拉力和草的受拉力来决定输赢的斗草游戏，被称为“武斗”，从古代一直流传到现在。北京故宫博物院所藏清代金廷标的《群婴斗草图》，生动地展现了十个小孩寻草、拔草、斗草的全过程(如图3–34)。图的中部，柳树荫下满地花花草草，三个童子蹲在地上，其中两个身边各有一只花篮，一个童子面有喜色，另一个童子正把花篮拉到身边似在篮底挑拣花草，另有两个童子指着探视花篮的童子，似在提醒什么，还有一个童子弯腰俯首似在观战。图中还有两个童子在石缝中寻草，其中一个童子正蹲在地上拔草，远处一个童子正兜着一襟草兴冲冲地赶来参战。图的左下部分还有两个童子站在一堆奇石旁，手中各持一根车前草交相拉扯，斗得难分难解，这种斗法就是所谓的武斗。

图 3-34 《群婴斗草图》（金廷标）

其实，自然界的植物有很多特性超出我们的想象，民间还有一种斗草比赛，在北方地区叫作“天气预报”或“劈豆腐块”。方法是取三棱草茎一根，两人各持一端，劈为两半，至中心交叉点后，再向两边撕拉。若劈成“H”形，预示阴天；若劈成“◇”形，预示晴天；若不成形，则游戏失败(如图3-35)。虽然这种“天气预报”没有科学依据，但对于充满好奇的儿童来说，不失为一种有趣的游戏体验。

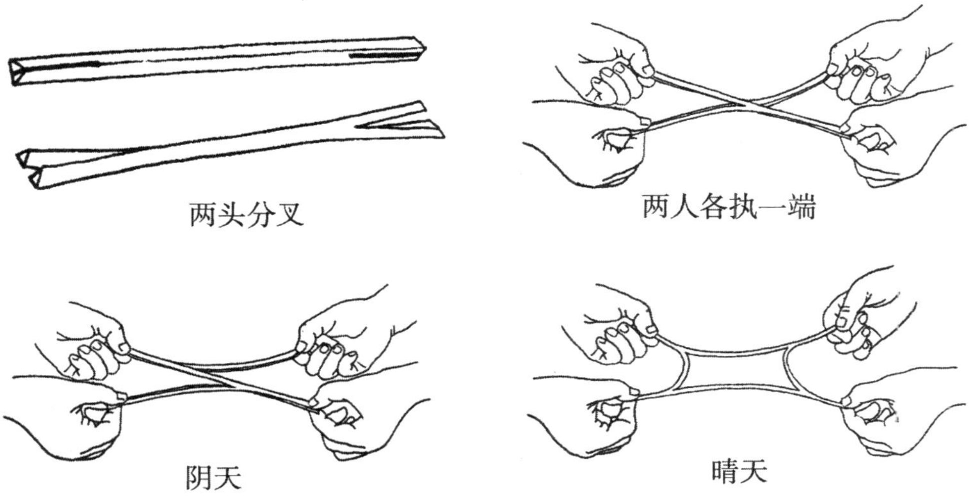

图3-35 斗草游戏“天气预报”

课内实践

选择具有当地特色的民间角力、竞技类游戏进行课内体验。

第四章 投掷、击打、投射类游戏

本章要点

1. 投掷、击打、投射类游戏特点
2. 投掷、击打、投射类游戏的发展演变
3. 投掷、击打、投射类游戏的地区分布

投掷、击打、投射类游戏是一种广泛流行的民间游戏，尤其在儿童游戏活动中比较常见。投掷、击打、投射类游戏有着悠久的历史，在我国古代文献资料中有不少记载，西方一些文明古国出土的文物也有很多反映了投掷、击打、投射类游戏。这类游戏的起源与古代狩猎活动有关。为了更准确地猎杀动物，人们反复练习投掷、击打某种目标。当社会文明程度越来越高时，人们的衣食更多地依赖纺织、种植等技能，而不再仅仅取决于狩猎，对猎物的需求也不像早期那么迫切，一些原始的狩猎活动便从实用生活中分离出来，成为劳动之后消遣娱乐的游戏活动。投掷、击打、投射类游戏就是其中的典型代表。

我国古代的击壤、投壶，现代的丢沙包、扔飞镖、打弹弓等，都属于此类游戏。这些游戏在世界范围内普遍存在，并非我国独有。现在流行的一些传统民间游戏，虽然形式上已经没有了投掷、击打、投射类游戏的特征，却也源于这类游戏。

第一节 投掷、击打类游戏

投掷、击打类游戏目标确定，以向既定目标投掷东西并将其击中为游戏目的。早期的投掷、击打类游戏常常互相融合，很多游戏在击打之前先有投、掷、抛的过程，然后才是击打。如抽陀螺，先是将陀螺旋转起来，然后再用鞭子抽打。因而，此类游戏的展开需要各种不同的道具。

一、中国古代击壤及其演变游戏

(一)击壤

击壤是一项古老的投掷类游戏,相传在尧帝时代就已流行。当时天下太平,人民安居乐业,常有八九十岁的老者击壤而歌。晋代皇甫谧的《高士传》卷上记载:"壤夫者,尧时人也。帝尧之世,天下太和,百姓无事。壤夫年八十余而击壤于道中。"汉代王充的《论衡》也有一首尧时击壤老人唱的歌谣:"吾日出而作,日入而息,凿井而饮,耕田而食,尧何等力?"一位边歌边玩击壤游戏的老者形象跃然于纸上。这句话的意思是太阳出来时起床劳动,太阳落山时回家休息,打井有水喝,种地有粮吃,击壤为乐,跟尧帝没有关系。三国时的吴国人盛彦在《击壤赋》中说:"论众戏之为乐,独击壤之可娱,因风托势,罪一杀两。"击壤是那个时代的第一大运动,地位类似于今日的足球。

击壤的产生可能与狩猎有关,远古时代,人类用木棒追打野兽,为了投掷得更准确,平时便要练习。后来,狩猎工具得到改进,出现了弹弓和弓箭,人们不再依靠木棒掷击野兽,这种练习便演变成一种游戏。击壤游戏形式简单,所用的"壤"为一种木制道具,形状像鞋子,前宽后窄。游戏的时候,将一个壤斜插在地上,然后再拿一个壤于三四十步外击打斜插在地上的壤,击中则赢,不中则输。三国时魏人邯郸淳的《艺经》对此作了详细介绍:"壤,以木为之,前广后锐,长四尺,阔三寸,其形如履。将戏,先侧一壤于地,遥于三四十步,以手中壤击之,中者为上。"如明代王圻和王思义的《三才图会》(如图4-1)和明代版画《击壤》(如图4-2),都证明了击壤在古代是一种分争高下、力求准确的投掷运动。

击壤后来在儿童中流行,主要在寒食节、清明节前后玩耍。类似的游戏还有"打瓦""打板""打嘎""打翘"等,道具改为瓦块、石头等。关于这些游戏的规则,《帝京景物略》中记载得非常清楚:"二月二日龙抬头……小儿以木二寸,制如刺核,置地而棒之,一击令起,随一击令远,以近为负,曰打板,古称击壤者也。"

击壤源于我国,它的游戏机制与其他国家的投掷类游戏非常相似。击壤是以壤击壤,现代的许多投掷类游戏将二者分离,易其中一壤为他物,但仍可以将其看作古代击壤的延续和拓展。比如,大家都很熟悉的丢沙包,在我国是易地上之壤为人,在国外则是易地上之壤为带洞的木板。

图 4–1 《三才图会》中的《击壤图》（王圻、王思义）

图 4-2　明代版画《击壤》

（二）打尜尜

打尜尜由古代的击壤演变而来。老北京流行着一首儿歌："杨柳青，放空钟；杨柳活，抽陀螺；杨柳发，打尜尜；杨柳死，踢毽子。"《现代汉语词典》第7版对"尜"的解释是："一种儿童玩具，两头尖，中间大，也作嘎嘎，也叫尜儿。"打尜尜是一种群体性游戏，一般在男孩子中间流行，游戏规则各地大同小异。游戏开始前，先用"尜棒"在地上画一个直径两米左右的圆圈(有的地方是依据一面墙画一个直径为一米的半圆，称为城或者锅)，然后分组，一方在圈内，一方在圈外。将尜放在圈线上，圈内组员用尜棒先将尜击起，再用力将尜击远，圈外的对手将尜拾起，投向圆圈内，若准确投入圈内，先击者须站在圈外，用手中的尜棒瞄准并将尜击出，如击不出，便输，双方换位；如将尜击出圈外，则再连击三次后，用尜棒测量尜飞出的距离。先打满双方事先约定棒数者获胜，胜者将尜放在圆圈沿线上，连击三次，输者将尜夹在腿弯内，单腿跳跃将尜运回，便是一个回合(如图4-3、图4-4)。

图 4-3 儿童游戏打尜尜示意

1. 用尜棒敲击尜尜的一端，使其弹起

2. 在尜尜弹起的瞬间把它击打出去，越远越好

3. 对方捡起尜尜扔回到圈内，打尜尜的一方要尽力守住，不让扔进来

图 4-4 打尜尜游戏步骤

由于地域不同，打尜尜名称也有些变化。西北地区一般称打尜尜为“打嘎嘎”，再往南一些地区叫作“打翘”。各地玩法如下。

打嘎嘎的道具和打尜尜一样，包括像枣核一样的“嘎嘎”和敲打嘎嘎的“嘎棒”，但二者在游戏规则上有细微差别。首先，游戏的一方站在圈内，把嘎嘎放在两块砖或石头中间，然后用木板挑起嘎嘎，用力向远处打去。开始时，游戏双方轮流打一次，打得最远的为赢者，打得最近的为输者。赢者将嘎嘎打出去后，把木棒放在两块砖或石头中间，输者拣起嘎嘎，将其投向圆圈内的木棒，击中木棒，算平局，重新开始。若击不中木棒，赢者则要在嘎嘎落地的地方敲嘎嘎的头，让嘎嘎蹦起来，用力将嘎嘎向圈外打去，这样连打三次，输者要从嘎嘎第三次落地的地方拣起嘎嘎，并一口气跑到圆圈内，嘴里要不停地喊叫事前定好的口号，若途中换气，则要在换气的地方重新把嘎嘎打一棒，输者再喊着口号跑到圆圈内，这一局方告结束。如果在赢者打嘎嘎时，输者在空中用帽子或手接住嘎嘎，则赢者算输，换人后重新开始。

打翘的道具与打尜尜相同，但对道具的叫法不同。打翘的被击打物叫作“翘”，“翘棒”为木板或木棍。这种游戏既能锻炼儿童的反应能力和爆发力，也能锻炼儿童的团体意识，是一项有益于身心健康的游戏活动。

二、国外击打、投掷类游戏

投掷类游戏在国外非常常见，也是许多画家喜欢的创作题材。西班牙画家戈雅(Goya)就有一幅表现掷抛玩偶的作品：画面中，四位女士手撑一块毯子，正在向空中掷抛玩偶(如图4-5)。

图 4-5　《稻草人》（戈雅 - 卢西思特斯，约 1791 年—1792 年）

（一） 投环（Quoits）

投环在国外是一种包括“抛绳圈”、投掷“金属”、投掷“橡胶圈”在内的传统游戏，类似于我国的套圈游戏。游戏者站在一定距离外，手持铁环、绳圈或者橡胶圈等物向目标投掷，投中不同目标会获得不同分值。这类游戏包含很多不同形式，但基本道具都是木桩、棍棒、绳圈、金属圈等。木桩或棍棒是投掷目标物，绳圈或金属圈为投掷物，游戏目的是将绳圈或金属圈套在目标棍棒或木桩上。

图 4-6　Horseshoes 游戏道具

投环历史悠久，据说发源于2000年前的古希腊，后来由英国殖民者传到世界其他地方。马蹄铁(Horseshoes)是这类游戏的早期形式，游戏所用道具为马蹄铁状环形物(如图4-6)和两根投掷目标物。游戏前，将投掷目标物插进一块平地，然后双方设定投掷距离(一般为10米左右)，用硬币或其他手段决出游戏顺序。之后，玩家依次站在投掷线后，分别将两个马蹄铁状环形物投向目标物直到决出胜负。

投环的记分方法:(1)投中一次木桩，即3个投掷物套进目标物，得3分;(2)没有套进目标物，但是砸中或触到它，得2分;(3)投出的投掷物距离目标物比对手近的玩家，得1分;(4)累计得分先到21分者获胜。

投环在现代有很多变体，比较常见的是掷环游戏(Ring Toss)。Ring Toss的游戏原理与Horseshoes相似，但对游戏道具进行了较大改进。投掷目标物改成一个“U形支架”，投掷物(套环)所用材质变金属为绳索，底座由十字交叉或整块的木板组成，上面刻有数值。套环和支架也有不同颜色，在游戏时便于双方识别(如图4-7)。

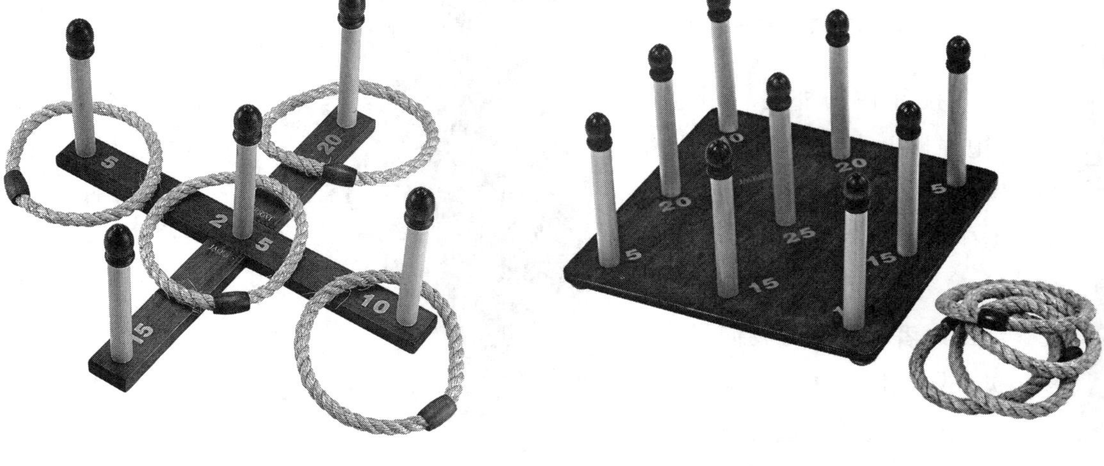

图 4-7　两种不同底座样式的现代投环游戏(彩图3)

（二）优雅的游戏（Game of Graces）

优雅的游戏(Game of Graces)也叫“French Hoops”，是一种19世纪早期在国外非常流行的户外投掷类游戏，据说推行该游戏的初衷是训练女性的优雅举止。18—19世纪的美国鼓励女性做任何使自己看起来更漂亮的事情，Game of Graces的游戏过程也确实处处体现出优美、文雅的动作和姿势。作为游戏道具之一的圆环装饰有彩带，在空中飞来飞去，非常美丽。游戏的其他道具为两根细长的木棒(如图4-8)，玩家必须用它们接住和抛出圆环。这种游戏最初在女性和儿童中流行，后来许多男士为了培养绅士风度，也加入进来。

Game of Graces为两到多人游戏，规则简单。一般持两根细长木棒的玩家相对而立，相距3米左右，每位玩家在开始时各有20分积分。游戏时，一玩家将圆环置于相交叉的木棒上端，然后快速将其抛向对方，对方要用两根木棒交叉接住飞来的圆环，然后将其快速抛向对方，对方再接再抛，依此类推。圆环在玩家手中抛来抛去，直到其中一人失手，没有接到圆环，则从该玩家积分中扣掉1分，积分首先被扣除完毕的玩家为输者，游戏结束。游戏过程如图4-9、图4-10所示。

图4-8　Game of Graces游戏道具　图4-9　女子Game of Graces游戏场面

图 4–10 男女双人 Game of Graces 游戏场面

三、抽陀螺、抓子儿、丢沙包

抽陀螺、抓子儿、丢沙包在世界范围内广泛流行，在我国更加常见，是20世纪七八十年代儿童游戏中的经典。抽陀螺常常在冬季进行，是一项强身健体的运动项目；抓子儿在我国又叫“抓羊拐”“抓石子儿”“抓核”等，一般在女性玩家中流行；丢沙包也是一项历史悠久的游戏，集投掷、奔跑等特点于一身。

（一）抽陀螺

陀螺有陶制、木制、竹制以及石制等多种类型，尤以木制陀螺居多，人们在接触地面的尖底部位加铁钉或钢珠，以减少摩擦，使之能快速旋转。陀螺多为圆锥形，上宽下尖，将尖头着地，以鞭绳缠绕螺身，瞬间放开鞭绳，使陀螺旋转；或用手直接将陀螺旋转着地，然后以鞭绳抽之，使之加速旋转。另有鸣声陀螺和菱形陀螺：鸣声陀螺以竹木制成中空圆筒，中间贯以旋轴，圆筒体有狭长裂口，转动时，由于气流作用而发声；菱形陀螺两头小，中间大，以绳绕螺身，尖头着地，顺势抽绳，使陀螺旋转（如图4–11）。

图 4-11 中国民间陀螺造型

陀螺历史悠久，在我国山西夏县西阴村仰韶文化遗址中(距今约五六千年)，曾出土陶制小陀螺。法国卢浮宫藏有的古希腊陶制陀螺，做工精美，造型与我国传统陀螺非常相似(如图4-12)。

图 4-12 古希腊陶制陀螺

陀螺在宋代叫“千千”，在我国东北叫“冰猴儿”，也有地方叫“牛牛儿”等。明代《帝京景物略》有关于陀螺的描述：“杨柳儿活，抽陀螺；杨柳儿青，放空钟；杨柳儿死，踢毽子。”陀螺在国内外儿童游戏中都比较常见，老彼得·勃鲁盖尔在《儿童游戏》(如图4-13)《伯利恒的人口普查》(如图4-14)中，对抽陀螺作了生动形象的刻画。

图 4–13 《儿童游戏》中抽陀螺的游戏场景（老彼得·勃鲁盖尔，约 1560 年）

图 4–14 《伯利恒的人口普查》中的抽陀螺场景（老彼得·勃鲁盖尔，约 1611 年）

陀螺的玩法有很多种，可以一个人单独玩，也可以两人或多人比赛(如图4–15、图4–16)。单独玩时，用绳子在陀螺周身缠绕几圈，一抛一抽，陀螺便开始在地上旋转。当它旋转得越来越慢时，再用绳子抽它，给它加速，便可使其一直旋转下去，但如果操作不好，也会在加速时将其抽倒在地。两人或多人游戏时，有很多比赛方法，最常见的就是陀螺旋转时间久者获胜。其他比赛方法如给陀螺一个既定目标，使其在旋转的过程中顺利到达目标者为胜等。

图 4-15　单人抽陀螺

图 4-16　多人抽陀螺

（二）抓子儿

抓子儿属于抛掷游戏，在我国以女性玩家居多。抓子儿的游戏道具有许多种，中原地区多使用石子儿、瓦片、果核等，西北地区则多使用羊拐骨。羊拐骨就是羊腿关节，早在古埃及与古罗马时期就已成为投掷游戏的道具。羊拐骨有六面，各面形态不同，识别方便，早期还被作为骰子使用(如图4-17)。在一些较早的棋盘游戏中，羊拐骨被当作棋子使用的现象也很普遍。可见，因地制宜、就地取材是传统民间游戏的一大特点和优势。

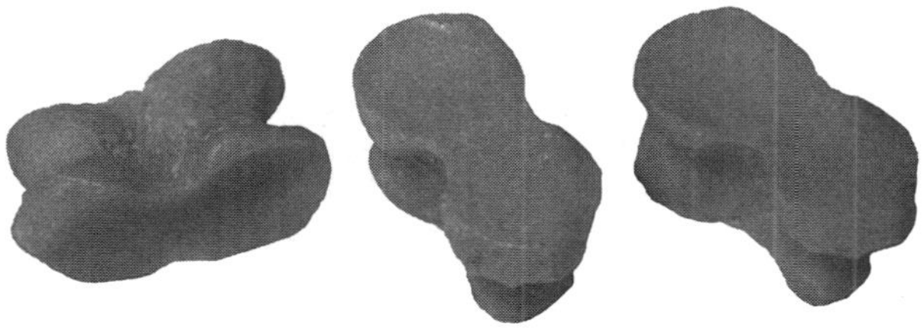

图 4-17　用作游戏道具的羊拐骨

羊拐骨作为游戏道具，在我国文献资料中有明确记载。明代《帝京景物略》说："是月，羊始市，儿取羊后胫之膝之轮骨，曰贝石，置一而一掷之：置者不动，掷之不过，置者乃掷；置者若动，掷之而过，胜负为生。其骨轮四面两端：凹曰真，凸曰诡，勾曰骚，轮曰背，立曰顶骨律。其顶，岐亦曰真，平亦曰诡。盖真胜诡负而骚背闲，顶平再胜，顶岐三胜也。其胜负也以贝石。"大概意思是说，儿童取羊腿轮骨玩一种叫作"贝石"的投掷游戏。两人玩，一人先将自己的轮骨放在地上，另一人投掷自己的轮骨去击打对方的轮骨。若击不中或虽击中但被击的轮骨未翻面均为输，输后双方交换角色，由对方击打输者一方的轮骨；若击中且使轮骨翻面，则为赢，并且视翻的面定所赢等级。得"真"面为胜，得"诡"面为负，得"骚""背"面则为平局。

此外，如果得了“顶平”“顶岐”面则算大胜，因为羊拐骨只有竖立起来才能翻到这两个面，所以一般很难实现。这是羊拐骨的一种玩法，与抓子儿的规则并不一样。

抓子儿在欧洲国家很流行。欧洲早期有很多关于抓子儿的绘画和雕塑作品，而我国早期这方面的图像资料并不多见。从图像上看，欧洲国家抓子儿的规则与我国相似，也是使用抛、抓、掷及用手背托等技巧。法国画家夏尔丹(Chardin)晚年以画风俗画为主，留下了许多有关游戏的画作，如《小孩和陀螺》《吹肥皂泡的少年》等，生动、形象地刻画了18世纪欧洲的民间游戏生活。在他的《玩羊拐的女孩》中，一位女孩面带微笑，右手正抛起一枚球形物体，桌上则摆放着羊拐形状的游戏道具(如图4-18)。

图4-18 《玩羊拐的女孩》(夏尔丹，约1734年)

瑞士画家艾伯特·塞缪尔·安卡(Albert Samuel Anker)在其作品中展示了抓子儿游戏的一个瞬间，画面中的男孩正在将石子背到手背上，另外两个男孩在旁围观。此画展示的游戏规则与我国这类游戏的部分规则是一致的(如图4-19)。

图4-19　《玩抓子儿游戏的男孩》(艾伯特·塞缪尔·安卡)

捷克画家戈特弗里德·林道尔(Gottfried Lindauer)1907年创作了油画《玩抓子儿游戏的毛利儿童》。在这幅画中,共有四位玩游戏的毛利儿童,其中一人正在游戏,其余三人在围观。画面正中正在玩游戏的女孩此时正趁将石子抛起的间隔,快速将地上的石子抓起,女孩左手盛着之前刚刚抓起的石子(如图4-20)。这与我国民间的抓子儿游戏规则几乎一模一样,反映了传统民间游戏不受民族、文化、地域等条件影响和限制的文化传播功能。

图4-20　《玩抓子儿游戏的毛利儿童》(戈特弗里德·林道尔,约1907年)

抓子儿的游戏规则多种多样,如上述绘画作品所示,最基本的规则是手拿一把石子或羊拐骨,轻轻抛撒在桌子或地面上,然后把一颗“子”向上抛,同时在被抛的“子”落下来前抓起桌面或地上一定数量的“子”,随后接住向上抛的“子”,以此类推。难度稍大的玩法是,手握一把“子”,同时向上抛出,然后手掌迅速翻过来,用手背接住一定数量的“子”,再用手背将这些“子”轻轻向上抛,趁其落地前再飞快地抓住。

以上是抓子儿的一些技巧和方法,具体到两人或多人游戏时,就有了竞赛的意味,规则会更加具体,需要一关一关地闯下去,而且每一关的要求都不一样,最后先完成所有任务者获胜。

（三）丢沙包与 Cornhole

丢沙包是我国流行的民间游戏。制作沙包，就是用布缝成三角形或长方形的小袋子后，注入沙子，缝住开口，因里面装入的是沙子，所以称为沙包。后来经过演变，人们用碎布头缝制成四面或六面的小口袋，里面装粗沙、豆类或玉米等，方便制作和携带。

沙包可踢、可扔、可夹，有多种玩法，其中丢沙包完全属于投掷类游戏。丢沙包也叫“扔沙包”“砍子儿”“砸沙包”等，是一种室外多人游戏，至少需要三人参与，四个人两两成对玩起来会更有意思。

三人游戏时，每人各自为战，要求两人为投手，第三人为接球手。投手分别站在两端负责丢沙包，接沙包的人则站在场地中间。两边的人以中间站立的人为目标投掷沙包，而场地中间的人就要不断躲避，以免被沙包击中。该游戏一般采取淘汰制，中间的人若被沙包击中就得充当投手，如果用手直接抓住了丢过来的沙包则可以加上一次“生存机会”，类似于电子游戏中的生命值，如果下次再被投中就可以用这个生存机会抵消，抓住几次投过来的沙包就会多几次生存机会。

若是四人以上游戏，则需要分组，场地队形与三人玩法一样，游戏方式大同小异。双方各选出一个人负责投沙包，其余人作为接沙包的人站在场地中央，双方投手分别从两边向中间接沙包的人砸去。两队中任意一方队员被沙包击中，就要退场，作为观众旁观。如果己方有人接住了砸过来的沙包，则之前下场的同伴就获得了一次生还机会，可以继续上场游戏。接到沙包者也可以选择不“救”别人，给自己“加命”，视具体情况而定。另有一种丢沙包游戏，两组人分别站在圈内和圈外，圈外人将沙包扔向圈内的人，如果击中圈内人的脚，被击者被淘汰，圈内所有人被淘汰后，两组交换场地，重新开始游戏（如图 4–21）。

图 4–21　《丢沙包》

国外的丢沙包游戏叫作“Cornhole”，是一款户外投掷类小游戏，游戏形式与丢沙包相似。不同的是，国外的这种沙包由两片布块缝制而成，里面以玉米填充，而我国的沙包则使用六片布块，比国外的沙包更加立体，手感更好。Cornhole可分组玩，也可单人玩。游戏时，玩家轮流把沙包投向倾斜的木板顶端的孔，若沙包被投进小孔，该玩家得3分；若沙包没有被投进小孔而是落在了木板上，则玩家得1分；若沙包落于地上，则不得分。当一方或一个小组先得到21分时，游戏结束，该方或此组获胜。每队有四个备用沙包，两队沙包颜色不同(如图4–22)。

沙包投掷的目标板称为沙包板，长4英尺，宽2英尺，顶端最高处离地12英寸，末端最矮处离地3—4英寸，孔洞位置距地面大概9英寸，孔洞直径为6英寸(如图4–23)。①有时候，沙包板上面的不同位置还有分值规定，投到某个位置将获得相应分值。除常见的长方形游戏板外，Cornhole还有椭圆形游戏板(如图4–24)。

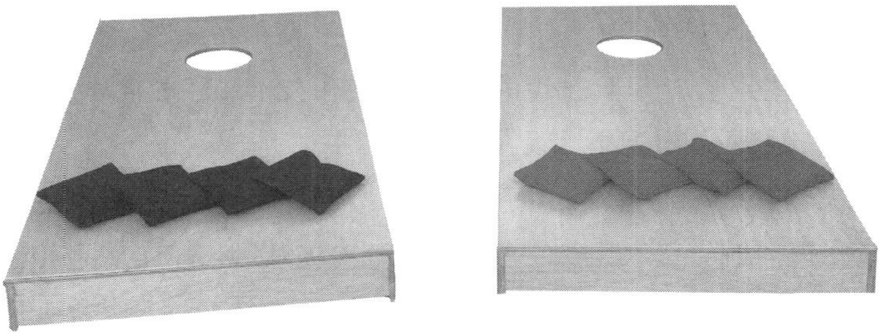

图4–22　长方形Cornhole的游戏板和沙包

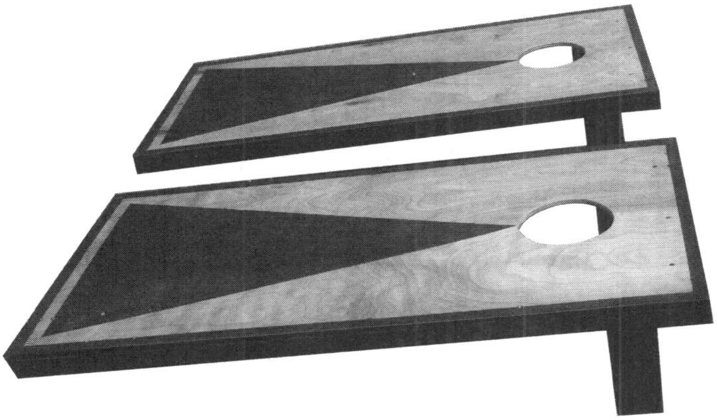

图4–23　Cornhole的游戏板侧面

---

① 1英尺等于12英寸，1英尺等于0.3048米，1英寸等于0.0254米。

图 4–24　椭圆形 Cornhole 游戏板和沙包

第二节　投射类游戏

“射”在我国指射礼，属于古代的一种礼仪和技能，是古代学生应具备的六种技艺之一。六艺包括礼、乐、射、御、书、数。其中射是指射箭技术，包括五种射技，分别是：白矢、参连、剡注、襄尺、井仪。白矢指箭穿靶子而箭头发白，表明发矢准确而有力；参连指前放一矢，后三矢连续而去，矢矢相属，若连珠之相衔；剡注指矢发之疾，瞄时短促，放箭而中；襄尺指臣与君射，臣与君并立，让君一尺而退；井仪指四矢连贯，皆正中目标。我国古代的投射类游戏就来自这种射礼。

一、投壶

“投壶”是我国古代特有的游戏活动，具有鲜明的文化特点。投壶源于“礼”，诞生于2000多年前的中国。明代汪禔在《投壶仪节》中说：“投壶，射礼之细也，燕而射，乐宾也。庭除之间，或不能弧矢之张也，故易之以投壶。”意思是：投壶是射礼的变通，射礼是宴请宾客时不可缺少的礼节，但是庭堂之上，不方便用射礼来待客，于是就用投壶代替射礼。宴请时，以盛酒器皿为壶，以手投箭入壶，以入壶结果论高低，具有一定的竞技成分。投壶从诞生到明清时衰落，历经2000多年，许多帝王、将帅、儒士都是投壶的高手。早期的投壶以“礼”的成分为主，随着历史的发展，投壶日趋大众化，游戏的作用日益增加。据晋代葛洪的《西京杂记》记载，汉武帝时，宫中优人郭舍是投壶能手，可“以竹为矢，不用棘也。古之投壶，取中不求还，故实小豆，恶其矢跃而出也。郭舍人则激矢令还，一矢百余反，谓之为骁……每为武帝投壶，辄赐金帛”。古代投壶，以箭入壶内为上，为防止投箭时箭弹出壶外，要在壶内放一些豆类，郭舍人技高一筹，不求古法，反而追求箭被弹出的数量。他投入一箭，可以激得壶中百余箭弹出，可谓变古法为新法，增强了投壶的趣味性和游戏性。

河南南阳出土的东汉时期画像石，描绘了当时酒宴投壶的场景(如图4-25)，画面刻画得惟妙惟肖，让我们看到了投壶与礼的密切关系。

图4-25　东汉画像石中的投壶图案

投壶最早出现于西周，春秋时期开始在上流社会流行，战国时逐渐在平民百姓中普及。汉代后，投壶遍布社会各阶层，直到唐宋时期，投壶抛弃古代的一套礼节，以游戏目的为主。不仅如此，汉代时，女子也能参加投壶，此后女子投壶越发普及。在这种开放、自由的氛围中，投壶得以长足发展，一些新的游戏技能开始出现，游戏难度逐渐提高，如“隔屏风投之”“闭目投之”等，名目繁多，有百十余种技法。宋代以后，投壶游戏逐渐走向衰落，仅在士大夫中流行。宋代宰相司马光对当时投壶有悖于古礼而娱乐化的趋势颇为不满，重修了《投壶新格》，将那些娱乐花样去除，主张“纳民心于中正”“正己而发”。该书云：“夫投壶者不使之过，亦不使之不及，所以为中也。不使之偏波流散，所以为正也。中正，道之根底也。”殊不知，游戏乃人之天性，如此约束，只会限制投壶的发展。到了明清时期，投壶越发没落，只被作为统治阶层学习和实践周礼的仪式，使“教”与“乐”彻底分离，参与人数量日益减少，投壶渐渐消失。图4-26为五代周

图4-26　《重屏会棋图》（周文矩）中的投壶

文矩所绘的《重屏会棋图》局部，图中对投壶的描绘非常真实细腻。

投壶源于礼，因此对“壶、箭”之制、参加人数、宾主座次等都有详细规定，规则非常讲究。游戏过程中常有鼓乐助兴，一场投壶游戏所涉及的人不止包括参与投壶的投手，还包括许多其他服务人员：负责“唱赞”的礼生一人；类似裁判的“司射”一人，负责定壶位等事；负责惩罚的“司正”一人；负责献食物的“使人”一人；负责取箭的“赞者”二人，由主人家的成员担任；负责行觞的“酌者”二人，由胜方人员担任；负责歌诗、鼓乐的“弦者”若干人。图4–27是明宣宗投壶娱乐的场景。

图 4–27 《明宣宗宫中行乐图》中的投壶场景

投壶所用的壶具在不同时代均有差别，有铜制、陶制、瓷制和铁制等，外形从早期的无耳变成两侧有双耳，规则随着壶具的改变而变化。据文献资料记载，一般壶高一尺二寸左右[①]，其中腹高五寸，颈高七寸，口径两寸半，长颈阔腹，便于箭入壶中(如图4–28)。

箭又称矢或筹，无镞无羽，用竹、木制成，一头尖，一头齐。箭的长度有三种：在狭小的室内，投壶箭长二尺；在堂上稍广，长二尺八寸；在庭院中则长三尺六寸。

“算”是用来计算投中箭数的，中多者胜，败者罚酒。算长一尺二寸左右，游戏时有专职的“司射”在旁监督，按“算”和“马”计数。投壶时，每人四算，二人投壶共设八算，四人投壶共设十六算(如图4–29)。

① 一寸约 2.31 厘米。

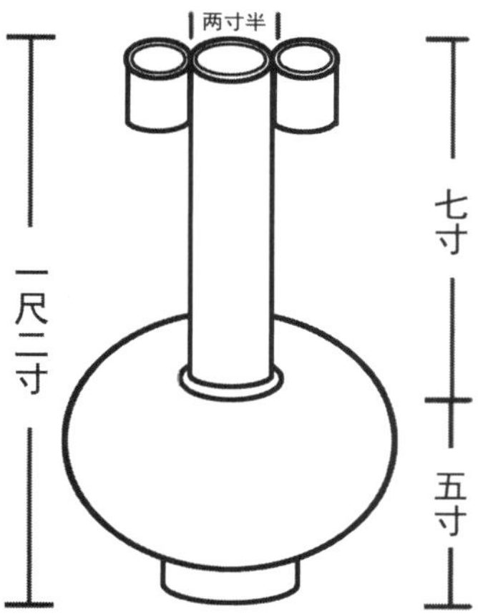

图 4-28　投壶壶具

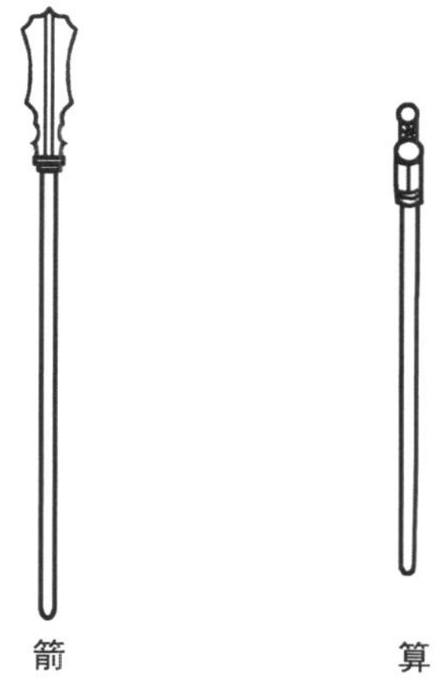

图 4-29　箭和算

游戏开始，先将壶具置于室内或庭院当中，以壶口为目标，宾主按规定的距离（离壶五至九尺）跪坐于壶的周围，投手依次将一根根柘木或棘木做成的箭向壶口投去（如图 4-30）。

图 4-30　唐代投壶及箭[①]

① 王连海．中国玩具艺术史 [M]．长沙：湖南美术出版社，2006：52.

明朝之后，投壶并未拘泥于旧法，而是随着社会发展日益繁盛。明末书籍《投壶奏矢》称，当时的投壶技法有140种之多。到了清朝，投壶日趋衰落，清末时，仅在宫中流传。到了今天，投壶在我国已很难见到，但随着旅游业的发展，我国一些地方及韩国的一些历史景点有很多新制的投壶供游人试玩。

关于投壶的形式，史籍所列数量不等，参照《中华传统游戏大全》的记载，简单整理如下(如图4–31)。

有初/有终/及地登科式：明代新增之式，首箭投中，称为“有初”，奖励开门红，赏十算；最后一箭投中叫“有终”，得二十算，若得“有终贯耳”则加倍赏，得四十算；二人对坐，每人三箭，离座三尺将箭重投于地，箭跳起后跃入壶口，叫“及地登科”，连中三箭为止。

贯耳式：壶两侧有耳，耳径小于壶口，第二箭中壶耳，赏十算。假如第一箭即贯耳，称“有初贯耳”，加倍赏，得二十算。

连中/双龙入海式：第二箭后，连连命中而不绝，称“连中”，赏五算；二人将两箭高高丢起，双双投入壶中，称为“双龙入海”。

散箭式：第一箭未中，其余虽中，称为“散箭”，赏一算。

连中贯耳式：自第二箭以后箭箭贯耳，叫“连中贯耳”，赏二十算。

倚竿式：箭浅入壶口并依在左右两耳之侧，称为倚竿。司马光的《投壶新格》改变古法，规定这种情况不加赏。

倒中式：箭尾入壶叫“倒中”，司马光认为这是“颠倒反复，恶之大者”，尽废其赏，改为壶中所得之算全部废掉不计。

全壶式：每箭全中称为“全壶”。如果一人得全壶，不论其得算多少皆为胜者。两人得全壶，叫作“上胜”，以所得算的多少论输赢。

三教同流式：此式据汪禔记载由唐代白居易所创，投手坐成“品”字形，每人四箭，轮流投入壶口及左、右耳，不许乱，乱则罚酒。

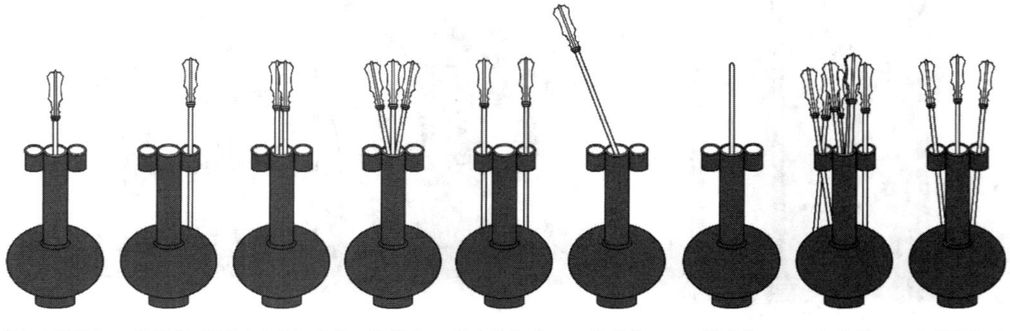

图4–31 投壶形式

投壶作为古代的一种礼仪游戏，高雅而不失趣味，彰显出我国传统文化的深厚底蕴。从文化传承的角度来讲，应该大力提倡和发展；从游戏的角度来讲，投壶的器具与规则相当高明，值得学习借鉴。

二、弹弓与机弦

弹弓是一种用“弓”射出“弹丸”的游戏工具，主体部位呈“丫”字形，一般用树木的枝丫制作(也可以用铁丝拧成“丫”字形)，枝丫两头系上皮筋，皮筋中段系上一片包裹弹丸的皮块(如图4–32)。弹丸是泥丸、石子或其他球形物。弹弓的威力视皮筋的拉力而定，皮筋拉力越大，弹弓的威力也越大。在古代，弹弓多用于小型狩猎活动中，比如对鸟类、雉鸡、松鼠等的狩猎。

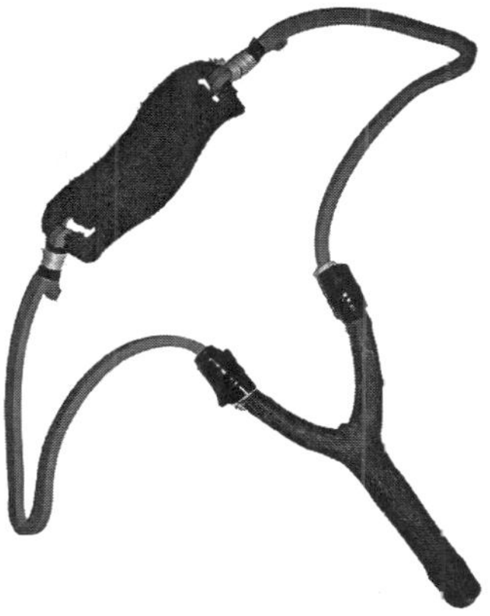
图 4–32 木制弹弓

弹弓的普及与流行不止限于我国，在曾经风靡全球的游戏“愤怒的小鸟”中，攻打猪群所持的兵器就是弹弓。在我国，弹弓的历史可追溯到原始社会。明代王圻和王思义在《三才图会 · 人事》中认为，“弹起三皇之世也”，就是说在人类早期社会，弹弓已经产生。《吴越春秋 · 弹歌》说：“断竹，续竹，飞土，逐宍(古‘肉’字)。”有人认为这是在描述古人砍伐竹子制造弹弓，射中鸟兽的狩猎过程，指出这是古代弹弓的萌芽。另据《吴越春秋 · 勾践阴谋外传》记载：“弩生于弓，弓生于弹。弹起古之孝子……古者人民朴质。饥食鸟兽，渴饮雾露，死则裹以白茅，投于中野。孝子不忍见父母为禽兽所食，故作‘弹’以守之，绝鸟兽之害。”意思是说古人一般用白茅裹尸，投弃于荒野，但孝子手持弹弓看守，以防父母尸体被鸟兽所吃。有人认为这是弹弓的起源，但也有人认为这种说法不可靠，认为弹弓的起源要远早于此。

弹弓所用的弹丸有多种，儿童最常用的是泥弹，即将泥巴搓成丸，太阳晒干后，就成为具有一定杀伤力的弹丸。此外，用纸折叠成的弹丸、石子做的弹丸也很常见，但后者有一定的危险性。

弹弓在国外被称作“Slingshot”，历史已无可考证，但国外还有一种被称作“机弦”(Slingshot)的游戏，功能、形式都与弹弓相似。机弦，也叫“投石带”“撂抛子”，是《圣经》记载的牧羊人使用的投石工具，可以作为武器。《圣经 · 撒母耳记上》第十七章记载：“大卫用机弦将石子击中歌利亚的额头，歌利亚仆倒后，面伏于地。大

图 4-33 机弦

卫将歌利亚的刀从鞘中拔出来，用刀割了他的头，将他杀死。”机弦在我国西北地区也能看到，是当地牧羊人用来驱赶羊群所用的工具。

机弦(如图4-33)由两根长绳连接一个“兜子”组成，中间的兜子类似于弹弓中间的皮块，可以用来包裹石子或土块。使用时，把石子或土块放在兜子里面，把一根绳子末端固定在手上，拇指和食指捏住另一根绳子末端，然后甩动兜子，在适当的时刻松开拇指和食指，石子或者土块就会沿切线飞出。这样飞出的距离比人用手扔石子或土块远得多。经过一定时间的训练，人们能用石子或土块准确地击中目标。历史上的机弦被用于打猎、战斗、放牧等。机弦的运动原理为利用转动时产生的离心力打出物体，功能和作用像弹弓和弓箭，有明显的投射性质。

课内实践

结合当地实际情况，选择与本章内容相关的传统民间游戏进行体验、分析。

第五章 棋类游戏

本章要点

1. 传统民间棋类游戏的构成要素及特点
2. 中国传统民间棋类游戏
3. 国外传统民间棋类游戏

相对于其他种类的游戏，棋类游戏的思考多于运动，理性多于感性，似乎与游戏的娱乐特性不太一致。因此，许多棋类游戏已经超出了游戏的概念，作为开发智力、陶冶性情的手段而广泛应用于儿童早期教育和其他相关领域中。围棋、象棋这类历史悠久、文化底蕴深厚的棋类游戏还被视为国粹，某些场合中更作为文化的象征被推向国际舞台。与此同时，一些民间的棋类小游戏广泛分布在世界各地，只为小众所熟悉，而大众尚不了解。中外棋类游戏的发展历史悠久、种类繁多，为人类留下了宝贵而丰富的棋戏文化，也为相关研究提供了重要的依据。

棋是一种比较成熟的游戏形式，其规则和形式都很完美，至今仍为世人所喜爱。棋也是一种文化象征，世界各国的棋类游戏无不承载着本国文化的历史变迁，在棋盘、棋子等道具中，往往蕴含着本国特有的文化符号。棋还是一种文化传播工具，很多传统棋戏跨越国界，在不同国家生根发芽。比如，两河流域出土的“乌尔王朝棋”与至今仍在韩国流行的“尤茨”相比，除了棋盘、棋子不同外，规则几乎一样。棋也是种类最多的游戏形式，在民间有着广泛的生存空间和强大的生命力。

一、棋盘

棋类游戏包括三个基本要素：棋盘、棋子和棋规。棋盘是棋子摆放的空间场地，棋盘上有棋子行走的规定路线，是体现棋类游戏机制的重要场所。一个完整的棋类游戏，棋盘的作用至关重要。它是划分棋类游戏种类的重要标志，也是设计棋类游戏的主要逻辑切入点。可以说，棋盘是文化形式和游戏心理的重要载体。棋盘的种类繁多。其中，织物棋盘、纸制棋盘分量轻，可折叠，携带方便；木制棋盘、金属棋盘、石制棋盘结实耐用，不易毁坏，而且可盛装棋子。许多民间棋盘无须携带，随处可见，彰显出传统民间游戏简单易行、操作灵活的特点。棋盘也是承载不同时期、不同地区人类文化的物理容器，在一些做工精致、设计精美的棋盘上，常常可以看到各种抽象图案和符号，它们是当时人们文化倾向的代表和见证，也是他们审美情趣的直接表露，为我们研究当时人们的生活与文化提供了宝贵的资料（如图 5–1 至图 5–5）。

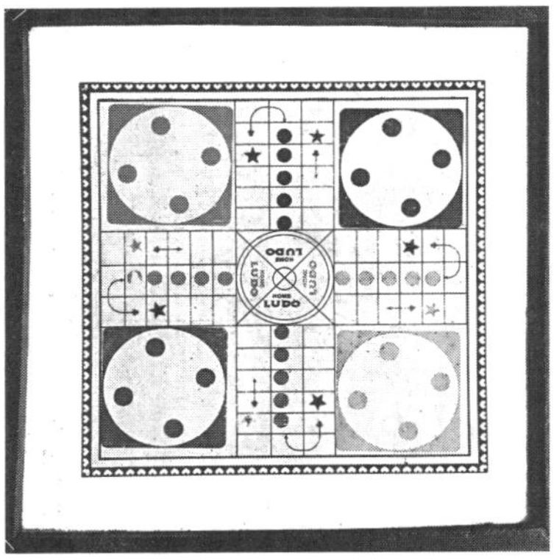
图 5–1　木制飞行棋棋盘

图 5–2　尼泊尔石制老虎棋棋盘

图 5–3　尼泊尔金属老虎棋棋盘

图 5–4　可以携带的棋盘盒

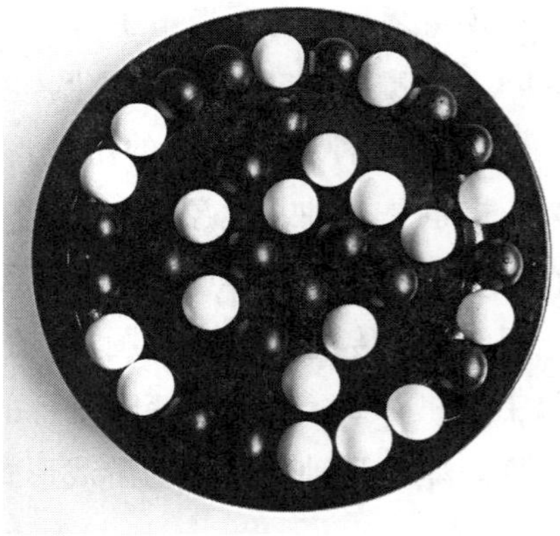
图 5–5　圆形木制棋盘和棋子

棋盘从布局来看，有网格棋盘、点阵棋盘、容器棋盘、立体棋盘等，其中以四方形、网格状棋盘最为常见。

（一）网格棋盘

网格棋盘由若干条线交叉或连接构成，线的交点或由线组成的方格为棋位[①]。根据外形的不同可将网格棋盘分为四边形棋盘、圆弧形棋盘、三角形棋盘、凸多边形棋盘、凹多边形棋盘等。其中，四边形棋盘以正方形、长方形比较常见。此类棋盘多为纵横交叉直线组成的正方形方格，因此可以用方格数来称呼棋盘，比如九格棋盘、十六格棋盘等；也可以用棋盘的纵向直线数和横向直线数称呼棋盘，比如九路棋盘、十五路棋盘等。这里的路就是直线，九路棋盘就是纵横各有九条直线的棋盘。除此之外，比较常见的还有在正方形棋盘中添加米字格的棋盘，通常以棋盘中米字格的数量来命名，比如四米格棋盘等。圆弧形棋盘是相对于方形棋盘而言的，指所有外形不是方形的棋盘，包括正圆形棋盘、椭圆形棋盘、长圆形棋盘、扇形棋盘以及外形具有多个突出圆弧的花朵形棋盘。此类棋盘内部由若干条直线和弧线组成。

（二）点阵棋盘

点阵棋盘的棋盘由点组成，点与点之间没有线连接，每个点就是一个棋位。点阵棋盘有规则点阵和不规则点阵之分：规则点阵棋盘虽然没有线条相连，但点与点的排列构成方阵；不规则点阵棋盘的点阵棋位随意分布，没有规则。此外，点阵棋盘还包括立体棋盘，比如流行于国外的四子棋的棋盘为立式，中国式四子棋的棋盘为三维立体式(如图5–6)。

图 5–6　三维立体式棋盘和棋子

（三）容器棋盘

容器棋盘就是用容器类棋具作棋位行棋的棋盘。常见的容器棋盘有碗式棋盘、盒式棋盘和盘式棋盘等，最有代表性的容器棋盘是流行于东南亚及西方国家的曼卡拉棋，在我国比较常见的是六碗棋。

---

① 棋位就是棋盘上布放棋子的空间位置，有棋盘就有棋位。在网格棋盘中，交叉点或交叉线形成的方格、线段为常见棋位；在容器棋盘中，每一个容器格就是一个棋位；在立体棋盘中，棋位多为悬挂式或穿插式，以方便停放棋子。

二、棋子

棋子是下棋时在棋盘上行走的道具。传统民间棋类游戏中，棋子的形状、颜色、质地都不尽相同。许多民间棋子通常就地取材，为自然界中易得的石子、贝壳、种子等。还有一些棋类游戏，对阵时用木棍在地上画出棋子，比如海战棋等。除此之外，人们还用字体、图形、颜色等区别不同的棋子功能，比如象棋的棋面符号是由不同的汉字组成的(如图5–7至图5–10)。

图5–7 尼泊尔老虎棋中虎和羊的棋子造型

图5–8 另一种尼泊尔老虎棋中虎和羊的棋子造型

图5–9 充满童趣的棋子造型

图5–10 西洋双陆棋中不同色彩的圆形棋子造型(彩图4)

三、棋规

棋规是下棋时所依据的行棋规则，包括布子、走子、吃子方法，开局、终局的标准，胜负的评判标准等。

第一节　中国传统民间棋类游戏

中国传统民间棋类游戏丰富多样，是世界棋类游戏的重要组成部分。中国象棋和围棋早已成为中国棋文化的代表和象征，在我国普遍流行的同时，也逐渐为其他国家的玩家所熟知。我国棋类游戏来源不一，既有从国外传入的棋类游戏，也有国内自创的棋类游戏。除了人们熟悉的象棋、围棋外，我国还有很多不为世人所了解的、散布在文献资料和民间玩家群体中的棋类游戏。这类游戏是民间文化在棋艺上的具体表现，数量众多，本书精选了几种有代表性的加以介绍。

一、古代棋类游戏

（一）六博

六博是我国最古老的棋类游戏之一，又称为“陆博”，古代文献中多有记载，有人认为其因对局双方各有六枚棋子而得名，也有人认为其因走棋靠掷六根箸而得名。六博在春秋战国时期已经广泛流行，在汉代盛极一时，擅长六博者在社会上能受到人们的普遍尊重，西汉时甚至出现了专门陪皇帝下棋的官职，称为“博待诏”（如图5-11）。在古代，六博已广泛渗透到人们生活的方方面面，其棋局作为

图 5-11　东汉六博俑及陶制棋盘和棋子

装饰纹样常常被铸刻在铜镜上，称为规矩纹或六博纹。棋具还常常被当作嫁妆和随葬品，甚至在举行祭祀时，也张设博局。战国、秦汉时期的墓葬出土了大量六博棋具，地理范围从南方的广州延伸到北方的北京，从西部的甘肃横越到东部的江苏，分布甚广，可见六博在当时影响之大。广东广州象岗山南越王墓、北京大葆台2号墓、甘肃天水放马滩14号墓、江苏邗江姚庄101号墓都出土过六博文物。然而汉代以后，对六博的记载越来越少，到了晋代，基本绝迹。虽然六博随丝绸之路传到国外，但隋唐以后六博在国外也消失了。

一套完整的六博包括棋盘、棋子、箸、筹等，棋具材料有石板、青铜和陶板等。六博在流传过程中不断发展变化，具体玩法在史料中没有完整的记载，只能依据出土文物推测。有人认为六博的行棋理念来源于猫头鹰等鸟类捕鱼的行为，还有人认为六博是象棋的前身，因为其规则中的“杀枭取胜”类似于象棋中的将军，但也有持反对意见者，认为此种观点是对六博行棋规则的错误理解。

六博的棋子为长方体或立方体，大小相等，分黑、白两色，材质主要有象牙、玉石、动物骨头、金属等。棋子共有十二枚，双方各有六枚，其中一枚称“枭”，五枚称“散”（如图5-12）。枭类似于象棋中的将或帅，可以杀散；在五枚散的协助下，乙方的枭又可以杀对方的枭。

图5-12　六博棋子（彩图5）

六博的棋盘为正方形，又称为博局，有木制、石制、陶制或铜制等。棋盘表面有边框，框内中间是一个小正方形，代表水池，可放置称为“鱼”的道具。外框四角有四个小方形，是V形棋道；每两个角之间有类似于英文字母L的棋道，全盘共有四个；L形棋道和中间小正方形之间又有T形棋道，也是四个。此外，小正方形的四角处还有四个圆圈(如图5-13)。这些棋道的线条和形状符号在汉朝的铜镜中很常见，被认为与宇宙观念有紧密联系，过去国内和日本的学者称之为“规矩纹”，欧美学者则称之为“TLV纹”（如图5-14）。

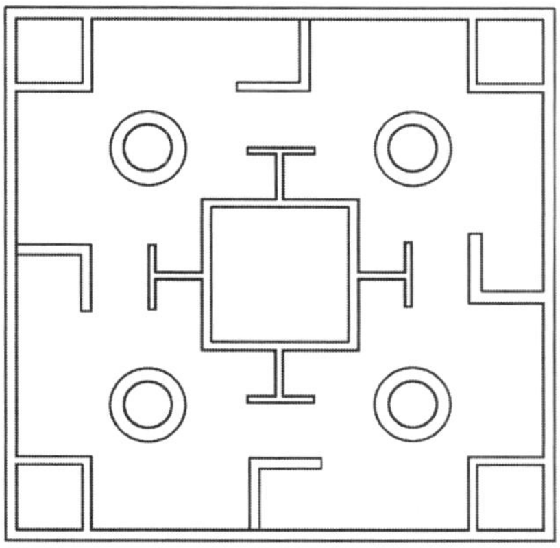

图 5-13　六博棋盘

图 5-14　带有规矩纹的汉代铜镜

六博的箸共有六根，功能类似于骰子。据推测，箸的一面平滑，一面呈弧形(参见其后“尤莰”图示)。行棋前要先投箸，根据投箸结果行棋。西汉易箸为茕，多用竹、木、骨等材料制成，有正方体、十八面体等不同形制。其中，十八面体的十六面刻1至16的数字，另外相对的两面上刻两个不同的字，分别代表胜负。

六博的行棋路线按骰具不同分为两种：一种称为大博，通过掷六根箸决定行棋步数；另一种称为小博，通过掷两根箸决定行棋步数。二者都是以多吃博筹为胜，玩法大同小异，大致规则如下：

双方每人有六枚棋子，以骰具所掷结果行棋。棋盘中心正方形区域为水池，内放两颗分别代表双方的道具，称为鱼。棋子按掷骰结果行到规定位置可以竖起，散棋可变为枭棋，枭棋按行步路线可进到水中，吃掉对方的鱼，每吃一鱼，可得筹两根。游戏结束时，得筹多者获胜。

（二）格五

格五是古代一种两人对弈的棋类游戏，大约兴起于秦汉时期。因其历史久远，文献记载也时有中断。有人认为两汉南北朝时的“塞戏”“格五”就是唐宋的“蹙戎”和“蹙融”(唐代叫作蹙戎，宋代叫作蹙融)。宋代的《靖康缃素杂记》和《梦溪笔谈》记载说“蹙融”就是格五，“世俗有蹙融之戏，谓以奕局取一道，人各行五棋，即所谓格五也。”“蹙融或谓之蹙戎，《汉书》谓之格五。”这种说法被今天很多专家和学者在考证时采用。

格五的行棋规则自古以来不尽相同，但主要是“行棋相塞”。《汉书·吾丘寿王传》记载：“格五棋行簺法，曰塞、白、乘、五，至五格不得行，故云格五。”意思是说，格五具有塞、白、乘、五这四种采名，其中掷到五就不能移动，因此称为格五。游戏强调“行棋相塞”，也就是让对方棋子动弹不得。另据《说文》解释：“簺，行棋相塞谓之簺。”唐代以后，格五的行棋方法有了很大变化，许多学者考证了格五与蹙融的关系，但对格五的具体规则却没有记载。到了清代，翟灏在《通俗编》考证格五的具体规则是：双方各执五枚黑白棋，共行中道，每次移一步，遇对方则跳越，以先抵敌方者为胜。这种走法与现在的跳棋相似。然而从“行棋相塞”到“先抵敌方”，关于这两种不同行棋规则的过渡原因，没有相关文字记载。

一款游戏历经上千年，其规则形制或多或少都会有改进、发展，就像其他文化形式的发展演变一样，一成不变的游戏几乎没有。因此，尽管格五、塞戏与蹙融在行棋上有些差别，我们不妨暂且将它们视为一类游戏来研究。

（三）双陆

双陆是古代一种两人对弈的棋盘游戏，广泛流行于欧亚国家，至今已有2000多年的历史。双陆不是我国原创棋种，而是一种外来棋种，大概在三国时期传入我国，据南宋洪遵在《谱双》中的记载，双陆又叫“握槊”“长行”“波罗塞戏”等，但是也有学者认为，双陆与“握槊”“长行”为不同形式的棋类游戏。双陆盛行于南北朝及唐宋元时期，在明清时期开始衰落，在近现代消失。双陆传入我国后，其棋盘、棋子、行棋规则等都受到我国文化的影响。洪遵在《谱双》中详细记载了双陆的类型、棋盘制度、布子格式、行“马”规则等内容，指出双陆有“北双陆”“大食双陆”“广州双陆”“真腊阇婆双陆”“南皮双陆”“日本双陆”等多种类型，玩法、称谓、术语各异(如图5-15至图5-18)。

图5-15　《谱双》中的北双陆

图5-16　《谱双》中的大食双陆

图 5-17 《谱双》中的广州双陆

图 5-18 《谱双》中的真腊阇婆双陆

我国早期的双陆棋盘与国外早期同类棋戏的棋盘非常相似。在土耳其发现的古罗马棋盘游戏Twelve-lined Game与我国辽代的双陆棋盘类似，名称也一致(我国双陆即Double Six，与Twelve-lined Game正好吻合)。二者的棋盘样式参见图5-19和图5-20。

图 5-19 辽宁法库县叶茂台辽代墓葬出土的双陆棋盘和棋子

图 5-20 发现于土耳其的古罗马 Twelve-lined Game 棋盘

日本彦根市古城博物馆有一幅屏风(如图5-21),屏风上两个日本女子正在下棋,棋盘清晰可见,棋子虽与我国双陆棋子有些差距,但与近现代的西洋双陆棋的棋子很像。唐代周昉的《内人双陆图》(如图5-22)表现的是唐代双陆游戏场景,画面再现了唐代宫廷女子下棋娱乐的生活场面,棋具考究,双陆棋子外形清晰可见。

图5-21　装饰有女子下棋场面的屏风

图5-22 《内人双陆图》(周昉)局部

双陆棋具包括棋子、棋盘以及辅助道具骰子。其中,双陆棋子称为"马",共有三十枚,双方各有十五枚。"马"的形状除在日本双陆和真腊阇婆双陆中是圆形外,在其他双陆中都是上细下粗的棒槌形(如图5-23)。"马"多为木制,也有玉制,分黑、白两色;有两枚辅助道具骰子,每枚骰子有六面,点数分别是一、二、三、四、五、六。

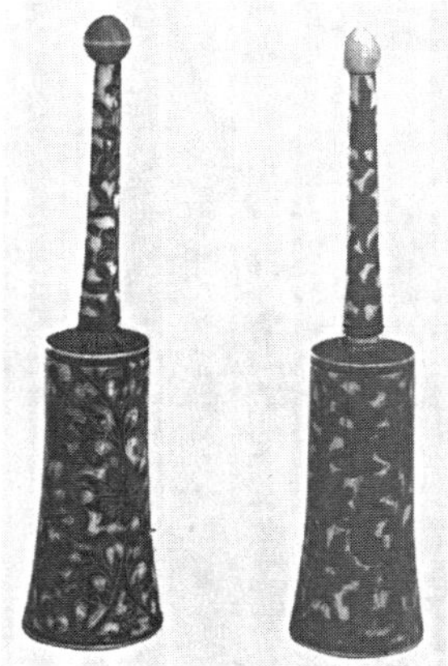

明代牙雕染色双陆棋子

清代玉制双陆棋子

图5-23　双陆棋子

双陆棋盘为长方形木制棋盒，分前、后、左、右。左、右两边各十二路，称为梁，前后各六梁，因此称为双陆。下棋者分坐棋盘左右，棋位为普通圆形(图5-24中深灰色圆形部位)。双陆在开局前一次性布子：右前六梁、左后一梁各布五枚白马，右后六梁布两枚白马，左前二梁布三枚白马；左前六梁、右后一梁各布五枚黑马，左后六梁布两枚黑马，右前二梁布三枚黑马(如图5-24)。

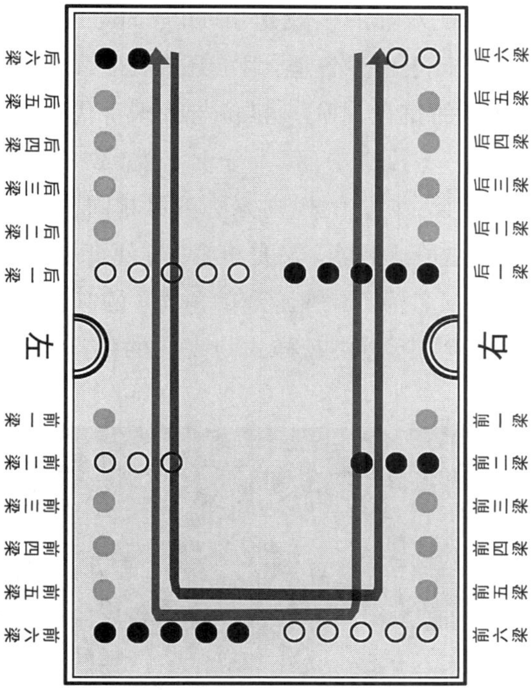

图5-24　双陆棋盘、棋位及开局布子示意图（彩图6）

行棋方式：持白棋者居右，持黑棋者居左。白马从右后六梁起由右向左行，至前六梁进入对方界，然后由左向右行(图5-24中红色线所示部分)。黑马从左后六梁起由左向右行，至前六梁进入对方界，然后由右向左行(图5-24中蓝色线所示部分)。走马时用两枚骰子轮流掷点，两枚骰子点数之和为行马步数，可用同一枚马行两枚骰子的点数之和，也可用两枚马分别行两枚骰子的点数。比如，掷得两点、三点，相加为五点，可用盘中己方任一枚马连行五步，也可用盘中任意两枚马分别行两步、三步。后六梁又称作“末梁”，马齐聚于此为“归梁”，马归梁后再掷骰子，两枚骰子之和达六点以上者可出两枚马，即移出棋盘。先归梁，后出马，以己方先出尽十五枚马者为胜。

走马时，尽量不要让己方的马落单，即尽量不让一枚马单独留在一个棋位上，防止成为孤子。否则，轮到对方行子时，可被对方吃下，该马出局。出局后还可再用，但必须先走出局的马才能再行其他马。出局的马只能在开始布子时的那儿梁有空棋位，而且掷的骰子点数正好对上才能重新上盘。比如，右后六梁有空位，骰子点数也得了六，那么出局的马就可以上盘放在右后六梁的位置。一梁之内若有两枚马在，敌方之马便不可再入此道，否则，己方可以将此马吃下。己方棋子可以步入同一棋道，结为棋伴，但一梁最多只可结伴五枚棋子。

在国外，类似于我国古代双陆的棋戏是“Backgammon”，中文称为“西洋双陆棋”。它起源于埃及，广泛流行于世界各地，目前还有比赛项目，网络上也有很多演示玩法的视频。西洋双陆棋的棋盘、棋子、棋位与我国古代双陆有所不同，但布子和行棋方式基本一致，也有三十枚棋子，每人分十五枚，故又称“十五子棋”。现在出现了许多西洋双陆棋的变体，它们的规则方法不尽相同，但行棋原理基本一致。它们多以木盒盛装，这种木盒既是棋盘，又是棋盒，方便携带。17世纪的荷兰画家扬·斯蒂恩(Jan Steen)有一幅名为《卡牌游戏的争执》的画作，画面上的两人正为了游戏而争执，地上扔着一个棋盒，棋盘样式与现在的西洋双陆棋棋盘相同(如图5–25)。

图5–25 《卡牌游戏的争执》（杨·斯蒂恩）

在中世纪，西洋双陆棋的棋盘、棋子与现在已无太大差别，图5–26为中世纪文学作品《布兰诗歌》里的西洋双陆棋。

图 5–26　《布兰诗歌》里的西洋双陆棋

西洋双陆棋的棋盘与我国双陆相比略有差别，棋位位置和数量相似，但棋位形状有所不同，图 5–27、图 5–28 是不同材质制作的西洋双陆棋棋盘，棋位为长三角形，以不同颜色间隔排列。西洋双陆棋的棋子为圆形彩色、一公分见方的棋子，共计 30 枚，每人有 15 枚。另有辅助工具骰子两枚，骰子六个面的点数分别是 1、2、3、4、5、6，游戏时以掷骰子数行棋。

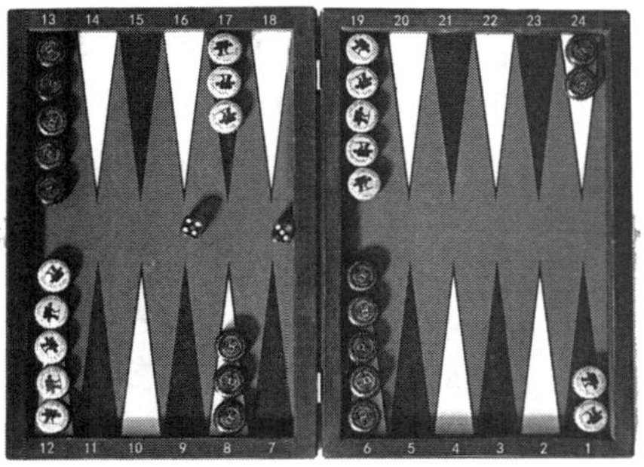

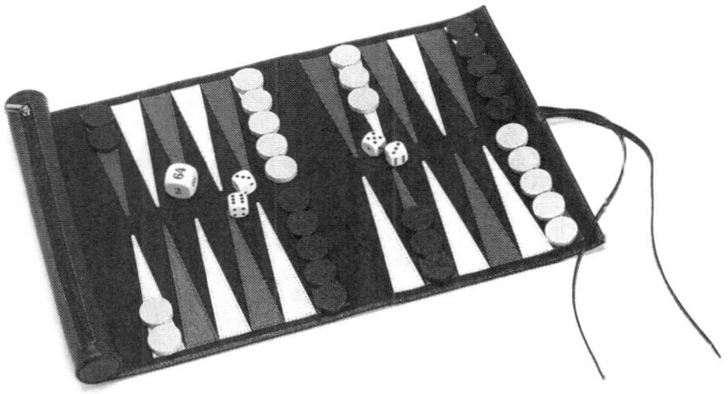

图 5–27　现代木盒制西洋双陆棋棋盘　图 5–28　现代皮革制西洋双陆棋棋盘

常见的西洋双陆棋棋盘为长方形木盒。这种木盒从棋盘两个长边分别向内侧画出 12 个大小相等的狭长等腰三角形，每一个三角形就是一个棋位，全盘共计 24 个棋位，与我国双陆的前后梁数正好相等。一方从右下角开始依顺时针方向用数字 1 到 24 编号，对方则正好相反，从右上角开始依逆时针方向编号，己方的第 1 号棋位

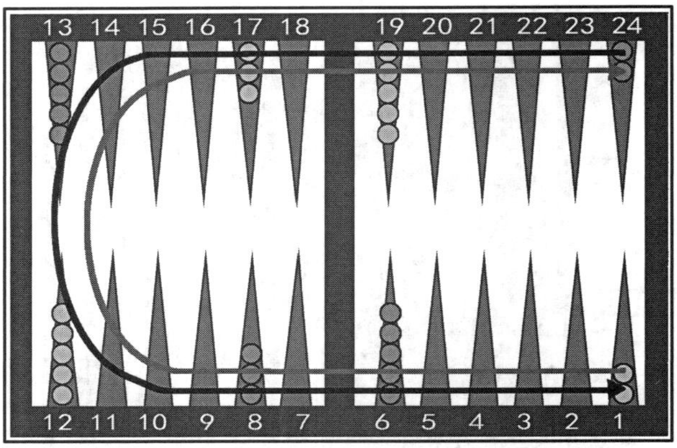

图5-29　西洋双陆棋棋盘、棋位以及行棋路线（彩图7）

就是对方的第24号棋位，己方的第2号棋位就是对方的第23号棋位，以此类推(如图5-29)。

西洋双陆棋的棋位为长三角形，棋位的排列顺序与棋子的行进方向正好相反。它在开局前一次性布子，与我国古代双陆相同。如图5-29所示，红方在6和13的位置布置5枚棋子，在24号棋位布置2枚棋子，在8号棋位布置3枚棋子；蓝方的布子正好与红方相对，分别在6和13号棋位相对的19、12号棋位布置5枚棋子，在24号棋位位置相对的1号棋位布置2枚棋子，在8号棋位对应的17号棋位布置3枚棋子。这些棋位与我国双陆的前后六梁、前二梁、后一梁分别对应，只是标记名称有所不同。布子之后双方轮流走棋，棋子的移动步数以掷骰子的点数决定。行棋路线及顺序见图5-29红、黑所示方向，一方从1号棋位到24号棋位的方向行棋，另一方从24号棋位向1号棋位方向行棋。双方走子的目的都是尽快将自己的棋子移出棋盘，所以首先将所有棋子移离棋盘的一方获得胜利。西洋双陆棋的行棋规则与我国双陆基本相同，只是有些西洋双陆棋规定己方棋子到达己方内区后即可开始移出棋盘。内、外区域与前后梁相似，第1号棋位至第6号棋位、19号棋位至24号棋位为内区，即己方开始行棋的那一侧区域，第7号棋位到第12号棋位、第13号棋位到第18号棋位为外区。一方棋子到达己方内区后，无须全部归位后再移出。比如，掷到一点，即可将位于第一号棋位的棋子移离棋盘；掷到两点，就可将位于第二号棋位的棋子移离棋盘，以此类推。

二、中国象棋的变体

中国象棋是我国正式的体育比赛项目之一，与世界上其他象棋一样，有着悠久的历史和广泛的玩家群体。中国象棋在我国已有3000多年的历史，至今仍长盛不衰，保持着旺盛的生命力，并广泛传播到世界各地。中国象棋协会分布在世界各地，中国象棋也已成为我国传统文化的代表和象征。除此之外，中国象棋在民间还有许多其他形式的变体，借助中国象棋的变化多端和文化背景，演化出了更多的游戏机制和规则。

（一）七国象棋

七国象棋是在中国象棋基础上演化而来的一种游戏形式，亦称“古象棋”“七国象戏”等，由北宋史学家、政治家司马光所创。七国象棋至今在民间仍很流行，不仅有一些人士在论坛、贴吧讨论研究它的行棋规则和特点，还有一些爱好者甚至将一些棋阵按原棋谱复制出来。

七国象棋以春秋战国时期“齐、楚、燕、韩、赵、魏、秦”七国争雄的战国形式布置棋盘，纵横各十九路，垂直相交，分东南西北中五个方位：中央为“周”，象征战国时期以周天子为代表的中央集权；其他七国棋子分布四方，“秦”在西方，“韩、楚”在南方，“魏、齐”在东方，“燕、赵”在北方。

七国象棋共有一百二十枚棋子，棋子置于棋盘纵横线的交叉点上，代表周天子的一枚棋子放在棋盘中央（或者将“周”字直接印在棋盘上），该棋子不动，不属于任何玩家，既不出击七国，也不许七国相犯，遇到该枚棋子时七国棋子一律绕道而行，或跳跃而过。代表七国的游戏者每人拥有十七枚棋子，用不同颜色区分：周天子用黄色、秦国用白色、楚国用红色、齐国用青色、燕国用黑色、韩国用橙色、魏国用绿色、赵国用紫色。

七国象棋和中国象棋一样，在游戏开始前布子。每枚棋子均有棋面符号，“将”象征各国最高统治者，以国名代替，每国一个，其他棋子名称及数量如下：“偏、裨、炮、弓、弩、行人”各一个；“刀”两个，“剑、骑”各四个。每方的十七枚棋子从棋盘底边向中央按照七、五、三、一、一的数量形式呈三角形摆放，“将”摆在己方底边中央（如图5-30）。

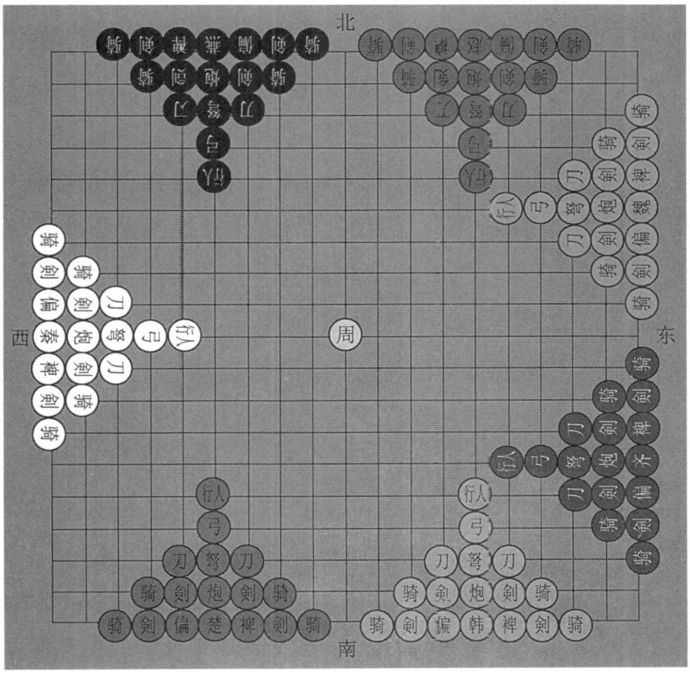

图5-30　七国象棋棋盘及棋子布局（彩图8）

七国象棋二到七人皆可玩。若七人游戏，则每人代表一国；六人游戏，则“秦”与没有玩家的一国连横；若五人游戏，则“楚”与另一国合纵；若四人游戏，则“齐”与一国合纵；若三人游戏，则“秦”再连横一国，也可以每人代表一个国家，不用其他国家参与。行棋时从“秦”开始，顺序依次为“楚、韩、齐、魏、赵、燕”。游戏者分别持有代表“秦、楚、韩、齐、魏、赵、燕”的棋子，每回合走一步。七国象棋的走法与中国象棋略有不同，行棋规则如下表所示：

表5–1　七国象棋行棋规则表

棋子名称及数量	行棋规则
将（1）	可直行（包括横、纵、斜方向），不限远近，与中国象棋“车”的走法相同。
偏（1）	走法和中国象棋的“车”一样，可以在横、纵方向行走任意步，不可越过其他棋子。
裨（1）	走法和中国象棋的“象”一样，可以在斜方向行走任意步，不可越过其他棋子。
炮（1）	走法与吃子都和中国象棋的“炮”一样。走棋时可以在纵横方向走任意步，必须在走棋方向上隔一个子（可以是“周”）才能吃子；前无隔子或隔多子皆不可吃子。
弓（1）	可以在横、纵、斜方向行走最多四步，不可越过其他棋子。
弩（1）	可以在横、纵、斜方向行走最多五步，不可越过其他棋子。
刀（2）	走法和中国象棋的“士”一样，可以斜方向行走一步。没有九宫的限制。
剑（4）	走法和中国象棋的“将”“帅”一样，能在横、纵方向行走一步。没有九宫的限制，即直行一步。
骑（4）	先纵或横走一步，再斜方向走一到三步，斜行时有进无退，不可越过其他棋子。
行人（1）	直行、斜行均可，不限远近。行人就是使者，既不能杀人，也不能被吃，只能作为障碍物或炮架使用。

七国象棋的“吃子”方式和中国象棋相同，走一步棋时，如果己方棋子能够行进的位置有对方棋子存在，就可把对方棋子取出棋盘而占领该位置(即“吃子”)。游戏者需妥善保存己方吃掉的棋子以便计算胜负。

当“将”被杀，则该国告负，所余棋子由战胜国指挥。如果一国的“将”虽在，但棋子被另一国吃掉十个，则该国亦告负。如果一个国家灭掉两国或吃掉三十个别国棋子，便获胜(称霸)，其他国家以吃子多少定名次，游戏结束。

与中国象棋相比，七国象棋更加复杂，棋盘布局杂乱，游戏者既要看好自己的棋子，又要顾及其他六国，因此很难把握，游戏难度较大。对中国象棋熟悉且棋艺较高的玩家或许会比较喜欢它，但不太熟悉中国象棋决胜策略的玩家则会有杂乱的感觉，或许这正是其没有广泛流传的原因之一。

（二）三友棋

三友棋借助三国故事的文化背景，让人们在体会三国对峙的局面中享受博弈的乐趣。三友棋与七国象棋一样，属于中国象棋的变体。它的棋盘为三面，是三人玩的棋类游戏。南宋时，民间流行模仿魏、蜀、吴三国争雄的“三国图格”和“三国象戏图”。(麻国钧在《中华传统游戏大全》中认为，“三国图格”和“三国象戏图”

均为三友棋棋谱，但目前均已失传）清代康熙年间安徽歙县人郑晋德著有《三友棋谱》一卷，其友张潮为《三友棋谱》作《小引》及《跋》，并将该棋的棋盘样式和棋谱列入自己所编辑的《昭代丛书》中。

三友棋的棋子与中国象棋相似，每方有“将”一枚，“士、马、相、车、旗、炮、火”各两枚，“兵”三枚。每方共有棋子十八枚，三方共有棋子五十四枚，分别用不同颜色区别。每种棋子的行棋规则如下表所示：

表5-2　三友棋行棋规则表

棋子名称及数量	行棋规则
将（1）	与中国象棋走法相同。
士（2）	与中国象棋走法相同。
马（2）	与中国象棋走“日”字对角线一致，可过山、过城，但不能过海。山、城、海均作一格计。
相（2）	与中国象棋走法相同。
车（2）	与中国象棋走法相同，可过山、过城，不能过海。
旗（2）	直行两步，至敌国后，横、直方向任其所行。
炮（2）	与中国象棋走法相同，可过海，但不可过山与城。
火（2）	走小方格对角线，左右不限，只行一步，有进无退。
兵（3）	与中国象棋走法相同。

三友棋棋盘及开局前的布子形式参见图5-31。

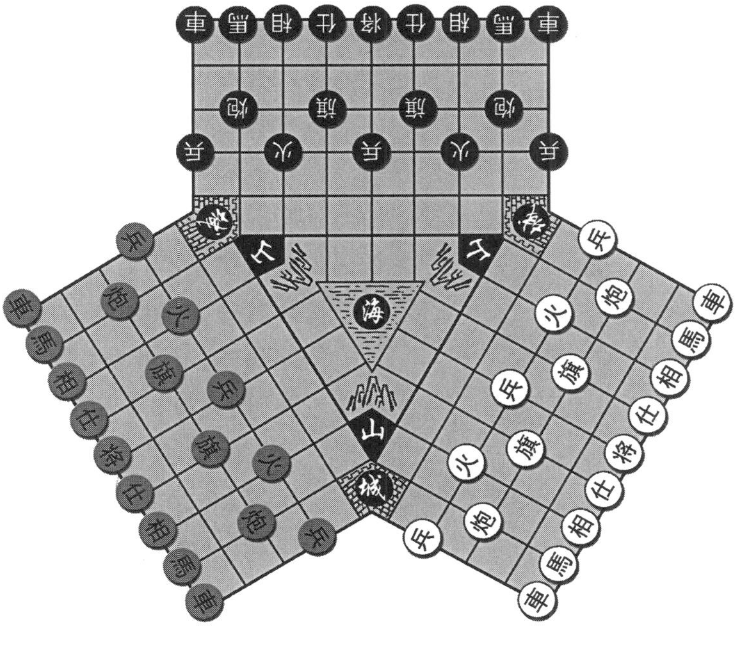

图5-31　三友棋棋盘及开局前布子示意图

各棋吃子规则与中国象棋一致，棋子不限大小，可互相吃掉，无论哪一方被“将”死，都要把“将”反扣在九宫将位上，其余诸子听胜者调遣。此棋非常有趣，每一方都有左右两国与之相邻，两国又有强弱之别，因而需要审时度势，决定团结与打击的对象。假若左邻强右邻弱，则需要联右邻以击左邻，以右济我；左将败，则可乘势击右。三个人这样各自打着算盘，“勾心斗角”，使游戏变幻莫测。正如郑晋德所言：“兵行诡道，假公济私，神机妙算，决战此中。”

（三）蜗角棋

蜗角棋是清朝童叶庚创造的一种使用菱形格为棋盘的中国象棋变体，收录于1890年出版的《睫巢镜影》中。该棋典故出自战国时代的《庄子·则阳》，原文为“有国于蜗之左角者，曰触氏；有国于蜗之右角者，曰蛮氏。时相与争地而战，伏尸数万，逐北旬有五日而后反”。翻译为：有一只蜗牛，它的左触角上有一个国家，叫作触国；它的右触角上也有一个国家叫作蛮国。这两个国家为了争夺土地，经常互相厮杀，以致尸横遍野，血流成河，战胜国追剿败兵至少要半个月才肯收兵。

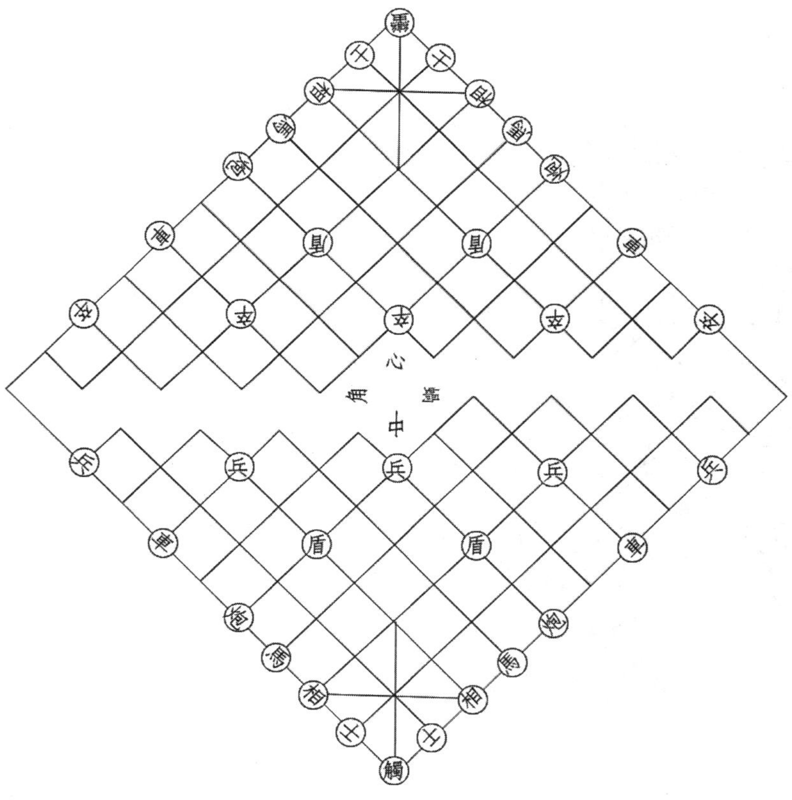

图5-32　蜗角棋棋盘、棋子布局示意图

蜗角棋棋盘为菱形，纵横各十一路，棋盘的纵横对角线相交处为“蜗角中心”。横向对角线空白区域为“坎”，在此行棋时只可经过不可停留，上下两端为双方对营阵地。上下两端米字格为双方将、帅的营地，称为“九宫”。蜗角棋的棋子借用中国象棋的士、相、马、炮、车各两枚，还借助“蜗角之争”的典故，易双方将、帅为“触”“蛮”。此外，双方各加“盾”两枚，每方有十八枚棋子，双方共有三十六枚棋子。蜗角棋棋盘、棋子布局如图5-32所示。

蜗角棋棋子的行棋角度相较于中国象棋有很大改变。蜗角棋以棋盘自身为参照，平行、垂直于对角线的为斜行，平行于棋盘边线的为直行，具体行棋规则如下：

表 5–3　蜗角棋行棋规则

棋子名称	行棋规则
触 / 蛮	直行、斜行均可，不可越过九宫。触、蛮不可在棋盘上面对面。
士 / 相	变中国象棋中的斜行为直行，士直行一步，不出九宫；相直行两步。
马 / 军	马的行棋规则与中国象棋相同，走对角线；车的行棋规则与中国象棋相同，横直行棋。
炮	与中国象棋相同，隔棋吃子。
兵 / 卒	与中国象棋相同，前行一步，只可进不可退，进入敌界后可横行。
盾	斜行“口”字对角线，每次一步，向四面前进均可。

延伸阅读

朱南铣.中国象棋史丛考[M].北京：中华书局，2003.

三、具有民族文化特色的民间棋戏

中国古代民间棋戏中，有许多带有明显民族文化特征的棋类游戏，这些棋戏具有典型的地域性和民族性，是我国游戏文化不同于其他国家棋类游戏文化的具体体现。

(一) 六子争头

六子争头是一种民间年画，画面采用“共生图形”的原理，六个孩子的身体共用三个脑袋，组成一幅圆形图案，生动地体现了中国民间艺术的趣味性和文化多样性。敦煌藻井图案“三兔共耳”(三只小兔共用耳朵)、古钱币上的“唯吾知足”(借用方孔钱币的“口”组成具有特殊含义的“唯吾知足”)字体(如图 5–33)等，与现在的“共生图形”设计原理完全一致，充分体现出我国古人的文化情趣和创造能力。

六子争头是“共生图形”的典型代表，它除了是我国民间年画的一种形式，也是一张游戏棋盘，同时还是一幅“消寒图”。这小小的一张民间年画，却集多种功能于一身(如图 5–34)。

图 5-33 “三兔共耳”和“唯吾知足”

图 5-34 六子争头

作为民间棋类游戏，六子争头流行于河北地区，属于掷骰走棋的棋类游戏。其棋盘呈正方形，棋盘上的棋位由三种图案组成：(1) 边框和角花图案：四个棋位。(2) 六子争头图案：棋位数由游戏者在游戏前按习惯商定。一种是十六个棋位，把十五个棋位按头、肩、腰、臀、腰的顺时针方向排列一周，中间的六角形图案是一个棋位；另一种有二十八个棋位，是在前一种的基础上把头部一个棋位改为头发、耳朵、左眼、右眼和嘴五个棋位。(3) 十二生肖图案：以十二生肖为题材的玩具或鞋子共十二种，按顺序排列成十二个棋位。

六子争头为两人以上玩家参与的游戏，棋子数与参与人数相等。首先，开局前需商定棋位总数和棋子的行进路线。比如确定六子争头图案部分为二十八个棋位，十二生肖图案部分为十二个棋位，角花图案部分为四个棋位，合计四十四个棋位。棋子行进路线确定为：每人以一个角花棋位为起点，第一步走到鼠棋位，再按鼠、牛、虎、兔、龙、蛇、马、羊、猴、鸡、狗、猪的顺序走过十二生肖，再从上方娃娃的头发起走过六人争头图案部分的各个棋位，最后到达中心棋位，全程共四十步。再比如可以规定在十二生肖图案部分连续走三遍后，才能进入六子争头图案部分，这样全程增加为六十四步。其次，确定走棋的先后次序。每人各掷骰子一次，按照点数大小排列次序，点数大者先走，点数小者后走。若点数相同，重新掷骰子确定走棋次序。最后，走棋。每人分别把自己的棋子放在四个角花上，然后走棋。

布棋之后各方轮流掷骰子走棋，掷出几点就走几步。走棋后若棋子恰巧停留在自己的生肖上，就可以再掷骰子走棋一次。被别人赶上或超过时，要倒退三步。在接近终点时，所掷骰子点数与距离终点的步数一致才算到达终点。若点数过大，要从终点回退相应的步数。有人按规定到达终点时终局，此人为第一名，其他人按照距离终点的远近排列名次。

（二）升官图

升官图是我国民间传统掷骰游戏，也是具有民族文化气息的艺术形式。升官图的棋盘是中国古代官场制度的缩影，整张棋盘由纵横相交的格子组成。与普通网格棋盘不同的是，升官图的纵横网格并不对称，每个棋位上布满字体，写着各种官位名称及走棋说明。从最外围的白丁、童生、案首开始，到达外县、外府衙门，再经过内层的京府、京县衙门，最后到达最里层的太保、太师、太傅。升官图由早期的“彩选格”发展而来，唐代房千里所著《骰子选格》对其有详细介绍，之后历经数代，明朝以后才被称为“升官图”。它是一种对智力或思考能力要求不高，但娱乐性较强的游戏，至今在我国一些年画作坊中还能见到。今天的升官图所选用的官场编制多为清代体制，买家多是一些收藏爱好者，真正买来游戏的人并不多。

传统升官图的棋盘为纸质印刷的正方形，边长约为六十厘米，全盘共有七十九个长方形棋位。这些棋位从外到内分为三层，每个棋位的上半部分标明棋位名称，下半部分是这个棋位的走子规定。棋位名称由各种学历名称或官职名称组成，其中学历名称有十五个，官职名称有六十四个，最低棋位为“白丁”，最高棋位为“太师”。如外省衙门中“巡抚”棋位下面对应的注解是“德——尚书，才——总督，功——学士，赃——府尹”等(如图5-35)。升官图对游戏人数要求不限，人越多越热闹。行棋步数由投掷骰子或陀螺的结果而定。如以骰子为道具，则按掷出的点数行棋；若以陀螺投掷，则按陀螺四面所示字体提示行棋，首先到达最高官职的人获胜。

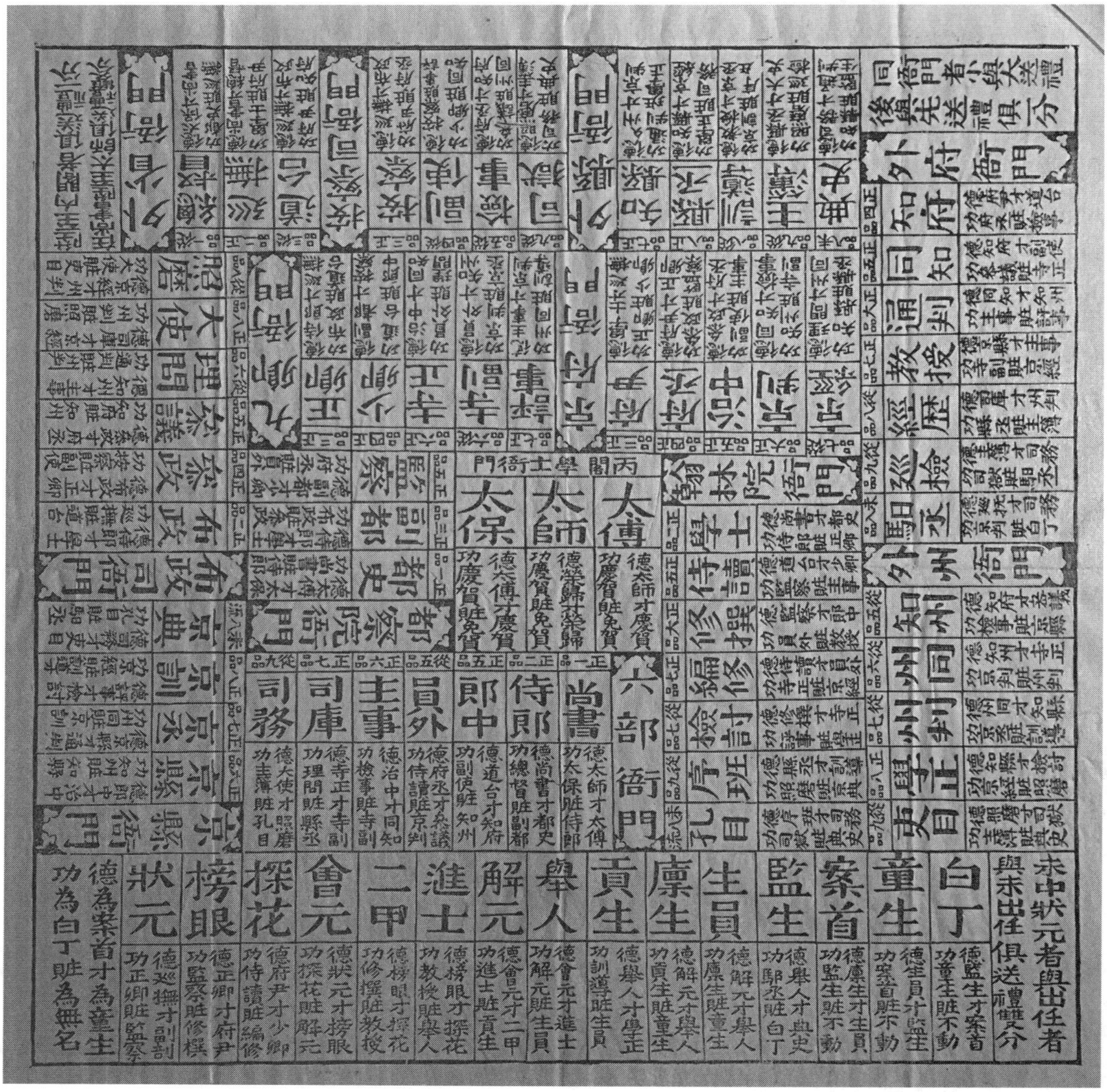

图 5–35 升官图棋盘

升官图所需的游戏道具除了常见的陀螺、骰子外，还有一种特有的陀螺，俗称“捻捻转”。这种陀螺为木制，四个侧面分别写有德、才、功、赃四个字。游戏者如果转出“德”字、“才”字或“功”字，表示做了好事，可以升官；如果转出“赃”字，表示做了坏事，就要降级(如图 5–36)。

游戏开始前，一般通过转陀螺来确定游戏顺序。以四人游戏为例，每人转陀螺一次，按照所显示的字排列顺序。假定四人分别转出“德”“才”“功”“赃”四个字，按照“德”字第一，“才”字第二，“功”字第三，“赃”字第四的顺序轮流转陀螺、走棋子。如果有两人或三人转出的结果一样，那么就重新分别转动陀螺，直到分出次序为止。

图5-36 “升官图”陀螺道具

走棋时，按照以下规则进行：

首先，第一次转动陀螺，确定玩家的棋子是否有资格放在棋盘上。确定各自顺序后，各方棋子都放在棋盘外，轮到的一方第一次转陀螺有四种可能：(1)转出“德”，就把棋子放在“案首”棋位上；(2)转出“才”，就把棋子放在“童生”棋位上；(3)转出“功”，就把棋子放在“白丁”棋位上；(4)转出“赃”，则棋子不能进入棋盘，要在下一轮转动中转出其他字时才能进入棋盘。

其次，棋子进入棋盘以后，转陀螺走棋时，应根据所在棋位下半部分的提示走动。如第一次转陀螺结果是“童生”棋位，下面分别有提示：(1)转出“德”，则走“生员”棋位，(2)转出“才”，则走“监生”棋位，(3)转出“功”，则走“案首”棋位，(4)转出“赃”，则棋子在原棋位保持不动。

再次，终局及排列名次：当某一方棋子到达最高棋位“太师”以后，再轮到他时，如果转出“德”字或“才”字，即可“荣归”，获得第一名，同时终局，其他人按照距离最高棋位的远近排列名次。

随着时代的发展，现实生活中官制已经改变，升官图变得少见，一些玩法类似的游戏则在民间悄然兴起。这些游戏名称不一，内容相异，或以八仙为主，或以生肖为主，演化出版本不同、规则类似的棋盘图。如河北的“选仙图”“升仙图”，江苏的“逍遥图”“消消气”，山东的“凤凰棋”，福建和台湾的“葫芦闷”“葫芦问”都属于升官图的变体。这些游戏的棋盘多为螺旋状，图案以八仙、生肖、葫芦为主，两两相对，具有强烈的民族文化气息，体现出我国民间文化的多样性、民族性、地域性(如图5-37至图5-40)。从游戏机制上来看，升官图可视为我国古代的飞行棋，其行棋原理、步骤和现代飞行棋都很相似。

图 5-37　山东“八仙过海凤凰棋”

图 5-38　福建和台湾地区的“葫芦问”

图 5-39　生肖选仙图

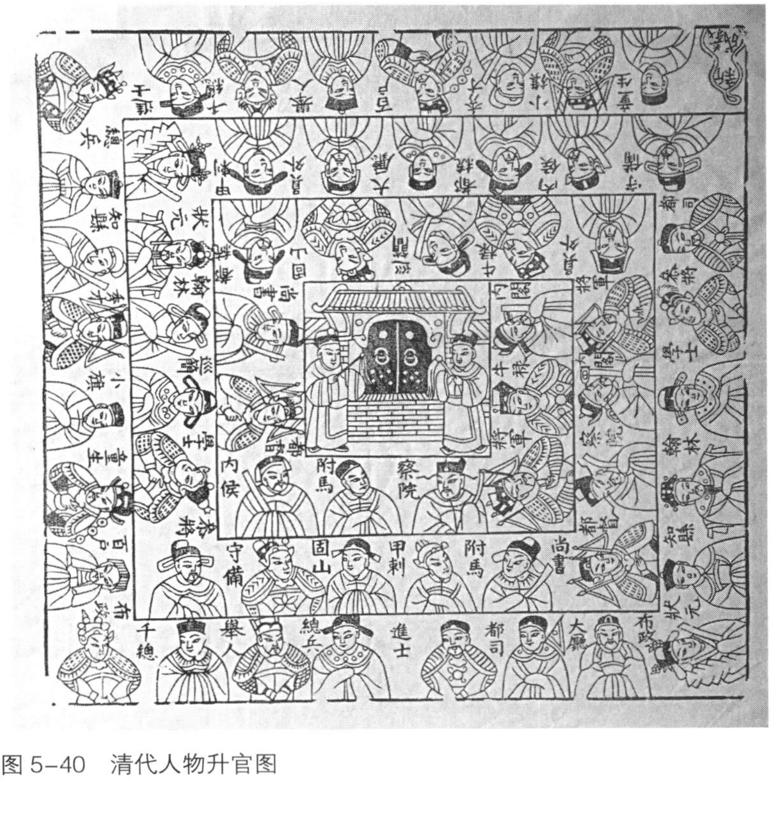

图 5-40　清代人物升官图

第二节　国外传统民间棋类游戏

世界上许多国家的棋类游戏既有差别又有明显的共同特征。比如两河流域的“乌尔王朝棋”、埃及的“塞尼特棋”、韩国的“尤茨”，这三种棋类游戏的目标和道具有着明显的相似性。同时，三者所用的类似“骰子”的道具与我国“六博”棋戏中所用的“箸”非常相似，三者的游戏目标与我国双陆棋的游戏目标也有相似之处。这是一种非常有趣的文化现象，为研究古代人类游戏行为与游戏传播提供了一定的参考依据。

一、曼卡拉棋（Mancala）

曼卡拉棋(Mancala)又叫播种棋、池塘棋、营盘棋等，采用容器式棋盘，是一种古老的民间棋类游戏。它广泛流行于非洲各国、美洲各国和亚洲的东南亚各国，与我国的“四碗棋”属于同类。许多国家的博物馆里都收藏着精美的曼卡拉棋。曼卡拉棋最早发现于埃及库那庙宇，距今已有3 000多年的历史。由于历史悠久，曼卡拉棋有几百种变体，这些变体的棋盘样式、棋子数量、行棋规则各有不同，但多数都拥有木制长形盒盘。

最常见的曼卡拉棋，棋盘通常用较厚的木板制作，呈长方形，上面有两排排列整齐的圆形坑洞，共12个，为曼卡拉棋的棋位，上下两排由对局双方平分。有的棋盘还在两端分别设置2个较大的椭圆形洞，供双方放置棋子。曼卡拉棋的棋子为圆形颗粒状，像种子一样，因此也称为播种棋。曼卡拉棋共有48枚棋子，为双方共用棋子(如图5-41)。

图5-41　曼卡拉棋盘和棋子

曼卡拉棋在开局前一次性布子，把全部48枚棋子平均放置于12个洞中，每个洞内放4枚。布子之后双方轮流走子，方式是先抓取再分投。走子的一方选择任意1个自己的棋位，抓取这个棋位中的全部棋子，按照逆时针方向，从这个棋位的前1个棋位开始，每个棋位内投放1枚棋子，直到投完所选棋位的棋子为止。

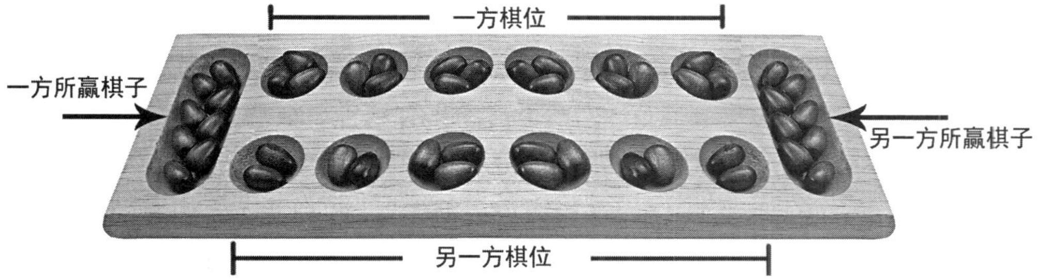

图 5-42　曼卡拉棋棋位示意图

走子之后，合乎条件时有可能得子，又分为4种情况：一是得2子或3子。被投放最后1枚棋子的棋位称为“末洞”。如果一方走子以后，“末洞”只剩2枚或3枚棋子，那么该方就可以得到这2枚或3枚棋子，把赢得的棋子放于自己的椭圆形洞内即可。无论“末洞”在哪一方的领地内都不影响得子。二是得4子或6子。如果“末洞”后方相邻洞内的棋子数量与“末洞”内棋子数量都是2枚或3枚，那么走子一方就可以同时得到这两个洞内的所有棋子。三是当一方无子可走时，另一方可以得到棋盘上所有剩余的棋子。四是不得子。如果“末洞”只有1枚棋子或有4枚以上棋子，就不能得子。此规则只是众多规则中的一种，曼卡拉棋的行棋规则在不同地区会有所不同。

如果双方得子数量相等则为平局，以下两种情况都判得子多的一方获胜：一种情况是随着对局过程的继续，棋盘上的棋子越来越少，直到没有棋子时终局；另一种情况是当轮到某一方走子时，如果此时该方的所有棋洞内均无棋子，也就是无子可走，也要终局。

二、乌尔王朝棋（The Royal Game of UR）和埃及塞尼特棋 (Senet)

乌尔王朝棋(The Royal Game of UR)和埃及的塞尼特棋(Senet)是来自不同国家、玩法近似的棋类游戏，带有各自明显的民族文化特征。

20世纪20年代英国考古学家查尔斯·伦纳德·伍利(Charles Leonard Woolley)首先于乌尔王朝陵墓发现了乌尔王朝棋，该棋因此而得名。作为流行于古代两河流域地区的古老棋种，乌尔王朝棋广泛分布于伊拉克、叙利亚、黎巴嫩、约旦、以色列和伊朗等国家。在这些地区出土的墓葬文物中多发现有此类棋具，这些墓葬主人的身份上至贵族下到百姓，可见此棋当时非常流行。

乌尔王朝棋棋盘为木制盒盘，棋盘表面镶嵌着贝壳、彩色石子等物，如工艺品一样精致，不同棋位有不同图案符号，地域文化特征明显。棋盘内部中空，为装棋子所用。棋盘由20个方格组成，因此乌尔王朝棋又称为“二十格棋”。每个方格均有不同图案符号装饰，分别代表不同的含义。棋盘左上角的花卉图案在苏美尔人的艺术作品及皇家权杖中非常常见，因此可能为具有某种象征意义的民族图腾符号。类似左上角这种形态的花卉图案共5个，分别位于棋盘的不同位置，其中棋盘上部3个，呈三角形布放，下半部2个，平行布放。据考证，画有此花卉图案的棋位在乌尔王朝棋中为幸运棋位，凡是掷骰子行子到这些位置时可保护自己的棋子不被对方棋子吃掉(如图5-43)。

图5-43　公元前2600年左右的乌尔王朝棋

图5-44为参照出土的乌尔王朝棋绘制的棋盘，呈长方形，由20个大小相等的方格组成。每个方格就是1个棋位，左上方4格、左下方2格为一方使用；右上方4格、右下方2格由另一方使用；中间8格为双方共用，棋盘上有花卉图案的方格为幸运格。

乌尔王朝棋共有14枚棋子，游戏双方各有7枚，棋子外观有明显区别。棋盘中间的空白区域是摆放棋子的地方。除了棋盘、棋子之外，乌尔王朝棋还有类似骰子功能的辅助工具，用来决定行棋走子的步数，但其形状与骰子不同：外形为木棍状，一面为平面，另一面为弓形弧面，共有4个。游戏时，双方轮流抛撒“棍子”，以抛撒结果行棋，首先将所有棋子移离棋盘的一方获得胜利。行棋时(行棋路线如图5-44)，白棋沿左边橙色线条的箭头方向行棋，黑棋沿右边蓝色线条的箭头方向行棋，起点分别为左右两端有4只眼睛图案的方格处。抛棍子有以下几种结果:(1)1根棍子平面朝上，3根棍子平面朝下，走一步;(2)2根棍子平面朝上，2根棍子平面朝下，走2步;(3)3根棍子平面朝上，1根棍子平面朝下，走3步;(4)4根棍子平面全朝上，走4步;(5)4根棍子平面全朝下，不走棋。

行棋前不布子，棋子放在各自的停放区。行棋时，既可走棋盘上的棋子，也可走停放区的棋子，同一格只能停放1枚棋子。棋子如果恰好到达幸运格，则可以得到一次抛撒棍子的机会，即可以多一次走子机会。如果行棋时有对方棋子在己方应到达的格子内，则可将该棋吃下并罚下棋盘。但是如果到达幸运格时，对方棋子在此格，那么该棋受到保护，不能被吃，而行棋的一方须改走其他棋子，如果棋盘下没有其他棋子，则停走一次。

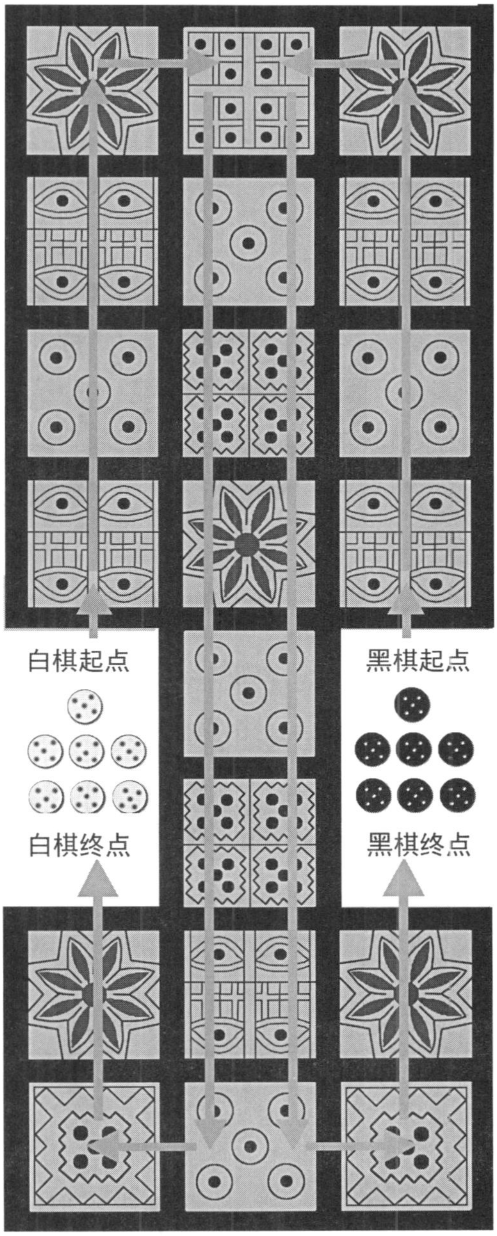

图5-44　乌尔王朝棋行棋路线示意图（彩图9）

与乌尔王朝棋类似的还有一种源自古埃及的棋，英文名称为“Senet”，音译为“塞尼特”。乌尔王朝棋与塞尼特棋被视为现代西洋双陆棋的早期起源，其行棋规则、目的和形制都与西洋双陆棋接近。直到今日，塞尼特棋的棋盘还保留着木制盒盘的形式，携带方便、不易毁坏。

塞尼特棋是古埃及王朝的棋盘游戏，属掷骰游戏，其历史可追溯到公元前3100年左右，是目前发掘出土的最古老的棋类游戏。塞尼特棋的棋盘由纵十、横三的格子组成，因此又名“三十格戏”(30 Squares)。与乌尔王朝棋一样，塞尼特棋的棋盘也为木制盒盘，内部中空，可盛装棋子，棋盘表面刻有复杂的象形文字和古埃及特有的图形符号(如图5-45)。塞尼特棋具有浓厚的宗教色彩，据说游戏赢家可以得到神的庇护，因此它常被作为护身符陪葬，在一些墓穴的陪葬品中常能发现它。

图5-45　现代仿制的塞尼特棋

塞尼特棋的规则、形制与乌尔王朝棋大同小异，游戏目的也是尽早将棋子走出棋盘，行棋步数也是由抛撒4根木棍来决定的。

三、尤茨（Yut Game）

图5-46　尤茨

尤茨又叫“柶戏”或“掷柶戏”，是朝鲜族人们常玩的游戏，至今仍广泛流行，具有明显的民族文化特点。从尤茨所用的辅助工具“毂子”的功能用法及游戏胜负条件来看，尤茨与六博、乌尔王朝棋及塞尼特棋有相同之处。

毂子是尤茨的主要道具，用来决定行棋步数和行棋方向。按照文献资料的描述，毂子的外形很像六博的“箸”及乌尔王朝棋的“棍子”。毂子是长约20厘米的圆木，一面为平面，一面为弧面，其中弧面上常有不同形态的“福”字或其他吉祥图案，具有浓郁的民族特色(如图5-47)。

尤茨的棋盘多为正方形，少数是长方形。它的棋位用圆点表示，1周有20个圆点，也就是20个棋位，再将对角线连接，中间交点处又形成了1个棋位。此外，每条对角线上另有对称分布的4个棋位。所以，尤茨共有29个棋位，4个拐角和中间的棋位形状较大。另外，一些棋盘用猪、狗、羊、牛、马的图案循环表示棋位，还有一些棋盘用国旗图案等表示棋位(如图5–48)。

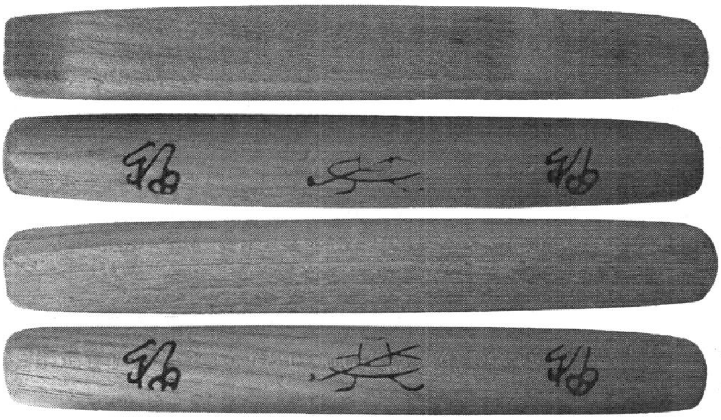

图5–47　彀子

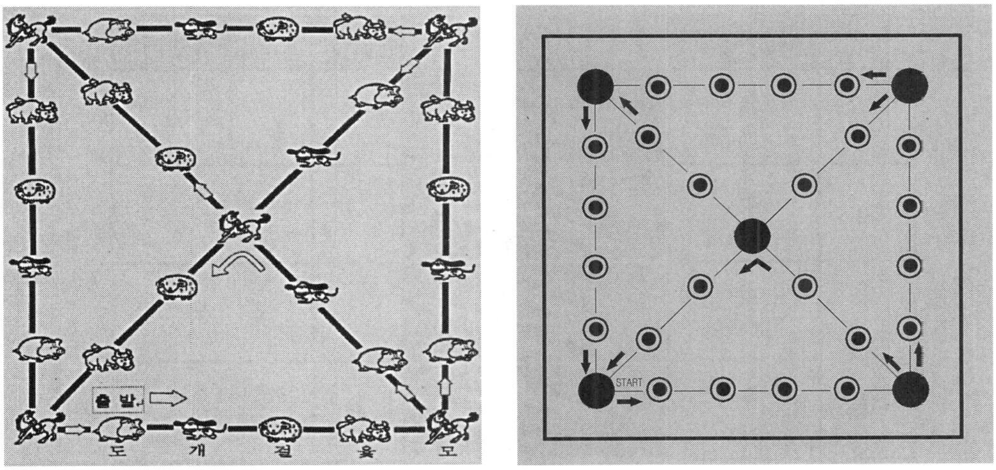

图5–48　不同形式的尤茨棋盘

尤茨一共有8枚棋子，对棋双方各有4枚。制造棋子的材料比较随意，木头、石子均可。对战双方的棋子颜色最好不一样，以便区别。棋子最好如象棋那样呈扁圆形，以便行棋时可以摞起来走。

尤茨不限人数，人越多，竞争越激烈。根据人数可以组成不同的对阵双方，如果是2人，可以像其他棋类游戏一样你来我往地行棋；如果是多人，则可以根据组员人数、性别等分成不同的对阵双方，然后轮流掷彀子行棋。

尤茨的行棋路线有4种(如图5–49)：(1)从箭头所指棋位开始，经过第1个直角向对角线的方向走，及至对角线的中间位置，转向开始位置行棋，直到结束；(2)从箭头所指棋位开始，经过第2、3个直角后折向对角线方向，一直走到开始位置；(3)从箭头所指棋位开始，经过第1个直角后折向对角线方向，穿过对角线，后折向开始方向；(4)从箭头所指棋位开始，围绕4个直角行棋1周，直到结束。

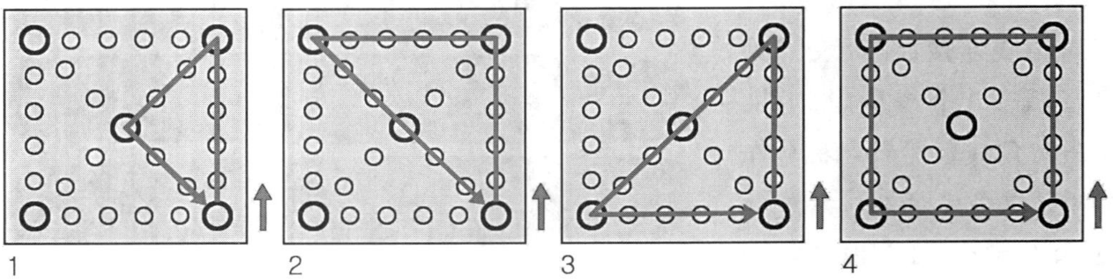

图 5-49 尤茨行棋路线

游戏过程中，玩家根据4根毂子抛出的平、弧两面结果决定行棋步数(如图5-50)。

名称	说明	图 示	分数	备 注
도	猪 三扑一翻	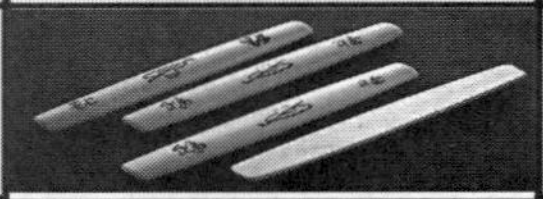	1	—
개	狗 两扑两翻	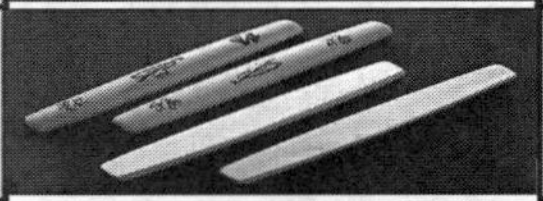	2	—
걸	羊 一扑三翻		3	—
윷	牛 全翻		4	此种结果可再掷一次
모	马 全扑		5	此种结果可再掷一次

图 5-50 四根毂子投掷结果行棋步数

游戏时，每人轮流掷毂子，按得分行棋。毂子的弧面朝上为扑，平面朝上为翻。“三扑一翻”称为“도”，得1分，走1步棋；“两扑两翻”称为“개”，得2分，走2步棋；“一扑三翻”称为“걸”，得3分，走3步棋；全翻称为“윷”，得4分，走4步棋；全扑称为“모”，得5分，走5步棋。当掷到4、5分时，或是正好走到别人的棋位上(不是经过)，即吃掉别人棋子时，可获得再掷一次毂子的机会。

行棋时，有几种缩短行棋路线的规则：如果行棋步数恰好走到棋盘右上直角棋位终止时，则下次再次行棋时就可以走捷径朝对角线方向行棋，如果行棋步数又恰好在对角线交点棋位终止时，则下次行棋时可从对角线交点棋位直接向起点棋位行棋，如图5-49中第一种路线。游戏胜负的评判标准与乌尔王朝棋一样，优先走完4枚棋子者为赢家。

四、独立钻石棋（Peg Solitaire）

独立钻石棋又叫孔明棋、十字棋，孔明棋是在我国的称谓。独立钻石棋是法国宫廷贵族玩的一种棋类游戏，确切出现年代无可考证。资料中有一张法国苏比斯王妃1697年玩独立钻石棋的图片(如图5-51)，可估计独立钻石棋早在17世纪就已存在，并于同时期传入英国，之后传遍世界各地。

图5-51　下独立钻石棋的法国苏比斯王妃

独立钻石棋是一款单人棋类游戏，它的棋盘多种多样，以圆形为主，由33个棋子排成十字型棋位(如图5-52)。游戏玩法类似于中国跳棋，但是行棋步骤与跳棋有很大差别。独立钻石棋棋子只有在跳过相邻棋子后才能落在空棋位上，被跳过的棋子即被吃掉。棋子可纵横跳动，即可向前、后、左、右跳，但不能斜跳，也不能单独跳行。如此直到剩下最后一枚棋子时，游戏结束。流传的一般玩法是：先取走中央的那个被称为“拔子”的棋子，然后再逐步跳行(如图5-53)。

独立钻石棋是一款逻辑思维性很强的游戏，历来就有世界各地的棋类游戏爱好者尝试走最少的步数剩下最少的棋子。西方社会还有对此进行的级别评定：剩下6枚或6枚以上棋子的棋手是“一般”水平；剩下5枚棋子的棋手是“颇好”水平；剩下4枚棋子的棋手是“很好”水平；剩下3枚棋子的棋手是“聪明”水平；剩下2枚棋子的棋手是“尖子”水平；剩下1枚棋子的棋手是“大师”水平；剩下1枚棋子，而且该棋子在正中央位置的棋手是“天才”水平。

图 5-52 独立钻石棋棋子

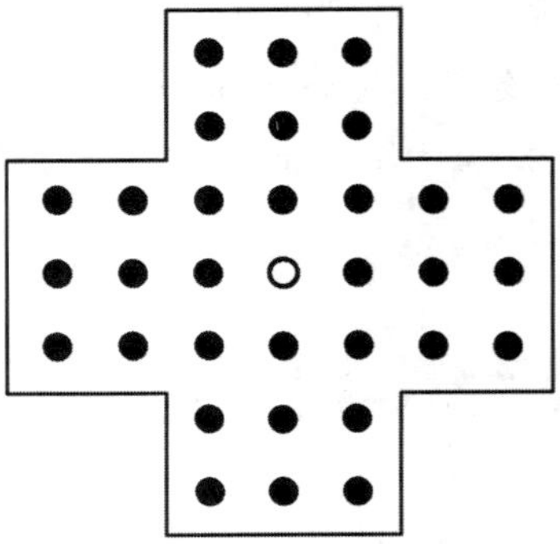

图 5-53 独立钻石棋的棋盘及棋位

五、幸运屋（Gluckshaus）

幸运屋是文艺复兴时期比较流行的掷骰游戏。棋盘中每个棋位的形状都像一间房子，因而被称为“幸运屋”。幸运屋至少有两人参与，早期玩家多为士兵和文化水平较低的人群，常用来赌博。游戏道具包括1～6点的骰子2枚，游戏棋盘1个以及棋子数枚。幸运屋的棋盘有很多种，比较常见而又简单的为由2～12的数字填写的10个格子棋位。与其他格子棋盘不同的是，幸运屋的棋盘多为纺织品，装饰精美，棋位周围布满各种花卉图案，上面还有代表不同含义的装饰图案，具有浓厚的欧洲文化气息。

幸运屋的游戏规则非常简单，游戏前，先用骰子决定先手玩家，再选出后面的玩家。游戏开始，棋盘为空，玩家开始掷2枚骰子，当掷出3、5、6、8、9、10、11点中的任何一点时，若这些棋位为空，该玩家可以将自己的1枚棋子放在该位置，若该棋位已有棋子，该玩家可以赢取此棋子；当掷出7点时，应在此棋位放硬币(此棋位为正在举行婚礼的婚礼屋，放硬币或许意为婚礼礼金)；当玩家掷出2点(幸运猪屋)时，除了7号婚礼屋，棋盘上所有的棋子都归该玩家；当玩家掷出12点(皇帝屋)时，可将棋盘上的所有棋子赢走，包括7点婚礼屋里面的棋子；棋盘上没有4点，所以当掷出4点时，要受到一定惩罚，并由下一名玩家开始掷骰子(如图5-54)。

图 5-54 幸运屋织物棋盘

第三节 其他民间棋类游戏

一、老虎棋及其相似棋种

老虎棋是世界范围内都很流行的古老民间棋类游戏之一，在各地有不同名称。其中，尼泊尔等国的“Tiger”、我国北方的“北京老虎棋”（如图5-55）属于围堵与突围的棋类游戏。游戏双方拥有数量不等的棋子，一方围堵，一方突围。老虎棋的棋盘大同小异，最常见的为正方形“米”字网格棋盘。老虎棋的棋子没有特殊规定，能区别双方即可，但是一些民族文化特征明显的国家，对老虎棋棋子的要求比较高。如尼泊尔的老虎棋棋子为立体模具制作，形象逼真，将对局双方的“虎”和“羊”刻画得栩栩如生。对局双方的棋子数量不等，一般“虎方”的棋子数量较少，有1枚或4枚。“虎方”要吃子和突围，当吃子到一定数量（对方所剩棋子已很难围困自己）时，则获胜。“羊方”的棋子数量较多，有16到20枚不等，主要目的是围困对方，使其不能突围。

与老虎棋近似的棋种还有很多，如中国内蒙古自治区的“鹿棋”（如图5-56）、欧洲的“狐狸与鹅”棋（如图5-57）、北欧的“国王棋”等。这类棋的特点是棋子数目不等，对局双方一般在生物属性上有强弱差别：强者的棋子数量少，弱者的棋子数量多；强者能吃弱者，弱者可包围强者。

与老虎棋相近的棋戏将生活中的对立双方复制到游戏中，这是人类早期生活场景在游戏中的再现。它们的出现跨越了种族和国别，充分体现了人类早期某些游戏行为具有普遍共性的特点。

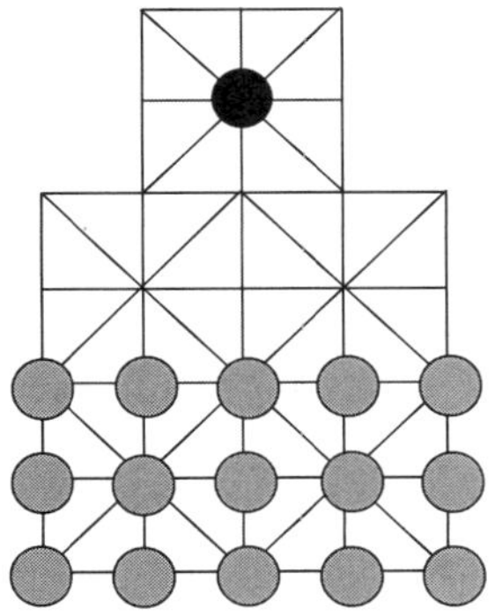

图5-55 北京老虎棋

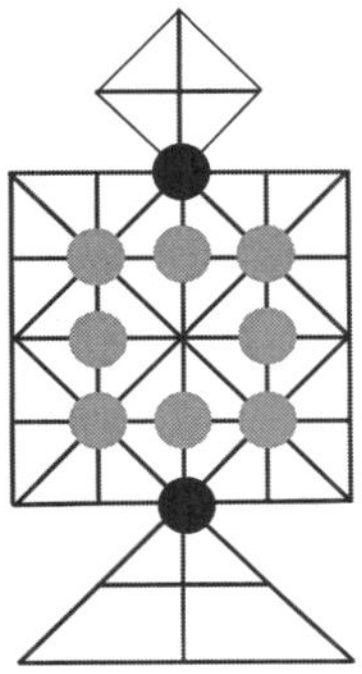

图5-56 蒙古族鹿棋

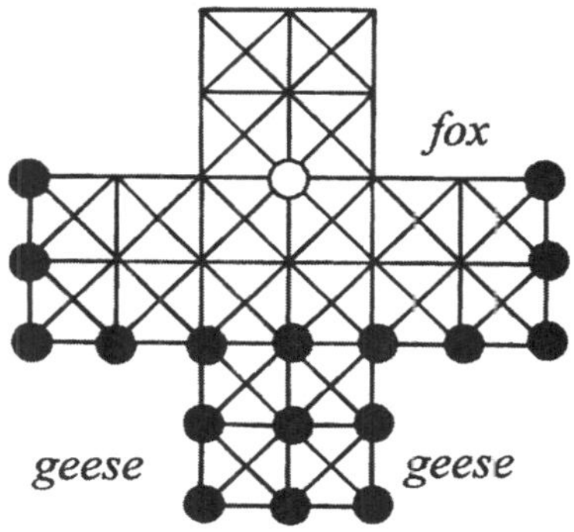

图5-57 狐狸与鹅棋

二、四子棋（Connect Four）

“四子棋”是一种比较别致的棋类游戏，在国外叫“Connect Four”。它的游戏棋盘不是普通平面棋盘，而是三维立体棋盘，因此四子棋在连接成线的空间上会更加复杂，不同于一般二维平面的连棋类游戏。任何一方将己方4枚棋子在横、竖或斜向上联成一条直线，均可得分，终局时以得分多少判断输赢。四子棋又有方垛式四子棋、屏风式四子棋、多层式四子棋之分，其中，方垛式四子棋和屏风式四子棋比较多见。

图5-58　方垛式四子棋

方垛式四子棋采用柱式结构，一般用木材制作，棋盘由正方形底座及16根柱子组成，这16根柱子就是行棋时的棋位，游戏结束时，柱子和底座共同组成一个正方体垛形。它的棋子外形与中国算盘的算盘珠很相似，中间有孔，行棋时可以套在柱子上，每根柱子可套4枚棋子。棋子共有64枚，对局双方每人有32枚，双方棋子以颜色相区别。图5-58是方垛式四子棋的棋盘和棋子；图5-59是方垛式四子棋的成棋示意图。

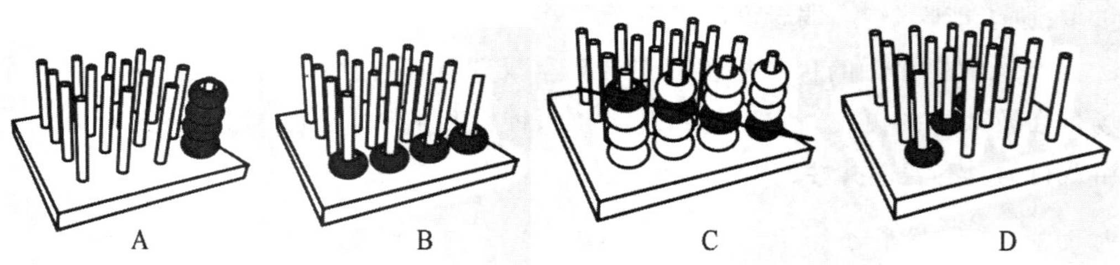

图5-59　方垛式四子棋成棋示意图

屏风式四子棋起源于西方国家，据说已有200多年的历史。屏风式四子棋中最常见的是一种用塑料制成的盒式棋盘，外形为长方体，棋盘垂直于桌面，插在方盒底座上，底座也有其他形状的，比如椭圆形。棋盘有6行7列共42个圆形孔洞棋位，对局双方在两面均可看见彼此的棋子。棋盘上方有7个开口，供下棋时投放棋子使用。屏风式四子棋的棋子为扁圆形，大小与棋盘上方的开口相吻合。对局双方棋子的颜色不同。屏风式四子棋结构简单、方便携带，既可用于室内对弈，也可用于户外娱乐。图5-60为屏风式四子棋成棋示意图；图5-61为户外屏风式四子棋。

图 5-60　屏风式四子棋成棋示意图

国外还有一种用发射手段行棋的四子棋，棋盘分为上下两层，每个棋位为凹陷蛋形，双方棋手行棋时需借助一个发射器将棋子射向相应的棋位。该游戏提升了下棋的乐趣和难度。图 5-62 为双层发射四子棋；图 5-63 为双层发射四子棋的棋盘、棋子和发射器；图 5-64 为双层发射四子棋的成棋示意图。

图 5-61　户外屏风式四子棋

图 5-62　双层发射四子棋

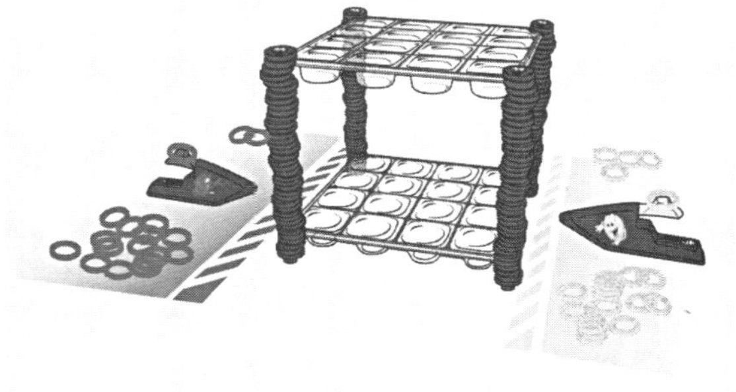

图 5-63　双层发射四子棋的棋盘、棋子及发射器

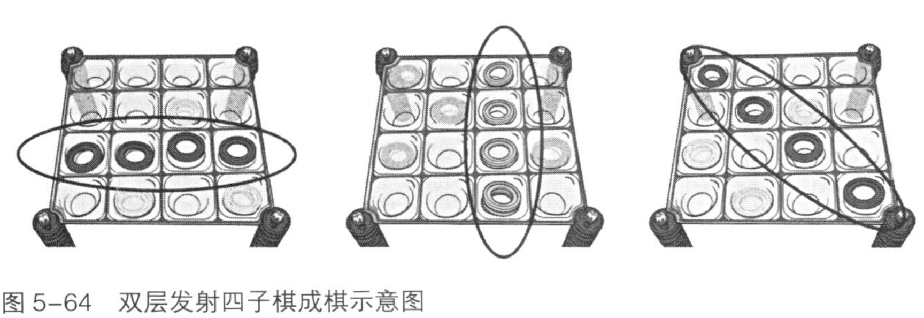

图 5-64　双层发射四子棋成棋示意图

四子棋游戏时，开局前不布子，开局后双方轮流布子，四子相连成一条直线是唯一有效的棋形。四子棋判断胜负的标准有两种：一种是先将己方棋子连成有效棋形的获胜；另一种是游戏终局时，连成有效棋形数量多的获胜。

课内实践

结合当地民间棋戏特点，进行民间棋类游戏体验。

第六章　牌类游戏

本章要点

1. 中国民间牌类游戏的形式、特点
2. 中国各地民间牌类游戏的异同
3. 国外民间纸牌的形式、特点

牌类游戏一般是指用厚纸片、塑胶片、兽骨、象牙等材质制作的卡片牌。牌类游戏的起源至今尚无定论，虽然国内与国外的牌类游戏在数量、大小、花色、规则上有所不同，但组合排列、取胜的机制却有相似之处。因此，在牌类游戏的起源上，历来就有西方扑克源于中国叶子戏的说法。

叶子戏是对我国古代牌类游戏的统称，泛指我国古代的马吊牌、斗虎等牌类游戏。有关叶子戏的最早记载见于唐人苏鹗的《同昌公主传》，内有“韦氏诸宗，好为叶子戏”。其后，记载叶子戏的书大量涌现，著名的有《偏金子格》《小叶子格》《击蒙叶子格》等。

我国早期的叶子戏并不是牌类游戏，而是作为一种酒令道具用于宴席当中，称为叶子酒牌。这种酒牌从唐代一直流行到清代，许多著名画家都参与过它的绘制，比较有代表性的作品包括明代陈洪绶绘制的《博古叶子》《水浒叶子》以及清代画家任熊绘制的《列仙酒牌》。叶子是古人为方便查阅卷轴书籍而专门制作的可标注相关内容的便笺，后来才演变成供人玩耍的叶子格、叶子酒牌及专门的叶子戏。叶子戏大约在13—14世纪传入欧洲，经过漫长的演变融合，形成了西方国家的塔罗牌和扑克牌。

世界各国的纸牌游戏大体类似，但局部细节各有千秋。在数量上，各国早期纸牌的张数从20到50多张不等；在花色上，各国的纸牌常见花色为4种，德国牌为“红心”“铃铛”“橡树果”“树叶”，意大利牌、西班牙牌为“硬币”“棍棒”“圣杯”“宝剑”，瑞士牌为“铃铛”“玫瑰”“盾牌”“橡树果”等。早期的叶子戏也有4种花色，分别为“十万贯”“万贯”“索子”“文钱”，后来去掉“十万贯”，演变为3种花色，“麻将”“水浒牌”等至今仍保留着这3种花色。亚洲其他国家纸牌的花色相对而言比较复杂，如从日本流传到韩国的“花牌”，牌组分12个月，花色分别由不同植物组成，一月是“松树”、二月是“梅花”、三月是“樱花”、四月是“紫藤”、五月是“菖蒲”、六月是“牡丹”、七月是“三叶草”、八月是“芒草”、九月是“菊花”、十月是“枫叶”、十一月是“柳树”、十二月是“泡桐”。这些不同数字和不同花色的牌面蕴含着不同的民族心理和文化喜好。例如我国民间流行的“水浒牌”，牌面图案以水浒人物为主。后人分析原因，有说因赌博心理就像盗贼，也有说意在暗喻人要大富必伺机要诈，等等。在我国民间乡村，至今仍流行着这种水浒牌，现在称为“老人牌”“老妈妈牌”等，游戏人群也以老年人为主，牌面上的水浒人物依然存在，虽然形象各不相同，但每张牌的作用和地位依然不变(如图6-1至图6-5中不同地区的老人牌，虽然都为水浒人物，但造型差别很大)。

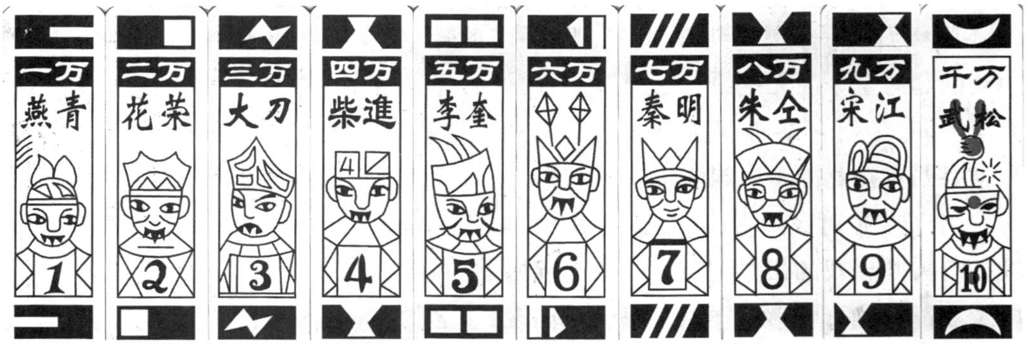

图6-1　山东滨州老人牌中的水浒人物

图6-2　山东曹州老人牌中的水浒人物（彩图10）

图 6-3　江苏老人牌中的水浒人物（彩图 11）

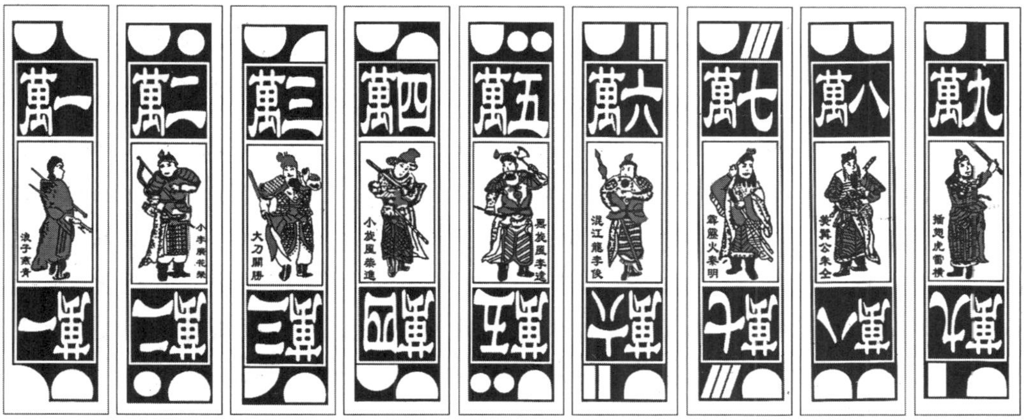

图 6-4　湖北老人牌中的水浒人物（彩图 12）

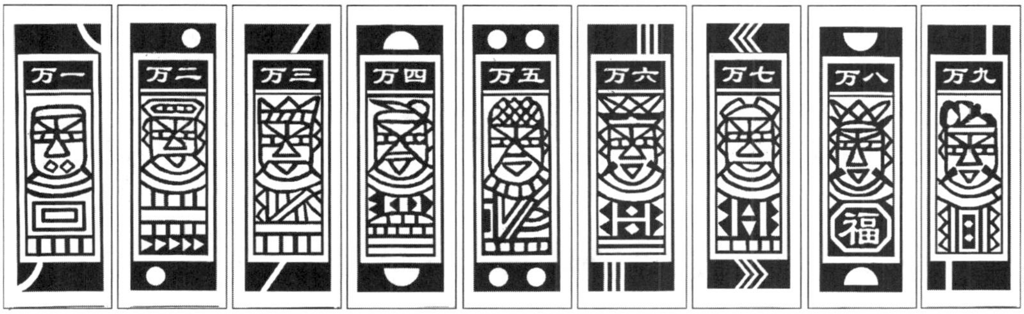

图 6-5　山西老人牌中的水浒人物

牌类游戏的种类众多，由于地域文化的差异又存在很多变体形式，仅我国就有几十种民间纸牌。如以流行地区命名的四川“泸州大二牌”、湖北“荆州花牌”、江苏“南通长牌”，还有以牌内容命名的“四色牌”“十二生肖牌”“字牌”，等等。至于牌的内容和形式，那就更加复杂了。此外，同种纸牌还可以跨越地区甚至国家而流行。如我国南方流行的四色牌，以中国象棋棋子为元素设计，除了有“台湾四色牌”“香港四色牌”“广水四色牌”“丰顺四色牌”之外，还衍生出“越南四色牌”。

可见，经过漫长的传播、积累和沉淀，牌类游戏与各地文化融合，被赋予新的文化意蕴，呈现出独特的文化价值，尤其是其丰富多采的牌面符号和图案，更展现出背后所承载的民族文化的差异性与多样性。因此，从某种意义上来说，牌类游戏是一种独特的文化传播手段，是研究地方文化特色的重要参考依据。

第一节　中国传统民间牌戏

我国传统民间牌戏包括“纸质牌”和“骨质牌”。纸质牌以叶子戏为主，包括明代的马吊牌及其后的各类纸牌，牌具主要由纸张制成；骨质牌以骨牌为主，主要有“宣和牌”“打天九”及“麻将”，牌具主要由牛骨或象牙制成。

我国民间牌戏曾经是一种赌博手段，致使其发展受到抑制，但是抛开这些负面因素，它们集文学故事、绘画艺术、印刷制版等多种文化形式于一体，用独特的形式和手段将我国传统文化传承下来，为后人研究古代文化奠定了一定基础。民间牌戏也体现了我国不同地方的文化再造能力，一些民间牌戏因地域文化影响而焕发出新的生机，在游戏规则、尺寸大小及牌面图案上都有不同程度的发展和演变。在我国以麻将为主流牌戏的今天，依然有很多其他牌戏活跃在各地，成为当地居民茶余饭后的重要娱乐手段。

一、纸牌类

我国古代纸牌具有明显的文化特征，牌面装饰多体现本土文化，内容与我国的传说故事或文学作品有关。图6–6和图6–7为我国古人玩纸牌的场景，纸牌样式和大小从图中可见一斑。

图6–6　杨柳青年画中的玩牌女子

图 6–7　吴友如笔下画的玩牌女子

（一）古代纸牌

古代纸牌是我国民间现存纸牌的早期形式，包括明代流行的“马吊牌”，在其基础上演化而成的“斗虎”“麻雀纸牌”及个人创造的“红楼叶戏谱”，其中，“麻雀纸牌”流传至今，许多地方纸牌都由它发展演变而来。

1. 马吊牌

马吊牌是叶子戏中最具代表性的一种牌类游戏，也是有据可考、规则明确的早期牌类游戏，一说出现于明代中后期，一说宋代就有马吊牌。明代潘之恒在《叶子谱》中记载：“谓马四足失一，则不可行。”也就是说，马吊牌必须有4人玩，如果四缺一就像马失去一只脚不可行一样，故名“马掉脚”，之后因谐音演变为马吊牌。

马吊牌为长方形纸牌，长宽比例与目前国内流行的民间纸牌相似，比扑克牌稍长，整副牌共有40张，由4种花色组成，分别是：“十万贯”（十字门）、“万贯”（万字门）、“索子”（索子门）、“文钱”（文钱门）。这些花色与麻将以及现在民间流行的麻雀纸牌、水浒牌中的“万”“条”“饼”非常相似，其中“十万贯”和“万贯”的牌面图案以水浒人物为主，另外两种图案与钱币相关。

马吊牌的游戏机制是“以大击小”。40张牌有大小之分，分别是：“十万贯”共11张，从“二十万贯”到“九十万贯”“百万贯”“千万贯”“万万贯”各有1张，每张都绘有水浒人物像，依照水浒故事里从小到大的座次排序绘制（如表6–1），地位最高者是宋江，绘在“尊万万贯”上；“万贯”共9张，牌面也绘有水浒人物（如表6–2）；“索子”共9张，从小到大为“一索”“二索”……“九索”（如表6–3）；“文钱”共11张，从小到大为“九钱”“八钱”“七钱”……“一钱”“半文钱”“空沒文”（如表6–4）。

表6-1 “十万贯”牌面绘制

二十万贯	三十万贯	四十万贯	五十万贯	六十万贯	七十万贯	八十万贯	九十万贯	百万万贯	千万万贯	尊万万贯
地慧星 一丈青 扈三娘	天暗星 青面兽 杨志	天杀星 黑旋风 李逵	天孤星 花和尚 鲁智深	天威星 双鞭呼 延灼	地勇星 病尉迟 孙立	天满星 美髯公 朱仝	天败星 活阎罗 阮小七	天罪星 短命二郎 阮小五	天伤星 行者 武松	天魁星 呼保义 宋江

表6-2 “万贯”牌面绘制

一万	二万	三万	四万	五万	六万	七万	八万	尊九万贯
天巧星 浪子 燕青	天英星 小李广 花荣	天勇星 大刀 关胜	天贵星 小旋风 柴进	天寿星 混江龙 李俊	天微星 九纹龙 史进	天猛星 霹雳火 秦明	天空星 急先锋 索超	天退星 插翅虎 雷横

马吊牌“十万贯”“万贯”上的水浒人物绘制传统延续至今，在许多地方纸牌中还能看到这种形式，只是人物排序在不同地方有所差别。

表6-3 “索子”牌面绘制

一索	二索	三索	四索	五索	六索	七索	八索	尊九索
竖绘一条。	斜着绘两条，即“品”字形拆去一条。	如“品”字形，类似麻将中的三条。	如双珠环，类似麻将的四条。	上横一索，中、下各横两索。	以三索为一排，上下两排，如麻将中的六条。	两索相叠为一组，共三组，此外斜绘一索。	两索相叠为一组，共四组。	共三排，下排并立四索，中排以两索相叠为一组，共两组，上层矗立一索。

表6-4 “文钱”牌面绘制

九钱	八钱	七钱	六钱	五钱	四钱	三钱	二钱	一钱	半文钱	尊空没文
呈正三角形，分上、中、下三组。	两枚钱为一组，自上至下有四组，排列紧密，如麻将中的八饼。	形似北斗，四枚钱在下，三枚钱斜飞。	如坤卦形，两枚钱一组。	如四钱，中心夹一枚古钱。	两钱为一组，上下共两组。	如乾卦形，上、中、下直绘一枚钱。	上、下并绘一枚钱。	绘一枚钱，如太极。	花、果实各半，或曰“一枝花”。	绘一人物，全身，短腿，着黑靴，题为矮脚虎。

以上40张牌，前3门大小各依其顺序，“数大”则大，“数小”则小。第4门“文钱”比较特别，“数小”为大，“数大”为小。马吊牌之后的民间纸牌多以“凑牌”为主要规则，只有马吊牌的规则是“以大击小”，与当今扑克牌的玩法非常相似。马吊牌游戏时，每人先取8张牌，剩余8张放在桌子中间，之后4人轮流“出牌—取牌—出牌”。打马吊牌有“庄家”“闲家”之分。庄无定主，可轮流“坐庄”。3个“闲家”可合力攻击“庄家”，使之“下庄”。从有据可考的资料来看，马吊牌规则明确，是我国古代比较完整的“成形牌戏”。

马吊牌的牌面花色是后来麻将牌面图案的主要来源，但麻将并未继承马吊牌“以大击小”的游戏规则，而是沿袭了麻雀纸牌及骨牌的某些形制，发展成以“凑牌成副”为主要规则。

2. 斗虎

马吊牌之后、麻雀纸牌之前，我国民间还出现一种叫作“斗虎”的叶子纸牌，为明万历年间南方江淮一带人们所喜爱。斗虎将马吊牌进行简化，从40张减少到30张，去掉了“十万贯”中的10张牌，只保留“天伤星行者武松”这张“千万”牌，并易名为“千兵”，以统领其他“三门”，与其他“三门”一起组成新的牌，2人或3人均可游戏。

玩斗虎就像打扑克牌，可以将牌搭配成不同的种类，根据输赢，可得不同分值。如果2人玩，每人取13张牌，剩下4张为底牌；如果3人玩，每人取9张牌，剩下3张为底牌，游戏最后以得分多少定胜负。具体规则如表6-5所示。

表6-5　斗虎的游戏规则

名称	规则	备注
顺子	3张牌连成一个顺子。比如“万贯”中，“二万”“三万”“四万”可以连成一个顺子，其他两门相同。顺子的大小，同门中按照数字大小计算，不同门中，则按“万贯”“索子”“文钱”的顺序论大小，比如“万贯”中的“六万”“七万”“八万”顺子就能管“索子”中的“六索”“七索”“八索”顺子。这种大小排序以钱的多少来设定，即“文钱聚多成索，索钱聚多成贯”。	以“顺”胜人，可得1分。
豹	横跨3门、数字相同的3张牌叫“豹”，比如“三万”“三索”“三钱”为1个“豹”，名曰“三豹”；“四万”“四索”“四钱”叫“四豹”等。30张牌共有9个“豹”，以大管小，比如“八豹”管“七豹”。“九豹”最大，只有“雄”可以管，所谓“雄”即“千万”“一万”“一索”3张牌。“文钱”的“空没文”与“半文钱”合为“半豹”，“半豹”可管“文钱”“索子”的“顺”，但是地位在“豹”之下。“千万”“一索”“一钱”为“天豹”，“天豹”受制于“二豹”。	以“豹”胜人，可得1分，以“半豹”胜人，可加赏1分。九豹得7分。
千统	“千万”“八万”“九万”为“千统”。	得1分。
驳	“空没文”“半文钱”“一万”为“驳”，可管“天豹”。	加赏1分。
穿山甲	“三索”“三万”“七钱”为“穿山甲”。	得3分。
驾	“千万”“九索”“空没文”为“驾”。	得6分。
中坚	“五万”为“中坚”，打出“五万”者，得2分，若被大牌管住，则不得分。	得2分。
次将	“八万”为“次将”，又叫“辅”，打出“八万”者，得3分，若被大牌管住，不得分。	得3分。
穷	“二索”“二万”“八钱”为“穷”。	得4分。
虎	“一索”“一万”“九钱”为“虎”。	得5分。
富	“九万贯”“九索”“空没文”为“富”。	得8分。
雄	“千万”“一索”“一万”为“雄”。	得9分。

3. 麻雀纸牌

麻雀纸牌兴起于明末，至今还有出售，牌盒上印着“麻雀纸牌”字样。它既不同于马吊牌，也不同于斗虎，而是在两者基础上改进而来的(如表6–6)。

表6–6 麻雀纸牌与马吊牌对比

马吊牌	麻雀纸牌
十万贯	易“千万贯”为“老千”，易“万万贯”为 “红花”，去掉其余牌。
万贯	“一万”到“九万”保留不变。
索子	因“索子”形似“条”，故变其名为“条”。将“一索”图案改为小鱼，其他不变。
文钱	因“文钱”形似“饼”，故变其名为“饼”。去掉“半文钱”，保留“空没文”，并改其名为“白花”。

根据清代学者金学诗在《牧独闲话》中所述，麻雀纸牌“长二寸许，横广不及半”。今天能买到的麻雀纸牌尺寸大小不一，但形状相似，皆为长条形，与古代叶子戏差不多。据文献记载，麻雀纸牌“凡六十叶为一具，页各有藕，共有三十种”。意思是说，麻雀纸牌共30种花色，每种有2张，1副有60张。麻雀纸牌有“默和牌”和“碰和牌”之分：1副牌60张，4个人一起玩，此为“默和牌”；2副牌120张，4个人以上也能玩，此为“碰和牌”。这两种牌的玩法出入不大，但因牌数增加，成“副”的机会增多，人数也可增加，后者比前者更灵活多变，打法更复杂一些。以“碰和牌”为例，打牌时，每人先揭1张牌，揭得“幺头”(“一万”“一饼”“小鱼”称为“幺头”)者先出牌，然后以顺时针方向出牌；揭不出“幺头”，则比牌的大小，或用“骰子”比点数决定谁先出牌。

5人游戏时，用120张牌，每人起手20张，余20张在桌面。6人游戏时，用150(两副半牌)张牌，每人起手20张，余30张在桌面，而后通过“打牌”“起牌”“吃进”等方法，逐渐把自己手中的牌组成“对子”“坎”(同一花色，依次连成3张牌称“坎”或者“碰”，比如“二万”“三万”“四万”)、“开招”(同一种花色，依次连成4张牌称“开招”，比如“二万”“三万”“四万”“五万”)、“活招”(同一花色按顺序5张相连叫“活招”)等，即可亮牌。亮牌后，互相比牌，“活招”胜“开招”，“开招”胜“坎”，“坎”胜“对子”，单张牌按所在门及牌色论大小，最后决出输赢。纸牌的这种玩法逐渐脱离了早期马吊牌“以大击小”的主要规则，越来越接近现在麻将的玩法。

麻雀纸牌历经300余年，在民间仍然广泛流传，牌面图案没有太大改变，尺寸大小也基本保持着原来的比例。在过去，玩纸牌不是什么正经事，而早期纸牌又多为“博戏”，因此历来为主流社会所排斥，但这并未影响民间纸牌的发展。由于各地的文化生活水平不同，民间纸牌在各地演化出不同的版本，如以水浒人物为主的水浒牌、在北方地区流行的东北纸牌等。

现在市场上流行的民间纸牌制作工艺显然比过去的要复杂和讲究，有机器印刷和传统木板刻印两种，或为彩色，或为黑白，牌面图案也由于机器印刷而使得人物刻画更加细致传神、图案符号更加生动别致，具有一定的艺术价值。

4.红楼叶戏谱

红楼叶戏谱不是民间盛行的纸牌游戏，而是清末女诗人徐曼仙(1862—1912)在古代叶子戏基础上完成的个人创造。关于红楼叶戏谱，只有文字记载，并无实体游戏留存于世，好在文字记载详细，让后人可以对其规则样式有清晰的了解。红楼叶戏谱的游戏规则收录在《香艳丛书》中。《香艳丛书》为清人所编，书中所录皆为与女性有关的内容，包括“诗词”“小说”“曲赋”等，共20集10卷，红楼叶戏谱被收录在第3集第1卷。红楼叶戏谱的玩法类似于麻将，但又比麻将复杂。

红楼叶戏谱选取了《红楼梦》中的42个人物，每个人物有2张牌，共84张牌。42张牌分为12种，每种下面包含着不同人物，以4个字概括每个人物在《红楼梦》中的地位或性格，如用“乌云梦冷”描述秦可卿，用“淑媛领袖”描述元春等。还有一些人物除用4个字概括之外，又以1个字总领，以表明其身份或性情。如元春为“贵”，黛玉为“仙”，宝玉为“神”等。每张牌的底部还标有称为“副”的文字，为该牌所得的分数，“副”即“分”。这12种牌也可视为《红楼梦》中的12种人，其中“百子”有3人，“情淑”有9人，“情贞”有3人，“情义”有3人，“情慧”有3人，“情傲”有3人，“情幽”有3人，“情胎”有3人，“情庸”有3人，“情怜”有3人，“情妒”有3人，“情移”有3人。42张牌的牌式参照文献资料复原如图6-8至图6-11所示(牌面色彩为编者为便于区别而设，原文献资料并未提及)：

百子：宝玉、茫茫大士、渺渺真人；情淑：元春、迎春、探春、黛玉、宝钗、宝琴、湘云、李纹、李绮。

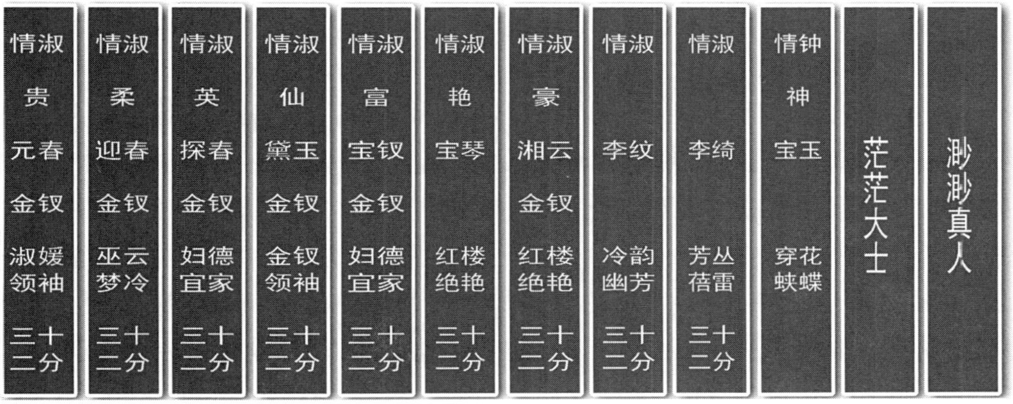

图6-8　百子及情淑（彩图13）

情贞：李纨、尤三姐、鸳鸯；情义：紫鹃、宝珠、平儿；情慧：莺儿、芳官、小红；情傲：金钏、晴雯、司棋。

图 6-9　情贞、情义、情慧、情傲（彩图 14）

情幽：惜春、岫烟、秋纹；情胎：王夫人、薛姨妈、史太君；情庸：尤氏、邢夫人、周姨娘；情伶：巧姐、妙玉、香菱。

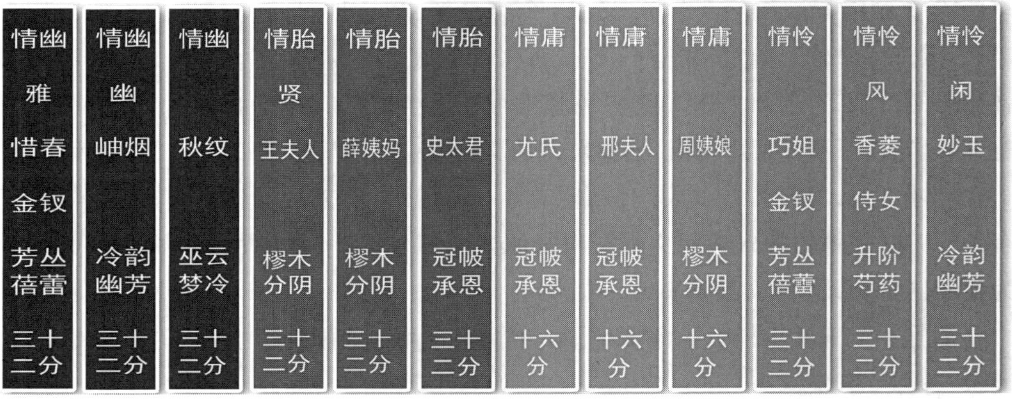

图 6-10　情幽、情胎、情庸、情伶（彩图 15）

情妒：金桂、王熙凤、赵姨娘；“情移”：尤二姐、袭人、秦可卿。

红楼叶戏谱为“凑牌游戏”，口诀颇多，游戏者除了要熟悉大观园的众多人物外，还要熟悉牌中口诀，依照口诀将牌联成“副”得分。游戏人数与麻将相同，4人入局，先掷骰比点数，按点数大小推出“庄家”，从第2轮后，就可轮流坐庄。从庄家开始，大家依次摸牌，每人摸11张，庄家多摸1张，剩下39张在桌上。庄家按游戏口诀将牌按照“四字”“三同”“各种花色”之谱凑成副(每副3张，各从其类。如“情胎”归“情胎”，“情淑”归“情淑”，名字不能重复，如果有重复的则要打出去，或另配1副)，配成4副就算和，即可亮牌，不能成牌就将自己手中无用的牌打出去。

下家可吃进上家打出的牌，也可从桌上剩余的牌中摸1张牌，然后再打出1张无用的牌。谁和谁亮牌，然后按所得副计算分数，按分数判断胜负。若不能和，但有副，也可以按每张牌下面所标注分数记分。此外，“九情淑一情钟”“十二金钗”“十二侍女”只要成副，就算手中其他牌是散牌，也算和。

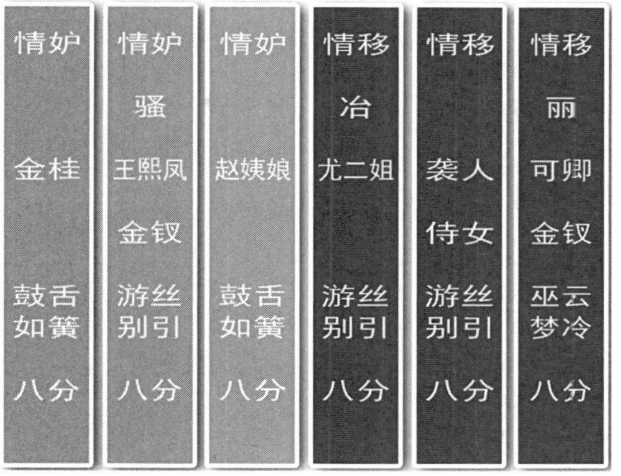

图 6-11　情妒、情移

联牌口诀有如下几大类：

(1) 四字成牌(每副加256分)，如“富贵神仙”“忠孝节烈”“幽闲艳雅”“英贤豪侠”“娇柔甜媚”“冶丽风骚”等。这6副牌中的每副均由4张牌组成，以“富贵神仙”为例，“富”为宝钗，“贵”为元春，“神”为宝玉，“仙”为黛玉。手中牌如果能连成这4个字，除每张牌下面标注的分数外，再加256分。如“富贵神仙”得分为32+32+32+256=352(成牌与得分规则如图6-12)。

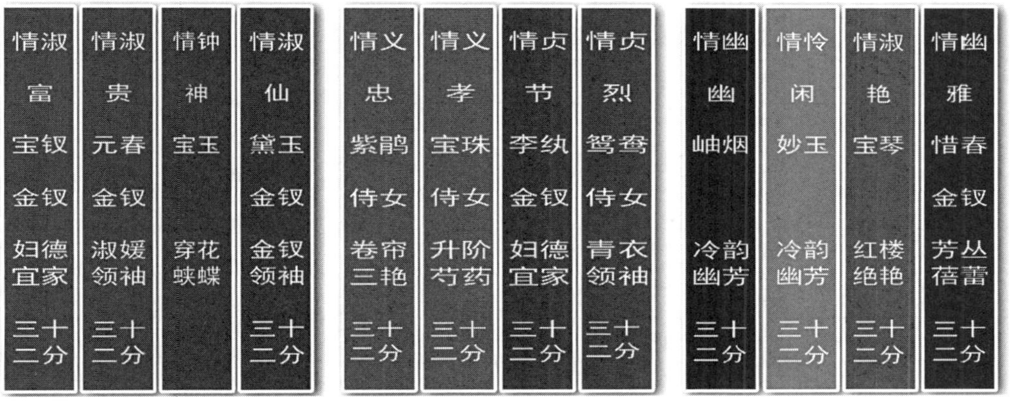

图 6-12　四字成牌

(2) 三同成牌(每副加64分)。三同的意思就是每副牌由3张联合而成，而且这3张牌的四字评语相同。如“情胎王夫人”“情胎薛姨妈”“情庸周姨娘”，这3个人的四字评语均是“樛木分阴”，所以可以连成1副牌。凡得三同者，除每张牌下面标注的分数外，再加64分。如“樛木分阴”得分为32+32+16+64=144(如图6-13)。

其他三同还有：“冠帔承恩”“红楼绝艳”“妇德宜家”“芳丛蓓蕾”“冷韵幽芳”“升阶芍药”“卷帘三艳”“暗水浮香”“巫云梦冷”“游丝别引”“鼓舌如簧”等。

图 6–13　三同成牌

（3）各种花色成牌如表6–7所示。

表6–7　各种花色成牌

名称	牌 副	得分	备注
三李	李纨　李纹　李绮	128 分	
三尤	尤氏　尤二姐　尤三姐	128 分	
三春	元春　迎春　探春	128 分	
三星	宝玉　渺渺　茫茫	128 分	
三仙	宝玉　黛玉　宝钗	128 分	
四春	元春　迎春　探春　惜春	256 分	补 1 张牌，即可在牌堆中再取 1 张牌
四喜	宝玉　茫茫　渺渺　宝钗或黛玉	256 分	
五花	宝玉　茫茫　渺渺　黛玉　宝钗	512 分	补 2 张牌
六合	两宝玉　两茫茫　两渺渺	768 分	补 3 张牌
六德	两宝玉　两宝钗　两黛玉	768 分	
七巧	四春　三仙	768 分	补 4 张牌
八聚	两宝玉　两茫茫　两渺渺　两宝钗 如无宝钗，两黛玉亦可	1024 分	补 5 张牌
九联	三春　三尤　三李	756 分	
十全	两宝玉　两茫茫　两渺渺　两宝钗 两黛玉	1024 分	补 7 张牌
十二金钗	每名一张不得重复	1024 分	补 7 张牌
十二侍女	每名一张不得重复	1024 分	补 7 张牌
九情淑一情钟	每名一张不得重复	2024 分	补 7 张牌

十二金钗：元春、迎春、探春、黛玉、宝钗、湘云、李纨、尤三姐、巧姐、惜春、王熙凤、秦可卿(如图6-14)。

图6-14　十二金钗

十二侍女：鸳鸯、紫鹃、宝珠、平儿、香菱、莺儿、芳官、小红、金钏、晴雯、司棋、袭人(如图6-15)。

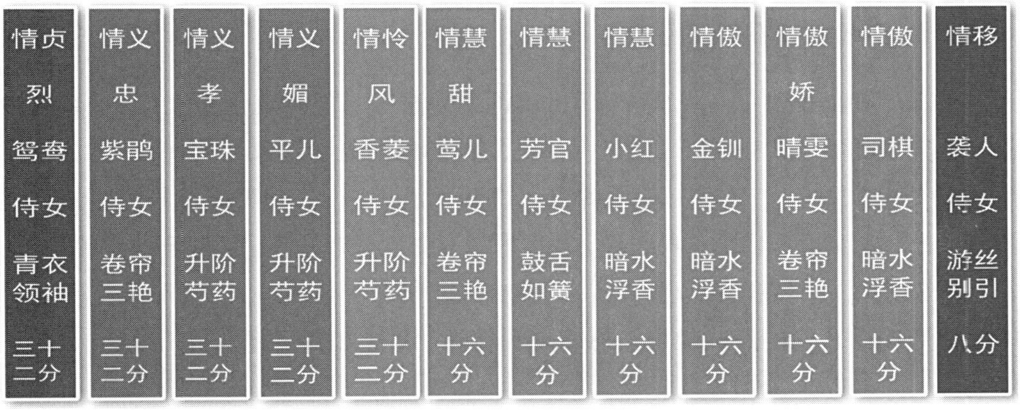

图6-15　十二侍女

九情淑一情钟：元春、迎春、探春、黛玉、宝钗、宝琴、湘云、李纹、李绮、宝玉(如图6-16)。

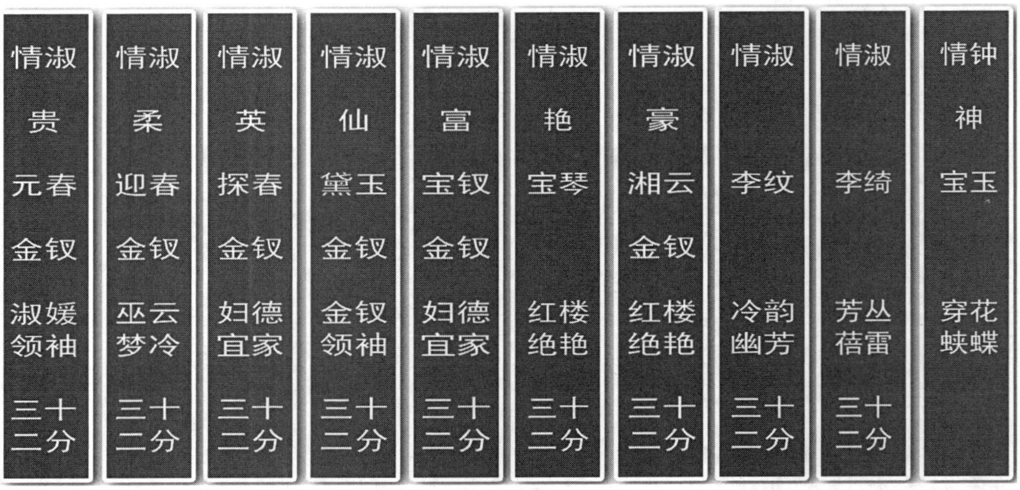

图 6–16 九情淑一情钟

以上各副牌除了特别注明者外，不能互相代替。只有3张“百子”，即“茫茫”“渺渺”“宝玉”可代替其他牌组成整副牌。比如“富贵神仙”缺“富”，则可用“宝玉”代之成副，但“茫茫”“渺渺”不得代替“情淑”“金钗”，其余均可。凡用“百子”配成副者，最后得分需要减半。

（二）古代纸牌在现代的演变

在发展的过程中，一些纸牌沿用旧制，牌面符号与规则变化不大；一些纸牌在保留原先牌面符号的前提下，又把一些民间神话里的人物形象加入进去，比如江苏南通的“南通长牌”；还有一些纸牌只在规则上沿用旧制，其牌面符号由当地文化演变而来，如四川乐山的“六红牌”及客家人的“六虎牌”等，都属于古代叶子戏，并且是保持四门同在的民间牌戏。这些纸牌至今仍在某些地方流行，保持着传统的文化形式。它们的游戏规则与麻将更为接近，没有太多保留早期“以大击小”的规则。

1. 南通长牌

南通长牌由纸牌演变而来，历经了“默和牌”“碰和牌”以及当地的“搭子和”，是流行在南通及其周边地区的一种民间牌类游戏。至今仍可见到当地人在茶余饭后玩此牌，他们称其为“笃子胡”“游胡”等。南通长牌一般为长9.8厘米、宽2.1厘米的长条形纸牌，因此也叫“长牌”。

南通长牌共3种花色，分别是万、饼、条，每种从一到九各有4张，共108张，加上每种4张的“红花”“白花”“千字”3种将牌，整副牌共120张。有的南通长牌还有5张“福、禄、寿、财、喜”百搭牌，总计125张牌。除了“红花”“白花”“千字”外，4张“九条”也可以作为将牌。南通长牌的牌面结构与传统纸牌不同，每张牌分上、下两部分：下半部分与传统纸牌相似，其中万字牌的下半部分是水浒人物，饼子牌的下半部分是“圆形钱币”抽象图案，条子牌的下半部分是由“钱串子”演化来的抽象图形；这些牌在上半部分添加了水浒、八仙及西游里的一些人物形象，是南通长牌与其他地方传统纸牌相比的独特之处。

(1)万字牌：一到九万，每种有4张牌，共36张牌。万字牌除保留了传统的水浒人物之外，在牌的上方又增加了八仙人物，使得1张牌上有2个人物。万字牌的下方用点数标出了该张牌的数字，比如“八万”用8个小圆点表示，以便于识别(如图6–17)。

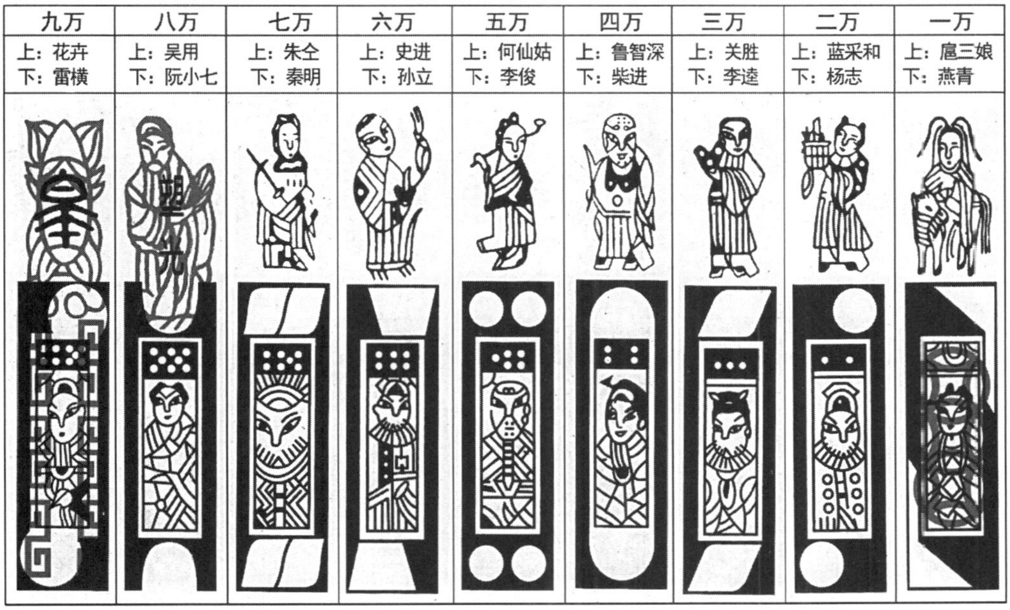

图6–17　南通长牌万字牌(彩图16)

(2)饼子牌：一到九饼每种有4张牌，共36张牌。饼子牌的上方绘有西游人物及民间传说人物，下方是铜钱图案，铜钱数与饼的数量相等，比如一饼“沙和尚”下面只绘有1枚铜钱(如图6–18)。

九饼	八饼	七饼	六饼	五饼	四饼	三饼	二饼	一饼
麒麟送子	刘海儿	河蚌精	乌龟精	孙悟空	唐僧	猪八戒	铁拐李	沙和尚

图 6–18　南通长牌饼子牌（彩图 17）

(3)条子牌：一到九条，每种4张牌，共36张牌。条子牌上方的人物以八仙人物为主，下方则是抽象的“钱索”图案(如图6–19)。

九条	八条	七条	六条	五条	四条	三条	二条	一条
花卉	天官	白娘子	张果老	汉钟离	柳湘子	曹国舅	吕洞宾	小雀儿

图 6–19　南通长牌条子牌（彩图 18）

(4) 除了万、饼、条外，南通长牌还有12张将牌，分别是“千字”“红花”“白花”，每种有4张牌。“千字”的上方为帅府门厅屏风图案，图案里有一只花瓶，下方为水浒人物宋江，“千字”的寓意为万紫千红；“红花”的上方为植物图案，下方为水浒人物武松，“红花”的寓意为红光满面；“白花”上方绘有太白金星，下方是水浒人物阮小五，“白花”寓意白璧无瑕(如图6-20)。

(5) 百搭：除了以上120张牌之外，有的南通长牌还会多出“福、禄、寿、财、喜”百搭牌各1张(如图6-21)。

图 6-20　南通长牌中的将牌（彩图 19）

图 6-21　南通长牌中的百搭牌

南通长牌的游戏规则与“默和牌”“碰和牌”一脉相承，三者玩法大同小异，只是在称呼上有些许差别。南通长牌的游戏规则更像地方麻将，游戏时需有4个人，通过抽签决定庄家，第1轮庄家、庄家的下家和庄家的对门3个人先玩。庄家首先摸牌，共摸23张，其余两家各摸22张。当庄家摸完最后1张牌时，接着翻出2张将牌，然后再打出1张牌，接着下家摸1张牌后再打出1张牌……当这一局打完后，本局的庄家就轮空，其下家就是新开局的庄家，以此类推。

2. 六虎牌

六虎牌是流行于客家的纸牌游戏，有很多别称，如“六胡牌”“六和牌”“客家牌”“猫公牌”等，是唯一保留明代马吊牌的“十万贯”“万贯”“索子”“文钱”4门花色的地方纸牌。六虎牌的规则简单，保留了马吊牌“以大击小”的规则，以花色论牌面大小，分别是“十(拾)大于贯，贯大于索，索大于钱”，同门则比数字大小。六虎牌每回合可分为“发牌”“叫牌”“出牌”和“结算”4个阶段。

一副完整的六虎牌有4门花色，每门花色有9张牌，再加上2张单牌，共38张牌。这2张单牌分别称为“鹿花”和“云钱”(为保持纸牌原貌，图片文字保持繁体形式)，类似于扑克牌的大王、小王。“鹿花”实为丽花，因古时“丽”的繁体字“麗”与“鹿”相似，当时刻牌者误将“麗”刻成“鹿”，误将“钱(錢)”刻成“綫”，后世以讹传讹，就成了现在的样式。除了“鹿花”“云钱”之外，有的地方又增加了1张牌，称为“云拾”，这样整副牌就有39张。

六虎牌的牌面如图6-22所示，分别为“拾”“贯”“索”“钱”4种花色，拾字花色的“一拾”称为“百子”，钱字花色的“一钱”称为“毛公”。

图6-22　六虎牌牌面（彩图20）

拾字花色从左至右、由大及小分别是：九拾、八拾、七拾、六拾、五拾、四拾、三拾、二拾、百子；贯字花色从左至右，由大及小分别是：九贯、八贯、七贯、六贯、五贯、四贯、三贯、二贯、一贯；索子花色从左至右、由大及小分别是：九索、八索、七索、六索、五索、四索、三索、二索、一索。钱字花色从左至右、由大及小分别是：为九钱、八钱、七钱、六钱、五钱、四钱、三钱、二钱、毛公。

六虎牌的牌面还有其他图案符号，比如所有带“二”的牌都有扑克牌的“黑桃”，所有带“三”的牌都有扑克牌的“红心”，带“四”和“六”的牌则分别有扑克牌的“方块”符号。除了牌面数字和符号外，生产厂家也会将自己公司的名字印在牌面上。如图6–22所示，带“八”和“九”的牌都有浩龙公司的名称，“一索”和“一贯”更是直接印上公司名称和公司标志。

六虎牌的规则并不复杂，可由3至4人组成游戏。3个人游戏时，只用36张牌，不用单牌“鹿花”“云钱”“云拾”。4个人游戏时，加上“鹿花”“云钱”“云拾”。4人游戏时的基本牌型见表6–8。

表6–8　六虎牌4人游戏牌型表

牌型	组合	规则
单牌	单张	若出单张牌，则按拾、贯、索、线顺序轮流出牌。凡上家出单张牌，下家只能出同门大牌，即“拾”不能打“索”，反之亦然。因此，出完“拾”才能出“贯”，然后是“索”，依此类推。同门单牌以数字比大小，即九为大、八次之，依此类推。
各	3张或4张同数字的牌	3张或4张同数字的牌可组成1副，如3张同数字的九：九拾、九贯、九索，九拾、九贯、九钱，九贯、九索、九钱，称为“各九”；4张同数字的六：六拾、六贯、六索、六钱，称为“各六”。“各”只比数字大小，如“各一”只能用“各九”管，“各一”也不能管其他“各”的牌。3张管3张，4张管4张，不能混合管。
顺	3张同种花色连牌	顺子的大小先算花色，再算数字大小。如“九八七六贯”大于“五四三二贯”，“五四三二贯”大于“八七六五钱”，类似扑克牌的同花顺规则。

六虎牌还有一些特殊规定，如“五虎下山”“老岁牌”等。“五虎下山”是指“云钱”加上4门中最小的牌“百子”“一贯”“一索”“毛公”（如图6–23）。庄家第1次出牌前，若其他玩家拥有“五虎下山”，可立即宣告获胜，过后再宣布获胜为无效。“老岁牌”指数字下面有红色线条底纹的牌（如图6–24）。38张牌中，除了“八拾”不是“老岁牌”之外，其余带有红色线条底纹的“九拾”“九

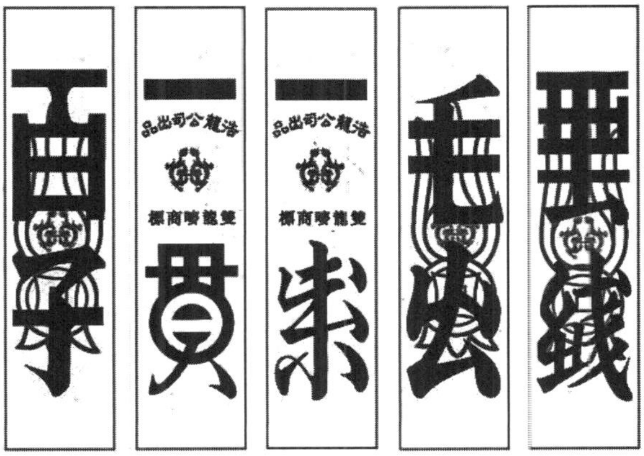

图6–23　五虎下山（彩图21）

贯”“九索”“九钱”“百子”“毛公”“云钱”在开局时被视为“老岁牌”。在行牌过程中,“老岁牌”比其他牌大。行牌中若已出“老岁牌”,小一数的同种花色牌就可作为新的“老岁牌”打出。例如庄家手里有“七贯”,而其他人于上一轮已打了“八贯”,因此没有人手里有比“七贯”大的牌,那么“七贯”就可成为“老岁牌”。

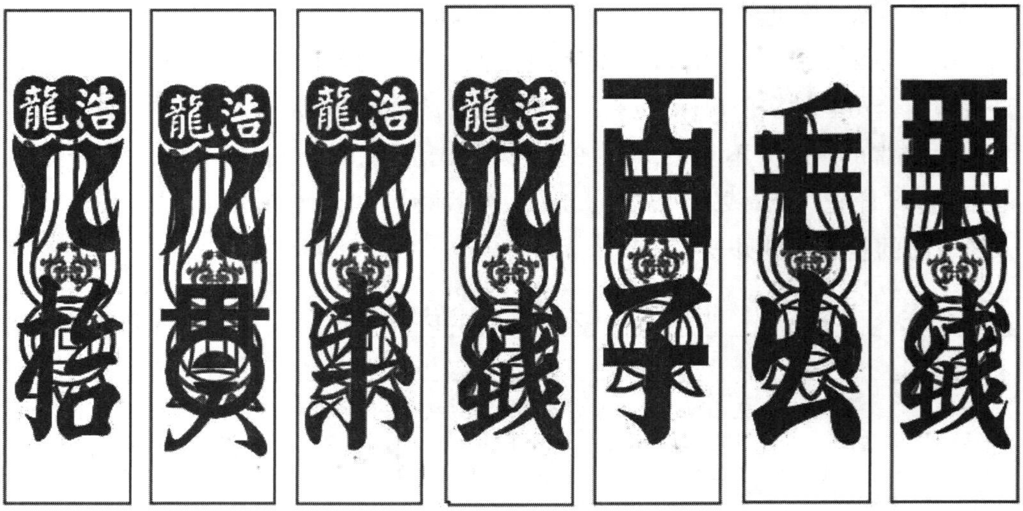

图 6-24 老岁牌(彩图 22)

六虎牌在行牌之前,先确定庄家,庄家的对家为“梦家”,庄家的左首为“三家”,右首为“二家”。梦家不出牌,只观牌,最后收分,称为“捉梦”。游戏开始,由庄家发牌,除了梦家只有1张牌外,其余2人各有12张牌。若庄家愿进行此局,称为庄家“做牌”;若庄家不愿“做牌”,需依顺序询问其余2人是否“做牌”,若其中有人愿意“做牌”,即视为特权玩家,但依旧由庄家先出牌。若3人都不“做牌”,则此局作废,由下家坐庄。庄家先出牌,之后逆时针按照牌型出牌。出牌过程中,下家若没有牌出,则要拿出相同数目的牌背面朝上放在桌上,视为“垫牌”;如果能出牌却不愿出,则要拆开该牌型的部分牌作垫牌。

玩家用几张牌胜出一个回合,就称赢了几糊,即赢了几张牌。一般情况下,每糊牌对应不同分值,游戏结束后,可根据总分判定赢家。

3. 象棋牌

以“象棋子”为牌名的牌戏在清朝就出现了,称为“象棋牌”。它是流行于中国广东、福建、台湾等地区及越南的传统牌类游戏。它所选的棋子名一般是帅/将、仕/士、相/象、俥/车、傌/马、炮/包、兵/卒7种,与象棋一样,共有32张,因每种张数不同,有些地区的棋牌超过了50张。象棋牌的牌具有直接用“象棋子”的,也有纸质印刷的,一般分红黑或红白2类,因地区差异在规则形式上有少许差别。象棋牌与客家六虎牌的游戏规则、游戏术语都很相似，玩家群体应为相近地区或同宗之人，多集中在我国南方，北方玩家不多。

与六虎牌相同的是，象棋牌一般由3至4人玩，也是以大击小的“斗法”。象棋牌的牌型有“单张”“对子”“三张牌”“四张牌”“五张牌”及“帅仕相”“将士象”“俥傌炮”“车马包”等几种特殊的组合。关于象棋牌的大小关系，如果同种不同色，则红色大于黑色；如果同色不同种，则“将”大于“士”，“士”大于“象”，“象”大于“车”，“车”大于“马”，“马”大于“包”，“包”大于“卒”，或者是“帅”大于“将”，“将”大于“仕”，“仕”大于“士”，“士”大于“相”，“相”大于“象”，“象”大于“俥”，“俥”大于“车”，“车”大于“傌”，“傌”大于“马”，“马”大于“炮”，“炮”大于“包”，“包”大于“兵”，“兵”大于“卒”。特殊牌的大小关系是：“帅仕相”大于“将士象”，“将士象”大于“俥傌炮”，“俥傌炮”大于“车马包”。游戏过程中，上家出完牌后，下家如果无牌可出，可垫牌，终局以获得牌数多者为胜。

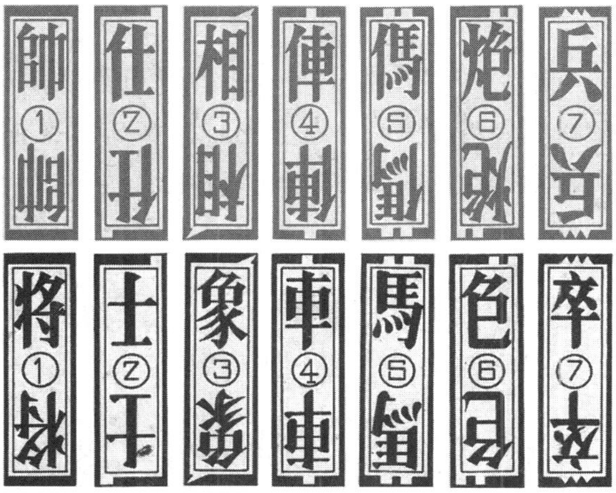

图6-25　福建、广东、台湾流行的象棋牌（彩图23）

由于不同国家和地区存在文化差异，象棋牌有不同的名称和牌面符号。如我国福建、广东、台湾流行的象棋牌以字体颜色区别，“帅、仕、相、俥、傌、炮、兵”为红色字体，是红牌，“将、士、象、车、马、包、卒”为黑色字体，是黑牌（如图6-25）；越南象棋牌中的“将、士、象、车、马、炮、卒”是红底黑字，为“红牌”，没有红底而只有黑字的为黑牌（如图6-26）。

图6-26　越南象棋牌（彩图24）

4. 四色牌

四色牌是象棋牌的一种，因牌面颜色由红、绿、黄、白4种颜色组成而得名。四色牌在台湾称为“四色番”（如图6–27），在香港称为“潮州纸牌”，广泛流行于我国南方及东南亚地区，依据流行地区的不同又有“广水四色”“越南四色”“丰顺四色”等不同种类。

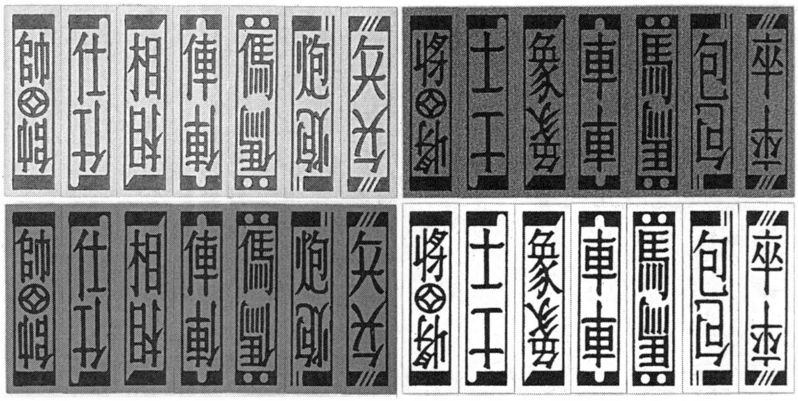

图 6–27　台湾四色番（彩图 25）

四色牌多为纸质印刷，形状类似于古代的纸牌或叶子戏，为细长纸片，以牌的颜色作花色，底色上印有中国象棋的将(帅)、士(仕)、象(相)、车(俥)、马(傌)、包(炮)、卒(兵)。每一色牌有28张，共112张牌(如图6–28)。另外，一些地方还会多印“公、侯、伯、子、男”这5张牌，如福州四色牌(如图6–29)。

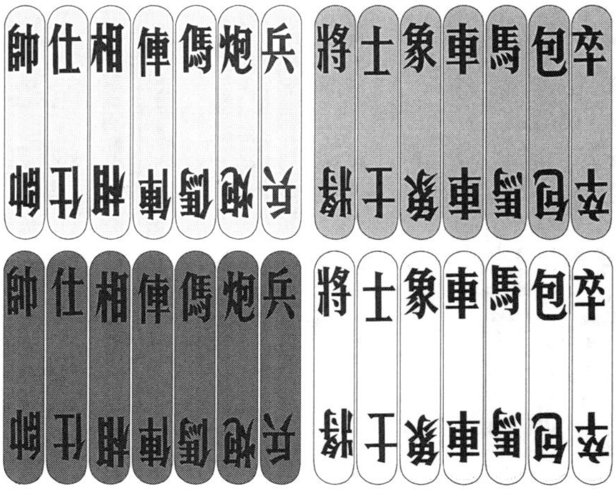

图 6–28　四色牌（彩图 26）

图 6–29　福州四色牌中的公、侯、伯、子、男（彩图 27）

四色牌是一种凑牌游戏，玩法很多，可以“吃、碰、杠、胡”，牌型包括“对子”、3张3种颜色的“兵卒(三色兵)”、4张4种颜色的“兵卒(四色兵)”、3张同色的“将士象(帅仕相)”、3张同色的“车马包(俥傌炮)”。四色牌实为象棋牌的数量叠加，将双色变为四色，因此又衍生出很多新的玩法。

综上所述，我国现存的民间纸牌有如下特点：(1)多在某一地区流行，许多规则带有方言，因此制约了其普及和发展；(2)相对于麻将，纸牌多为纸质，体积小、方便携带；(3)纸牌的大小尺寸沿用古制，多为长条形，比例更像今天的书签。

我国民间纸牌从唐代叶子戏流传至今，仍保持着旺盛的生命力，并没有被快速发展的现代文明瓦解，许多不为外界所知的地方纸牌反而因为信息技术的发展而得到传播，借助现代科学技术陆续开发出电子形式。

二、骨牌类

民间牌戏中，除了纸质印刷的牌之外，还有一些牌是用兽骨、象牙制成的，这类牌具有结实耐用、体积小、分量重的特点。其牌面符号多为刻制，如印章一样凹凸不平，用手触摸依稀能辨。许多麻将高手都有反手“摸牌”的习惯，不用看就知道拿到的是什么牌。

(一)宣和牌

宣和牌为我国古代的宫中牌戏，据说是宋朝宣和年间发明的，故称宣和牌。宣和牌所用材质多为牛骨或象牙，所以又被称为“骨牌”或“牙牌”。宣和牌的牌面花色为两个骰子点数的组合，但其构成远比骰子复杂，玩法也更加多变有趣。清代中期，宣和牌与叶子戏、骰子进一步融合发展，产生了麻将。在我国四川地区流行的“川牌”和国外的多米诺骨牌与宣和牌也有许多相似之处。

宣和牌共有32张，每张牌由骰子的两个面组成，面上各点的颜色不同，“一、四”为红色，其余各点为黑色。骰子各面组成的结果有不同名称，比如两个“6点”组成的牌叫作“天牌”，两个“1点”组成的牌叫作“地牌”，等等(如图6-30)。

宣和牌的玩法有很多种，尤其到了明清之后，玩法更加多样，“打天九”“推牌九”都属于宣和牌的不同玩法。但是随着麻将的逐渐形成，由于其学习与普及更加容易，因此渐渐取代了宣和牌在民间的游戏地位。

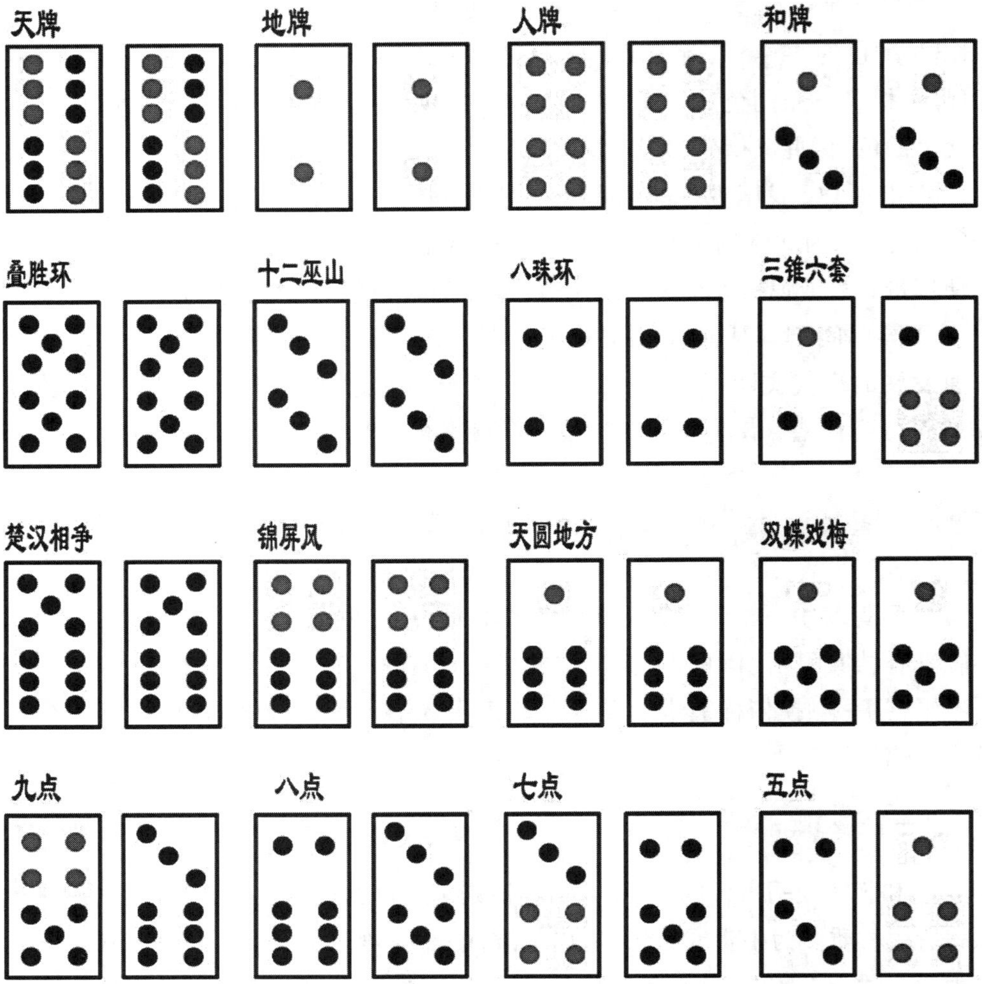

图 6-30　宣和牌部分牌式

（二）川牌与多米诺骨牌

川牌，即四川纸牌，又叫“四川长牌”，在我国西南、西北地区十分流行，在四川省内更是家喻户晓。川牌长约14厘米，宽约3.5厘米，牌面由红、黑圆点或文字组成。与宣和牌一样，川牌的点数是两个骰子组合出来的数值。传统川牌一般用浸泡桐油后的牛皮纸制成，现在也用扑克用纸制造，还有用塑料制成的，方便保存与携带。牌面中间多印着各种人物图案，如三国、水浒人物，具有明显的汉民族文化特征(如图6-31至图6-34)。

图 6-31　三国人物川牌部分点数牌（彩图 28）

图 6-32　三国人物川牌（含文字牌）（彩图 29）

图 6-33　水浒人物川牌部分点数牌（彩图 30）

图 6-34　水浒人物川牌（含文字牌）（彩图 31）

川牌的称谓由牌面的点数及颜色来确定，一点、四点为红色，其他为黑色。

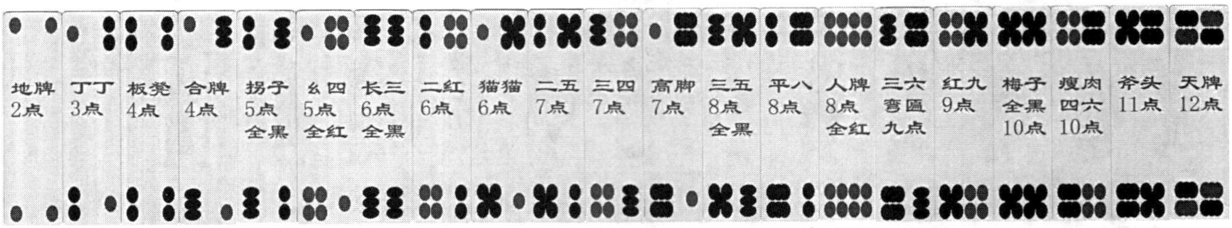

图 6–35　从右至左分别为“12 点”的“天牌”到“2 点”的“地牌”（彩图 32）

川牌从“12点”的“天牌”到“2点”的“地牌”(如图6–35)，加上“财神”“听用”2张文字牌，共有23种，每种有5张牌，共计115张牌。有些地方打牌时只用84张牌，去掉了“听用”“财神”两种牌。“听用”“财神”的作用类似于“百搭”，但不是所有场合都能用。川牌的打法有很多种，基本规则为“凑牌”，与宣和牌相似，但说法不同。因为牌面的差别较大，故“成牌”的要求与麻将也不同，但终归也是“和牌”，谁先“和牌”谁就是赢家。川牌的游戏人数为2至7人，人越多越热闹。

川牌去掉中间的人物装饰后，上、下两端的红、黑圆点与宣和牌的组牌规律一致，与宣和牌的关键牌式名称也一样，如都有“天、地、人、和”牌。如果将每张川牌横置，则牌面上每一端的红黑牌点数就是一张小的宣和牌样式。

除了川牌，据说国外的多米诺骨牌也源自我国的宣和牌，其牌面符号与宣和牌一致，由两枚骰子组成的不同点数构成。多米诺骨牌的牌面结构与宣和牌有些许不同，在两枚骰子构成的点数间有横线相隔，制作材料是骨、木或塑料。最重要的是，多米诺骨牌的玩法与打牌不同，更多是一种动态的“视觉效应”，往往动一张牌就会使按序排列的牌依次倒下。因此，多米诺骨牌不仅是一种游戏，还是一种运动。除了将多米诺骨牌码放成单线、多线、文字等造型之外，还可用其搭房子、盖牌楼、制拼图。

第二节　国外纸牌

除了普遍流行的扑克牌之外，一些各具特色的地方纸牌也在亚洲、欧洲、美洲等地广泛流行。这些纸牌或多或少都有相似之处，又承载着各自的民族文化精神，反映出当时人们的文化喜好和追求，为人类文化的传承与发展作出了应有的贡献。

一、韩国花牌

韩国花牌是从日本传到韩国的一种牌类游戏，与“日本花札”一脉相承。韩国花牌的尺寸较小，长5.6厘米，宽3.6厘米，厚1毫米，长宽比例像缩小的扑克牌。韩国花牌的牌面图案以植物为主，辅以少数禽鸟。它以12种图案代表12个月，每月有4张牌，共48张牌。一月是“松鹤”，二月是“梅鸟”，三月是“樱花”，四月是“紫藤”，五月是“兰草”，六月是“牡丹”，七月是“萩”，八月是“空山”，九月是“菊花”，十月是“丹枫”，十一月是“泡桐”，十二月是“柳树”。由于该牌源自日本，因此它的牌面图案颇有日式风格(如图6–36)。

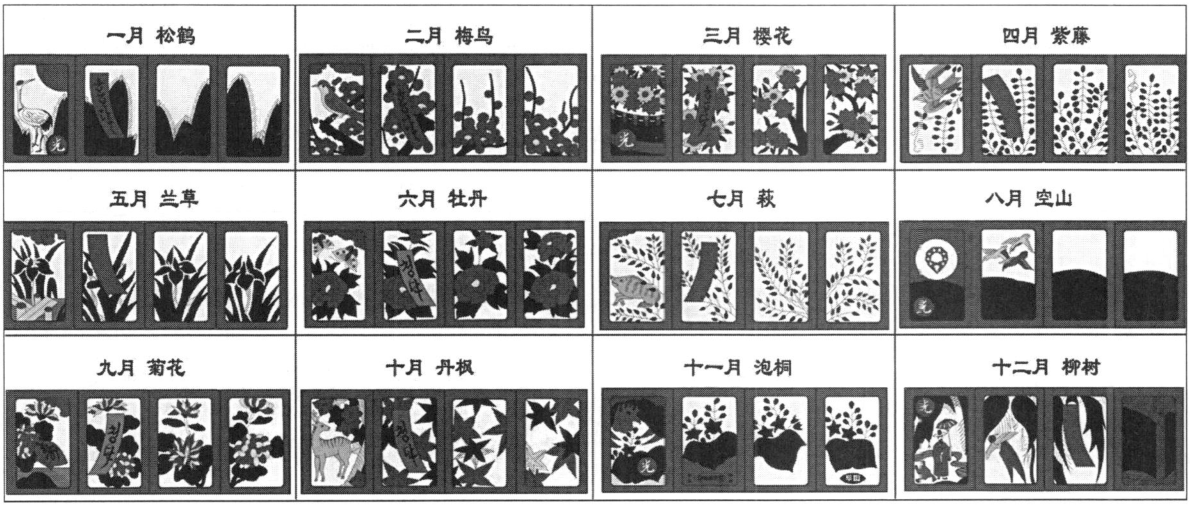

图 6–36　韩国花牌（彩图 33）

在这些牌面图案中，不同月份有“光”字、红色或蓝色的条状物以及动物等图案，除去这类图案，每月还剩两张只有花草的牌。不同的牌面图案在组合牌张时有不同的名称、代表不同分值，在决定庄家时能起到一定作用。

(1)“光”：共有5张牌。如图6–37所示，在一月、三月、八月、十一月、十二月里面分别有1张牌的牌面上写有汉字“光”。游戏过程中集齐这5张牌中的4张就可得分。

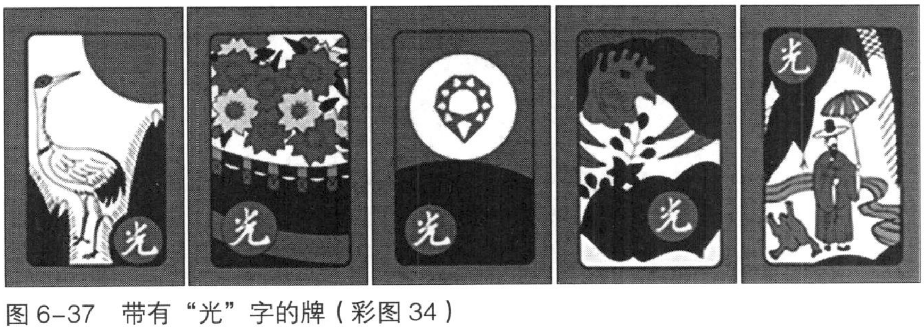

图 6–37　带有“光”字的牌（彩图 34）

（2）“十点”：共有9张牌。如图6-38所示，每张牌上面都有一种动物，从左至右分别代表二月、四月、五月、六月、七月、八月、九月、十月和十二月。

图6-38　带有动物的牌（彩图35）

（3）“条”：共有10张牌，由红色或蓝色条状物图案组成，分布在不同的月份里。除八月和十一月之外，每个月份都有1张带条状物的纸牌。如图6-39所示，从左至右，每3张牌构成1组，不同组有不同分值。

图6-39　带条状物的牌（彩图36）

（4）“皮”：除十二月外，去掉“光”“十点”“条”后，每个月份还剩下两张牌，叫作“皮”。如图6-40所示，从左至右分别代表一月到十一月，共22张牌。这种牌集齐不同张数，也有不同分值。

图6-40　皮（彩图37）

“光”“十点”“条”“皮”等称谓是从朝鲜语音译而来的，所对应的朝鲜语分别是광、열끗、띠、피，并没有真正的汉语含义。但很多时候，朝鲜语发音和汉语近似，

因此某些对应称呼用汉语也能解释得通。

韩国花牌的基本玩法是按照牌面花色进行组合搭配，根据不同的组合赢取不同分值。两人以上皆可玩，人数不同，开局每人发牌数量及桌面所留牌数都不相同，算分的规则也不完全一致。游戏前，需要先确定庄家，抽的牌所代表的月份最小的人为庄家。比如有人抽了“松鹤”，有人抽了“空山”，有人抽了“兰草”，则庄家由抽了“松鹤”的人来当，因为“松鹤”代表一月，月份最小。如果有两人所抽月份一致，则按照由大到小的“光”“十点”“条”“皮”的顺序决定庄家。

以最简单的规则为例，游戏开始，庄家根据人数按逆时针方向发牌，3人玩时每人发7张牌，桌面留6张正面朝上的牌，其余牌正面朝下倒扣在桌上。采用“月份吃月份”的打法，游戏者从自己手中选择一张牌扔到桌面，如果扔出的牌与之前亮在桌面上的牌月份一致，则后者为自己所吃到的牌；如果桌面上没有与自己月份相同的牌，则打出的牌只能扔在桌面上，等着别人来吃；若未吃牌，此时玩家要取倒扣在桌面上的牌，并将之亮在桌面，如果这次对上了自己所亮的牌，该牌就归入自己吃到的牌堆中，吃不到就扔在桌面上，等别人吃掉。如此轮流反复进行，直到游戏者手中无牌时游戏结束，最后以所吃花牌对应的分值判断输赢。

二、欧洲纸牌

（一）概述

提起欧洲纸牌，比较有代表性的是塔罗牌和扑克牌，有一种说法认为扑克牌源自法国的塔罗牌，同时还有人认为塔罗牌和扑克牌源自中国的叶子戏。这种说法的依据是，从牌面图案看，双方纸牌都有4种花色，其中扑克牌有“红心”“方片”“黑桃”“草花”4种花色，而早期叶子戏也同样有4种花色，分别是“十万贯”“万贯”“索子”“文钱”；从数量上来看，扑克牌与叶子戏都有50张左右；从发展过程看，中国叶子戏似乎早于欧洲纸牌。我国有关叶子戏的记载最早见于10世纪以前的唐代，而据英国游戏学者大卫·帕勒特(David Parlett)在《牛津纸牌游戏指南》所述，欧洲关于纸牌的最早记载大概在14世纪。这些说法目前尚无定论，然而从一些现存的欧洲地方纸牌的牌面花色中似乎能够看出欧洲传统纸牌和我国民间纸牌确有渊源。埃及马穆鲁克时期(Mamluk Egyptian)的纸牌样式或许是中西纸牌传播演变的中间过渡，从马穆鲁克时期纸牌的尺寸比例、牌面花色、排列方式等都能看到我国民间纸牌的影子，因此，有学者认为中国叶子戏大概在11世纪传到埃及，之后经由埃及北部传往欧洲大陆。埃及马穆鲁克时期的纸牌张数与后来欧洲纸牌的张数比较接近，共52张，其中1—10数字牌的牌面分别由4种花色图案排列而成，每种花色另有3张花牌，类似于今天扑克牌里面的J、Q、K。因此，有学者认为欧洲纸牌很可能源于埃及马穆鲁克时期的纸牌。图6-41为马穆鲁克时期点数为7的纸牌图案，从左至右分别是硬币、棍棒（马球棍）、圣杯、宝剑。从排列方式看，硬币、圣杯与我国传统牌戏的“饼子”非常相似，而棍棒和宝剑与“条”“索”也非常相似。另外，它的牌张尺寸和我国传统纸牌也非常接近，都像书签一样窄且长。

图6-41　埃及马穆鲁克时期的纸牌（彩图38）

纸牌大概在14世纪由埃及经欧洲南部传入整个欧洲大陆。文艺复兴时期，欧洲纸牌已形成以意大利、西班牙、瑞士、德国、法国为代表的纸牌文化。其中，意大利和西班牙纸牌的花色比较接近，与埃及马穆鲁克时期的4种图案基本一致，其他国家的纸牌则在流传过程中融入了新的文化元素。法国纸牌的4种花色成为目前世界上最为流行的扑克牌牌面样式，瑞士和德国纸牌的花色则被其他符号所代替（如图6-42）。这些国家在地理位置上比较接近，在游戏文化上体现出的视觉符号也互相渗透、彼此交叉。

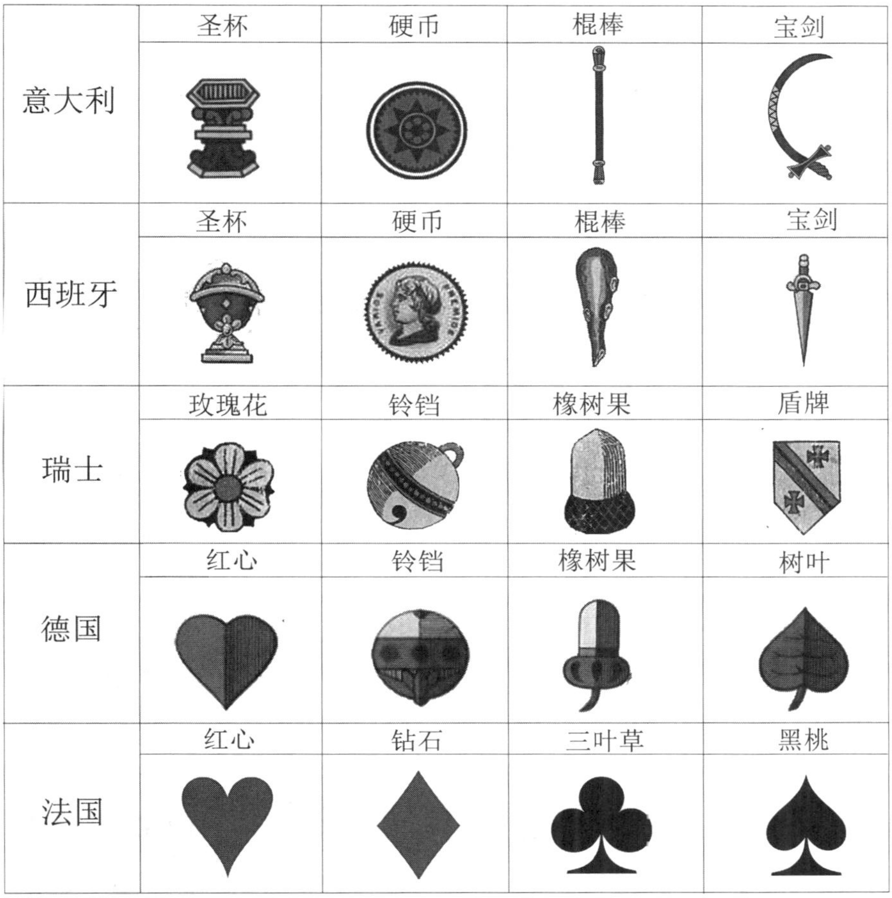

图 6–42 欧洲各国纸牌牌的面花色

（二）意大利纸牌和西班牙纸牌

意大利是“塔罗牌”的诞生地，早期的纸牌主要用来占卜，后在塔罗牌的基础上有了专门供人娱乐的纸牌。意大利也是最早传入东方纸牌的国家之一，因此在一些意大利民间的传统纸牌中还能看到东方纸牌的影子。但在传播过程中，意大利纸牌将埃及马穆鲁克时期纸牌牌面上的“马球棒”改成了类似于“警棒”或“指挥棒”的细长棍棒。由于传播途径不同，意大利纸牌有多种样式，南部纸牌受西班牙影响较多，牌面花色及组合与西班牙纸牌相像，牌面上的“棍棒”粗且短，“宝剑”为直剑，呈水平或垂直排列，没有相交排列；北部纸牌与南部纸牌相比特征明显，牌面上的图像更像“指挥棒”，细且长，“宝剑”保持马穆鲁克时期的弯曲状，“棍棒”与“宝剑”均交叉排列。

常见的意大利纸牌有40张牌和52张牌两种，有“圣杯”“硬币”“棍棒”和“宝剑”4种花色。40张的意大利纸牌中每种花色有10张牌，其中1到7为点数牌，牌面没有数字，只有花色数量的组合，牌面图案与我国麻将图案近似；8、9、10为人头牌，分别代表“武士”“骑士”和“国王”，牌面图案与扑克牌图案近似(如图6–43)。

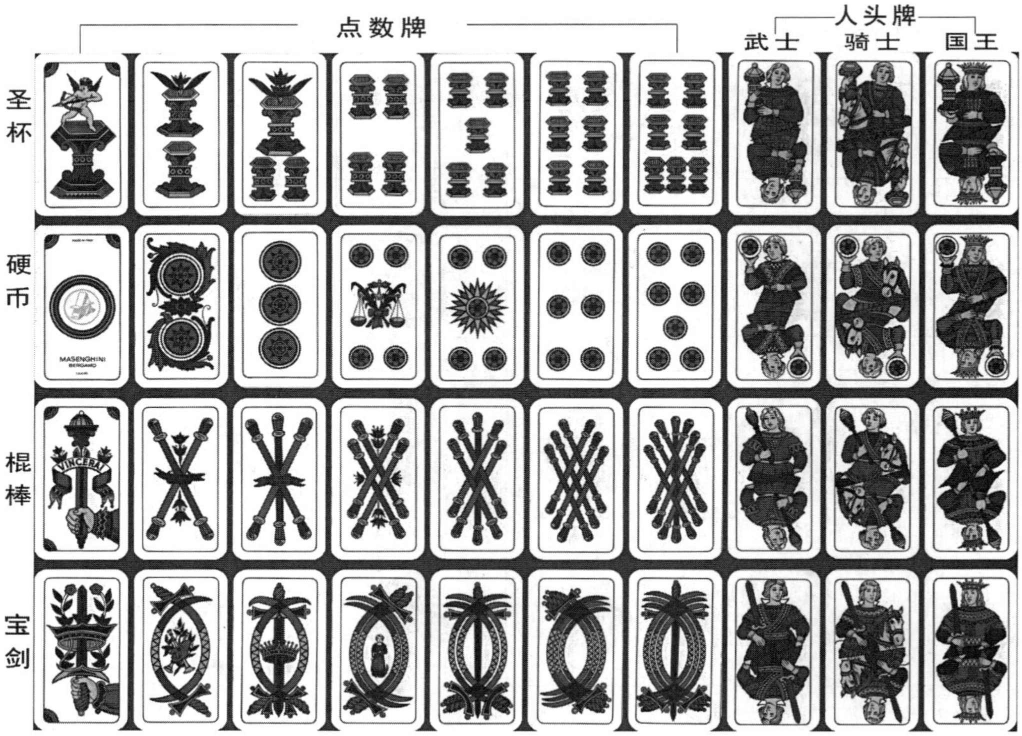

图6–43　意大利纸牌（彩图39）

西班牙纸牌与意大利南部纸牌非常相似，40张与52张两种牌也比较常见，每种牌有3张人头牌，其余为点数牌，牌面图案从1到7或1到9的布局与我国麻将的牌面图案非常相似，人头牌中的“武士”“骑士”和“国王”分别代表“8、9、10”或“10、11、12”。图6–44为西班牙纸牌(52张)中的一种，牌面图案与意大利纸牌相似，但绘画风格却完全不同。

国外纸牌的牌面图案是其国家历史文化生活的缩影，在不同时期体现出历史文化的发展趋势，是我们了解、研究欧亚不同国家之间文化传播的窗口，也是了解其他国家风土人情的参考依据。

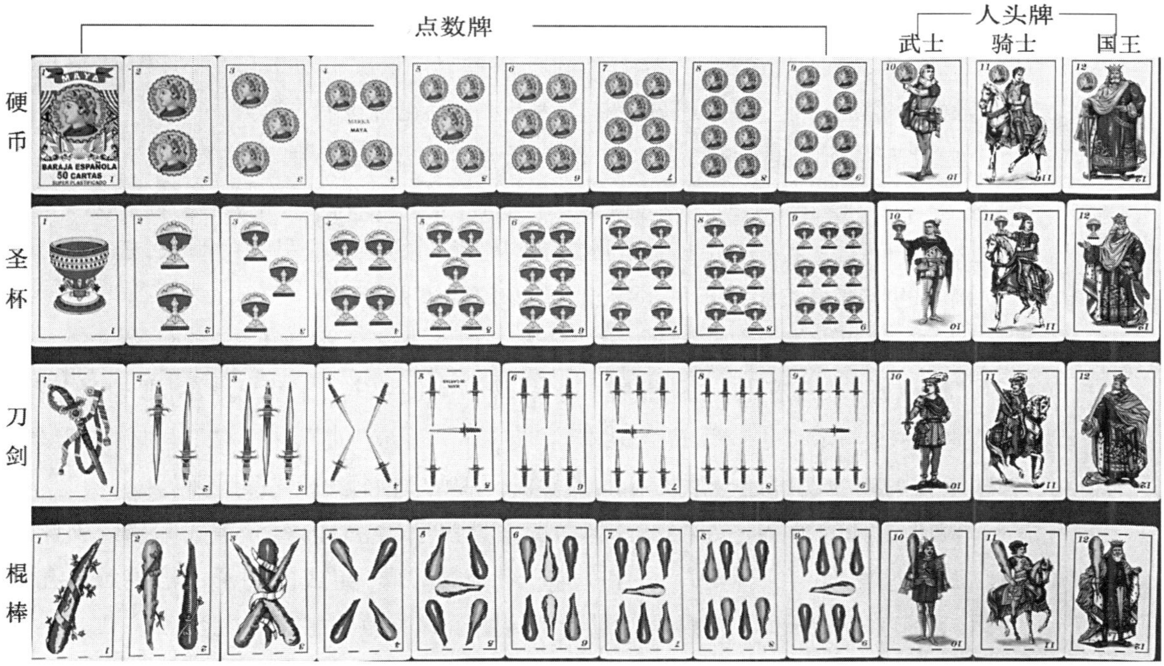

图 6-44　西班牙纸牌（52 张）

第三节　中国现代民间纸牌

中国现代民间纸牌种类多样，流传广泛，除前面提到的麻雀纸牌、四川长牌、南通长牌、四色牌外，还有许多地方纸牌活跃在人们的日常生活中，成为当地人们娱乐生活的重要手段。它们有的源于叶子戏，有的则为当地人所独创，并一直延续至今，是重要的文化资源。这些纸牌在当地有顽强的生命力，为传统民间游戏及地方文化研究提供了系统而完整的参考依据。

一、湖北花牌

湖北花牌又叫“荆州花牌”“宜昌花牌”“花叶子”“柳叶子”“上大人”等，是湖北地区的一种民间纸牌，据说清末开始在此地流行。湖北花牌由22个或24个汉字组成，每个字有4张或5张牌，所以牌张并不相同，共110—125张。以24个字的纸牌为例，这24个汉字分别是“乙、尔、三、小、生、七、八、九、十、子、士、化、千、孔、己、上、大、人、佳、作、仁、可、知、礼”，据说来自古代的儿童习字帖《上大人》，并依文章顺序每三个字组成“一句话”，打牌时将其视为“顺子”。这24个字按三字成句组成的顺子是“上大人，孔乙己，化三千，七十士，尔小生，八九子，佳作仁，可知礼”，大致是说古代大人只有孔丘一人而已，他教化弟子三千，其中有72位贤人，八九个得意门生，可知周公之礼。因此，湖北花牌也叫“上大人”牌。

湖北花牌玩家通常有3至4人，各地玩法略有不同，行牌规则类似于麻将，也是“吃、碰、杠”等。只有同一句的牌才能“吃牌”，和的算法各地也不一样。除了3个字组成“一句话”之外，也可根据张数不同将相同的字组成另外的牌张，3个、4个、5个相同的字都可以组成不同的字组，有专门的称谓。

各地湖北花牌在牌种、牌数、字体上略有差异，依牌种可再细分为“上大人”“福禄寿”“三五七”3种纸牌。一些牌种上的字与《上大人》不同，如将“孔”写成“邱、匆”，将“士”写成“土、仕”，将“尔”写成“孙”，将“仁”写成“美”等。有些地方的湖北花牌还会添加可以代替任何牌的“白板”或“百搭牌”。

湖北花牌的独特之处在于其牌面图案以汉字为主，内容涵盖我国传统文化思想。游戏过程中，在将牌按“三字一连”组合的时候，组成的句子恰恰是颂扬孔子的话，读起来朗朗上口，在娱乐的过程中传播了具有教化意义的内容。

民间流传的“上大人”牌有很多变体，标准的“上大人”牌使用了儿童习字帖《上大人》里的24个字，每个字有4张牌，共有96张牌，因此该牌又称“九十六”。变体的“上大人”牌因地方不同又有不同的形式和种类：有的文字全部为黑色，只在首尾两句话包含的6个字的纸牌上画有红花；有的牌每句话的第1个字为红色，根据颜色可以衍生出不同玩法。湖北各地的“上大人”牌在数量上差别也很大，少的不足百张，多的可达近200张。“上大人”牌的形状又窄又长，尺寸比四川长牌小很多。“上大人”牌的主体图案是汉字，而汉字在书法艺术上有很多变化，因此，一些“上大人”牌的牌面字体非常花哨，辨认困难，只有熟悉当地文化的人才能明白(如图6-45)。

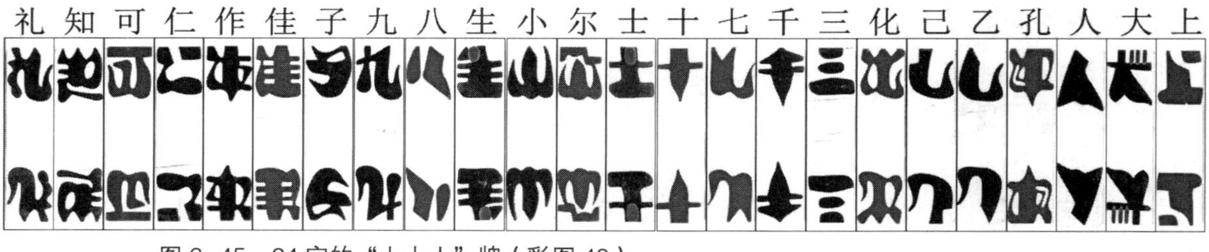

图6-45　24字的“上大人”牌（彩图40）

“福禄寿”牌是“上大人”牌的一种变体，它将“上大人”牌的“可知礼”改成“福禄寿”，每个字有4张牌，共96张牌。这种牌的文字有“红黑”双色、“红绿黑”三色两种。因关键的3个字改变，此种纸牌就以“福禄寿”为名(如图6-46)。

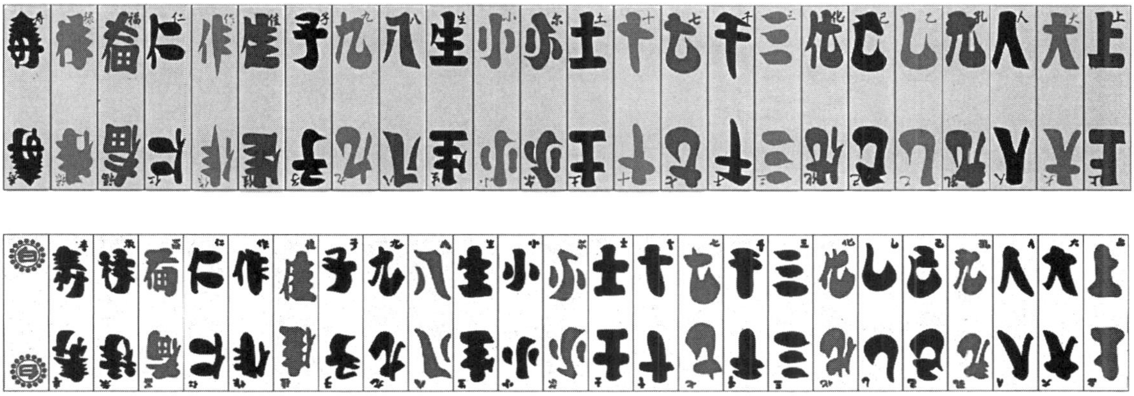

图 6-46　两种不同形式的“福禄寿”牌（彩图 41）

“三五七”牌是“上大人”牌的另一种变体，在荆州流行，需要17个“胡”才能和牌，因此又叫“十七个”(如图6-47)。这种纸牌缺少“尔小生”“佳作仁”两句，增加了“二、四、五、六”4个字，并将“乙”字当成“一”，所以具有一到十的序数牌。“三五七”牌共22种，每种有5张，整副牌共110张。其中“上、大、人、可、知、礼、三、五、七”为红字，“乙、二、四、六、八、九、十、子、土、化、千、孔、已”为黑字(如图6-48)。“乙、三、五、七、九”5种牌各两张牌面有图案，称为带“花”，可用来玩不同类型的纸牌游戏(如图6-48)。

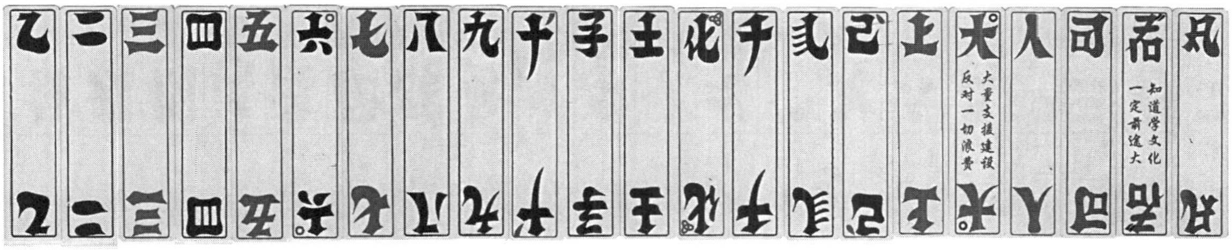

图 6-47　“三五七”牌（彩图 42）

“三五七”牌的牌式有以下几种：

3个相同的字组成1组叫“一坎”，如“乙乙乙”；4个相同的字组成1组叫“一统”，如“乙乙乙乙”；5个相同的字组成1组叫“统上顶”，如“乙乙乙乙乙”。

根据“坎”“统”牌张的颜色又分“红坎”“黑坎”“红统”“黑统”等，“红坎”如“大大大”，“黑坎”如“孔孔孔”等。

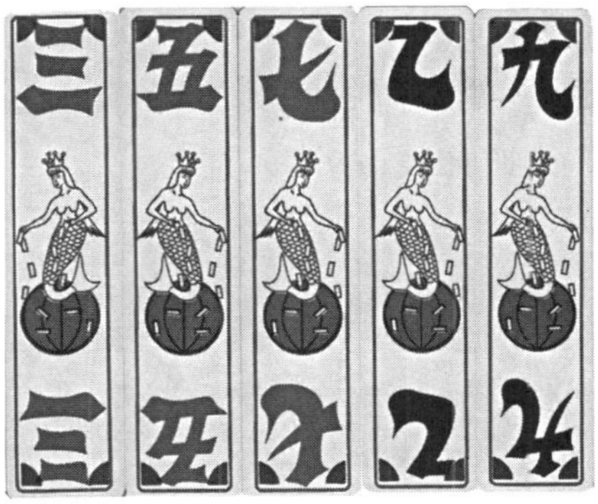

图 6-48　带“花”的乙、三、五、七、九（彩图 43）

这些归类都是为了方便算胡，比如“黑坎”为1胡，“红坎”为2胡，“黑统”为2胡，“红统”为4胡，等等，达到一定“胡数”就可和牌。

二、字牌

字牌是流传于湖南、湖北、贵州、云南、广西等地的传统牌戏，各地称呼不一，有“二七十”“跑胡子”“大字牌”“大贰”“八一字牌”等，其形状是长条形，类似于古代的叶子戏。“二七十”形象地概括了这一纸牌的牌面特色：该牌中只有这三个字的颜色是红色的，其他字皆为黑色。字牌发源于四川，整副牌共有80张，牌面由汉字的一到十组成，有大小写之分。这种纸牌看上去与扑克牌比较相似，只是少了扑克牌的J、Q、K，但是大小写的混搭组合又比扑克牌多了许多变数。

字牌的牌面内容是小写的“一”“二”“三”“四”“五”“六”“七”“八”“九”“十”和大写的“壹”“贰”“叁”“肆”“伍”“陆”“柒”“捌”“玖”“拾”（如图6–49），每个字有4张牌，整副牌共有40张。

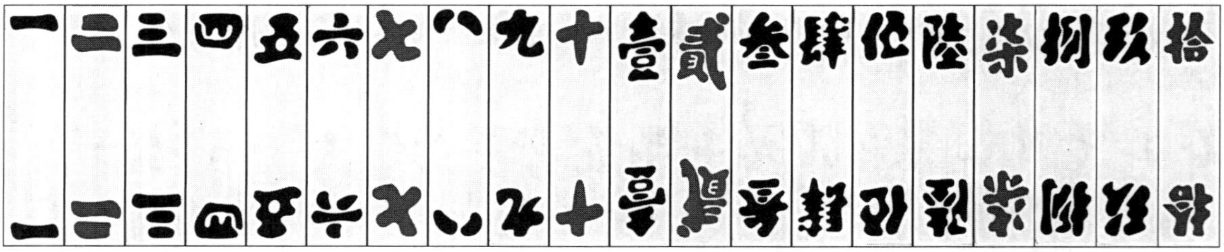

图6–49　字牌（彩图44）

字牌的玩法与麻将类似，但一般只要3个人玩。首先庄家起21张牌，其他人起20张牌，留19张牌在桌面，然后开始以“碰”“吃”等手段进行游戏，最后和牌者为赢家。这种牌的新颖之处在于，由于分出了大小写，所以在组牌的时候就有一些特殊规则（如表6–9）。

表6–9　字牌的特殊规则

名称	规则
顺子	3张牌不仅要相连成序，且大小写必须一致，如“一二三”“肆伍陆”。特殊的顺子，如“二七十”或“贰柒拾”也要求数字大小写一致。
四张	4张牌的大小写、数字必须都一样才能成组，如“三三三三”“伍伍伍伍”。

续表

名称	规则
大小三搭	俗称搭子，是2张大写字与1张小写字（如“捌捌八”）或2张小写字与1张大写字（如“十十拾”）组成的牌型，有的地方称为“绞牌”。
一坎牌	3个相同的牌为1坎，不能拆散1坎牌而与其他牌组合。
一提牌	4个相同的牌为1提，不能拆散1提牌而与其他牌组合。

课内实践

选择具有当地特色的民间牌类游戏进行课内体验和讨论。

第七章 语言文字类游戏

■ **本章要点**

1. 语言文字类游戏的构成特点
2. 汉语语言在游戏中的应用
3. 英语语言在游戏中的应用

语言文字在传统民间游戏中非常常见，它不仅是一种游戏素材和游戏辅助手段，很多时候还以专门的游戏形式而存在。语言文字类游戏中最为大家熟悉的就是猜谜语、绕口令和成语接龙。其实，不论古代还是近现代，不论中国还是外国，还有许多其他语言文字类游戏，在给人带来游戏乐趣的同时，还给人以语言的乐趣。比如，我国古代节令游戏“消寒图”中的“填字消寒图”，就是以汉字的笔画为依据创造的；我国宋代的“诗牌”，则完全用古诗词来进行游戏。传统酒令游戏中数不胜数的文字酒令，如“拆字令”“谚语令”“写字令”等都和语言文字有关。许多儿童游戏都是伴着歌谣、童谣进行的，如大家都很熟悉的“拍手游戏”歌谣：你拍一，我拍一，一个小孩坐飞机；你拍二，我拍二，两个小孩洗手绢；你拍三，我拍三……儿童跳皮筋时唱的歌谣：周扒皮，八十一，半夜三更来偷鸡，二五六，二五七，二八二九三十一……不仅朗朗上口，还反映了时代特色。稍后时期跳皮筋的歌谣为：小皮球，香蕉梨，马莲开花二十一，二五六，二五七，二八二九三十一……伴随着歌谣，孩子们的双腿在皮筋上上下翻飞，灵活自如。此外，在一些儿童游戏中，口语扮演着衔接游戏的角色，如“老狼、老狼几点了”，双方在游戏中互相问答。游戏时，扮演老狼的孩子背对大家，与其他孩子一同向前走，孩子们齐声问：“老狼、老狼几点了？”老狼回答：“一点了。”而后接着问：“老狼、老狼几点了？”老狼回答：“两点了。”这样一直问下去，直到老狼回答“天黑了”或“十二点了”时，孩子们转身向指定目标跑，老狼转身追。这种一问一答的互动形式，体现出民间语言文字类游戏的特点和乐趣。

在国外，利用语言文字设计文字游戏也非常普遍，有传统拼写文字游戏，有口头语言文字游戏，还有集“听、说、读、写”于一体的文字游戏。将语言文字作为素材进行加工，是许多艺术形式常用的手法，如诗词、曲词、台词等都能从音、义、形等各方面将文字的魅力充分发挥出来。从艺术形式中演化出的游戏形式不在少数，但将语言文字作为纯粹游戏内容的现象主要存在于民间。尽管这类游戏的载体为文字，但游戏设计者并不为人所知，比如人们就不知道是谁创造了“上大人”牌。民间是滋养原生文化和游戏艺术的肥沃土壤，语言文字类游戏也不例外。

我国的汉字因语音语调、字体结构等变化多端的特点，为语言文字类游戏的设计提供了许多创造空间，如绕口令、回文诗、谜语等都是利用汉字的这些特点逐步形成并发展起来的。然而，在现代社会，汉字的独特魅力尚没有在游戏设计领域得到充分利用，还有许多开发的空间。为方便起见，现按语言文字类游戏的不同构成特点将其划分为口头语言游戏、易位构词游戏等不同类别。

第一节　口头语言游戏

许多文化的早期传播都是以口语的形式进行的。以口语为游戏素材，以说话为游戏手段在传统民间游戏中也非常常见。口头语言游戏除了前面所提到的歌谣、童谣等形式外，还有成语接龙、绕口令、猜谜等。比划猜词游戏也可以视为口头语言游戏的再发展。此外，一些比较流行的桌面游戏也以口头语言为主要游戏手段。

一、汉字口头语言类游戏

（一）顶针续麻（成语接龙）

成语接龙是人们所熟知的一种语言游戏，由此衍生的其他“接龙”游戏有很多。在我国古代，还有一种类似的文字游戏叫作“顶针续麻”，大概兴起于宋元时期。顶针续麻又称为“连珠”“顶针”“蝉联”，它除了可为句子增添趣味性外，还能使句子的结构整齐、语言明快，使表达有更强烈的抒情意味，节奏感强、气势连贯。

顶针续麻的字面含义与我国民间传统缝纫工具有关。手工缝制衣服时，如果遇到多层或较厚的布匹，针线很难穿过，有一种叫作“顶针”的辅助工具可以套在拿针的手的中指上协助针线穿过多层或较厚的布匹。“续麻”是古人缝纫时续补麻线的方法。当一根麻线快用完而衣服、鞋子还没完工时，需要把快用完的麻线从针孔中退出并松开，然后将新麻线的头夹在旧麻线尾部的松开部分拧在一起，使新旧麻线相接部分不留痕迹。顶针续麻游戏是一人说一个词语或一句诗文，除第一个人外，其余人说的词语或诗文需与前一人说的首尾相连，说不出者为输，要接受惩罚。

作为修辞手法的顶针续麻在《乐府诗集》中就出现过，诗曰："平陵东，松柏桐，不知何人劫义公。劫义公，在高堂下，交钱百万两走马。两走马，亦诚难，顾见追吏心中恻。心中恻，血出漉，归告我家卖黄犊。"诗中的"劫义公、两走马、心中恻"既是上句的末尾，也是下句的开头，控诉了官府迫害和敲诈善良无辜百姓的冷酷行为，在情感抒发上比简单描述强烈得多。

中国古代诗词中对顶针续麻的应用非常广泛，不仅话语的首尾相连，而且有时首字和整首诗的最后一个字也相呼应关联。如写于明代的一首诗："桃花冷落被风飘，飘落残花过小桥。桥下金鱼双戏水，水边小鸟理新毛。毛衣未湿黄梅雨，雨滴红梨分外娇。娇姿常伴垂杨柳，柳外双飞紫燕高。高阁佳人吹玉笛，笛边鸾线挂丝绦。绦丝玲珑香佛手，手中有扇望河潮。潮平两岸风帆稳，稳坐舟中且慢摇。摇入西河天将晚，晚窗寂寞叹无聊。聊推纱窗观冷落，落云渺渺被水敲。敲门借问天台路，路过小桥有断桥。桥边种碧桃。"该诗环环相扣，句句蝉联。

除了大家所熟知的诗词使用了顶针续麻的修辞手法外，许多元曲在写作中也常用顶针续麻来铺垫情绪，增强气氛，抒发感情。如在元代马致远的《汉宫秋》中，汉元帝眼看着昭君被带往朔北和亲，唱道："呀！俺向着这迥野悲凉。草已添黄，兔早迎霜。犬褪得毛苍，人搠起缨，马负着行装，打猎起围场。他、他、他，伤心辞汉主，我、我、我，携手上河梁。他部从入穷荒，我銮舆返咸阳。返咸阳，过宫墙；过宫墙，绕回廊；绕回廊，近椒房；近椒房，月昏黄；月昏黄，夜生凉；夜生凉，泣寒蛩；泣寒蛩，绿纱窗；绿纱窗，不思量！呀！不思量，除是铁心肠，铁心肠，也愁泪滴千行。美人图今夜挂昭阳，我那里供养，便是我高烧红烛照红妆。"其中的"返咸阳，过宫墙；过宫墙，绕回廊；绕回廊，进椒房；近椒房，月昏黄；月昏黄，夜生凉；夜生凉，泣寒蛩；泣寒蛩，绿纱窗；绿纱窗，不思量！"即是典型的顶针续麻修辞手法的运用，不但渲染了舞台上的气氛，而且读起来也朗朗上口。

汉字的魅力不仅体现在音、意上，还体现在形(结构)上。古代就有很多利用汉字结构特点写成的联珠诗。这种诗的特点是前一句最后一个字的半边是后一句的第一个字，被称为"半字顶针诗""离合藏头诗"等。宋徽宗赵佶就有一首这样的诗："九九重阳登山头(頭)，豆菽丰稔更何愁。秋阳煦煦照帝辇，车马萧萧过玉楼。木石有灵助雅兴，八方无患享风流。水沃土肥山似锦，金戈不举荡寇仇。"

顶针续麻虽不是直接的游戏形式，但在诗词、唱词等的使用中具有明显的游戏性，与后来的成语接龙、故事接龙游戏的原理一样，这里将其介绍出来，希望游戏专业学生在设计开发游戏产品时对我国传统文化有足够认识和了解。

（二）绕口令

绕口令是我国特有的一种传统口语技巧游戏，常常用来锻炼人的唇、齿、舌之间相互配合的技巧。在酒席上，还常被作为酒令使用。绕口令又叫“急口令”“拗口令”，是利用发音相似或相同的汉字组成幽默、诙谐语言的传统民间游戏，具有拗口、咬嘴的特点。最常见的绕口令是“四是四，十是十，十四是十四，四十是四十。莫把四字说成十，休将十字说成四。若要分清四十和十四，经常练说十和四”。

绕口令还是演员和播音员常用的“练词”工具，在训练时，不仅要求咬字准确，还要求语速快。因此，绕口令也有“快速”的特点。比如电视娱乐节目主持人经常表演的“八百标兵奔北坡，炮兵并排北边跑，炮兵怕把标兵碰，标兵怕碰炮兵炮”就要求游戏者既准确，又快速地读完全诗。作为语言游戏的绕口令，速度正是其游戏竞技的要点所在。

绕口令是人们在生活中积累形成的民间语言，自然、贴切、形象生动，且充满幽默气息，能将所写事物的特点充分表现出来，逻辑严谨、环环相扣。如民间广泛流传的“扁担长，板凳宽，扁担没有板凳宽，板凳没有扁担长。扁担绑在板凳上，板凳不让扁担绑在板凳上”，就利用了物品的形象特点，把“板凳”“扁担”“绑”等韵母近似音节放在一起混淆发音，使语言表达幽默形象、生动有趣。再如“墙上钉铁钉，钉上挂麻绳，绳下吊油瓶，瓶下放马灯，灯下是水瓮。掉了墙上钉，脱了钉上绳，落了绳下瓶，打碎瓶下灯，砸坏灯下瓮。瓶打灯，灯打瓮，瓮骂灯，灯骂瓶，瓶骂绳，绳骂钉，钉怪绳，绳怪瓶，瓶怪灯，灯怪瓮……”则将一连串相关联的事物放在一起叙述，既是绕口令，又是活灵活现的情景描述，充满形象感与幽默感。

（三）猜谜

口头语言游戏在各国古已有之，最为大家所熟知的游戏形式就是猜谜。游戏时，一人设谜面，其他人猜谜底。民间流传的谜底通俗易懂，与生活息息相关，涉及世间万物。比如：弟兄六七个，围着柱子坐，大家一分手，衣服全扯破。谜底是大蒜，将大蒜与兄弟姐妹相联系，既形象又生动。清代还有一首谜语小曲，猜的是从一到十的数字，巧妙地运用了汉字的结构特点，将谜底隐藏在了每一句的唱词中：灯儿下，金钱卜落，这苦心一 一谁知道。到春来人日俱抛，欲罢时何能自了，吾心正焦！有口向谁告？好相交，有上梢来没下梢，既皂难留白，少不得中间分一刀。从今休把仇人靠，千思万想不如撇去了好。[①]

---

① 麻国钧，麻淑云. 中华传统游戏大全[M]. 北京：农村读物出版社，1990：444.

传统的猜谜，谜底往往具有唯一性，今天的许多口头语言游戏与猜测有着千丝万缕的联系。以“猜”为手段，“猜”的内容灵活多变，“猜”的答案有较强的随机性和多样性。口语猜测在我国以猜谜为主、设计开发成批量生产的游戏产品却不多，在国外，同类产品比较常见，最典型的代表莫过于流行于欧美的“Apples to Apples”和“Balderdash”。“Apples to Apples”和“Balderdash”是纯粹的口头语言游戏，其主要形式就是运用语言来猜测对方想要表达的真正含义，与电视栏目中的猜词游戏颇为相似。

二、英语口头语言类游戏

（一）红苹果、绿苹果（Apples to Apples）

图 7–1　Apples to Apples（彩图 45）

“Apples to Apples”是国外非常受欢迎的一种游戏，常被作为学习英语的道具使用。“Apples to Apples”是一个英语短语，意为公平竞争，游戏内容也的确如此。

“Apples to Apples”的卡片道具大概有500多张，整个游戏过程约30分钟到1个小时。游戏所用牌张为长方形，分红、绿两种颜色，其中形容词印在绿苹果牌上，名词印在红苹果牌上。卡片左侧白边印有该张牌指代的“名词”或“形容词”，下半部分为该词的解释或提示，上半部分为醒目的红苹果和绿苹果(如图 7–2)。

图 7–2　Apples to Apples 的红苹果牌和绿苹果牌（彩图 46）

它的游戏机制类似于法国游戏“Dixit”(妙不可言),但“Dixit”是猜图游戏,“Apples to Apples”则是猜词游戏。游戏时,安排一人当裁判,玩家可以轮流坐庄,持有绿苹果牌的一方可视为庄家,其余人持有红苹果牌。游戏人数越多猜测效果越好,一般4至10人为宜。

该游戏的具体玩法是:

(1)庄家拿出一张绿苹果牌(牌面印有形容词)正面朝上放在桌上,使其他玩家均可看见牌面内容。

(2)由裁判给其余玩家每人发7张红苹果牌(牌面印有名词或名词短语)。

(3)红苹果牌持有者每人拿出1张牌,将其正面朝下放在桌上,彼此之间不可看见牌面内容,这张牌应是自己手里7张牌中与绿苹果牌所形容的内容最吻合的一张。

(4)裁判将每人所扣红苹果牌拿起并高声念出牌面内容,由庄家判定谁的牌与自己拿出的这张绿苹果牌上的形容词最吻合,并根据吻合度依次给出分数。

(5)与“Dixit”一样,既能传达出形容词含义又有些令人意外的内容往往是最佳答案。

(6)一个回合结束,庄家顺时针方向的下一个人为新庄家。

“Apples to Apples”所选用的名词或形容词一般为比较常见的词语和惯用语,很少有生僻词汇,游戏的普适性非常高。但是由于文化的差异,英语国家的很多惯用语恰恰是我们所不了解的,因此很多英语教师喜欢将“Apples to Apples”引用到课堂上,作为学生学习地道英语的手段,使乏味的学习变得生动有趣。

图 7-3　4 人玩“Apples to Apples”(彩图 47)

图7–3为4人玩的“Apples to Apples”。绿苹果牌白边上的形容词为“Hairy(多毛的、毛茸茸的) ”，解释为：not bald，furry(不光秃的、毛茸茸的) 。红苹果牌白边上的名词分别是My Dad(我爸爸)、The Little Mermaid(小美人鱼)、Winnie the Pooh(小熊维尼)，红色部分对这些词进行了解释。比如第2张红苹果牌的解释为“在民间故事中，为了能够在陆地上生活，她放弃了在海底的家”。这样即使游戏者不明白某个单词的意思，也能根据解释进行选择。因此，3个备选答案中，哪个是正确答案不言而喻。

（二）胡言乱语（Balderdash）

“Balderdash”是一种口头语言游戏，由专人设计，出现于1984年。“Balderdash”的英文释义为“梦呓”“胡言乱语”“胡说八道”等，从游戏名称的字面含义来看，“Balderdash”实为猜测类口头语言游戏。该游戏也是一些英语教师喜欢使用的教学道具，常用于与学生的口语交流中。

“Balderdash”在欧美很流行，游戏内容由5个部分组成，一般涉及“人物”“事件”“法律”“某个字”“电影”等话题，但不同地方也有差别，比如有的地方会使用“缩写”“日期”等来替换其他话题。游戏所用道具是类似于扑克牌的长方形卡片，每张卡片有正、反两面，正面是问题，反面是答案。如图7–4(5个话题图标自上而下分别是蓝色、红色、黄色、绿色、紫色)，左侧图片为正面，是问题；右侧图片为反面，是答案。问题卡片的左侧为5个话题，从上往下分别是“Events(事件)”“Words(字词)”“Laws(法律)”“Initials(缩写)”“People(人物)”，右侧卡片为5个问题的答案。这种用颜色区别5个话题的“Balderdash”一般还会配置相同颜色的骰子供游戏者使用，骰子的5面分别是蓝色、红色、黄色、绿色、紫色，最后1面为橙色。游戏时，先掷骰子，掷到橙色者就是提问者，然后提问者再掷骰子，掷出什么颜色就谈论什

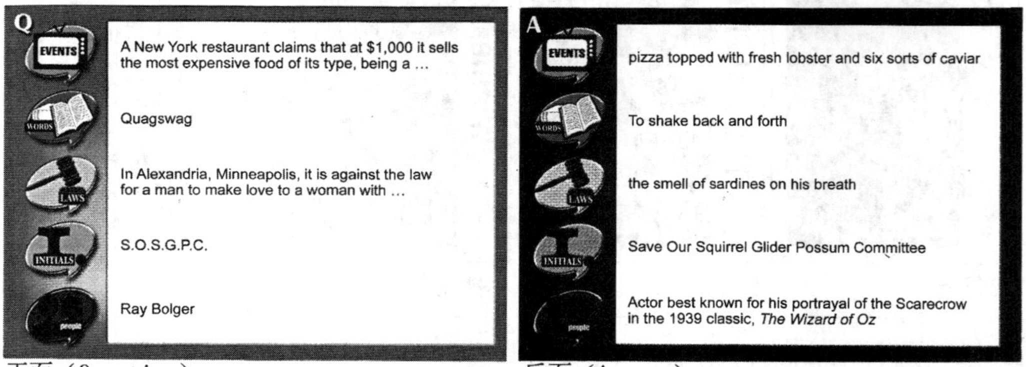

正面（Question）　　反面（Answer）

图7–4　Balderdash卡片的正面和反面（彩图48）

么颜色的话题。不用颜色标识的“Balderdash”则用普通的6面骰子当道具。

5个话题需要完成的任务分别是：“Events(事件)”，回答发生的事件；“Words(字词)”，对给出的字词进行解释；“Laws(法律)”，将问题中提及的法律内容补充完整；“Initials(缩写)”，回答缩写所代表的意思，即回答缩写全称是什么；“People(人物)”，说出这个人是谁。

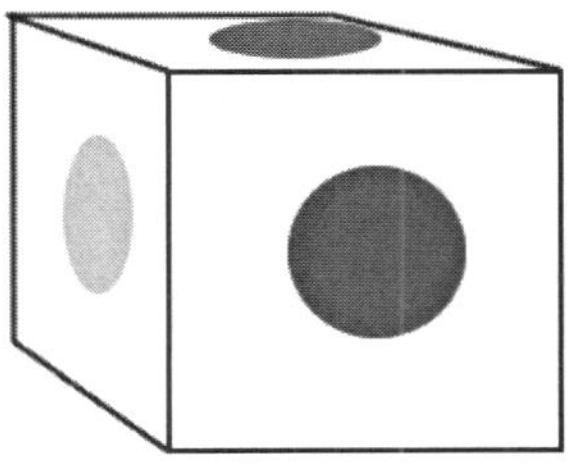

图 7–5　游戏所用颜色骰子（彩图 49）

“Balderdash”为两人以上游戏，游戏时，除了需要问题、答案卡片以外，还需要答题卡。每回合每人持有1张答题卡，在游戏前先将自己的名字填写在“Player Name”对应的方框内。然后，参与者要依据游戏规则，一步步填写完答题卡(如图7–6)。

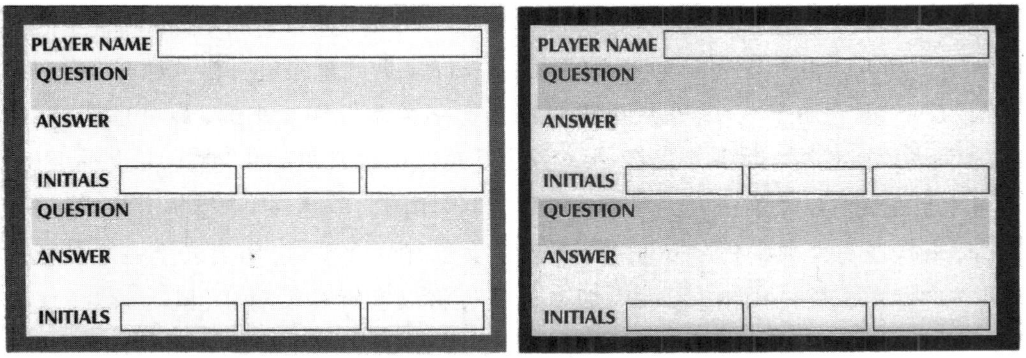

图 7–6　Balderdash 游戏时所用的答题卡

游戏开始，首先掷骰子选出提问者，由提问者从所有卡片中拿出一张，并掷骰子决定问哪个问题。若掷出紫色(以图7–4为例)，则提问者要念出卡片正面“People”所对应的人名“Ray Bolger”。然后所有玩家一起将问题写在答题卡的“Question”处。卡片反面所给出的“Ray Bolger”的正确答案是，“著名男演员，经典代表作是其在1939年上映的《绿野仙踪》中塑造的稻草人形象”。并不是每个玩家都知道“Ray Bolger”，但所有玩家都需要将自己的答案写在答题卡的“Answer”处，提问者也要用自己的话将正确答案写在答题卡上。所有人写好后提问者将填好答案的答题卡收回，并将所有人的答案大声念出，其中包括提问者自己回答的正确答案。其他玩家从提问者所朗读的答案中选出自己认为的正确答案，最后根据选择结果记分。记分方式为：猜对正确答案得1分；被其他玩家选择的得1分，被几个人选择就得几分；如果提问者回答的正确答案没有人投票，则提问者得2分。之后，提问者将每人最后的得分填在答题卡上，这样一个游戏回合就算结束，随后第二回合开始，由

第一回合中的提问者顺时针方向的第一个玩家做下一回合的提问者，依此类推。

“Balderdash”将英语学习中的听、说、读、写集于一身，就像专为学习英语而设计的，既有挑战性，又有趣味性。该游戏不仅涉及语言学习，更能促进对异国文化的了解。

第二节 易位构词游戏

一、拆白道字

拼字游戏是一种适用于各国文字的游戏，除了英文字母，我国汉字结构也很适合文字拼装，一个偏旁部首或汉字能拆开重组成很多不同音、不同义或同音不同义的新字或新词。利用汉字一词多义的特点，将汉字拆开重组进行游戏就是“拆白道字”，又叫“拆牌道字”。它是从唐宋时期的拆字游戏发展起来的，最早是算卦、占卜的手法。在我国，拆字方式在一些字谜里面也比较常见，如“堂上去土种上田，十月十日紧相连。太字去人少一点，一家三口得团圆”，就是将4个字拆开组成短句。此外，古代还有经典的拆字对联“白水泉下女子好少女更妙，山石岩上古木枯此木成柴”，“此木成柴山山出，因火为烟夕夕多”，将汉字拆开对对联，既为游戏，又充满意境。在我国，很多人在介绍自己的姓氏时，为避免混淆同音字，也喜欢用拆字法，比如“弓长张”“木子李”“耳东陈”等。我国著名作家老舍和曹禺的名字也是从“舒庆春”和“万(萬)家宝”里拆解而来的。

拼字游戏是组合，拆字游戏是分解，两者都是在汉字结构上下功夫。汉字的特点不仅使其可以在拼、拆之间自由转换，还可以改变偏旁部首的位置而形成新字。《聊斋志异 · 鬼令》中记载，有位商人夜宿古庙，见四五人正在饮酒行令，是典型的易位构词游戏。该酒令原文如下，“田字不透风，十字在当中；十字推上去，古字赢一钟。回字不透风，口字在当中；口字推上去，吕字赢一钟。囹字不透风，令字在当中；令字推上去，含字赢一钟。困字不透风，木字在当中；木字推上去，杏字赢一钟”。

拆字游戏在我国古代词曲里面经常出现，著名的有宋代黄庭坚的《两同心》：“你共人、女边著子，争知我、门里挑心。最难忘，小院回廊，月影花阴。”“女边著子，门里挑心”两句由“好闷”拆解而来。古代筵席中还有一种“拆字令”也是运用拆字手法成令，行令方法多种多样，其中一种“拆字贯成句令”要求行令者先说一个字，拆开组成一句话，再说一个字，同样拆开组成一句话，最后用古诗将所选两字连贯成句，说不出者要受罚饮酒。清代梁章钜的《归田琐记》卷七记载，明朝的陈询因得罪朝廷权贵而被贬出京城，在同僚为他送行的筵席上，众人就用了“拆字贯成句令”来助兴。陈询说：“轰字三个车，余斗字成斜；车车车，远上寒山石径斜。”高谷说：“品字三个口，水酉字成酒；口口口，劝君更尽一杯酒。”陈询说：“矗字三个直，黑出字成黜，直直直，人焉往而不三黜。”

我国古人玩的拆字游戏相对而言较有难度，要求玩家不仅能识文断字，而且还要有一定的文采，最好能博古通今，引经据典。汉字的结构变化多端，音、义复杂多样，若能恰当使用，当是非常灵活的游戏设计素材。

二、香蕉拼字游戏（Bananagrams）

对于中国人，尤其是中国学生来说，香蕉拼字游戏是一种背单词的好方法。香蕉拼字游戏由美国设计师设计，为英文单词或短语拼字游戏，原名为“Bananagrams”。“Bananagrams”是一个合成词，由“Banana”与“Anagram”合写而成，其中“Anagram”有“反向、再次、写下、书写”的意思，在这里是指易位构词的一种文字游戏。因为游戏过程中需要喊出类似于“剥香蕉”的“剥”字，所以该游戏被命名为“Bananagrams”，而游戏道具也因此被装在一个香蕉外形的布袋子里(如图7–7)。

图7–7　香蕉拼字游戏包装袋及字母方块（彩图50）

香蕉拼字游戏为2至8人的词类游戏，游戏道具为类似于棋子的字母方块，一组游戏大概有144片相同大小的字母方块。游戏机制是将单词或短语的字母重新排列，排列结果必须在纵横方向上都能组成新的单词或短语。第一个完成任务的玩家即赢家(如图7–7)。

游戏规则：

(1) 所有玩家将字母方块朝下放置，各拿数量相等的字母方块，余下的字母方块放在一边待用。

(2) 当有人喊“Split”时，所有玩家开始将自己所拿字母翻转过来，正面朝上，

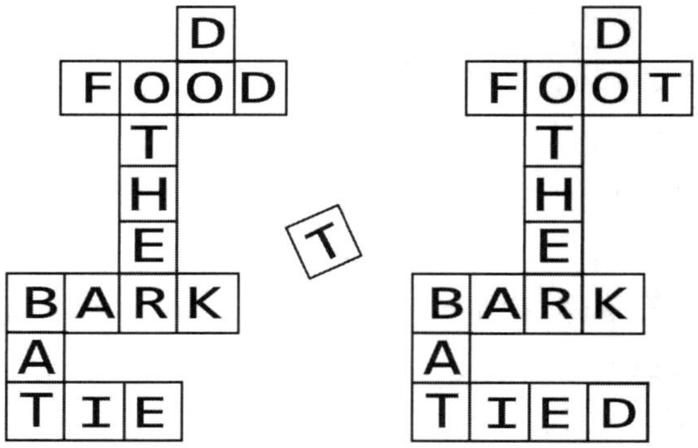

图 7-8 香蕉拼字游戏拼拆规则

快速将所有字母方块以相交或相连的方式排列组成单词。

(3) 首先排列完自己手上字母的玩家喊“Peel”，此后所有玩家必须从余下的备用字母中各拿1个新的字母，然后将其重新组合到自己排过的单词组合里面。如玩家拿到字母“T”前，已排好的单词组合如图7-8中左侧图所示，拿到“T”后，为了将“T”排列进单词组合中，玩家将“FOOD”改成了“FOOT”，然后将字母“D”挪到“TIE”后，组成了“TIED”。

(4) 游戏过程中，玩家有权将自己手中某个不喜欢的字母与备用字母相换，1个字母需换3个备用字母。

(5) 当有玩家再次喊“Peel”时，备用字母堆里的字母如果已经不够玩家每人拿1个，最先排好所有单词或短语的玩家可以喊一声“Bananas”，以示自己已经完成。其余玩家一起检查该玩家的字母组合，如果每个单词、短语在纵横方向上排列没有错误，则该名玩家胜出；如果排列有误，则该名玩家要终止游戏，其字母方块要放回到备用字母堆里，供其他玩家使用(易位构词方法如图7-9)。

图 7-9 香蕉拼字游戏易位构词

英文单词与汉字的结构不同，26个英文字母可以组合出数量庞大的单汇，因此，香蕉拼字游戏的设计就像数学组合一样，需要计算、统计每个字母的用量。一般情况下，144个字母中，每个字母的用量如表7-1所示。

表 7-1 香蕉拼字游戏的英文字母用量表

字母	A	B	C	D	E	F	G	H	I	J	K	L	M	N	O	P	Q	R	S	T	U	V	W	X	Y	Z
数量	18	3	3	6	18	3	4	3	12	2	2	5	3	8	11	3	2	9	6	9	6	3	3	2	3	2

香蕉拼字游戏的游戏形式被许多国家的语言教学所借用，通过其网格状的排列组合，将所缺字母填写进去，对人们的外语学习是非常有益的。

三、图版拼字游戏（Scrabble）

图版拼字游戏(Scrabble)在世界范围内广泛流行，1938年由美国建筑设计师阿尔弗雷德·莫舍·巴茨(Alfred Mosher Butts)设计完成。早期的图版拼字游戏为木制，字母所用材料、形状与我国的麻将类似，为有一定厚度的木板。图版拼字游戏与香蕉拼字游戏的不同之处在于图版拼字游戏由所得分数决定输赢，在每个字母的右下角根据其在标准书写英语中出现的频率标有相应分值。

图版拼字游戏在游戏时需要使用游戏图，图上面的方格使用不同颜色标记，代表不同的奖励，游戏者可以从中获得额外分值(如图7-10)。其中，红色代表三倍单词分(Triple word score)，粉色代表双倍单词分(Double word score)，深蓝色代表三倍字母分(Triple letter score)，浅蓝色代表双倍字母分(Double letter score)，中间有星号的方格标记为粉红色方格。游戏时，字母只可放在方格内，1个方格只可放置1个字母。

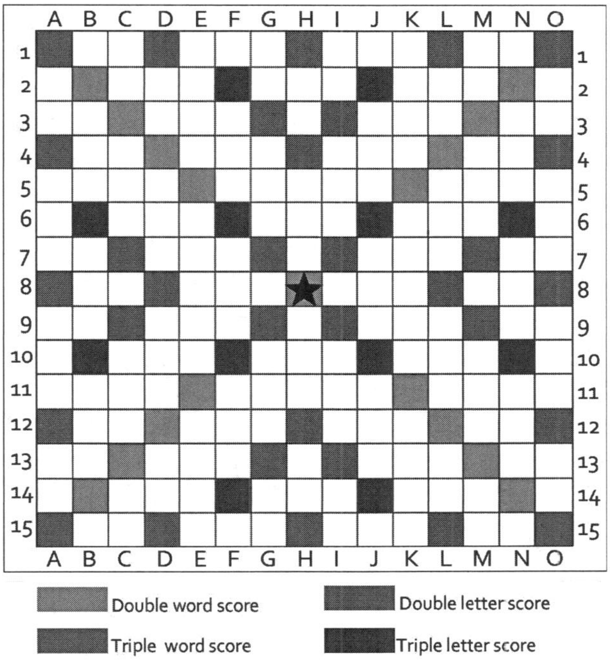

图7-10　图版拼字游戏图

图版拼字游戏所需字母的数量与每个字母的分值依据使用频率设定：使用频率高的字母，分值低，所需数量多；使用频率低的字母，分值高，所需数量少。比如A、E、I、N、O等常用字母，分值只有1分，所需数量却很多，在8个以上；而J、Q、Z等字母，使用频率较低，分值就高达8至10分，所需数量只有1个，如同牌类游戏里面的大小鬼或百搭牌(如图7-11)。图版拼字游戏有1个空白方块，可以作为备用字母使用，但分值为零。

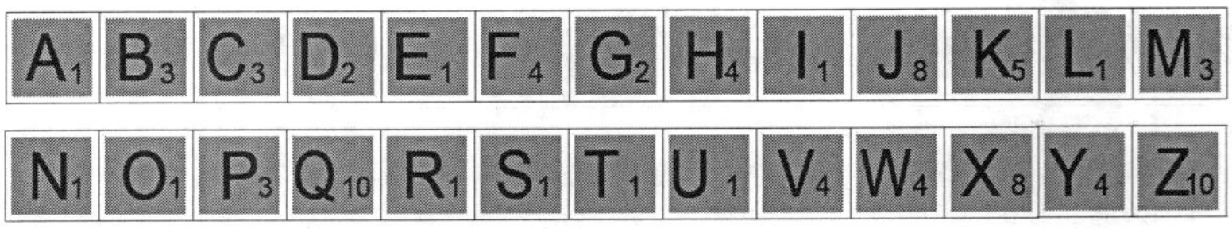

图 7–11　图版拼字游戏各字母分值

图版拼字游戏的游戏规则与香蕉拼写游戏相近，但游戏过程更规范，对分数计算和拼排结果的认定更严谨。它以“XY 词汇分数”或“词汇 XY 分数”的方式记分，数字“1 到 15”代表行，字母“A 到 O”代表列，X 代表单词所在行或列，Y 代表单词第一个字母所在的行或列。比如图 7–12 中的单词“ADDITIONAL”用 C3 表示，意思是该单词在 C 列，首字母从第 3 行开始。计算分数时，当字母组成的单词多于 1 个时，只能按 1 个单词算分。排列前已经在图上的字母要用括号标出，若该字母本来所在的方格有加分奖励，但该字母非该玩家所放置，则不能享受加分奖励。例如，玩家 1 拼成了“QUANT 8D”，代表该单词在第 8 行，首字母从 D 列开始。其中第一个字母“Q”在“双倍字母分”上（浅蓝色方格），计算分数时，Q 的原本分数 10 要乘以 2；字母“T”在图中心的星形方格上，即“双倍单词分”上，计算分数时，整个单词分数要乘以 2。因此，“QUANT”的最后得分是：(2 × 10 + 1 + 1 + 1 + 1) × 2 = 48 。如果玩家 2 在玩家 1 的基础上将“QUANT”扩展为“ALI(QUANT) 8A”，则首字母“A”在“三倍单词”上（红色方格），但原来已经存在的字母“Q”不获得奖励，因此，玩家 2 最后得分是：(1 + 1 + 1 + 10 + 1 + 1 + 1 + 1) × 3 = 51（如图 7–12）。

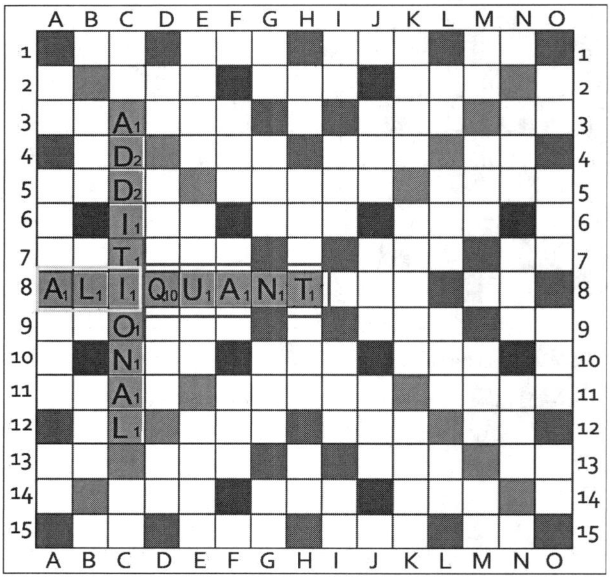

图 7–12　图版拼字游戏（彩图 51）

第三节　中国特有的文字游戏

汉语的灵活性不仅体现在结构、发音与词义上，还体现在音韵特点及修辞法方式上，并由此形成了一些颇具趣味性的文字游戏。如口语游戏、拆字游戏、谜语游戏、酒令等，为中国民间传统文化积累了宝贵的文字资料。

一、锦缠枝及回文诗

锦缠枝是一种古代七言诗游戏，此诗采用顶针、回文的修辞方式，将文字字字行行如锦绣丝带，螺纹状紧紧地缠在“树枝”上而得名。锦缠枝全诗共有48个字，除最后一行左下方缺一个字外，其他行、列各有7个字，通过正读、倒读、回文，可成七言八句诗两首。

清康熙年间戴名世所作《锦缠枝》，从“寒”字由外而内按顺时针旋读至“残”字，上一句的尾字为下一句的首字(如图7–13)。正读为：“寒泉漱玉清音好，好处深居近翠峦。峦秀耸岩飞涧水，水边松竹桧宜寒。寒窗净室亲邀客，客待闲吟恣取欢。欢宴聚陪终席喜，喜来归兴酒阑残。”倒读为：“残阑酒兴归来喜，喜席终陪聚宴欢。欢取恣吟闲待客，客邀亲室净窗寒。寒宜桧竹松边水，水涧飞岩耸秀峦。峦翠近居深处好，好音清玉漱泉寒。”

好	处	深	居	近	翠	峦
音	亲	邀	客	待	闲	秀
清	室	喜	来	归	吟	耸
玉	净	席	残	兴	恣	岩
漱	窗	终	阑	酒	取	飞
泉	寒	陪	聚	宴	欢	涧
	宜	桧	竹	松	边	水

图7–13　锦缠枝

锦缠枝正读、倒读都使用了顶针续麻的修辞方式，前一句的尾字为下一句的首字。全诗又使用了“回文体”，即相同的词汇或句子，从后向前倒过来读能产生一首新诗。“回文”是汉语特有的一种修辞方式，又叫“回环”，可以使一首诗正读、倒读都成立。回文可用于诗、词、曲中，其方法也有很多种，包括通体回文、单句回文、双句回文和环复回文。通体回文：将诗、词、曲从头至尾或从尾至头读一遍，均可成一首诗、词、曲，如上文中的《锦缠枝》，再如汤显祖的《邯郸记》里崔氏的唱词，正着唱："梅题远色春归得，迟乡瘴岭过愁客。孤影雁回斜，峰寒逼翠纱。窗残抛锦室，织急还催织。锦官当夕情，啼断望河明。"倒着唱："明河望断啼情夕，当官锦织催还急。织室锦抛残，窗纱翠逼寒。峰斜回雁影，孤客愁过岭。瘴乡迟得归，春色远题梅。"单句回文：每句话的前半句与后半句互为回文，如"斗鸡山上山鸡斗，龙隐洞中洞隐龙"。双句回文：下一句话为上一句话的回读，既是回文，又是顶针续麻。如"客上天然居，居然天上客"，"人过大佛寺，寺佛大过人"；再如明代杂剧《女贞观》中陈妙常唱道："恨多情过一春，春一过情多恨。闷无心我负人，人负我心无闷。真成假，假成真。恩生怨，怨生恩。人几有清闲论？论闲清有几人？辛勤，贫不富时交运。勤辛，运交时富不贫。"环复回文：先连读至诗尾，再从诗尾开始环读至开头，如明末才女吴绛雪的十字回文诗《四时山水诗》，全诗共有4句话，每句话代表春、夏、秋、冬中的一个季节。诗曰："(春)莺啼岸柳弄春晴夜月明，(夏)香莲碧水动风凉夏日长，(秋)秋江楚雁宿沙洲浅水流，(冬)红炉透炭炙寒风御隆冬。"每句诗有10个字，循环复读则每句话可展开为一首七言绝句，正是"环复回文"的格式。4首七言绝句如下：

春

莺啼岸柳弄春晴，柳弄春晴夜月明。
明月夜晴春弄柳，晴春弄柳岸啼莺。

夏

香莲碧水动风凉，水动风凉夏日长。
长日夏凉风动水，凉风动水碧莲香。

秋

秋江楚雁宿沙洲，雁宿沙洲浅水流。
流水浅洲沙宿雁，洲沙宿雁楚江秋。

冬

红炉透炭炙寒风，炭炙寒风御隆冬。
冬隆御风寒炙炭，风寒炙炭透炉红。

我国古典诗词中，除了以上这些文字游戏之外，还有一些流芳千古的经典佳作。它们使用叠字、回文、顶针等修辞手法，将中国的汉字文化运用到了极致。"盘中诗""璇玑图"和苏小妹的"叠字诗"都是这些经典佳作的代表。

二、盘中诗

盘中诗的创作由来已久。如今可见到的盘中诗以汉代苏伯玉之妻所作的为最早(如图7-14)。此诗由中心的“山”字读起，不少诗句可以倒着读，循环往复，词义回环，因此可视为回文诗。这首诗共有49句、168个字，排列成圆盘状，因此而得名。盘中诗三字成句，读诗顺序自中间开始，转折处由内而外、左右交替，与诗中满是离别的幽怨情绪相呼应，读来情真意切。原诗内容如下：

图 7-14　盘中诗

山树高，鸟鸣悲。泉水深，鲤鱼肥。空仓雀，常苦饥。吏人妇，会夫稀。出门望，见白衣。谓当是，而更非。还入门，中心悲。北上堂，西入阶。急机绞，杼声催。长叹息，当语谁。君有行，妾念之。出有日，还无期。结巾带，长相思。君忘妾，未知之。妾忘君，罪当治。妾有行，宜知之。黄者金，白者玉。高者山，下者谷。姓者苏，字伯玉。人才多，智谋足。家居长安身在蜀。何惜马蹄归不数。羊肉千斤酒百斛。令君马肥麦与粟。今时人，知四足。与其书，不能读。当从中央周四角。

如图7-14所示，读时依照图中箭头所示方向，从中央的“山”开始，先按逆时针方向读最内侧一圈的“山树高，鸟鸣悲。泉水深”，接着从“深”字对着的第二圈按顺时针方向开始读“鲤鱼肥。空仓雀，常苦饥。吏人妇，会夫稀”，之后从“出”字连接到下一圈的“门”字再按逆时针方向读“出门望，见白衣。谓当是，而更非……”依此类推，直到读完全诗。这种循环往复的排列将女子思夫的情绪、心态刻画得淋漓尽致。

三、璇玑图

相传璇玑图为前秦女诗人苏蕙所作，原诗共有840个字，后人在中心部位加上“心”字后，全诗共有841个字。璇玑图最早为苏蕙用五丝彩线绣在锦缎上的诗句，后人多用不同色块来区别不同内容，以方便识别。全诗字体排列成正方形，纵横各有29个字，能组成三言、四言、五言、六言、七言等200多首诗，后人又推衍成数千首诗。

璇玑图被称为千古奇文，可从纵横方向读起，也可从倾斜方向读起，还可以循环往复读，是标准的回文诗。按照图7–15所示，璇玑图常见有以下几种读法。

琴清流楚激弦商秦曲发声悲摧藏音和咏思惟空堂心忧增慕怀惨伤仁
芳廊东步阶西游王姿淑窕窈伯邵南周风兴自后妃荒经离所怀叹嗟智
兰休桃林阴翳桑怀归思广河女卫郑楚樊厉节中闱淫遐旷路伤中情怀
凋翔飞燕巢双鸠土迤逶路遐志咏歌长叹不能奋飞妄清帏房君无家德
茂流泉情水激扬卷颀其人硕兴齐商双发歌我衮衣想华饰容朗镜明圣
熙长君思悲好仇旧蕤葳粲翠荣曜流华观冶容为谁感英曜珠光纷葩虞
阳愁叹发容摧伤乡悲情我感伤情徵宫羽同声相追所多思感谁为荣唐
春方殊离仁君容身苦惟艰生患多殷忧缠情将如何钦苍穹誓终笃志贞
墙禽心浜均深身加怀忧是婴藻文繁虎龙宁自感思岑形荧城荣明庭妙
面伯改汉物日我兼思何漫漫荣曜华凋旗孜孜伤情幽未犹倾苟难闱显
殊在者之品润乎愁苦艰是丁丽壮观饰容侧君在时岩在炎在不受乱华
意诚感步育浸集悴我生何冤充颜曜绣衣梦想劳形峻慎盛戒义消作重
感故尼飘施愆殃少章时桑诗端无终始诗仁颜贞寒嵯深兴后姬源人荣
故遗亲飘生思愆精徽盛翳风比平始璇情贤丧物岁峨虑渐孽班祸谗章
新旧闻离天罪辜神恨昭感兴作苏心玑明别改知始深徽至嬖女因奸臣
霜废远微地积何遐微业孟鹿丽氏诗图显行华终凋渊察大赵婕所佞贤
冰故离隔德怨因幽元倾宜鸣辞理兴义怨土容始松重远伐氏好恃凶惟
齐君殊乔贵其备旷悼思伤怀日往感年衰念是旧愆涯祸用飞辞恣害圣
洁子我木平根尝远叹永感悲思忧远劳情谁为独居径在昭燕辇极我配
志惟同谁均难苦离戚戚情哀慕岁殊叹时贱女怀叹网防青实汉骄忠英
清新衾阴匀寻辛风知我者谁世异浮奇倾鄙贱何如罗萌青生成盈贞皇
纯贞志一专所当麟沙流颓逝异浮沉华英翳曜潜阳林西昭景薄榆桑伦
望微精感通明神龙驰若然倏逝惟时年殊白日西移光滋愚谗漫顽凶匹
谁云浮寄身轻飞昭亏不盈无倏必盛有衰无日不陂流蒙谦退休孝慈离
思辉光饬粲殊文德离忠体一违心意志殊愤激何施电疑危远家和雍飘
想群离散妾孤遗怀仪容仰俯荣华丽饰身将与谁为逝容节敦贞淑思浮
怀悲哀声殊乖分圣赀何情忧感惟哀志节上通神祇推持所贞记自恭江
所春伤应翔雁归皇辞成者作体不遗葑菲采者无差生从是敬孝为基湘
亲刚柔有女为贱人房幽处已悯微身长路悲旷感生民梁山殊塞隔河津

图7–15　璇玑图（彩图52）

（一）横向读法

以璇玑图最上面一行字为例，首句退一字从右至左可得七言回文诗一首：“伤惨怀慕增忧心，堂空惟思咏和音。藏摧悲声发曲秦，商弦激楚流清琴。”倒着读则是“琴清流楚激弦商，秦曲发声悲摧藏，音和咏思惟空堂，心忧增慕怀惨伤”。另外3首横向回文诗从右至左分别从“志笃”开始到“方春”结束，从“桑榆”开始到“贞纯”

结束，从“河隔”开始到“刚亲”结束。

（二）纵向读法

以最右侧一列字为例，首行退一字可得七言回文诗一首：“智怀德圣虞唐贞，妙显华重荣章臣。贤惟圣配英皇伦，匹离飘浮江湘津。”倒着读又可得另一首诗。其他3首回文诗从“荒淫”“王怀”“芳兰”开始向下分别读到“生民”“皇人”“所亲”可得。再如最左侧一列字从下至上退一字后可得七言回文诗一首：“所怀想思谁望纯，清志洁齐冰霜新。故感意殊面墙春，阳熙茂凋兰芳琴。”从上至下退一字读也可得七言回文诗一首。

（三）斜向读法

如退一字后从右上角向左下角读可成诗一首：“嗟中君容曜多钦，思伤君梦诗璇心。氏辞怀感戚知麟，神轻粲散哀春亲。”其他斜向诗成诗方式与此诗相同。

（四）四角红色字读法

以右上角为例，从上向下按顺时针方向读为：“仁智怀德圣虞唐，贞志笃终誓穹苍。钦所感想妄淫荒，心忧增慕怀惨伤。”按逆时针读则为：“伤惨怀慕增忧心，荒淫妄想感所钦。苍穹誓终笃志贞，唐虞圣德怀智仁。”其他三个角上的诗读法相同。

（五）黑色字读法

黑色字部分可分别读为三言、六言等不同诗句。如右上角黑色部分，可读为：“嗟叹怀所离经，遐旷路伤中情。家无君房帏清，华饰容朗镜明。葩纷光珠曜英，多思感谁为荣？”也可将此六言诗断开读，成三言诗：“嗟叹怀，所离经；遐旷路，伤中情；家无君，房帏清；华饰容，朗镜明；葩纷光，珠曜英；多思感，谁为荣？”还可半段回环读为“嗟叹怀，伤中情；家无君，朗镜明；葩纷光，谁为荣？”

（六）蓝色字读法

蓝色字部分可分别读为四言、六言等不同诗句。如上半部分蓝色字的右侧部分可读为：“邵南周风，兴自后妃；卫郑楚樊，厉节中闱；咏歌长叹，不能奋飞；齐商双发，歌我兖衣；曜流华观，冶容为谁？情徵宫羽，同声相追。”从两边分读为“兴自后妃，窈窕淑姿；厉节中闱，河广思归；不能奋飞，遐路逶迤；歌我兖衣，硕人其颀；冶容为谁？翠粲葳蕤；同声相追，感我情悲”。

璇玑图有很多种读法，远非一本教材所能囊括，许多诗词爱好者至今还在破译它的其他读法。无论从文学还是游戏的角度来看，璇玑图都是一件相当复杂的艺术作品，对文字功底的要求相当高。整张诗图像一张设计精密的游戏图，要想读诗，首先要破解诗图。因此，寻找、解谜似乎比朗诵和读诗更加吸引人。尽管诗图中的多数诗读起来伤感、幽怨，但回环往复、一咏三叹的跳读、斜读均逻辑严谨，充满意味。

在我国古代文字游戏中，与此类似的作品还有很多，每一种都有各自的游戏意味。这些文字游戏一方面体现了古人对文字的驾驭能力，另一方面也为现代游戏设计打开了一扇别样的窗户，值得我们学习、研究。

四、叠字诗

多数人对叠字诗并不陌生，李清照的《声声慢》就是叠字诗的典型代表。叠字诗在我国文学史上历史悠久，最早见于《诗经・卫风》中的《硕人》："硕人其颀，衣锦褧衣。齐侯之子，卫侯之妻。东宫之妹，邢侯之姨，谭公维私。手如柔荑，肤如凝脂，领如蝤蛴，齿如瓠犀。螓首蛾眉，巧笑倩兮，美目盼兮。硕人敖敖，说于农郊。四牡有骄，朱幩镳镳，翟茀以朝。大夫夙退，无使君劳。河水洋洋，北流活活。施罛濊濊，鳣鲔发发，葭菼揭揭。庶姜孽孽，庶士有朅。"叠字诗在唐代发展成熟，并常见于宋元时期的词曲中。

叠字是语言文字学上重要的修辞手段，既有韵律美感，又能抒情达意，若运用得当，还能像游戏一样充满趣味。相传佛印禅师为规劝苏东坡急流勇退而作的《野鸟啼》，就是一首谜语一样的叠字诗，全诗共有130对叠字，叠字断句后加上题目共组成39句话。在断句前，《野鸟啼》如同谜语，无从阅读，所表达的意思也很难猜测，连苏东坡本人也一筹莫展，后来苏东坡的妹妹苏小妹通过断句读出了该诗。该诗出自冯梦龙《醒世恒言》第十一卷的"苏小妹三难新郎"，原诗内容如下：

野鸟啼

野野 鸟鸟 啼啼 时时 有有 思思 春春 气气 桃桃 花花 发发 满满 枝枝 莺莺
雀雀 相相 呼呼 唤唤 岩岩 畔畔 花花 红红 似似 锦锦 屏屏 堪堪 看看 山山
秀秀 丽丽 山山 前前 烟烟 雾雾 起起 清清 浮浮 浪浪 促促 潺潺 湲湲 水水
景景 幽幽 深深 处处 好好 追追 游游 傍傍 水水 花花 似似 雪雪 梨梨 花花
光光 皎皎 洁洁 玲玲 珑珑 似似 坠坠 银银 花花 折折 最最 好好 柔柔 茸茸
溪溪 畔畔 草草 青青 双双 蝴蝴 蝶蝶 飞飞 来来 到到 落落 花花 林林 里里
鸟鸟 啼啼 叫叫 不不 休休 为为 忆忆 春春 光光 好好 杨杨 柳柳 枝枝 头头

春春 色色 秀秀 时时 常常 共共 饮饮 春春 浓浓 酒酒 似似 醉醉 闲闲 行行 春春 色色 里里 相相 逢逢 竞竞 忆忆 游游 山山 水水 心心 息息 悠悠 归归 去去 来来 休休 役役。

经过苏小妹断句后的诗如下：

野鸟啼，野鸟啼时时有思。有思春气桃花发，春气桃花发满枝。满枝莺雀相呼唤，莺雀相呼唤岩畔。岩畔花红似锦屏，花红似锦屏堪看。堪看山，山秀丽，秀丽山前烟雾起。山前烟雾起清浮，清浮浪促潺湲水。浪促潺湲湲水景幽，景幽深处好，深处好追游。追游傍水花，傍水花似雪。似雪梨花光皎洁，梨花光皎洁玲珑。玲珑似坠银花折，似坠银花折最好。最好柔茸溪畔草，柔茸溪畔草青青。双双蝴蝶飞来到，蝴蝶飞来到落花。落花林里鸟啼叫，林里鸟啼叫不休。不休为忆春光好，为忆春光好杨柳。杨柳枝头春色秀，春色秀时常共饮。时常共饮春浓酒，春浓酒似醉。似醉闲行春色里，闲行春色里相逢。相逢竞忆游山水，竞忆游山水心息。心息悠悠归去来，归去来休休役役。

《野鸟啼》如同破译电码，又像猜谜，在文字推敲及编排上充满了游戏的思维与乐趣，充分体现了汉字的音韵魅力。

课内实践

语言文字类游戏体验。

第八章 季节、助兴类游戏

本章要点

1. 季节、助兴类游戏的特点
2. 中国酒令文化
3. 中国民俗与节气游戏

传统民间游戏具有季节性，许多游戏因自然界冷暖变化应运而生。明朝刘侗所著《帝京景物略》就有不同季节玩不同游戏的详细记载："杨柳儿青，放空钟；杨柳儿活，抽陀螺；杨柳儿死，踢毽子。"生动形象地刻画了不同季节的游戏活动。传统民间游戏中，在四季分明的国家和地区因季节不同而变换的游戏活动还有很多。自然条件的交互更迭为游戏种类的多样化提供了客观条件。关于季节游戏，尤其是冬季可玩的游戏非常多，许多国外画家在绘画作品中对此都有详细的刻画和表现。如16世纪尼德兰画家老勃鲁盖尔不止一次在其作品中刻画了冬季游戏的场面，在他的《伯利恒的人口普查》《雪中猎人》《有滑雪者和捕鸟器的冬季风光》(如图8–1、图8–2)中都有丰富的冬季游戏记录。中国清代画家张为邦、姚文翰在《冰嬉图》中描绘了清代宫廷中的冰嬉场面(如图8–3)。此外，历史文化悠久的国家往往有许多具有特殊意义的节日，与节日相关的游戏也相继出现。如我国端午节的"赛龙舟"、春节的"放烟花"。

季节、助兴游戏不是具体的某类游戏，而是指在特殊节日里进行的游戏活动，这些游戏活动的形式多样，既有角力、竞技类游戏，如赛龙舟，也有涉及文字语言的游戏，如猜灯谜、九九消寒图，还有节庆场合特有的助兴游戏，如酒令、茶令。这些游戏处处充满着地域文化特色和节日特征。

图 8-1　《有滑雪者和捕鸟器的冬季风光》局部（老彼得・勃鲁盖尔，约 1565 年）

图 8-2　《有滑雪者和捕鸟器的冬季风光》局部（老彼得・勃鲁盖尔，约 1565 年）

图 8–3 《冰嬉图》(张为邦、姚文翰)

第一节 独特的季节游戏：九九消寒图

季节游戏指受自然条件影响而进行的户外游戏活动，也指受历法影响而形成的一些民间游戏活动，如冬季盛行的打雪仗、溜冰等。季节游戏与地域文化紧密相连，一些受自然条件影响而形成的游戏常常带有明显的区域特征。在没有取暖设备的中国古代，九九消寒图就是人们为熬过寒冬而创造的季节游戏。古人先是创造了民谚《九九歌》，用数九的方式计算漫长的冬天(成语“数九寒天”就源于此)，在此基础上形成的九九消寒图则是古人对跨越寒冬的“九九八十一天”的真实记录。

冬至是我国二十四节气之一。冬至这天的白昼最短，从这天开始每9天为一九，一共9个九、81天，当完整度过81天，就会春回大地，天气变暖。81天的寒冷时间是漫长的，人们在很少耕作的冬天创造了《九九歌》及九九消寒图，以此记录天气的冷暖变化。《九九歌》有“冬九九”和“夏九九”之分，分别描述了冬天的寒冷与夏天的炎热。民间《九九歌》对冬天的描述又有南北差异，因为相同节气南北地区的冷暖程度却不相同。比如中原地区《九九歌》的内容是：“一九二九，伸不出手；三九四九，冰上走；五九六九，抬头看柳；七九河开；八九雁来；九九八十一，耕牛遍地走。”而往南一些地区的内容是：“一九二九，相呼不出手；三九二十七，篱头吹觱篥；四九三十六，夜眠如露宿；五九四十五，穷汉街头舞；不要舞、不要舞，还有春寒四十五；六九五十四，苍蝇躲层次；七九六十三，行人把衣单；八九七十二，猪狗寻阴地；九九八十一，穷汉受罪毕；刚要伸懒腰，蚊虫蛇蚤出。”南方地区的气候明显比偏北的中原地区暖和。

九九消寒图是我国古人融数九、绘画、书写于一体的文化活动，也称“消寒图”“九九图”，是中国民间记日的一种游戏图。从每年冬至这天开始，历时81天，具有明显的季节性。九九消寒图与《九九歌》极有渊源，许多九九消寒图上都有《九九歌》歌谣，九九消寒图是对《九九歌》的升华和游戏化。

九九消寒图大概产生于宋元时期，元代诗人杨允孚的诗中对此就有记载。明代刘侗、于奕正所著《帝京景物略·春场》一书关于九九消寒图则有更加详细的记载：“日冬至，画素梅一枝，为瓣八十有一，日染一瓣，瓣尽而九九出，则春深矣，曰九九消寒图。”如图8–4所示，这枝梅花分为9组，每组有9个花瓣。

图8–4　梅花消寒图

早期的九九消寒图内容和形式都比较简单，只是单纯记日，很少涉及天气变化。到后来，九九消寒图从简单的染梅逐步发展到画圈、填字、作诗等，不仅有详细的天气冷暖变化记录，还有历史事件及典故等。九九消寒图的形式也越来越复杂，有圆圈消寒图、填字消寒图、葫芦消寒图、六子争头消寒图等。清朝末年，更有将圆圈、填字、消寒诗等融于一体的九九消寒图出现，使该游戏达到了极致。九九消寒图的种类不同，其内容、规则也有差别。

一、圆圈消寒图

圆圈消寒图相对而言形式简单：在纸上画横竖各三的格子图，构成9个格子，每格内再画9个圆圈，一共81个圆圈，在格子图外注明日期以及使用方法，周边写些《九九歌》或其他历史典故。圆圈消寒图的具体玩法是：根据当天的天气情况，每天在1个圆圈里涂画颜色，当81个圆圈全部涂尽，则冬天过去，春天到来。圆圈消寒图对涂圈规则有严格要求，地域不同，所涂颜色也稍有差别：有的是“上点天阴下点晴，左风右雨雪满中，若遇冷天画十字，半晴半阴涂中心”；有的是“上黑是天阴，下黑是天晴，中黑天最冷，中白暖气生，满黑纷纷雪，左雾右生风”；还有的是“上阴下晴雪当中”。此外，也有用彩色来标注天气状况的，红色代表晴天，蓝色代表阴天，下雨用绿色表示，刮风涂以黄色，雪天则可以涂白色或空而不涂。这样的圆圈消寒图五颜六色，煞是好看。

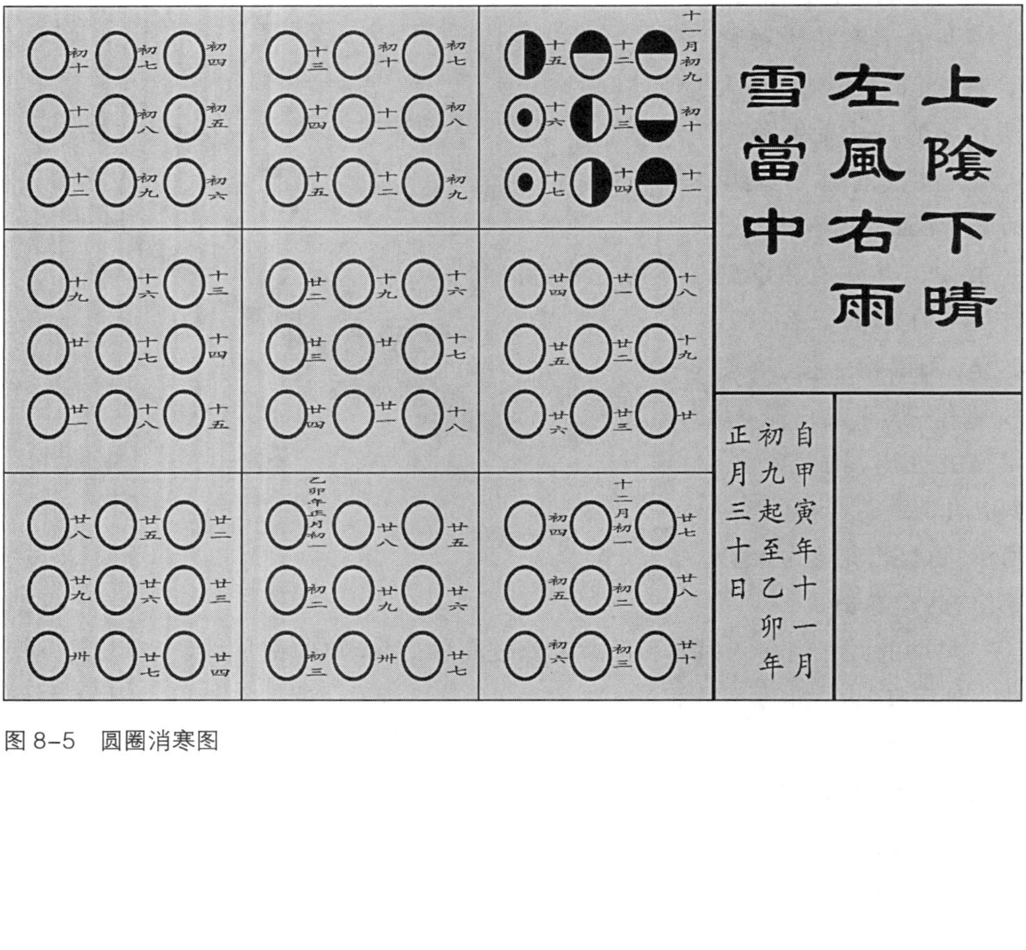

图 8-5　圆圈消寒图

和圆圈消寒图比较近似的有鱼形消寒图和钱币消寒图。鱼形为八卦常见的“阴阳鱼”，钱币为古代的“圆形方孔钱币”。这两种九九消寒图比圆圈消寒图增加了更多的文化内涵，游戏方法则大同小异。随着九九消寒图的发展，不仅民间进行九九消寒图游戏，皇室贵胄也生发出填画九九消寒图的雅兴，游戏过程也不再只是画圈、染梅，还将文字和诗句融合进来。

二、填字消寒图

填字消寒图或用文字排列成图形，或用文字组成词句。其中，最常见的词句有：“亭前垂柳珍重待春风(風)”“春前庭柏风(風)送香盈室”“故城秋荒屏栏树枯荣”“庭前春幽挟草巷重茵”“亭前屋后看劲柏峰骨”等，9个字按纵横各3个字的形式排列，每个字均有9笔，9个字共有81笔，每日填写1笔，9个字全部填完即可完成一幅九九消寒图。

游戏玩法如图8–6所示：开始记录前，“亭前垂柳珍重待春风”9个字只有笔画轮廓，冬至这天从“亭”字的第一笔“点”开始描画，每天涂1笔，一直到“风”字涂完，共有81笔，历经81天。

最常见的填字消寒图形式是：标题下方共有9个格子，每个格子中有1个字，每个字有9笔，每格的左右上方角落分别写“一九到九九”，每格下方左右角落则记载着填写某个字的起止日期。比如“四九”这个格子的“柳”字的右下方记录着开始日期：“十四日始”，左下角记录着该字填写结束的日期：“二十二日全”。中间“五九”格子内的“珍”字正处于跨年阶段，右下角记录开始日期：“二十三日始”，写完就到了“十六年正月初一日全”，并且这天恰恰是节气“立春”。

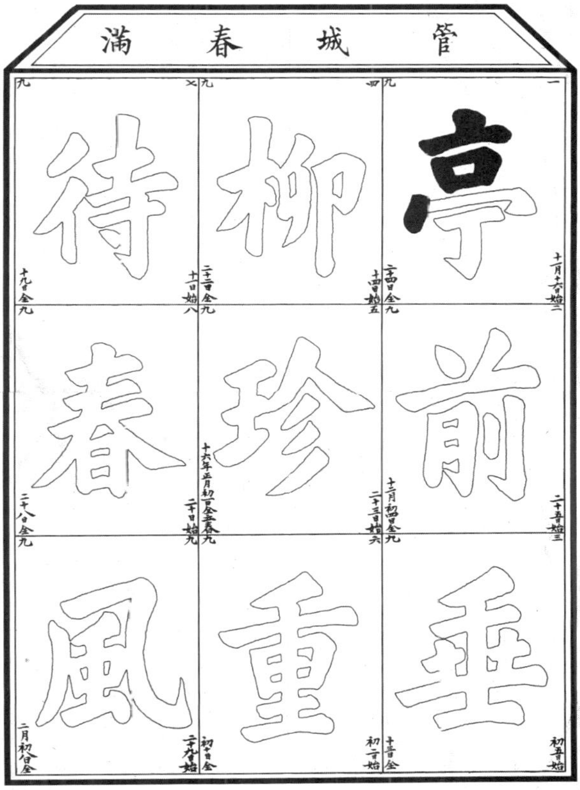

图8–6　填字消寒图开始前后示意图

除了基本的填字以外，填写内容逐渐变得更加丰富。按照汉字的书写顺序，每笔里面又用白色添加了更多内容，记录着更加详细的信息。以图8–7为例，“管城春满”填字消寒图的9个大字是“春前庭柏风送香盈室”，记录者除了每天完成1笔的填写外，又将当天天气的详细信息填在该笔画上。以“春”字为例，从“春”字的第一笔到最后一笔分别记录的天气变化：

第一笔(第一天)：晴冷日；

第二笔(第二天)：云开见日；

第三笔(第三天)：飒寒风一日；

第四笔(第四天)：终日凉风侵人皮肤如刀刺；

第五笔(第五天)：天晴有风日也；

第六笔(第六天)：大风真冷；

第七笔(第七天)：巨风透骨寒；

第八笔(第八天)：冷；

第九笔(第九天)：雾。

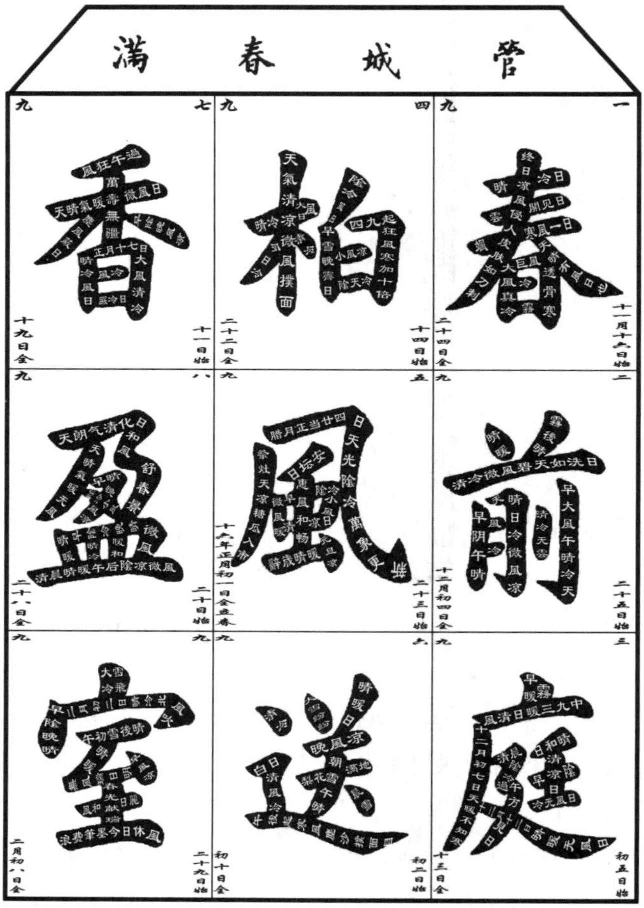

图 8–7　填字消寒图字体笔画里的天气记录

三、葫芦消寒图

在九字、九笔画的九九消寒图之后，其形式变得更加复杂，内容也不再局限于对天气的描述和记录。它与富有寓意的吉祥事物相结合，最具代表性的为葫芦消寒图。葫芦消寒图借用“福禄”的谐音“葫芦”，加上中国结的吉祥寓意，将长篇文字排成葫芦外形，中间部分又用我国传统中国结的形式排列文字(如图8–8)。

图8–8　葫芦消寒图（彩图53）

红色的“雁南飞(飛)哉柳芽待春来(來)”9个字，共有81笔。九九消寒图此时已发展为不再是每字9笔，而是9个字共81笔即可。比如此葫芦消寒图中，“雁”为12笔，“芽”字7笔，“來”字8笔，其余各9笔，加在一起共81笔。所有笔画都是空白的，每天填写1笔，9个字完成则冬去春来。环绕着这9个字的是与《九九歌》有关的诗图，以中国结的形式排列，将中国从“三皇治世”一直到“大清坐金銮”几千年的历史大事叙述一遍。该消寒图中文字的读写顺序是：“头九初寒才是冬，三皇治世万物生，尧汤舜禹传桀事，武王伐纣列国分。二九朔风冷难当，临潼斗宝各逞强，王翦一怒平六国，一统江山秦始皇。三九纷纷降雪霜，斩蛇起义汉刘邦，霸王力举千斤鼎，弃职归山张子房。四九滴水冻成冰，青梅煮酒论英雄，孙权独占江南地，鼎足三分属晋公。五九迎春地气通，红拂私奔出深宫，英雄奇遇张忠俭，李渊出现太原城。六九春分天渐长，咬金聚会在瓦岗，茂公又把江山定，秦琼敬德保唐王。七九南来雁北飞，探母回令是彦辉，夤夜母子得相会，相会不该转回归。八九河开绿水流，洪武永乐南北游，伯温辞朝归山去，崇祯无福天下丢。九九八十一日完，闯王造反到顺天，三桂令兵下南去，我国大清坐金銮。”该图中的诗词只是外形装饰，真正具有填字消寒功能的是中间的“雁南飞哉柳芽待春来”。因此，葫芦消寒图也可视为九九消寒图的同类。

四、消寒益气歌

消寒益气歌是另一种九九消寒图，据传为清朝末代皇帝溥仪在狱中时手下人所创，目的是帮助其消磨在狱中的孤独时光。消寒益气歌的布局与填字消寒图相似，也是分为9个格，有歌名标注。比如“七星拱一”为“一九”，“左右合和”为“二九”，“三星在户”为“三九”，“四平八稳”为“四九”，“一门五福”为“五九”，“六合得正”为“六九”，“奇财子禄”为“七九”，“八方朝贡”为“八九”，“九五至尊”为“九九”（如图8–9）。

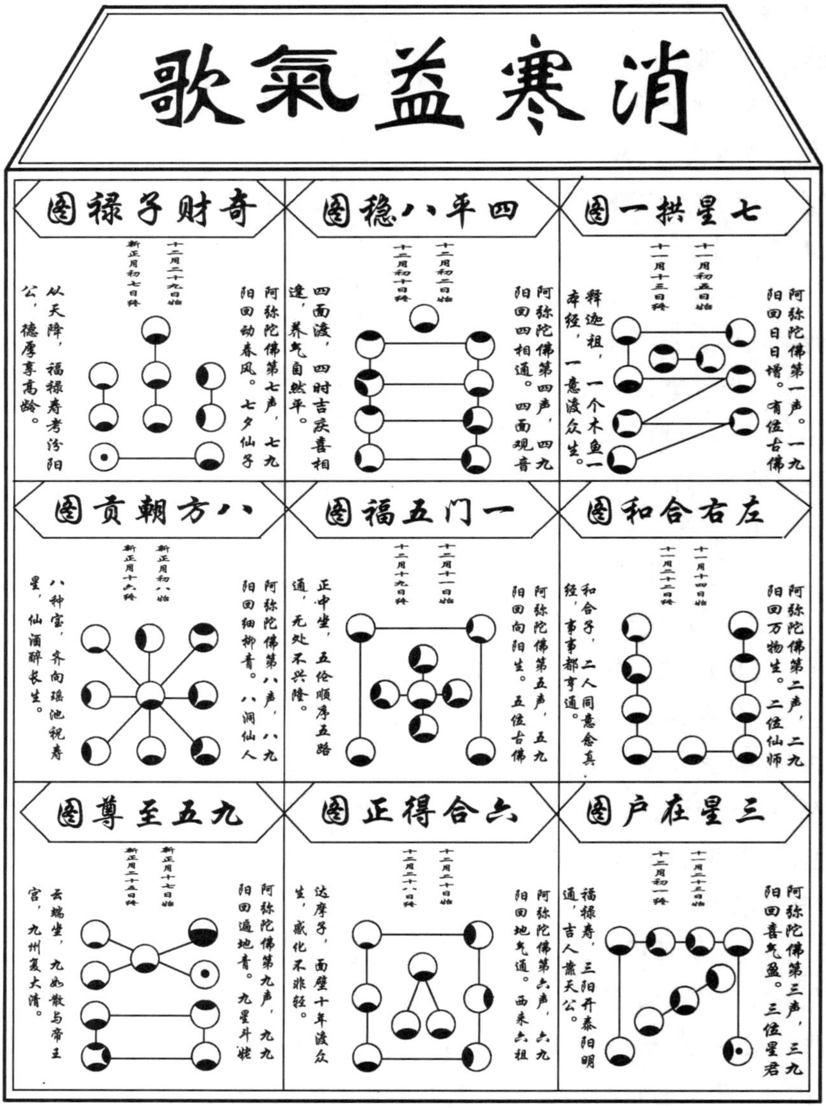

图 8–9　消寒益气歌

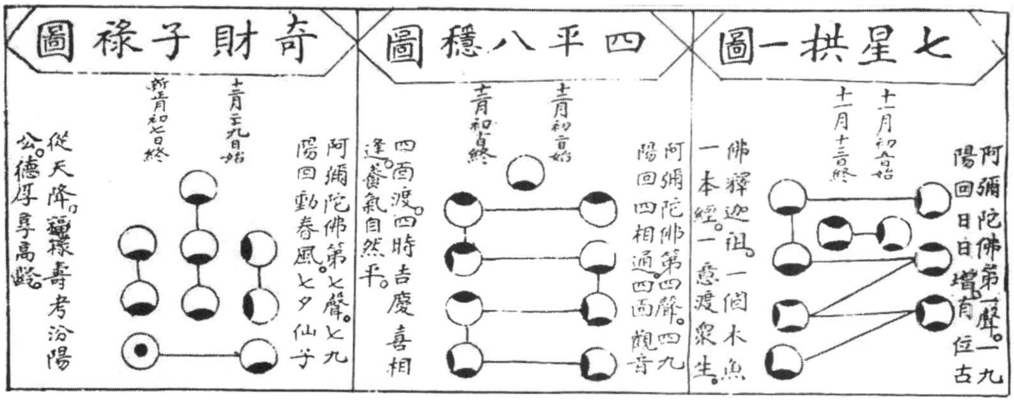

图 8-10　消寒益气歌（局部）

消寒益气歌的每格除了有歌名，还有歌词分布在格内两侧，歌词内容与9个圆圈的分布形状相呼应。歌名下方是起止日期，每格内的圆形部分就是该格的消寒图填画部分，图形中的上下左右和中间分别代表不同的天气情况。消寒益气歌的填画方法与圆圈消寒图类似。

除了消寒益气歌以外，还有老虎拉碾消寒图、六子争头消寒图，它们的玩法大同小异，都是填涂记日，但每种形式又有各自的文化寓意和内涵。比如六子争头消寒图(如图8-11)集多种功能于一身，既是消寒图，又是民间年画，同时还是一张棋盘。六子争头消寒图的上端是著名的九九消寒农历图，其下附《九九歌》。它的填画部分是用童子身上的衣服花纹设计成的81个圆圈，后因转刻有误，成了现代各种不同的装饰图案。每天填画1个，以此完成81天的记录活动。

图 8-11　六子争头消寒图

九九消寒图像很多经典游戏一样，既规则简单、形式多样，又具有强烈的民族地域性和丰富的文化内涵。节庆游戏除了九九消寒图这种漫长记日游戏之外，还有很多持续时间短、规模大、竞技性强的游戏，但随着历史的变迁，它们渐渐演变成其他社会活动，游戏的目的降低，娱乐、观赏的成分增加。

第二节 助兴游戏

一、酒令

在中国传统文化中，饮酒并不是一种粗俗的行为，而是承载着很多有趣文化的活动。酒令是酒席上的一种助兴游戏，一般在席间推举一人作为令官，其他人听令官传令轮流说诗词、联语等，违令者或输者罚饮酒，所以又称“行令饮酒”。现在的划拳喝酒和古人的酒令猜枚相去甚远，后者没有前者的粗俗和喧嚣，而是充满乐趣，有丰富的文化内涵。

（一）猜测类酒令

猜测类酒令在酒席当中比较常见，操作起来比较简单。最常见的猜测类酒令是猜宝，就是猜有没有，让在座的人轮流猜手中有没有某一种道具，其规则如谁喝酒、喝几杯等都由所有游戏者共同决定。

猜测类酒令源于古代的藏钩、射覆游戏，流传发展成后来的藏钩令、射覆令，一直延续到今天。据传藏钩游戏的起源与汉代的“钩弋夫人”有关。钩弋夫人即汉昭帝生母、汉武帝刘彻宠妃，相传她的手天生不能伸开，而是握成拳状，手中藏有一个物件，后汉武帝将其手分开，发现里面藏着一枚玉钩，因此人称“拳夫人”，又称“钩弋夫人”。后人因而作藏钩游戏。李白有诗为证，“更怜花月夜，宫女笑藏钩”，这说明藏钩游戏在唐朝皇宫时已经盛行。后来又产生了一种类似的游戏，叫作射覆，即用瓯、盂等器具覆盖某一物件，让人猜测里面是什么东西。

猜测类酒令除了猜有没有物件，还可以猜扑克牌单双数和扑克牌红黑面，猜错者会被罚饮酒。除了这种简单的玩法，还有比较复杂的玩法。比如酒杯下覆盖物品，摆十只酒杯，一只酒杯下盖有花，其余酒杯下面是空的，请在座者猜测哪只酒杯下有花，猜中者赢。除了猜花之外，还可以猜瓜子、围棋、花生、莲子等，也可以猜单双、猜数量、猜颜色。猜中者罚藏物者饮酒，猜不中则自罚。此外，还有猜枚游戏在大江南北普遍流行，有“无枚不成酒”之说。猜枚的过程比较吵闹，为压倒对方，人们不知不觉就会吆喝，显得非常粗俗。但猜枚的游戏机制，即猜枚时的口语与手势配合，却是人类聪明才智的最好体现。其中的游戏乐趣也是其他娱乐形式所难以替代的。

（二）叶子酒牌

酒牌是酒席上的酒令道具，源于唐代的叶子戏，及至明清时期，逐渐发展成熟。许多著名画家曾参与到酒牌的绘制当中，最有代表性的为明末画家陈洪绶的《水浒叶子》《博古叶子》(如图8–12)及清初画家任熊所绘的《列仙酒牌》(如图8–13)。

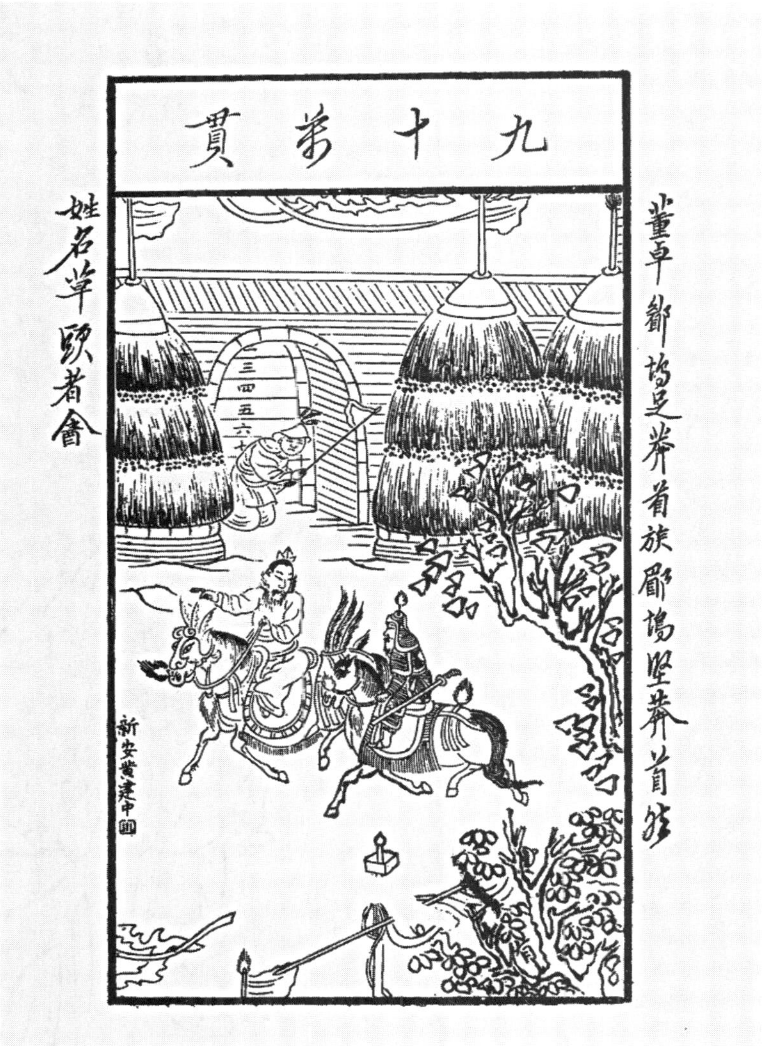

图8–12　博古叶子

用酒牌在酒席间行令相对而言比较文雅，它在牌面上直接标注了席间该饮酒之人。叶子酒牌的互动性及灵活性不及猜枚强，但知识性及艺术性高于后者。酒牌的使用方法比较简单，牌面一般设定好喝酒人选，酒席上大家只需按照所抽牌面说明行令即可。如图8–12中，右侧注明本图人物及事迹，左侧注明“姓名草头者饮”，即在座者的姓氏当中有草头笔画的人饮酒。图8–13中的饮酒者为座中貌美者。

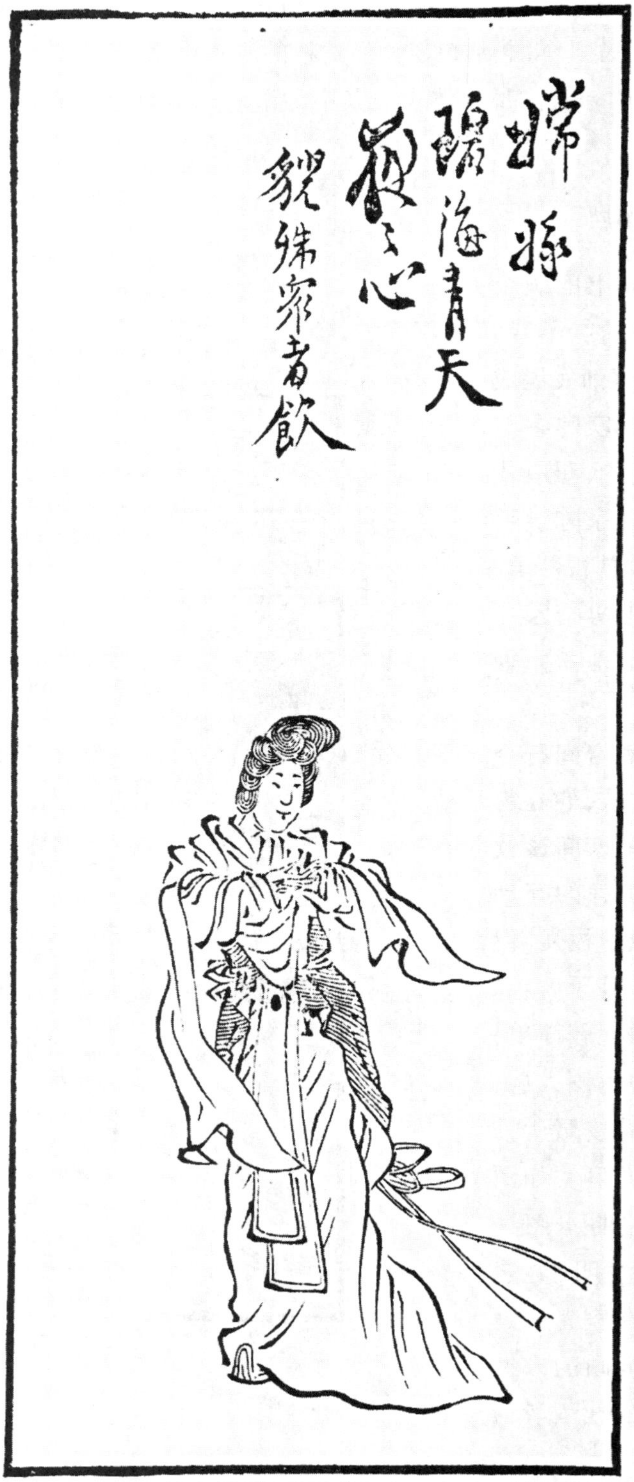

图 8-13 清初画家任熊绘《列仙酒牌》之嫦娥

（三）筹类

1. 六十四卦令[①]

清代童叶庚擅长创作益智游戏,《益智图》《益智燕几图》《回文片锦》等均由他创造。除了益智游戏以外,童叶庚还著有《六十四卦令谱》《雕玉双联》《七十二筹令》等和酒令有关的书谱,这些书谱和《月夜钟声图》一起收录在其《睫巢镜影》一书中。

"六十四卦令"根据中国古代八卦制筹,有"令官""酒监"各1根,其余6种筹各有8根,所有令筹共计50根。

游戏时,将50根筹插入筹筒中,合席8人,依次轮流抽筹一根,轮6圈后,每人得6根筹,余下的两根筹由抽得令官、酒监的人各擎一根。抽筹完毕,由令官主持行令,酒监监督赏罚酒。每人把自己的6根筹横排于桌上,开始组卦。凡是组得乾、坤、震、巽、坎、离、艮、兑的,均为成卦。有人成卦,合席共贺,陪饮一杯酒;同时将令官筹移赠该人,由该人主持以下的游戏。8人皆未成卦,但有得半卦的,则按下谱行令饮酒。

乾:以巨杯饮酒,须一饮而尽,不准脱手或停顿,犯则受罚。

坤:自斟自饮,连饮3杯酒,不快斟速饮者,主人酌情处罚。

震:将两根筷子架于酒杯上,与左右邻行"赶羊令",胜者取下筷子,负者饮酒。

赶羊令:合席用3枚骰子,分别计点,点数少者输,输者饮酒。

巽:说一则笑话,敬合席每人一杯酒。

坎:斟两杯酒置于窗台上,与左右邻分别行"抢三筹令",负者立于窗前饮酒。

抢三筹令:得坎卦者与第一位来客、末一位来客进行掷骰子比赛,点数少者要立于窗下饮酒。

离:唱一支歌,不能唱的,罚饮一杯酒,并以少许余酒涂抹额头。

艮:罚酒两杯,先饮一杯,再行两次"射覆令"。由令官覆,得该卦者射,中则免,不中照饮。

兑:合席行"藏钩令",中者免饮,不中则罚饮半杯酒。

2. 七十二候令[②]

"七十二候令"由清代童叶庚所创,游戏令谱记录在《睫巢镜影》中。七十二候令是黄河流域最早结合天文、气象、物候知识指导农事活动的历法。它以五

---

① 童叶庚.七十二候令谱[M]//童叶庚.睫巢镜影:第二册.[出版地不详]:武林任有容斋,1890.

② 童叶庚.七十二候令谱[M]//童叶庚.睫巢镜影:第二册.[出版地不详]:武林任有容斋,1890.

日为一候，三候为一气，两气为一月，一年有十二个月，分为二十四节气，总计七十二候。各候以一种物候现象对应，称候应，包括生物性候应和非生物性候应。生物性候应又包括植物性候应和动物性候应。其中植物性候应有植物的幼芽萌动、开花、结果等；动物性候应有动物的始振、始鸣、交配、迁徙等。非生物性候应有始冻、解冻、雷始收声等。七十二候应的依次变化，反映了一年中气候变化的一般情况。

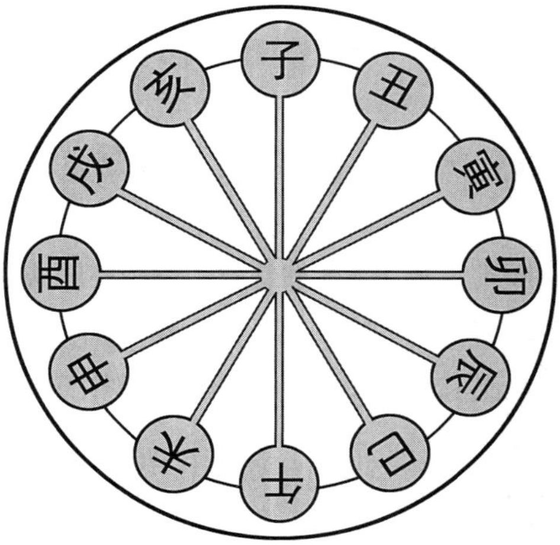

图 8–14　七十二候令珠盘示意图

七十二候令的道具包括一个珠盘、一枚小珠、七十二根筹及一个筹筒。

珠盘为木制，上面有盖，盘中的十二地支从寅开始，分别代表一到十二月。珠盘中心有一小坎，周围的十二地支同样凿为坎，每坎和中心的小坎中间有槽相连，用以走珠(如图 8–14)。

筹一般由竹或象牙等材料制成，每根筹的正面刻有“× 月之候”，背面刻有相应的候应。候用一根筹表示，每月有六候，一年共有七十二筹。以寅月为例，筹的正、反面如图 8–15 所示。

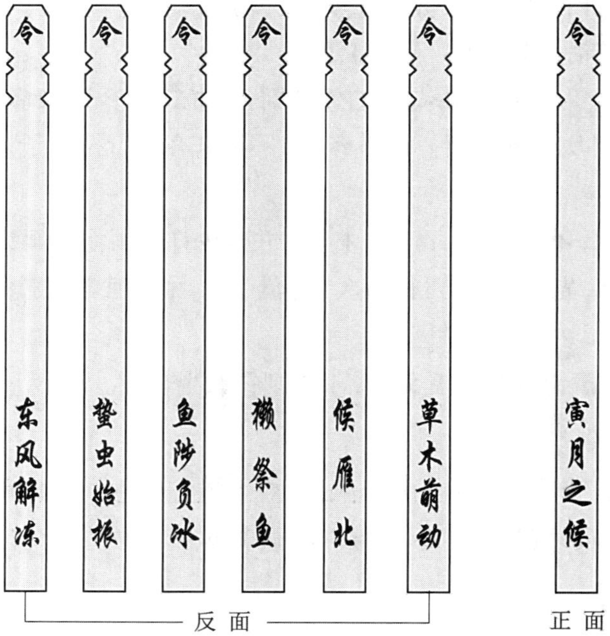

图 8–15　七十二候令中寅月之筹示意图

各月之候令表8-1所示：

表8-1　七十二候令表

正面	背面					
寅月之候（正月）	东风解冻	蛰虫始振	鱼陟负冰	獭祭鱼	候雁北	草木萌动
卯月之候（二月）	桃始华	仓庚鸣	鹰化为鸠	玄鸟至	雷乃发声	始电
辰月之候（三月）	桐始华	田鼠化鴽	虹始见	萍始生	鸣鸠拂羽	戴胜降于桑
巳月之候（四月）	蝼蝈鸣	蚯蚓出	王瓜生	苦菜秀	靡草死	麦秋至
午月之候（五月）	螳螂生	鵙始鸣	反舌无声	鹿角解	蜩始鸣	半夏生
未月之候（六月）	温风至	蟋蟀居壁	鹰始挚	腐草为萤	土润溽暑	大雨行时
申月之候（七月）	凉风至	白露降	寒蝉鸣	鹰乃祭鸟	天地始肃	禾乃登
酉月之候（八月）	鸿雁来	玄鸟归	群鸟养羞	雷始收声	蛰虫坯户	水始涸
戌月之候（九月）	鸿雁来宾	雀入大水为蛤	菊有黄华	豺乃祭兽	草木黄落	蛰虫咸俯
亥月之候（十月）	水始冻	地始冻	雉入大水为蜃	虹藏不见	天气上升	闭塞而成冬
子月之候（十一月）	鹖鸟不鸣	虎始交	荔挺出	蚯蚓结	麋角解	水泉动
丑月之候（十二月）	雁北乡	鹊始巢	雉雊	鸡乳	征鸟厉疾	水泽腹坚

游戏时，将所有筹放入筹筒中，将一枚小珠放在珠盘中心的小坎中。令官合盖后摇动珠盘，令小珠滚动。同时，席中某人从筹筒中抽出一根筹，开启珠盘，看珠落于何坎。如果珠盘中的月份与所抽之筹相对应，比如珠落寅坎，筹为寅月之候，那么合席各喝一杯酒；如果不对应，则要按照令谱上的内容行令罚酒。在座每人轮流抽筹，抽出的筹交于令官，不再放进筒内，全部抽完结束。

令谱为：春行春令，月份不对的，罚饮一杯酒。比如珠落寅坎，筹为卯月、辰月之候，尽管寅、卯、辰同为春季，但月份不吻合，因此只要小罚一杯。夏、秋、冬的酒令与此一致。

春行夏令，罚饮两杯酒。比如珠落寅、卯、辰坎，而所抽的是巳、午、未月之候，则罚饮两杯酒。受罚者自饮其中一杯，另一杯合席轮喝，同时行“飞觞令”。所谓飞觞，就是每人吟诗一句，所吟之诗句必须嵌入所抽筹令中的字。嵌何字，由令官指定，吟不出诗句者，由令官酌情处罚。

春行冬令，罚饮三杯酒，行“富贵寿考令”。用六个骰子掷点数，五点为“富”，四点为“贵”，六点为“寿”。掷得富、贵、寿各一者叫“全”，免饮酒。所掷点数少于六点者须饮“增寿酒”一杯，所掷点数少于五点者须饮“加富酒”一杯，所掷点数少于四点者须饮“增贵酒”一杯。

春行秋令，罚饮四杯酒，行“传花令”。用四枚骰子掷点，四点为“花”，有一个“花”者免一杯酒；六点为“雨”，有一个“雨”者饮一杯酒；同时有四点和六点时，叫“夜雨润花”，免酒和饮酒相互抵消。不论掷几次，以消完四杯酒为限(以下同)。

夏行秋令，罚饮两杯酒，饮一杯酒后，用另一杯酒行“射覆令”。

夏行春令，罚饮三杯酒，行“一月一捷令”。受罚者与上家猜拳三个回合，胜一拳免一杯酒，不胜照饮。

夏行冬令，罚饮四杯酒，行“歌风令”。用四枚骰子掷点数，三点为“风”，有一“风”者免一杯酒；两点为“冰”，有一“冰”者饮一杯酒。同时有两点和三点时，叫“东风解冻”，免酒和饮酒相互抵消。

秋行冬令，罚饮两杯酒，受罚者饮一杯酒，另一杯酒一分为三，行“藏钩令”，中则免，不中则饮。

秋行夏令，罚饮三杯酒，行“连中三元令”。得一么为一“元”，连掷三次，若得三“元”免饮酒，少一“元”则饮一杯酒。

秋行春令，罚饮四杯酒，行“玩月令”。用四个骰子掷点数，么为“月”，有一么者免饮一杯酒；五点为“云”，有一“云”者饮一杯酒；同时有么和五时，叫“淡云笼月”，不计入结果中，照原罚饮四杯酒。

冬行春令，罚饮两杯酒，行“泥塑令”。受罚者不准举动言笑，以下家令毕为度，犯规者全饮，不犯者全免。

冬行秋令，罚饮三杯酒，行“一路荣华令”。用一枚骰子连掷三次为一“转”，由多点至少点时，饮一杯酒；由少点至多点时，饮两杯酒。

冬行夏令，罚饮四杯酒，行“赏雪令”。用四枚骰子掷点数，六点为“雪”，有一“雪”者免饮一杯酒；四点为“火”，有一“火”者饮一杯酒；同时有六点和四点时，为“扫雪烹茶”，不计入结果中，照原罚饮四杯酒。

只要备好筹、珠盘，七十二候令行起令来就十分简便，而且一令之中包含若干小令，令中行令，颇有趣味。

3. 月夜钟声①

“月落乌啼霜满天，江枫渔火对愁眠。姑苏城外寒山寺，夜半钟声到客船。”这首诗为唐代诗人张继所作的《枫桥夜泊》。清代童叶庚受此诗启发，创作了一款集“酒令”“掷骰”“品花”于一体的游戏，该游戏将唐诗中的“钟声”扩大化，从一声延续至一百零八声，声声婉转曲折。今天看来，去掉饮酒后，这便是一款设计考究、

① 童叶庚．七十二候令谱[M]//童叶庚．睫巢镜影：第二册．[出版地不详]：武林任有容斋，1890.

斯文雅致的棋类游戏。

游戏道具：三枚骰子、若干筹、一个筹筒、一张钟声谱（谱式如图8-16所示）。

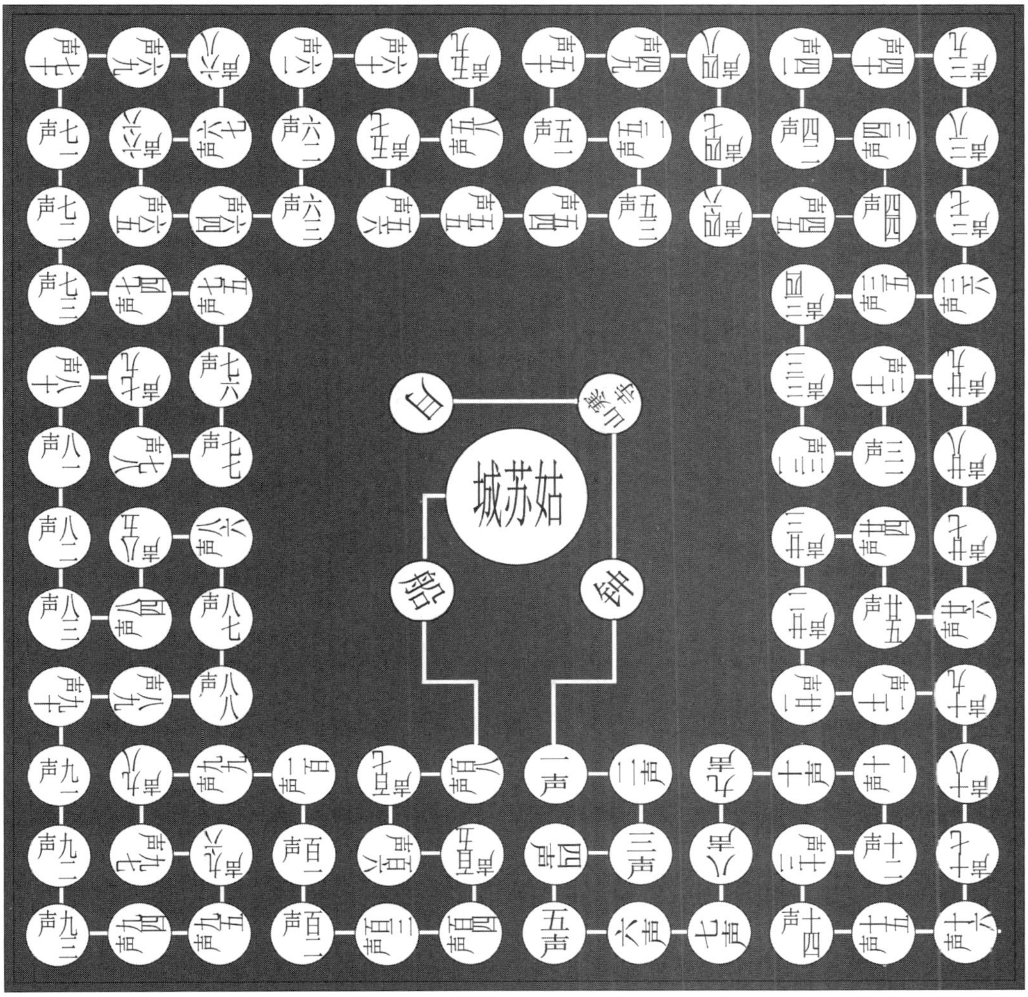

图8-16　月夜钟声图谱

月夜钟声不拘游戏人数，游戏时每人持鲜花一束放置于自己座位旁，每人持十根筹，放入筹筒。游戏开始，玩家首先用三枚骰子掷点数，掷三次后所得点数之和减掉“六”及“六”的倍数点，按所剩点数行棋。比如掷得一点、二点、五点，加在一起为八点，减掉六点，还剩两点，则玩家将自己的棋向前推进两步，并饮酒两杯；又如掷得五点、五点、四点，加在一起为十四点，减掉十二点，还剩两点，也是前进两步，饮酒两杯；如掷得两点、三点、六点，前进五步，免饮酒。

行棋过程中，筹是作为赏罚道具来计数的。以点数行棋时，图中如遇到“暗六”，即可被六整除的棋数，赏一根筹。比如遇到十二声，凡行棋到该棋位，赏一根筹。

遇到“亮六”时，则赏两根筹，合席共饮一杯酒。“亮六”即图谱上有“六”的数，如六声、十六声。积得十根筹，可以用它买一束花。在座者所携之花可任意挑选，筹则须放回筒中。

该游戏的其他规定：

(1)“幺”为月，第一次掷骰子时，三枚骰子中必须有一枚为“月”，才能行棋。

(2)“二”为寒山寺，第二次掷骰子时，三枚骰子中必须有“二”，无“二”者罚饮酒一杯。

(3)“三”为钟，第三次掷骰子时，三枚骰子中必须有“三”，有“三”则钟声起，无“三”不可行棋，罚饮酒一杯。

(4)“红”(即“四”)为姑苏城，得“四”方可入城。入城者，众人共赏，各饮酒一杯。

(5)“五”为船，钟声尽时，需得“五”才能到“船”，即当棋子行完一百零八声后，轮到自己掷骰时只有掷出“五”点才能将棋子走到“船”的位置。

(6)第一个入城者分得座中礼物的一半；次入城者，得花一束。当座中宾客所带花被赢尽则此回合游戏结束，可从头再来。

(四)手势令

人类的游戏行为与动物的游戏本能相比，最大的区别是人可以创造具有规则的游戏。人们依据手的灵活性设计出了多种与手有关的游戏，大压小游戏就是酒席上常见的一种手势令。

大压小游戏依据五个手指的排列顺序，确定手指大小。其中，大拇指比食指大，食指比中指大，中指比无名指大，无名指比小拇指大，小拇指比大拇指大。席中行令时，从指定的人开始与下家比手指大小，输者喝酒，以此类推。

(五)口头游戏

1.明七暗七

“明七暗七”是现代人的叫法，古人称之为“拍七令”。拍七令规定，酒桌上的人围桌坐定，从第一个人开始，大家轮流报数，轮到说七、十七、二十七、三十七的这些人，不能将七喊出口，而是要在桌面上拍一下(此为明七)；当遇到七的倍数时，比如十四、二十一、二十八等(此为暗七)，报数的人要在桌底拍一下。出错者要罚饮酒，然后再继续游戏。

明七暗七简单易学、趣味横生。在酒席上常常可见犯糊涂的人说错，尤其是遇到二十七、二十八两个紧挨在一起的数字时，一个是明七，一个是暗七，常常有人出错。

2. 绕口令

酒席上的绕口令具有较强的连贯性与互动性，一般与数字有关。

流传较广的一种绕口令是，众人合席而坐，共同指定由谁开始，开始的那一人说“出门扭一扭，见一棵柳树搂一搂”，下一个人则要接着说“出门扭两扭，见两棵柳树搂两搂”，接下去第三个人说“出门扭三扭，见三棵柳树搂三搂”，以此类推。这段绕口令最易出错的地方在“两”和“六”上，这两个字的发音和柳树的“柳”字发音相似，所以一般进行到此就会有人出错被罚饮酒。

类似的还有一种关于青蛙的绕口令。第一个人说“一只青蛙一张嘴，两只眼睛四条腿，扑通跳河里”，第二个人接着说“两只青蛙两张嘴，四只眼睛八条腿，扑通、扑通跳河里”，第三个人则接着说“三只青蛙三张嘴，六只眼睛十二条腿，扑通、扑通、扑通跳河里”……该酒令除了绕口之外，还要计算数量，难度稍高，能给酒席增添更多乐趣，因此也是年轻人所喜爱的酒令之一。

相对于划拳，绕口令比较安静文雅，不会过于喧闹，因此在城市人群和学生群体中比较流行。

3. 老虎、杠子、鸡

除了绕口令和划拳，还有一种称为“老虎、杠子、鸡”的酒令游戏。这种游戏规定老虎可吃鸡，鸡可吃虫子，虫子可吃棒子，棒子可打老虎。众人合席而坐，共同指定由谁开始，选好后此人与下家各自手拿吃饭的筷子，一边用筷子敲碗一边说出“老虎”“棒子”“鸡”“虫”等名词，然后看双方喊出的内容是否相冲，如果有人喊了老虎，有人喊了棒子，则喊老虎的人被罚饮酒。老虎、杠子、鸡的游戏场面异常热闹，规则有点类似于石头、剪刀、布，参与者会情不自禁地使劲敲、大声喊。在过节的时候玩这种游戏能增添不少节日气氛。

二、节日庆典游戏

在传统民间游戏中，除了季节、酒令游戏之外，一些节日庆典游戏也是非常重要的娱乐活动，如我国元宵节的“闹花灯”“放烟火”等。节日庆典游戏使节日的气氛更加浓烈，无论大人小孩，莫不热衷于此。这些节日庆典游戏在历史文化悠久的国家和地区比较常见，它们既是游戏，也是当地文化的象征。沈从文在《过节和观灯》中生动详细地描述了湘西节日里“火戏”的热闹景象：

我生长的家乡是湘西边上一个居民不到一万户的小县城，但是狮子、龙灯、焰火，半世纪前在湘西各县却极著名。逢年过节，各街坊多有自己的灯。

由初一到十二叫“送灯”，只是全城敲锣打鼓各处玩去。白天多大锣大鼓在桥头上表演戏水，或在八九张方桌上盘旋上下。晚上则在灯火下玩“蚌壳精”，用细乐伴奏。十三到十五叫“烧灯”，主要比赛转到另一方面，看谁家焰火出众超群。我照例凭顽童资格，和百十个大小顽童，追随队伍城厢内外各处走去，和大伙在炮仗焰火中消磨。玩灯的不仅要凭力气，还得要勇敢，为表示英雄无畏，每当场坪中焰火上升时，白光直泻数丈，有的还大吼如雷，这些人却不管是“震天雷”还是“猛虎下山”，照例得赤膊上阵，迎面奋勇而前。我们年纪小，还无资格参与这种剧烈活动，只能趁热闹在旁呐喊助威。有时自告奋勇帮忙，许可拿个松明火炬或者背背鼓，已算是运气不坏。

（一）乞巧

乞巧既是我国的一种传统习俗，也是一种传统民间游戏。乞巧的参与者多为女性，每年农历七月初七的时候，她们进行各种游戏活动，希望从织女那里得到智慧和技巧。乞巧的历史悠久，据称源于汉代，在宋元时期尤其隆重，当时的京城中出现了专门出售乞巧器物的市场，农历七月初七到来之际，集市上人山人海，盛况空前。这类景象在唐宋诗词及其他文献资料中多有记载。

实际上，游戏只是乞巧的一部分。传统的民间乞巧不同于现在流行于城市里的七夕节。乞巧活动因地域的不同而有所差别，但作为一种游戏，它在不同时期、不同地域的形式基本相似，大致可以归纳为以下几种。

1. 赛巧

在月下比赛穿针，快者为得巧，慢者为输巧，具有较强的竞赛性质。七夕这天，姑娘们要沐浴更衣，备好礼物，在月光或灯光下手执彩线对着月影或灯影将线穿过针孔。能一口气穿七枚针孔者为得巧，被称为巧手；穿不到七个针孔者为输巧，须将之前所备礼物赠与得巧者。

2. 卜巧

“卜”有占卜的意味，包含的偶然性成分较多，目的是卜算自己是巧还是愚。卜具一般为器皿、瓜果和蜘蛛等。若以蜘蛛为卜具，则要以一种红色小蜘蛛作为“喜蛛”，在头一天晚上将其置于器皿内或瓜果上，第二天以蜘蛛在器皿内或瓜果上结网的疏密来判断巧多巧少，密者巧多，疏者巧少。此种方法在很多文献中均有记载。五代时期王仁裕在《开元天宝遗事》中记载：“帝与贵妃，每至七月七日夜在华清宫游宴。时宫女辈陈瓜花酒馔列于庭中，求恩于牵牛、织女星也。又各捉蜘蛛闭于小合(盒)中,至晓开视蛛网疏密,以为得巧之候:密者言巧多,稀者言巧少。民间亦有效之。”宋代孟元老的《东京梦华录》卷八《七夕》记载:“或以小蜘蛛安合(盒)子内,次日看之,若网圆正,谓之得巧。”[1]此外,还有用针、松针、纤草置于水中卜巧的游戏,这种游戏大约始自明清。明朝人沈榜的《宛署杂记》卷十七《上字·民风》记载了当时北京城的七夕风俗:“七月浮巧针,七月七日,民间有女家各以碗水暴日下,令女自投小针浮之水面,徐视水底,日影或散如花,动如云,细如线,粗如槌,因以卜女之巧。”这段话的大致意思是说,在卜巧的头天晚上,准备一碗水,放在月光下,让其在夜晚盛受露水,到第二天再经日光暴晒,水面上便会生出一层膜,膜上可以浮针,如果膜下针的投影像山、像花,或像云、像线,则为得巧;如不能形成这些影像,就是输巧,意为女子不但没有得到什么恩赐,反而要以粗棒相送。

3.巧芽

巧芽是卜巧的另一种游戏形式,至今仍流行于很多地区。它的卜具是植物的种子。在七月初一早晨,女子将豆类或小麦种子放于水中,至七夕这天,以植物根须长密程度判定女子之巧拙。根须长且密则表明此女子为聪明富贵者,根须不很长密则表明此女子为笨拙者。

卜巧虽然带有占卜和迷信的色彩,但其游戏形式涉及自然万物,目的是催人进取向善,与日常生活息息相关,因而不失为文雅精致的游戏活动。

(二)闹花灯

闹花灯是我国春节、元宵节、中元节等节日活动的重要组成部分,尤其每年农历的正月十五,是一年一度闹花灯、放烟火的高潮。由于“灯”为“丁”的谐音,在我国民间闹花灯常被赋予“人丁兴旺”的吉祥寓意。

闹花灯始于西汉,兴盛于隋唐。隋唐以后,历代灯火之风盛行,并沿袭传于后世。清代潘荣陛的《帝京岁时纪胜》记载:“元宵杂戏,剪彩为灯。悬挂则走马盘香,莲花荷叶,龙凤鳌鱼,花篮盆景;手举则伞扇幡幢,关刀月斧,像生人物,击鼓摇铃。迎风而转者,太极镜光,飞轮八卦;系拽而行者,狮象羚羊,骡车轿辇。前推斡旋为橄榄,就地滚荡为绣球。”花灯的种类样式被描写得栩栩如生。

作为游戏的花灯,玩法多样,主要有赏灯、提灯、猜灯谜、比赛竞技等多种形式。

赏灯:民间传统花灯多为手工制作,材料、形式多种多样,内容涉及人物、动物、植物、器物等,形象丰富,色彩多样。赏灯时,既可欣赏别人制作的花灯,也可展示自己制作的花灯。

---

① 麻国钧,麻淑云.中华传统游戏大全[M].北京:农村读物出版社,1990:563.

提灯：提着自己喜爱的花灯游走于大街小巷，供自己和他人欣赏，是元宵节常见的娱乐方式，尤其是少年儿童，常常在夜晚来临之际高举花灯，三五成群，出入于亲朋好友家中，邀请大人欣赏自己的花灯。

猜灯谜：猜灯谜是闹花灯中重要的组成部分，每年正月十五，民间都要挂起彩灯，燃放焰火，并将谜语写在纸条上，贴在五光十色的彩灯上供人猜，响应者众多，气氛热闹非凡，为节日增添了不少乐趣。灯谜由三个基本要素组成，即"谜面""谜目"和"谜底"。"谜面"是告诉猜谜者的条件，也是猜谜者思考的依据；"谜目"是限定所猜的是哪类"事务"，是答案所属的范围；"谜底"就是答案。如"花褪残红青杏小"(猜一个科技术语)，答案是"最新成果"。其中"花褪残红青杏小"是谜面，"科技术语"是限定的谜目，而"最新成果"则是"谜底"。

比赛竞技：在一些传统文化气氛浓厚的地区，还会将灯制成可以比赛的动物灯，在正月十五的晚上，提着自制的灯具来到街上与人相斗，谁的灯具在打斗中先被烧毁即为输。比如豫东流行的"羊抵头"花灯，就是模仿山羊打架的场面而制作的灯具。

闹花灯在我国各地都很流行，千百年来一直没有中断，今天的闹花灯已经不仅仅是一项游戏活动，还是我国传统民间游戏文化的象征。

我国是一个多民族的国家，文化习俗历史悠久，节日众多，不同节日有不同的助兴游戏，元宵节闹花灯、清明节斗百草、端午节赛龙舟、中秋节斗蟋蟀，这些游戏活动既渲染了节日气氛，又丰富了人们的业余生活，在人们的日常生活中扮演着重要的角色。

参考文献

蔡丰明.游戏史[M].上海:上海文艺出版社,2007.
陈连山.游戏[M].北京:中央民族大学出版社,2000.
陈元靓.事林广记[M].南京:江苏人民出版社,2011.
崔乐泉.中国古代体育文物图录[M].北京:中华书局,2000.
郭泮溪.民间游戏与竞技[M].北京:中国社会出版社,2008.
胡武功,石宝琇.中国民间体育[M].汕头:汕头大学出版社,2008.
李军伟.汉语游戏[M].北京:中国社会出版社,2008.
李露露.图说中国传统玩具与游戏[M].西安:世界图书出版西安公司,2006.
李露露.中国传统玩具与游戏[M].北京:世界图书出版公司,2006.
李露露.中国节——图说民间传统节日[M].福州:福建人民出版社,2005.
李松龄.清代九九消寒图述略[N/OL].中国民俗学网,2016-6-5[2017-5-6].http://www.chinesefolklore.org.cn/web/index.php?Page=2&NewsID=9010.
林继富.中国民间游戏总汇[M].长沙:湖南文艺出版社,2016.
刘秉果,张生平.捶丸:中国古代的高尔夫球[M]上海:上海古籍出版社,2005.
刘焱.儿童游戏通论[M].北京:北京师范大学出版社,2004.
罗鉴江.民间棋类游戏[M].北京:农村读物出版社,2003.
麻国钧,麻淑云.中国酒令大观[M].北京:北京出版社,1993.
麻国钧,麻淑云.中华传统游戏大全[M].北京:农村读物出版社,1990.
邵文良.中国古代体育文物图集[M].北京:人民体育出版社,1986.
王连海.中国玩具艺术史[M].长沙:湖南美术出版社,2006.
王圻,王思羲.三才图会[M].上海:上海古籍出版社,1998.
王永平.游戏、竞技与娱乐——中古社会生活透视[M].北京:中华书局,2010.
杨向东.中国古代体育文化史[M].天津:天津人民出版社,2000.
赫伊津哈.游戏的人[M].[译者不详].杭州:中国美术学院出版社,1996.
中国体育史学会,国家体委体育文史工作委员会.中国古代体育史[M].北京:北京体育学院出版社，1990.
周伟中.棋类游戏100种[M].北京：人民体育出版社，2009.
朱延龄.童年游戏：百图本连环画[Z].上海：上海画报出版社，2001.
Alan R M, Richard G, Susan M R, et al. Family games: the 100 best [M].Seattle: Green Ronin Publishing, 2013.
David P.A dictionary of card games[M].Cambridge: Oxford University Press, 1992.
David P. The oxford guide to card games[M].Cambridge:Oxford University Press, 1990.
Harry G.A history of chess[M].London: Routledge and Kegan Paul, 1976.
Kevin W, Mike S, Richard G.The book of word games[M].Brattleboro, Vermant:Echo Point Books & Media, 2012.
Raymond K.Chess:an illustrated history[M].New York: Simon &Schuster, 1990.
Sid S.Card games around the word[M].New York: Dover Publications, 1994.
Tack B, Tony B, Pieter D, et al.The world of games[M]. New York:Facts on File, 1989.

图书在版编目(CIP)数据

传统民间游戏/高金燕编著.--北京:中国传媒大学出版社,2017.9（2024.1 重印）
（游戏设计专业"十二五"规划教材）
ISBN 978-7-5657-1886-1

Ⅰ.①传… Ⅱ.①高… Ⅲ.①游戏—中国—高等学校—教材
Ⅳ.①G898

中国版本图书馆 CIP 数据核字（2016）第 308127 号

传统民间游戏

CHUANTONG MINJIAN YOUXI

编　　著　高金燕
责任编辑　张　笛
特约编辑　高卓毓
装帧设计指导　吴学夫　杨　蕾　郭开鹤　吴　颖
设计总监　杨　蕾
装帧设计　徐源、刘欣怡等平面设计创作团队
责任印制　李志鹏

出版发行　中国传媒大学出版社
社　　址　北京市朝阳区定福庄东街 1 号　　邮　　编　100024
电　　话　86-10-65450528　65450532　　传　　真　65779405
网　　址　http://cucp.cuc.edu.cn
经　　销　全国新华书店

印　　刷　唐山玺诚印务有限公司
开　　本　787mm×1092mm　1/16
印　　张　黑白 13.5　　彩插 1.5
字　　数　260 千字
版　　次　2017 年 9 月第 1 版
印　　次　2024 年 1 月第 2 次印刷

书　　号　ISBN 978-7-5657-1886-1/G · 1886　　定　　价　48.00 元

本社法律顾问：北京嘉润律师事务所　郭建平

致力专业核心教材建设　提升学科与学校影响力

中国传媒大学出版社陆续推出

我校15个专业“十二五”规划教材约160种

播音与主持艺术专业（10种）
广播电视编导专业（电视编辑方向）（11种）
广播电视编导专业（文艺编导方向）（10种）
广播电视新闻专业（11种）
广播电视工程专业（9种）
广告学专业（12种）
摄影专业（11种）
录音艺术专业（12种）
动画专业（10种）
数字媒体艺术专业（12种）
游戏设计专业（10种）
网络与新媒体专业（12种）
网络工程专业（11种）
信息安全专业（10种）
文化产业管理专业（10种）

本书更多相关资源可从中国传媒大学出版社网站下载
网址：http://cucp.cuc.edu.cn
责任编辑：张笛　　　意见反馈及投稿邮箱：2086280010@qq.com
联系电话：010-65783654

数字媒体艺术专业“十二五”规划教材

数字阅读产品设计与开发

韩帅 赵宁 编著

中国传媒大学出版社
·北京·

目　　录

前言

无论对于个人还是集体，对于一个民族还是整个人类社会，阅读都是最重要的活动之一。小自儿童启蒙教育，大至人类文化传承，都要通过阅读这一活动来实现。牛顿曾说过，他所取得的一切成就，都源于他“站在巨人的肩膀上”。所谓的“巨人”并不是某个具体的对象，而是泛指人类历史上一切伟大的思想。几千年来，在艺术、哲学、科学等领域，伟大的人物，璀璨而深邃的思想如恒河之沙，这些思想通过文字、图画，以及声音和影像等媒介被记录下来，跨越了时间和空间的界限，在人类社会中传播扩散，逐渐形成了一个庞大的“巨人”。而如何站在这一巨人的肩膀上，让自己看到更广阔的世界，这就需要阅读的帮助。

也许会有读者对上述内容中“阅读”的对象产生疑问。通常，阅读是指人类通过视觉获取符号化信息的过程。一本以文字为主的书，我们可以去阅读它。但大家往往不会用“阅读”一词来描述对于一段声音、一幅画、一部电影的信息获取过程，我们会说“听音乐”“看电影”。换言之，声音、影像等媒介是不适合作为“阅读”一词的宾语出现的，因为声音信息是通过听觉来传达，而影像信息又太具象，不够“符号化”，如果要追求严谨，我们不能把它们放在“阅读”一词之后。

在本书前言部分的内容中，我们首先要解答的正是这个问题——阅读的对象究竟是什么。或者更确切地说，数字阅读的对象究竟是什么，什么样的产品可以被称作是数字阅读产品。

数千年来，人类的传播媒介一直在进化，而每一次媒介的进化都会对阅读产生影响，会改变阅读产品的形态，改变人们的阅读方式和阅读习惯。例如纸的发明使书籍摆脱了石头、甲骨和竹简的束缚，变得轻便且易于书写；印刷术的发明使内容的快速复制成为可能，带来了书籍的普及。最近的一次媒介进化就是数字媒体的出现，将人类社会带入了数字化时代。在阅读方面，相较于传统媒介，我们需要注意数字阅读产品的两个特征——多媒体、可交互。

“多媒体”一词，在我国出现于 1990 年左右，当时，带有光盘驱动器、声卡、音箱的家用电脑开始普及。这一进步改变了人们以往认为电脑只能用于编写程序、处理文档、玩一些简单小游戏的看法，开始使用电脑来听音乐、看电影。这种具备视音频播放功能的电脑在当时被称作“多媒体电脑”。这里，“多媒体”一词所强调的就是很多种媒体的整合为一。后来，Window 操作系统取代了 DOS，图形化界面的操作系统降低了使用电脑的难度，越来越多的人开始利用电脑制作内容，微软的 Office 办公套装迅速普及开来，成为最流行的办公软件。与此同时，以 Macromedia 公司的 Flash 为代表的一系列动画①、网页制作软件迅速发展，并且在教育领域得到广泛应用。教师们利用这些软件，可以轻松地将文字、图片、音频、视频整合在一起，这些多种媒体整合为一的课件，起到了比板书更好的辅助教学功能，被称作“多媒体课件”。随后，随着各种内容制作软件的不断迭代，以及互联网的日益普及，人们开始重视多媒体内容的可交互性，从基本的超链接到寓教于乐的小游戏，甚至复杂的科学实验模拟演示，越来越多的交互功能被添加到多媒体内容之中。有一段时期，这种可交互多媒体内容被称为“富媒体”(Rich Media)。以网页形式存在并且通过互联网传播的富媒体内容，被称作“富网络应用”(RIA，Rich Internet Applications)。

写到这里，我们需要再次对之前的问题进行思考，当人们接触到这些多媒体、富媒体、富网络应用的时候，我们应该用哪个词来形容这种接触呢？语言也是不断发展变化的，每一种新事物的出现都有可能带来新的词语。对于这些随着数字化技术的发展而涌现出的全新内容形态，我们很难找到一个确切的词来描述人与媒介之间发生的交互现象。举例而言，如果打开电脑中的某一款游戏，通常人们会说“玩”游戏，而且玩游戏的人被称作“玩家”。但是，如果该玩家被某个游戏场景中的音乐吸引而长久驻足“聆听”，此时他便成了“听众”；当他投入“观看”某段游戏过场动画时，他便成了“观众”；当他在游戏中“阅读”某个 NPC(Non Player Character，非玩家控制角色)的日记本时，他便成了“读者”。当然，游戏之所以被称为游戏，毕竟交互的成分或者说“玩”的成分在该作品中的比重占绝大部分，用“玩”这个词来描述人与游戏媒介之间的关系尚可算得上贴切。但值得注意的是，游戏也在不断发展变化，目前越来越多的游戏开始重视叙事功能，也就是在游戏中向玩家讲述一个好故事，与此同时，也许在交互方面会弱化。例如有一家新兴的游戏公司名叫“Telltale Games”，直译成中文就是“讲故事的游戏”。他们的产品与其说是电子游戏，其实更像一本以叙事为主、交互为辅的故事书。那么对于这样的产品，用“玩”这个词已经显得不太恰当了。而与游戏相对应，现今的“电子书”却开始在基本的叙事说理功能之外注重增加多媒体内容，增加交互元素，力求通过多媒体的整合，通过交互元素的融合使故事变得更有趣，使说理变得更透彻。“电子书”这种产品是典型的数字阅读产品，人们“阅读”电子书的过程，实际上还包含了听、看、玩等多种活动。在数字阅读的语境下，“阅读”一词的内涵其实已经发生了改变，在传统意义的基础上扩

---

① Macromedia 公司及其 Flash 软件于 2007 年被 Adobe 公司收购。

展了很多。

通过以上的论述，我们已经可以大致了解到数字阅读产品与传统阅读产品的不同之处，进而对本书所讲述的重点——数字阅读产品——展开更深入的分析、思考和理解。我们必须认识到，在如今这样一个数字化时代，人们的阅读活动也在被数字化，“数字阅读”已成为一个热门词，但“数字阅读”一词的定义至今仍是不确切、模糊不清的。总体上，对数字阅读一词可以从两个方面来理解。首先是内容载体的数字化，其次是阅读内容的数字化。内容载体的数字化是指以往纸质的书籍被各种屏幕所取代，最初是电脑屏幕，随后是掌上电脑、电子书[①]，以及近两年来迅速普及的智能手机、平板电脑。这些数字化设备已经越来越多地替代传统纸质书刊，成为阅读内容的载体。阅读内容的数字化，则是针对数字内容的多媒体特性、可交互特性，注重影、音、图、文的整合，注重通过交互设计为内容带来质的提升。

在本书中，我们研究数字阅读产品的设计与开发，关注的重点是阅读内容的数字化，尤其是如何将交互设计应用于数字阅读产品之中。真正优秀的数字阅读产品绝不仅仅是对于传统图文媒介的数字化复制，如果我们只是把纸质书籍扫描、重新排版并编码成一个 PDF 文件，供读者在多种数字设备上阅读，这并没有太大的意义。虽然这种方式也能在一定程度上体现数字媒体的优越性，例如书籍的获取、存储和管理，但它并没有体现出数字媒体最显著的特性——交互性，也没有体现出一种新的媒介如何改变内容的创作方式，如何使内容产生质变。我们可以用电影来做一个类比，电影之所以能够在百年间成为一种优秀的艺术形式，一方面是因为电影技术本身，提供了前所未有的内容载体，可以记录动态影像，但更重要的是电影蒙太奇理论。有了蒙太奇理论，电影才拥有自己独特的“语法”，能够将多种镜头组装在一起，传达丰富的意义和情感。举个更直白的例子，我们每个人都至少掌握一门语言，能够用这门语言来书写，但并非每个人都能成为优秀的作家，因为意义和情感的表达需要技巧，而每一种不同的媒介，都有不同的表达技巧，或者说每一种艺术形态都有自身独特的语法。这些技巧、“语法”，对于内容创作者来说更为重要。

而具体到数字阅读内容的创作技巧，至今仍然很不成熟，没有形成完善的理论体系。同时，数字交互技术的出现也成为业界和学界的难题，传统艺术有一条重要的原则——拒绝参与，可数字交互的目的却恰恰是要促进参与，交互与艺术似乎天然就存在着矛盾与冲突。如何解决这些矛盾与冲突，将数字交互与传统的多种艺术形式相结合，与多媒体相结合，从而更好地发挥数字媒体的优势，利用数字媒体带来阅读内容的质变，是数字时代每一个内容创作者必须思考的问题。在本书的各章节中，也将尝试对这些问题进行分析和思考，希望起到抛砖引玉的作用，能够为各位读者提供一些参考和启发。从前文中对于“数字阅读”一词的

---

① 指采用了 E-ink 电子墨水技术的阅读器硬件，如 Amazon 的 Kindle 阅读器，盛大公司的 Bambook 阅读器等。

分析也可以看出,“数字阅读产品”实在是一个过于宏大的概念,其中涵盖了文学、绘画、音乐、电影等多种艺术形态,涉及这些不同艺术形态的整合以及交互元素的融合,而笔者才疏学浅,文中难免出现不够清晰、全面、深刻的论述,望惠读此书的专家、学者、同学批评指正,不胜感激!

韩帅　赵宁

2016 年 5 月

第一章　数字阅读产业概述

本章要点

1. 迄今为止，对“数字阅读产品”一词仍很难作出精准的定义，必须理解其复杂性。

2. 了解数字阅读产业的形成与发展，以及在发展过程中出现的主要产品类型。

3. 不同类型的数字阅读产品，在创作、开发流程方面的区别。

第一节　数字阅读产品形态及特点

在本书前言部分，我们已经对数字阅读产品的定义做了一定的分析说明，可以看出，相对于传统阅读产品，数字阅读产品在形态上已经发生了很大的变化，不仅包括以图文为主的内容，也包括整合了视听资料的多媒体内容以及带有交互元素的富媒体内容。在这样的环境中，某个数字内容产品是否可以被归于数字阅读类就成了很有争议的问题。尤其是电子游戏与电子书之间的界限逐渐变得模糊，电子书制作者在产品中加入越来越多的交互元素，游戏制作者也越来越注重在游戏中讲述完整而复杂的故事，这两类产品的形态已经非常接近，人们通常只是依据交互元素在整个作品中所占的比重来对作品进行分类。

另外，值得注意的是，实际上早期的电子游戏也有很多是没有图像而纯粹是基于文字的，玩家在游戏过程中更多地是“阅读”而不是“玩”。如发布于20世纪70年代的*Great Colossal Adventure*，这是一款文字冒险类游戏，游戏没有图形界面，而是像一部冒险小说一样，通过文字向玩家描述场景、人物和事件。玩家与此游戏的交互是通过输入文字指令的方式完成的。例如，当游戏进行至某个场景时，程序会先向玩家描述场景环境，会告诉玩家该场景中有一座房屋，北方有一条小路，南方有一片森林，地上有一个被锁住的宝箱，此时玩家可以输入“北”“南”“进入房屋”“开启宝箱”等指令来推动剧情继续发展。在此类游戏中实际上阅读的成分要远超过交互，可以被认为是一部交互式冒险小说。随着硬件性能的迅速提升，文字冒险类游戏因缺乏丰富的视听觉效果而逐渐没落，但在互联网发展初期，因网络带宽的局限，无法实时传输大容量图像、声音数据，文字冒险游戏又出现过一段时期的复兴，涌现出不少纯基于文字的网络游戏，在当时被称作“MUD(Multiple User Dungeon)”，国内的玩家也常常将其称为“泥巴”(见图 1-1[①])。

图 1-1 早期文字冒险类游戏

此外还有日本游戏市场中非常流行的电子音响小说，有趣的是，虽然这种内容形态叫“小说”，可它往往发布于游戏主机平台，属于电子游戏的一种类型。例如在 20 世纪 90 年代，在任天堂公司的 SFC(超级任天堂)家用游戏机平台上的《弟切草》《恐怖惊魂夜》系列，就是通过文字、静态图片和音效的结合，加以简单的交互，向读者讲述惊悚故事。当时这种游戏类型在日本非常流行，可能因为语言或文化的原因，并未在欧美和中国市场普及开来。另外，还有近年来流行的几部作品，如 Chunsoft 公司发布于世嘉土星主机上的《街》，发布于任天堂 Wii 主机上的《428：被封锁的涩谷》，由 07th Expansion 制作组发布于家用电脑平台上

① 图片授权信息：By Autopilot (Own work) [CC BY-SA 3.0 (http://creativecommons.org/licenses/by-sa/3.0)], via Wikimedia Commons。

的《寒蝉鸣泣之时》，Type-Moon 公司的《命运长夜》等，都属于阅读成分远远超过交互成分的游戏，在某种程度上，这些游戏更应被归类于数字阅读产品。此类产品的特性在于交互元素的引入使阅读故事的读者产生一种对于故事的“参与感”，能够与故事中的角色建立更紧密的情感联系，更深入地沉浸于故事世界和情节之中。

另外，数字媒体的不断发展也带来了一些全新的阅读产品形态，例如微博、微信朋友圈等社交媒体，它们所提供的内容绝大多数可被归类于数字阅读类。这一类的数字阅读产品也造就了全新的阅读方式——碎片化阅读以及社会化阅读。碎片化阅读强调的是利用移动终端的便携性以及移动互联网可随时随地连接的特性，人们可以利用生活中的“碎片时间”——例如上下班途中、饭店等餐时、银行排队时等零散而又相对空闲的时间段——进行阅读。社会化阅读强调的是对于所读内容的交流与分享，当读者看到一篇自己喜欢的文章时，往往会有与家人好友交流分享的愿望，而微博、微信等社交媒体就成为理想的平台。此外还有以图片为主的阅读产品，例如汤博乐（Tumblr）就是一款以图片为主的轻博客产品，迎合了当今这个“读图时代”人们对于图片信息的喜爱和需求。

当然，还有如今已经逐渐没落的博客。博客是 Web2.0 时代的标志性产品，充分体现出了 Web2.0 时代对于用户创造内容理念的追求，在较长的一段时间内成为众多网民个人表达的最佳工具，但因其交流分享功能的薄弱而逐渐被微博和轻博客取代。

博客、微博、轻博客可以说是一脉相承的三个重要的数字阅读平台，在这一演变过程中我们可以看出数字阅读产品的几种特性：首先是注重个人创作和表达，其次是注重多种媒介融合的表达方式，最后是强调对于创作成果的交流与分享。但是与前文中提到的电子游戏相比，微博、博客等数字阅读内容中的交互成分非常少，仅在于读者与作者之间的无障碍交流，以及读者对内容的转帖、分享等自由传播方式。

传统的阅读内容也借助数字媒体找到了新的发展方向，建立起全新的产业模式。尤其是文学类作品，在我国，网络文学产业经过十余年的发展，已变成一个规模宏大的新兴产业，以起点中文网、纵横中文网为代表的网络文学站点吸引了数以亿计的文学爱好者。与碎片化阅读相反，网络文学，尤其是网络小说产品重视的是长时间阅读，也就是阅读一部小说需要占据读者大量时间，通常热门的网络小说作品字数都会超过百万字，甚至可以达到千万字（见图 1-2），远远超出传统小说的长度。

这种现象是在网络小说十余年的发展过程中，随着网络文学商业模式的不断完善而自发形成的。我们可以从两个角度来思考该现象的成因，首先是从读者的角度，网络文学的大多数读者希望从小说中获得的是一种快感——沉浸于小说构建的虚幻世界，从而摆脱现实束缚的快感，读者希望这种快感可以长久地存在，换言之，读者希望小说不要太短，可以耗费较长的阅读时间，从而可以在小说世界里快乐地“生活”更久。其次，是从作者的角度，作者

排名	类别	小说书名/小说章节	总字数	小说作者
1	[虚拟网游]	从零开始 第23卷 第六章 放飞希望（完结篇） [VIP]	20223273	雷云风暴
2	[都市生活]	重生之妖孽人生 第5958章 约法三章 [VIP]	19726485	黄金战士
3	[异界大陆]	带着农场混异界 第一千一百九十四章 神象 [VIP]	19450461	明宇
4	[幻想修仙]	修神外传 第三千四百五十九章 巫道人对魔蛛 [VIP]	14754153	小段探花
5	[游戏异界]	暗黑破坏神之毁灭 第二千八百七十章 地狱秘史 [VIP]	14694194	第七重奏01
6	[都市生活]	重生1991 第291章 大爱无痕43 [VIP]	12035159	安平泰
7	[秦汉三国]	三国小兵之霸途 第七百四十一章 曹军骑兵大败 [VIP]	11898906	一级烟枪王
8	[商战职场]	重生之资源大亨 第五百二十八章 今非昔比 [VIP]	10842300	月下的孤狼
9	[异术超能]	校花的贴身高手 第5270章 被隔离了 [VIP]	10731482	鱼人二代
10	[东方玄幻]	武神空间 第三千五百五十九章 尾声，落幕 [VIP]	10706577	傅啸尘

图 1-2 起点中文网小说字数排行榜前十位

写书的重要目的之一毕竟是为了获得收入，而收入的多少取决于作品的字数以及作品在网络上的点击量与收藏量。同时，网络小说都是以每天更新的形式进行连载，每天更新的内容都会吸引到更多的点击与收藏——也就意味着更多的收入。因此，对作者而言，如果一部小说在读者中取得不错的反响，出于赢利方面的考虑，他不会希望早早结束当前的故事，去冒险写下一本也许不会受到读者欢迎的新书，而是会尽量长久地将当前故事持续写下去，直到情节无法继续发展或读者终于开始厌倦为止。

除了文学类产品以外，漫画类产品也开始借鉴网络文学的模式，尝试开创自身的数字化阅读道路。但漫画创作与小说创作毕竟不同，很多适用于网络文学产品的运营方式并不能直接套用在网络漫画产品上，最典型的就是内容更新量以及按内容更新量收费这一点。网络连载类的阅读产品，对作者的一个重要要求，是以较高的频率更新足够多的内容，对以文字符号为载体的小说而言，大多数作者可以以兼职的身份做到每天至少更新五千字的内容，那么这五千字可以供读者每天阅读 15—30 分钟左右，可以保证读者对作品的长期关注。但漫画作者每天即使全职工作，也最多只能创作四五张画稿，这些以图画为载体的画稿也许只能供读者阅读 5 分钟，甚至更少，如此一来，读者很容易在连载过程中失去对作品的关注热情，漫画作者也很难在按点击量和内容更新量获利的商业模式下获得稳定的收入。

当然，网络漫画等不同于文学形式的数字阅读产品也在不断摸索实践的过程中产生了自身独有的特性，如网络漫画和网络视频的“吐槽”“弹幕”模式，针对手机媒体屏幕尺寸和手势交互特性而产生的“长条漫画”等。关于数字媒体如何影响阅读内容的形态和读者的阅读习惯，我们将在本书第二章中进行更详细的分类讨论。

第二节　数字阅读产业的发展现状

由中国新闻出版研究院于2014年4月发布的《第十一次全国国民阅读调查报告》显示，2013年我国成年国民(18周岁以上国民)的图书阅读率为57.8%，较2012年的54.9%上升了2.9%。数字化阅读方式(包括网络在线阅读、手机阅读、电子阅读器阅读、光盘阅读、PDA/Mp4/Mp5阅读等)的接触率为50.1%，较2012年上升了9.8个百分点。而传统出版物中，报纸阅读率由2012年的58.2%下降至52.7%，期刊阅读率由2012年的45.2%下降至38.3%。2014年传统纸质图书的人均阅读数量为4.77本，电子书阅读量为人均2.48本，较2012年均有所提升。从以上数据可以看出，传统纸质出版物中的报纸、期刊阅读率出现较大幅度的下降，而与之相对，数字化阅读方式的普及率迅速提高，传统纸质出版物中的图书并未因数字阅读的兴起而受到冲击，调查显示，有66.6%的成年国民仍倾向于阅读纸质书籍。

2013年我国成年国民的上网率为59.2%，其中74.2%的网民将“阅读新闻”作为主要网上活动之一。新闻等篇幅短小且适于碎片化阅读方式的内容在目前数字阅读内容中仍占据较大比重。这一现象的成因与社交网络的发展密不可分，微博、微信等社交类应用已成为我国智能手机用户必备的应用，这些社交类应用同时也是重要的数字阅读产品平台，通过好友之间的分享、转发来传播数字阅读内容。但适于这些平台的内容大多篇幅短小，在社交网络平台上进行数字阅读内容创作的作者们也都会在创作时注意控制作品的篇幅，过长的文章往往会使读者失去耐心，即使文章质量很高，多数读者也会产生“先收藏，以后再慢慢读”的想法，而真正能在收藏文章之后再抽出时间仔细阅读的读者其实并不多。

在图书阅读方面，电子书的阅读量所占比例较少，但不可忽视的是电子书的用户群体非常集中，网络小说类的电子书是主要的阅读对象，我国网络小说类作品的主要来源有两个：起点中文网和纵横中文网。近年来比较热门的网络小说作品皆发源于此，如《鬼吹灯》《盗墓笔记》《星辰变》等。之所以会产生这样的情况，主要是由网络文学创作的商业模式决定的。网络文学的获利，通常要与内容更新的频率和数量挂钩，这种赢利模式很难被传统文学作家适应。与此同时，传统文学作品的数字版又很难售出，导致电子书这一数字阅读产品的用户群始终被局限于网络小说读者这一范围之内。《第十一次全国国民阅读调查报告》显示，我国国民能够接受的图书价格，一本200页左右的平装文学作品为13.68元。但在接触过数字化阅读方式的读者中，只有38.7%的读者能够接受付费下载电子书，能够接受的电子书价格仅为1.28元，与纸质图书相差甚远，甚至比起2012年的3.27元也产生了大幅度的下降。

除了由中国新闻出版研究院发布的《第十一次全国国民阅读调查报告》之外，艾瑞咨询也发布了一篇《2014 年中国数字阅读用户行为分析报告》，其调查结果与前者有一定差异。在艾瑞咨询的分析报告中，85%的网民接触过数字阅读，有 81.2%的数字阅读用户愿意为数字阅读内容付费，但其中有过实际付费行为的用户仅占 35.9%。艾瑞咨询认为，目前数字阅读用户高付费意愿低付费行为的状况，表明用户的消费能力并未得到完全释放，数字阅读市场仍拥有较大的潜力。

以上两份调查报告所针对的数字阅读产品都属于交互性较弱的类型，尤其是所谓的“电子书”，大多是指各大主流阅读软件通过内购平台向读者提供付费下载的文字内容，以及各电商网站提供的纸质图书经过数字化之后的电子版。但正如前文所说，很多可被归类于数字阅读的数字产品，往往因其交互元素比重的增加，被归于游戏类，或者在手机媒体上被归类于教育、旅游、娱乐等。以手机和平板电脑为代表的移动媒体目前已成为数字阅读的主要硬件设备，同时，因为手机小额支付的便捷、安全，手机用户的付费意愿相对高于桌面电脑用户，针对移动媒体发布的数字阅读产品往往可以得到更好的赢利。在我国，因长期存在的版权保护问题，数字出版物很难依靠出售产品本身来获得收益，因此很多开发人员将目光转向了海外市场。

苹果公司的应用市场为数字阅读产品的海外“发行”提供了契机。目前主流的两大移动媒体操作系统是苹果公司的 iOS 和谷歌公司的安卓(Android)。安卓系统是一个开源平台，它的开源特性也导致了各大第三方厂商纷纷推出自家基于安卓核心的所谓“定制操作系统”，并同时推出独立的应用市场，这就导致了安卓应用市场极度混乱的局面，产品的发布与传播缺乏监管，盗版横行，难以吸引优质内容。而苹果公司则将 iOS 系统牢牢掌控在自己手中，苹果 App Store 也成为全球唯一合法化的 iOS 应用市场，拥有一套完善而严格的作品审核、销售机制。虽然提高了市场准入门槛，但也最大限度地抑制了盗版内容，保证创作者的收益。同时，相较国内的数字内容消费者，国外消费者由于长久以来对内容版权的尊重，有较高的消费意愿和实际消费行为，对产品定价的心理接受能力也远高于国内消费者，因此很多国内开发团队往往会针对海外市场发布作品。

在所有与数字阅读相关的手机应用中，幼儿教育类产品是最受开发者尤其是我国开发者欢迎的类别。原因主要有两点：一方面，因为中国家长有一种典型的舍得为孩子花钱的心态，使得幼儿教育类产品比较容易引发消费。这一现象不仅存在于数字阅读市场，事实上，在我国所有与幼儿产品、服务相关的行业，其价格定位都要高于面向成年人的类似产品。如果为孩子购买劣质产品或者廉价产品，在很大程度上会引起家长的焦虑甚至自责、负罪感，这种心态作用在数字阅读产品上，也起到了版权保护的作用——作为家长自己可以接受不买正版、下载盗版图书或软件的行为，但对孩子则倾向于购买正版产品，否则会引发心理上的不安。另一方面，因为幼儿教育类产品中很容易添加丰富的交互元素。在数字阅读产品中针对儿童的交互设计与针对成人的交互设计有很大差异，成年人会对与很多“肤浅”的、与内容关联不够紧密的交互元素产生厌烦心理，例如一幅插图中所有的图形元素都可以通过点击呈现动画效果。对成年人而言，这并不够吸引人，甚至过多的类似交互设计会让成年人产生花钱买了很多冗余功能的想法。但对儿童来说，并非如此，儿童处于心智发育阶段，对世界上的一切事物仍充满好奇，因此很多在成年人眼中看似枯燥乏味的交互设计对儿童却充满吸引力，能够满足他们的好奇心和探索世界的愿望。总之，添加了交互元素的数字阅读产品相对要显得更加创新、高科技，其售价也可以相应提高，因此，对数字阅读产品开发者来说，针对儿童来做产品，的确是较好的选择。

虽然安卓应用市场存在种种乱象，但从世界范围来看，安卓毕竟都是占据市场份额最大的移动设备操作系统，针对安卓设备的数字阅读产品开发同样也是所有开发人员关注的重点。但就目前来看，相关的商业模式、赢利方法、版权保护都不够健全，大多数产品仍在依靠广告获利。

近年来在移动领域，另一种逐渐兴起的数字阅读产品是“自媒体”，例如以独立应用形式存在的知乎日报、逻辑思维、暴走日报等，另外还有依托现有社交网络平台存在的自媒体，如各种微信订阅号。自媒体的兴起使得内容创作者避开传统出版行业的种种限制，可以较为便捷地制作属于自己的数字化期刊，并利用社交网络的海量用户迅速聚集大量受众，当订阅用户数量达到一定规模之后，就可以实现广告、周边产品等多种赢利方式。自媒体虽然尚处于发展初期，但其潜力不可小觑，终将成为数字阅读产业中一股巨大的力量。

第三节　数字阅读产品的创作、开发流程

根据数字阅读产品类型的不同，其开发流程也有很大差异。因数字阅读产品类型众多，难以一一分类讨论，在本书中，按照交互元素在产品中所占比重将其分为两大类型，暂且将这两种类型称为弱交互类与强交互类数字阅读产品。

弱交互类数字阅读产品与强交互类数字阅读产品在创作开发阶段最直观的不同体现在对于数字化技术的应用方面，尤其是编程技术。毕竟一切交互功能的实现都需要通过编写计算机程序来完成，虽然目前也有很多“傻瓜式”软件，可以让不懂编程的计算机用户，尤其是内容创作者，如作家、艺术家等很方便地实现简单的交互效果。但这些软件可以实现的功能非常有限，在很多时候无法适应创作者的需求，甚至反而会对想象力、创造力产生束缚。因此，对于想要制作包含较多、较复杂交互元素的数字阅读产品的创作者而言，最大的障碍

就是对技术的掌握。

对弱交互类数字阅读产品的创作者来说，技术方面并不存在太大的困难，整个产品的创作流程和传统的阅读产品并无太大区别。但需要注意的是，如果创作者想要做出具有较高商业价值的产品，那么在创作开始的前期策划阶段以及创作过程中，一定要花费更多的精力进行媒介研究和受众研究，不能沿用传统阅读产品的创作方式。数字媒体已经极大地改变了阅读内容的形态和读者的阅读习惯，因此创作者在创作过程中必须针对这些改变而调整自己的创作方法和工作流程。媒介本身在很大程度上影响甚至决定了内容的呈现形态，如果创作者将内容发布于不适合该种内容形态的媒介之上，即使内容质量再好，也很难获得良好的反响。早在数字媒体出现之前，创作者们对此就已经深有体会，例如电影和电视行业的制作人员，在拍摄电影作品和电视作品时对于画面景别的要求是截然不同的。画面景别可大致分为远景、全景、中景、近景和特写，电影屏幕的尺寸远超电视屏幕，因此在作品中适合运用较多的远景、全景，展示宏大的场面，而不适合过多地采用特写镜头，用巨大的屏幕呈现角色的面部特写，哪怕角色的面孔再英俊秀美，也容易导致观众心理上的不适。与之相反，电视屏幕尺寸较小，应该避免过多使用远景、全景，而较多地采用近景和特写。对于数字阅读内容来说，创作者也同样需要仔细考察作品的发布平台，包括硬件设备的屏幕尺寸、音频播放设备特性等，还需研究作品的推广传播渠道，结合受众分析来进行产品的排版设计、界面设计，甚至整个作品艺术结构的设计。

对于包含较多交互元素的数字阅读产品，在创作过程中最大的困难在于交互设计与阅读内容的良好整合。这种整合不仅体现在技术上，更体现在艺术层面。就技术角度而言，如果产品的主设计师对技术缺乏了解，往往会出现与技术人员沟通困难，导致产品设计方案多次修改的局面。毕竟大多数设计人员对技术方面的理论知识了解得并不深入，但他们一定是相关产品的资深使用者，研究过大量实例，对技术在产品中的实际应用了解颇多，甚至远远超过技术人员。而问题在于，很多看似简单的交互往往比看似复杂的交互更难实现。设计师必须在前期策划过程中准确地结合时间与人力物力资源，对产品交互设计部分进行合理规划，如果对技术缺乏深入的了解，往往会以非专业的视角对交互设计的技术难度产生错误判断。因此，在产品前期策划过程中，设计人员与技术人员必须对产品中的交互功能进行全面而细致的沟通讨论。一个典型的例子就是近年来关于 Flash 与 Html5（见图1-3）之间的争议，Flash① 与 Html5 是用于制作跨平台富网络应用最主流的两大技术，也经常成为各种

① Flash 在此处是一个概括的说法，它包括 Adobe 公司的 Flash 软件，以及 Flash Builder、ActionScript3.0、Air SDK、Flex 框架等一整套开发工具。通常设计师更偏向于使用 Flash 软件来进行图形、动画元素的创作，而 Flash Builder 则主要供技术人员用于程序开发。AcitonScript3.0 是技术开发过程中用于编程的脚本语言，Flex 是一套编程框架，Air SDK 则针对跨平台开发，将 Flash 文件打包成适合各种硬件平台的可独立安装运行的文件。

数字阅读内容的首选制作工具。在这场制作工具之争中，Html5得到了舆论的广泛赞扬与追捧，而Flash却显得逐步没落。因此很多数字阅读相关行业的产品设计人员会倾向于将Html5作为首选工具，他们希望用Html5来实现以往通过Flash实现的交互效果，但实际上对技术人员而言，这种要求并不合理，Html5在实现复杂交互效果方面的功能要远远弱于Flash，这两种工具只能说是各擅胜场。实际情况也确实如此，经过数年的争斗，Flash并未消亡，并且仍然在制作领域占据重要的一席之地，而Html5虽然在兼容性方面略胜一筹，但其制作难度和成本要远远高于Flash。

图1-3 Flash与Html5标识

交互元素与阅读内容在艺术层面上的良好融合一直是一件非常困难的事情。也许有人会认为，游戏产业在交互与阅读，或者说交互与叙事的融合方面做得非常好，已经创造了大量优秀的作品，并形成了诸多游戏类别，如角色扮演类、冒险类、即时战略类游戏，都能够在确保游戏性的前提下向玩家讲述高质量的故事，交互与叙事的融合在游戏产业中似乎已经形成了相当成熟和完善的理论与方法。但实际上，即使对最优秀的游戏制作人来说，情况也并非如此。大多数游戏中的交互元素和叙事元素，与其说是融合在一起，不如说是被强行粘贴在一起，二者之间没有真正做到合二为一、相互交融渗透，而是泾渭分明地独立存在着。举个典型的例子，大多数游戏中都有所谓的“过场动画”，即当游戏进行到某一阶段时，通过展示一段类似于电影的动态影像，向游戏者讲述剧情的推进发展。过场动画是游戏中重要的叙事手法，但通常在播放过程中，游戏者会失去对角色的控制权，只能被动地观看，游戏中的交互被强行终止了，因此游戏者因交互行为而产生的对游戏世界、游戏故事的强烈参与感、沉浸感也同时被打断，这时候，叙事与交互实际上产生了激烈的冲突。而当游戏者重新回到游戏，开始与游戏世界交互的时候，他的交互行为往往有可能造成游戏叙事结构的不稳固，甚至完全崩溃。结构对于任何艺术形态而言都是非常重要的，绘画要讲究构图、音乐要构建四部和声、电影要把握叙事节奏，这些都显示出结构对于艺术的重要性。但交互行为恰好是一种打破结构的行为。例如在角色扮演游戏中，游戏设计师经常要绞尽脑汁来思考，如何控制两段剧情之间的交互时长，不让玩家因过多过久的游戏交互而忘记了游戏主线剧情的存在。

无论如何，游戏产业在交互与叙事的融合方面，一直走在最前沿，从 20 世纪 80 年代至今，30 余年的时间里也积累了大量的经验和方法，值得所有数字阅读产品创作、开发人员深入研究学习。在本书后面的章节中，将结合游戏方面的实例，探讨交互元素与阅读内容之间的冲突与融合。

从以上的论述中，我们可以看出数字阅读产品在开发流程上与传统阅读产品不同，且与软件、游戏等其他数字产品不同，需重点注意以下几个方面：首先，媒介与受众阅读习惯发生了改变，这种改变不仅已经发生而且仍在快速进行中，每时每刻都有新技术、新设备出现，开发者比以往任何时期都要更加注重媒介研究与受众研究。其次，设计人员与技术开发人员之间密切沟通，确保设计方案的合理可行。最后，从艺术的角度，结合产品本身的叙事情节、艺术结构、情感表达等方面的特性进行交互设计，力求使交互与内容更好地融合在一起。

第四节　数字阅读产业存在的问题和未来的发展趋势

近几年来，随着数字技术的快速发展、智能移动终端的普及，数字阅读内容的形态以及读者的阅读习惯也在不断发展变化，数字阅读产业成为市场潜力巨大的新兴产业，吸引了社会各界的关注和重视。其中不仅包括来自互联网行业的大型企业和小型工作室、个人开发者，更包括希望借助数字媒体的力量进行自身转型的传统出版业。但过于迅速的发展速度必然导致一系列的问题，如产品发布、传播平台过于多样化，缺乏统一的设计、开发标准，缺乏健全、完善的商业模式，版权保护情况欠佳等。

个人创作者和小型工作室是数字阅读产品的主要生产者，对他们来说，安全稳定的作品发布平台、畅通的传播渠道以及合理的商业模式是最重要的。就目前来看，市场上存在着过多的作品发布平台，虽然给创作者提供了更多的选择，但就目前看来，过多的平台意味着过多的竞争，在发展初期往往会导致整个数字阅读市场的混乱。在上一节中我们已经看到了一些统计数据，数字阅读用户对电子书定价的心理预期在 2013 年产生了明显的下降，导致这种情况出现的一个重要原因在于各大电子书发布平台在建立之初往往采取低定价甚至免费下载的方式来吸引用户，一时间提供免费阅读内容成为多数新兴平台必备的功能，这一举措自然会对消费者的消费心态产生影响。

迄今为止，最优秀的数字内容产品平台仍然是苹果公司的 App Store（见图 1-4），苹果应用市场最大的优点在于其完善的运营管理模式。换个角度来看，其优点也正是其最大的不足。对于从事数字阅读产品创作的个人或团队来说，苹果应用市场对作品格式的严格要求，相对烦琐的开发者账号申请流程，作品上传审核的严格要求都抬高了发布作品的门槛。我们此前已经提到过，电子游戏与数字阅读产品之间的界限正逐渐变得模糊，其主要区别在于交互元素的多少以及复杂程度，而交互元素可以被认为是作品中的技术成分。从交互的角度来看，电子游戏属于对技术要求较高，开发团队中需要配备较多技术人员的类型，而与之对应，数字阅读产品对于技术的要求会低一些，甚至从目前整个产业的发展来看，对于以阅读为主、交互为辅的数字内容的需求越来越大。换言之，如何降低技术门槛，使技术不再成为障碍，尽可能快捷方便地创作交互式数字阅读产品，是数字阅读产业的重要发展方向之一。因此苹果应用市场相对封闭、严苛的审核管理，对于偏重艺术创作的个人和团队而言就成了不小的准入障碍。

当然，另一个主流的选择是安卓应用市场，如谷歌公司的 Google Play（见图 1-4），前文

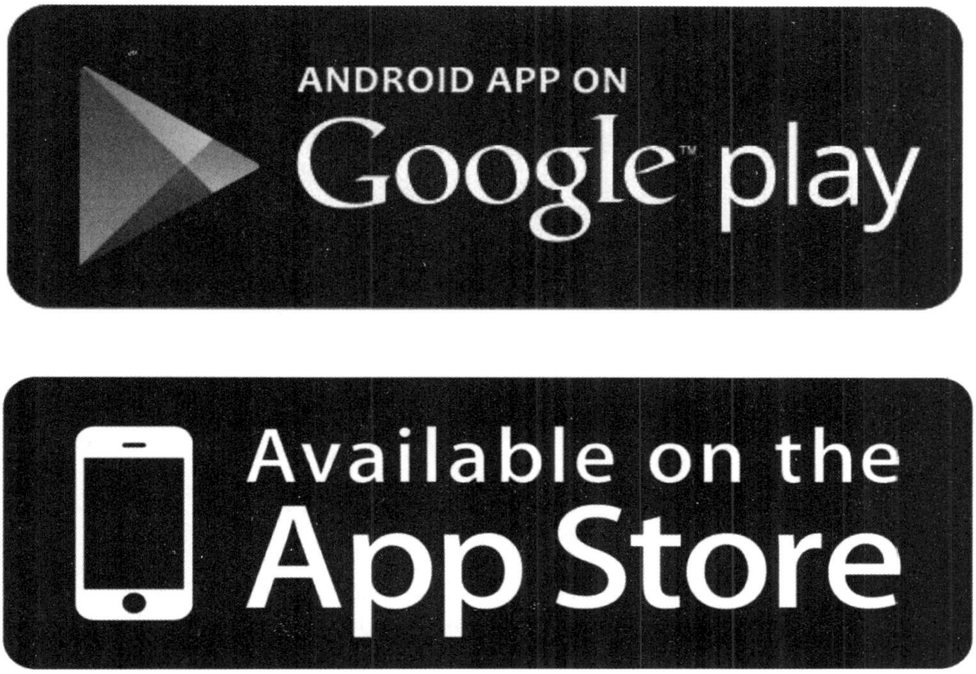

图 1-4　数字内容的主要发布平台——Google Play 与 App Store

中已经提到，安卓系统的开放性是其广受好评的原因，同时也是其市场乱象产生的根源。有为数不少的安卓应用开发团队，关注的重点不是如何制作优秀内容，而是如何在第一时间发现世界各国其他创作者的优秀内容，迅速对其进行复制并发布于各个应用市场，同时利用植入广告等方式赢利。这种行为严重损害了原创开发者的利益，并对整个产业的良性发展产生破坏性的阻碍，导致长期以来安卓系统虽然在应用总量方面可以赶超苹果 iOS 系统，但内容质量要远逊于后者。在我国，因长期以来版权保护方面存在的问题，此现象尤为严重。目前，国内移动互联网领域对此非常重视，将治理“安卓生态乱象”作为下一步移动互联网产业发展的重要目标。

技术的创新带来内容形式的创新，但针对全新的内容形态、艺术形态，也需继续建立与之配套的创作方法与艺术理论，这需要一个长期摸索的实践过程。尤其是在交互与艺术相融合方面，我们此前已简略提及二者之间固有的冲突，如果不考虑二者相融合过程中会产生的种种问题，强行将交互元素与阅读内容融合在一起，只能导致出现一系列“为了交互而交互”的作品。这样不但发挥不出数字媒体独有的交互性优势，反而会降低产品质量。从全球范围看，我国在交互与艺术融合方面的理论与实践都比较匮乏。以叙事类作品为例，国外学术界与产业界早在 20 世纪初就开始了叙事学理论的建设与研究，并随着数字媒体的兴起衍生出数码叙事学分支，致力于研究交互与文学、电影、音乐等艺术形态之间的融合，相应的理论成果也迅速在产业界通过实践得到进一步完善。但在我国，直到 20 世纪 80 年代才开始出现叙事学理论的研究，而数码叙事学方面的研究更是相当落后，另外，由于最适合数码叙事学理论结合实践的产业——电子游戏产业——在我国一直未能得到良好发展，优秀的数字内容制作人才、高品质的数字文化产品极为稀缺。直到今天，在动画、漫画、电子游戏等与数字阅读紧密相关的产业中，与美、日等国家相比，我国仍处于比较落后的位置。

思考题

1. 请取出自己的手机，找出手机上安装的与数字阅读相关的应用程序，并结合本章内容，将这些应用程序与传统阅读产品（书籍、期刊等）进行对比，分析其内容形式、传播方式的异同。同时对自己目前的阅读习惯进行总结，试思考手机等数字媒体是否改变了自己的阅读习惯。

2. 目前，很多微信订阅号、服务号都会在文章的开头部分插入一首贴近文章主题的背景音乐，用户可以点击播放音乐，然后在乐曲声中阅读文章正文。试分析这种音乐与图文相结合的方式为什么会流行起来，在阅读体验方面有哪些优点和缺点？

3. 对自己或身边的朋友进行数字阅读产品消费调查，统计每月在网络文学、网络视频、网络漫画、游戏等产品上的支出。根据统计结果，试思考人们对于数字阅读产品和传统阅读产品消费观的异同。

4. 试思考，在没有编程技能的情况下，有哪些计算机软件工具可以帮助我们制作交互式内容？与编程语言相比，这些工具有哪些优点和缺点？

第二章　数字媒体对内容形态与阅读习惯的影响

本章要点

1. 阐述数字媒体如何改变小说、漫画等传统阅读内容的形态以及受众的阅读习惯。

2. 传播媒介的改变如何导致作者创作过程的改变以及叙事方式、故事结构的改变。

第一节　互联网与数字阅读

一、从读者到作者

网络文学平台为文学爱好者和网络作家提供了一个很好的交流空间，作者可以通过该平台发布各类原创文学，提供免费试读内容，为自己积攒人气。以起点中文网为代表的网络文学平台，吸引了大量读者，网络小说的点击量惊人，同时网络文学产业的商业模式已经相当完善，为鼓励更多网民进行文学创作，起点中文网制定了各种作者奖励方法，其中甚至包括“低保”——只要每月保证更新一定量的内容，即可领取千元左右的工资，起点网的顶级写手年收入可过千万。

网络写作源于数字传媒平台的开放性和包容性。在国外，由于出版较为容易，这使得作者和读者不必向互联网投入更多精力。在中国，使用方便且费用低廉的互联网，成为数量庞大的读者和有水平的作者的优先选择。数字技术为网络文学生产提供了最理想的媒介和载体，为社会公众创造了“人人都能当作家”的入门契机。以起点中文网为代表的网络文学产业，开创了特有的新商业模式：作者将作品放在网站的公共阅读专区，该部分为免费提供，等用户积累到一定数量后，阅读将按照每千字 2—5 分钱的标准收取费用，各大网站纷纷研究激励机制，与作者分享利益。在这种商业模式下，中国网络文学作品呈现出爆发式增长的势头，网络作家，也就是我们说的网络写手，大量涌现出来。

据中国互联网络信息中心的统计数据显示，截至2015年6月，我国现有文学网民人数达2.85亿，约占网民总人数的42.6%。以各种形式在网络上发表过作品的人数高达2000万，各网络文学网站上注册的网络写手达200万人，每年有六七万部作品被签约，这2.85亿人的庞大受众就是网络写手们掘金的最大动力。精耕细作的传统文学创作模式已不能适应移动化和碎片化的阅读时代，网络文学环境中，作品的更新速度、新颖程度与读者的阅读喜好息息相关。网络文学作品不讲究文笔细腻，也不再拘泥于传统文学创作所必需的艺术积淀和生活体验。

我国网络文学小说行业从1999年开始出现，起初由文学爱好者在BBS里发表文学创作，BBS是网络文学最初期的土壤。到了2001年，网民对网络阅读的需求与日俱增，并引发一批文学爱好者尝试创作网络文学。随后，各类文学网站兴起，因付费阅读模式刺激了网络文学创作者的兴趣，大量优质作品涌现，读者按章节或者字数付费阅读，网络文学网站与作者按照收入分成。2004—2008年是网络文学行业商业模式趋于成熟的时期，其中最具代表性的就是起点中文网的“千字付费”商业模式。随着读者需求的增加，网络文学网站开始出现细分，这时形成了诸如以红袖添香、晋江文学等为代表的女性小说，以起点中文网、纵横中文网为代表的男性小说。而根据性别的细分方式，也成为网络文学行业日后发展的主要细分准则。[①] 2009年至今，网络文学行业形成多样化的商业模型，主要包括收费阅读、版权收费和广告收费，并且加强上下游合作，形成网络文学行业产业链，为影视行业、游戏行业、电子杂志行业、数字出版行业等输送大量的原创材料，同时也有效地推动了网络文学行业的飞速发展。

与此同时，商业上的诱惑使得越来越多企业涉足网络文学。2013年，腾讯和百度等传统互联网大佬纷纷发力网络文学领域。5月30日，腾讯旗下创世中文网正式上线；6月8日，百度旗下的文学网站多酷文学网上线；同年12月29日，百度以1.915亿元高价收购了纵横中文网、腾讯、百度等旗下的网络文学平台，直接触动当时盛大文学一家独大的地位。网络文学在2015年上半年度受到互联网巨头企业的重视，百度、阿里等先后成立了自己的网络文学部门，希望在未来的竞争中获得优势地位。互联网公司的加入不仅推动着网络文学的创作者们从更多的平台、面向更广的读者进行掘金，同时也加剧了国内网络文学移动化和社交化的进程。

以起点中文网为代表，网络文学产业的商业模式已经相当完善：为鼓励更多网民进行文

① 艾瑞网：《中国网络文学行业日趋成熟　细分市场已然确立》，http://www.iresearch.com.cn。

图 2-1　起点中文网标志

学创作，网络写手的稿酬首先是点击收费分成，因为点击量决定了该写作是否有继续下去的必要。有些网站对签约写手有个“全勤奖”，只要每天更新 2000 字，无论质量好坏每月都有 500—1000 元不等的酬劳，更有大学生就冲着这个全勤奖而来，挣点零花钱。起点中文网制定了各种作者奖励方法：起点作家福利体系，其中包括为作家购买保险、根据上部作品成绩发放签约金、读者月票奖励、出版奖励、完本奖励和年金奖励等。对有创作欲望的写手提供发展的空间和激励措施，更甚者，有“低保”措施：凡是签约作家，其作品一旦上线，只要保证每月一定量的内容更新，即可领取 1200 元的低保工资，对初入起点的作家来说，可谓是很好的保障。

网络文学的盛行使网络写手成为一种职业，经过十余年的发展，中国的网络文学写作队伍不仅在写手数量方面超过了百万量级，而且已经形成了标准化、大众化、流水线式的规模化网络文学生产方式，进一步推动着网络文学的创作者从更多的平台、面向更广的读者掘金。

二、数字阅读内容的“微”与“长”

如何鉴定一部作品为成功的网络文学，其特征之一是“长”。一本人气不错的小说基本都会延续数百万字甚至上千万字的篇幅。与网络小说的长相对，微博、微信朋友圈转帖等手机阅读内容却趋于短。这是一个非常有意思也值得探讨的现象，下面我们将对此展开一定论述。

随着数字媒体的蓬勃发展，手机、平板电脑、电子书等迅速融入人们的生活，对读者的阅读习惯，包括阅读时间、阅读方式、阅读内容产生了很大冲击。一方面，阅读无处不在，呈现泛在化阅读；另一方面，娱乐化、碎片化和社交化现象呈现在数字阅读中，使人们对于阅读的定义重新改写。

逐渐地，人们对于数字阅读内容的形式有了多种多样的选择，最终形成了这样两派：超长网络小说与短小网络段子，如微博和微信内容。数字阅读内容的形式差异极大，作者和读者的意见与观点越来越短，阅读的故事越来越长。

前面已经说过，成功的网络文学作品特征之一是“长”，在起点中文网中，上千万字的小说就有9部，排在第一的游戏类小说、起点第一编辑组签约作品《从零开始》，总字数17,620,607，已有超6000万的浏览量。从2008年开始，因为网络文学付费阅读的兴起，网络文学作品的字数就呈海量增加。为了赢得更多订阅，写作也由脑力劳动变成了体力劳动。

自从2003年起点中文网开创付费阅读模式起，网络文学便以千字为计量单位来“计字收费”，作品篇幅直接决定网络作者的收入。起点中文网和盛大文学在2007年左右相继整合其网络文学平台，通过开启“千万亿行动”等措施，建立并完善薪酬和奖励机制，激励写手们每日更新并且刺激着阅读量持续增长。以起点中文网主站的签约作品为例，作者每天必须更新1万字付费章节，才能拿到每月1000元的全勤奖金。如此压力下不仅可以通过阅读量过滤出受欢迎的作品，也能保证读者的持续关注度，并且通过排行榜形式呈现出来，读者订阅数量、排行榜名次都直接与写手分成收入挂钩，所以，网络文学往往是以长取胜。

现在来看，网络小说之于网民已经成为一种刚性需求。随着现代生活节奏的加快和生存压力的增加，大量娱乐消遣方式的出现抢占了人们的阅读时间，人们慢慢抛弃传统阅读，选择利用碎片化时间和数字媒体技术进行阅读。长篇网络小说恰好成为很好的消遣内容，不仅顺应了当下社会生活节奏快、工作压力大、闲暇时间少的状态，还能让人们持续地获得娱乐消遣内容。

同样的，在当前社会生活中，另一种可以在间断、短暂的时间里，迅速获得有效的信息和足够的娱乐资源的阅读方式也十分普遍，那就是另一种数字阅读内容形式，如微信、微博阅读，或者说是碎片式的“微阅读”。微阅读，是一种借短消息、网络文学（网文）和短文本生存的阅读方式。微阅读是阅读领域的快餐，口袋书、手机报、微博都属于微阅读。等电梯时、坐车时，习惯性地拿出手机看新闻、读小说，打发时间，好像我们每个人都已成为“微阅读”的忠实执行者了。

谈微阅读就不得不说微博，微博正在改变人们的生活方式。原本微博规定一条微博在140个字符以内，这样的碎片式的阅读，让阅读变“轻”了。微博为何会有这么大的魔力？是什么原因让微博在这么短的时间内深入人心，让数千万人每天沉浸于看微博、写微博的愉悦中乐此不疲呢？有人曾说，微博、微信、微小说符合简单、快速、生动的特点，可以让人在瞬间抓住要点和趣味，确实叫人欲罢不能，这就是“微阅读”的魅力。无论是赶地铁、休息乃至上厕所，新信息到来的声音、刷新的声音总会在耳旁响起，让人感受到随时被信息包围。随手发微信、记录、分享、转发，已经成为大家生活方式的一种，这样的阅读过程也是每个人分享交流、记录生活的过程。

如上所述，数字阅读内容的形式已呈现出两极化发展。随着社会竞争加剧、中国人口的老龄化以及人们健康意识的提高，读者的阅读已从以学习和工作需要为主向以生活、娱乐为主的休闲型阅读模式转变。阅读还有一个变化趋势，是人们的深度阅读减少，浏览式的浅阅读增加。面对信息的海量膨胀，生活节奏的加快，人们要更多更快地获得信息，其阅读呈现出浅显化的特征。长篇网络小说和微信、微博阅读正是当下符合人们阅读习惯和需求的美好产物。

三、数字阅读产品评价标准的改变

在传统的文学创作过程中，要评价一部作品的好坏，有两个非常重要的参考因素：一是作家的创作个性，二是作品本身具有的语言风格、价值传播和社会影响力。

根据《文学理论》的概括，创作个性是指作家的兴趣爱好、秉性天赋、气质性格、艺术修养、审美趣味等个性心理特征融进作家的创造，并在作品中作为一种鲜明的特色呈现出来的综合表现，是一个作家区别于其他作家的个体性的东西。独特的童年感受和成长经验，可以让作者积累内在的情怀追求、塑造独到的思考角度和培养成熟的审美感知能力，并且逐渐在行笔过程中将之缓慢流露出来。所以有人总结，创作个性的形成和出现是人类和文明民族成熟的产物和标志。对于文学创作和评价文学作品而言，这一点尤为重要。

现代汉语具有发达的文学语言。文学语言的基本性质有两个：一是意象性，克服了一般语言的抽象性；二是超越性，具有隐喻性，能够表达审美意义。

文学语言还具有能指与所指的统一性、认知与意向的统一性、审美幻想性等特征。我们在阅读一篇文学作品时，首先接触的是语言，由不同的叙事风格搭建的阅读体验，很大程度上影响了我们对整篇作品的评价和鉴赏。对于诗歌与小说，我们喜欢字里行间呈现的美感和个人化体验；而对于纪实文学和报告文学，我们则追求平实简洁的话语所带来的严谨与真实感。而在文字背后，我们能进一步通过统观全文，揣摩作者写作意图，从而与自己的生活经验相结合，由此思考作品所带来的价值观传播和社会影响力辐射，从而进一步影响我们对于文学作品的评价乃至后续购买阅读的行为。

随着数字阅读产品的兴盛，越来越多的文学创作不再拘泥于纸质媒体，而是往网络平台发展。互联网的发展促进了网络小说的盛行，文学作品可立即发表在网络上，不再通过编辑部和出版社长时间的审稿和出版流程，简洁的“创作—阅读”模式吸引了大量的小说写手和读者参与其中。更有个别网络小说由于点击率太高，受到粉丝一致追捧和热议，还被编剧选中，将小说中的精彩故事情节搬上了电视荧幕，从而实现了文学创作与商业运作的直接接轨。

然而，网络小说不同于一般的小说创作，动辄几十万字，要在一个网站脱颖而出并受到读者的追捧和订阅，必定得采用独特的创作方法。不再是由作者的独特个性所指导、经过语言的精心雕琢和出色的谋篇布局所串联，网络文学作品更多地是需要在最短时间内抓住读者的阅读兴趣，从而吸引读者停留在当下页面浏览，进一步产生订阅和点击阅读等行为。在网络小说专区，都有作品简要介绍。若你不能通过简单地概括作品来吸引读者做出选择，那你就不能吸引读者继续阅读，这个故事也就没有往下创作的必要。读者需要的是一个很好的故事，一个能吸引他继续阅读的故事。无论是“霸道总裁爱上我”系列，还是历史穿越系列，创作者必须在创作之前了解读者的接受维度，不能由着自己的兴趣审美来埋头创作。在作品的价值观追求上，有位网络写手曾说过：作品只有媚俗，才会有人看。简而言之，作品要舍弃很多自己的个人追求，转而适当博取读者欢心，这样才会带来相应的商业利益。作为一名读者，他来看你的书，是想要放松一下，是为获得快感，他最讨厌说教的东西。因为生活中太多说教的东西，会让人感到无聊。最后，过多的说教会让读者放弃你的书，导致网络写手再也无法顺利开展接下来的网络写作行为。

我们知道，在网络文学创作过程中，由点击率决定排行榜，由排行榜决定哪些内容可以在海量信息中浮出水面，这种单一化的评价机制对文学创作产生了很大影响，导致网络小说的作者摒弃了很多传统的写作范式和规则，进而选取更加利于网络传播的小说主题与叙事模式。由此，我们不禁要继续追问，此种评价机制对网络小说的作者创作过程有何影响？下面我们截取网络小说的作者和读者的综合调查，在此初步展开探讨。

写网络小说，最重要的是选题，由此决定作品的整体叙述内容。网络小说题材都具有一定的市场周期性，例如仙侠、悬疑和都市类题材，读者忠诚度很高，只要写得好，基本不会被冷落。作者可根据自己的知识结构和写作经验来选定题材方向，接下来继续完善知识结构，如果你要写历史题材，此举尤为重要，简单的错误千万不可犯，无论是兵器知识还是作战武器，当时的历史掌故必须烂熟于心。否则出现知识硬伤，读者很可能就不再阅读你的作品。

要知道，一部网络小说很有可能是百万字起的浩大工程，定好选题，就需要写创作大纲，构架小说的整体概念。有大纲的同时，还需要设定人物角色，二者紧密结合，相辅相成。

然后，就是创作存稿部分，至少需要二十万字左右，因为网络文学小说网站中的竞争非常激烈，仅一周之内阅读排行榜上就能出现很大变化，作者必须有足够的存稿不断更新，供应给读者，包括冲击各种榜单。同时，在更新如此之快的网络时代，存稿可以很好地控制好读者量，如果写作速度跟不上读者的阅读速度，这一作品很可能就会被放弃阅读。

最后就是审稿阶段，在上传到网络之前，需要先做好审稿工作，确保内容具有足够的吸引力，除了不违反相关规定之外，作为一个网络写手甚至是大牌网络作家，接下来就是要坚持，保证每天有一定数量的内容更新。网络小说所依赖的是读者的阅读惯性，也依赖作者的创作习惯，阅读一旦成功开始，就如惯性发生作用一样，所以成功的网络小说高度依赖于一个成功的开端。

四、Wiki 百科与众包式创作

众包式是一种群体创作方式，数字媒体比传统媒体更适合作为群体创作平台。好比现在通过跨国合作来制造车辆，在互联网行业初期，就已经有项目采用众包方式招揽组织人员参与项目运行了。众包，简单来说就是该进程可以由多种方式完成，并服务于多个目标。就如同我们很习惯去某网站的公共区域发布问题，寻求来自网友的答案一样，这种公开问询的方式就是众包与外包的区别，外包则是你将任务发给特定的人或组织来完成。众包的对象可以是组织，也可以是个人。在互联网上采取众包的形式是一个很好的寻求帮助的解决途径，它可以从一个更大的社会知识库得到答案。

如今大众不断进入并参与到网络文学创作之中，中国最大的纯原创漫画网站有妖气漫画，已经采取用户创作小说的模式，这种作者建立创作思路，用户参与作品后续创作的众包型流水线作业，适合当下读者对内容大量、增长快速的需求，有助于快速生产内容。在过去的近十年间，数字媒体技术和社会化媒体让大众广泛参与到传播之中。个人博客、微博、自制视频、贴吧、网络社区，几乎所有网站都已成为人们相互交流的空间，在这个讲求内容至上、用户体验至上的时代，大家都在关注如何做才能更好地吸引和满足用户。

逐渐地，在茫茫互联网大海之中，出现了这样一种模式——基于网络的分享平台。在这里，人人都是话题的发起者，大家都能参与其中，很多用户在发布权威内容和有用的咨询后，慢慢受到越来越多的关注，成为互联网中权威内容的聚集地，国内有名的全球最大中文互动问答平台“百度知道”、专注于时尚女性消费者的电子商务网站“美丽说”及 SNS 社区等都采用这种模式。这种 UGC(User Generated Content)模式成就了很多网站，使之成为用户喜欢的平台，同时也给出了众包最好的实践方式。

维基百科(英语:Wikipedia，见图 2-2)，来自百度知道的词条解释说，它是一个“自由”“免费”“内容开放”的网络百科全书。维基，意味着任何人都可以编辑维基百科中的任何文章及条目。维基百科是一个基于维基技术的多语言百科全书协作计划，也是一部用不同语言写成的网络百科全书，其目标及宗旨是为全人类提供自由的百科全书——用他们所选择的语言来书写而成也是众包模式的一种典范。它是一个动态的、可自由访问(绝大多数国家，使用安全链接也行)和编辑的全球知识体，其口号为“维基百科，自由的百科全书”，中文则附加“海纳百川，有容乃大”。Wiki 一词来源于夏威夷语的“wee kee wee kee”，原本是“快点快点”的意思。在这里“Wiki Wiki”指一种超文本系统，这种超文本系统支持面向社群的协作式写作，同时也包括一组支持这种写作的辅助工具。

维基百科于 2001 年 1 月 15 日正式成立，由维基媒体基金会负责，网页的内容采取用户

图 2-2 维基百科标志

自行修改模式。因自由、开放及用户的广泛参与、内容共享，维基百科也被称为创新 2.0 时代的百科全书。如同一本由全球各国人民共同参与的编著，维基百科是知识社会条件下公众参与、协同创新的生动诠释。维基百科平台的成功也促成了维基新闻、维基教科书等其他项目的产生，不过由于来源无法被审查，用户发布内容会引发公众对内容准确性的争议。维基百科中的所有文本和其他内容都是在 GNU 自由文档许可证下发布的，以确保内容的自由度及开放度。所有人在这里所写的文章都将遵循 Copyleft 协议，所有内容都可以自由地分发和复制，真正实现了全民共享信息资源。截至 2016 年 1 月，维基百科条目数第一的英文维基百科已有条目 5,059,823 篇，页面总数 3,829 万个，总编辑次数超 80,953 万次，英文维基百科的管理人数已超 1,320 人。全球所有 264 种语言（不包括停用的语言），总登记用户也超越 2,728 万人。

维基百科的成功，说明数字媒体相对于传统媒体更适合作为一个群体创作的平台。它们之间最大的区别在于传播状态的改变：由一点对多点变为多点对多点。从传播学的角度来分析，每个人都可以进行大众传播，传播的信息与意义是否重要无关，这使得受众的主动性大大增强，传统意义上的大众传播变得日益小众化、个体化。

首先是传播方式的不同，数字媒体同时拥有人际媒体和大众媒体的优点：充分个性化的信息能同时送达认识或不认识的无数群体；每个参与者，无论是出版者、传播者，还是消费者，对内容均拥有对等的和相互的控制。数字媒体又免除了人际媒体和大众媒体的缺点：当传播者想向每个接受者个性化地交流独特的信息时，不再受点对点的限制，当传播者想向大众同时交流时，又可以针对每个接受者提供个性化内容。

其次是传播目的的多元化，数字媒体“所有人对所有人传播”的理想模式，也构成了数字媒体传播目标的多元化趋势，传播目的变得多种多样，具有复杂性和不明确性。

还有传播范围的无限性，相对于传统媒体，数字媒体的另一个鲜明特点是它消解了传统媒体（电视、广播、报纸）之间的边界，消解国家与国家之间、社群之间、产业之间的边界，消解信息发送者与接收者之间的边界。无边界的传播范围变得不可控和不可知，基于网络和数字技术所构筑的需求、传输和生产日趋无限。

最后是传播技术的简单和成本的低廉，数字媒体近乎于零费用的信息发布，对受众多为免费，传播技术和成本相对传统媒体要简单和低廉得多。

五、网络连载对故事结构的影响

前面我们已经详细探讨过，由于传播媒介的改变，导致作者创作方式改变、读者与作者间交互的改变，因此对叙事类阅读产品的叙事结构也会造成一定的影响。举例说明，比如金庸的《射雕英雄传》，开篇用很长的篇幅描写主角父辈的故事，在网络小说创作里就完全行不通，因为读者的耐性和阅读欲望较之使用纸媒阅读，已经降低了太多。再如，因为连载需每天更新内容，故事中悲剧性的情节就不能拖得太久，因为这会激起读者的“愤慨”，而读者又有明确的渠道将其愤慨反馈给作者，这样及时互动和顺应读者的需求来创作，便由此促生了在线付费阅读制度，推动了小说与影视、网游、动漫等文化产业的联姻，加速了小说创作融入文化产业的进度。

网络连载模式对当前小说创作的影响很大，它催生了许多新的小说模式，如超级长篇小说，也导致了商业化小说创作、众包式小说创作的出现，同时网络小说的整体质量也受到一定影响。网络连载小说之所以如此盛行，乃至几百万字依然有人追捧，究其原因，是通过连载形式来展开故事叙述，和传统的小说是整本出版供人购买和阅读的方式不同，这种情节的递进和书写的及时互动性，既符合读者的阅读期待，又能及时促使作者进行细节的更换和删改，使连载故事富有吸引力和再创作的可能性。

在这里，需要提到阅读期待。阅读期待是一种迫切求知的心理状态，是阅读的先导，它直接关系到阅读的热情、阅读的质量及品位。传统的长篇小说故事写作，也会秉承吸引读者，争取和读者达到审美和认知上的契合，个别小说甚至还负载着启迪读者的人生观、丰富其价值观，并给予社会特殊现象以关怀和观照的社会职责，读者的期待视野是一个非常重要的因素。新作品通过预告信息，暗示、展示已有的风格、特征，从而唤起读者对以往阅读的回忆，使读者对作品产生期待。小说连载就是从读者的这种审美心理出发，利用一定的技巧，将完整的小说切分成多个故事，激发读者的期待心理和想象行为。

所以说，网络写手在谋篇布局时，通常会设置一个具有吸引点的故事情节，首先是使读者产生阅读的欲望，在这个过程中，作者会摒弃传统写作中交代背景、描写人物、刻画风景等惯例，直接将最具有亮点的内容放在读者面前，引起读者的阅读期待。在接下来的行文中，作者会在每日更新中一点一点剥开故事内核，通过新文本的创作使得读者也参与到故事中，通过阅读后的交流来满足自己的期待视野，读者便会否定先前的接受经验，由新经验继而产生新的接受意识，这样就会引起视野的变化，出现新的期待视野，从而保证了故事连载的可能性，由此可见出现上百万字的网络小说作品也不足为奇。

我们知道，报纸、期刊与网络都是传统小说连载的载体，载体不同，所承载的小说类型也不同。报纸与期刊是工业时代的媒介形式，但是传播速度不高，传播的信息量有限，传播成本较大；网络是信息时代的媒介形式，传播效率极高，软硬件成本一次性投入后就能重复使用很久，传播的信息量极大。所以，网络连载方式首先促进了超长篇小说的出现。传统通俗文学作品，如金庸的武侠小说，多为 120 万字左右，而网络小说的创作篇幅远不止于此。前面说过，网络文学作者要想上传作品，最起码要有二十万到三十万字的存稿，而这些文字最基本的作用就是免费招徕读者、吸引读者关注这篇小说，从而最终达到使其甘愿追随作品更新，并且付费阅读 VIP 章节的目的，付费之后将有数百万字的精彩内容呈现给读者。2011 年前后最长的网络小说《从零开始》已达两千万字数；《官仙》也已经达到了 1,629 万字，并且还在持续更新中。

网络连载对故事结构的影响，表现在小说内容上，即模式化倾向。前面我们说过，例如仙侠、悬疑和都市类题材，读者忠诚度很高，只要写得好基本都会受到读者青睐。多数作者都会选取该类题材，互相模仿叙事套路和语言风格，甚至修辞手法，以吸引读者关注其作品。曾在起点中文网长期占据排行榜榜首的《斗破苍穹》，以及颇受读者喜爱的网络小说《九鼎记》《亵渎》，采用的都是“升级＋地图转换”的模式，即通过作品人物在修炼之途中不断地升级，阶段性地转换故事发生的地域场景来保持读者的阅读兴趣。① 网络小说的长度被拉长后，往往会使得读者减少对作品内部组织构造和外在表现形态的关注。

综上所述，网络连载故事颠覆了以往的叙述结构，因其必须在最短时间内吸引大量读者并且保证作品不断连载或发表新的长篇连载小说等，网络小说对于故事结构并不是特别注

---

① 王卫芬：《论网络连载对小说创作与出版的影响》，《出版广角》2013 年第 3 期。

重。网络写手们对于生活故事中一系列事件进行选择组合，构成一个个具有战略意义的标新立异的序列，激发出读者特定而具体的情感，并表达出一种独特的人生观。

第二节 电子游戏与数字阅读

一、叙事已成为游戏的重要功能

在早期画面粗糙的时代，游戏很难承载较为深刻的叙事主题。随着技术进步，游戏的效果越来越好，赶超电影，自然可以承担起叙事的重任。同时，游戏具有交互性，这更是小说、电影等不具备的功能，玩家在玩游戏的同时，也在“阅读”游戏中的故事，甚至更深入地“参与”到故事之中。

如同写文章，叙事就是人类认识和理解外部世界的基本表现形式，人们的认知也是通过多重叙述来逐渐完善的。电子游戏中的叙事也如此，游戏玩家通过叙事直接参与到游戏中，丰富的情节设定及细节描述给游戏玩家带来超凡的参与乐趣。

如今强大的叙事能力是人们对电子游戏的共同认知之一，随着电子游戏不断发展，电子游戏的叙事性表现在不同方面，如游戏中故事背景的设置、主要人物和事件的体现以及之后我们将提到的人工智能参与创作等方面，叙事元素的比重日益增多。以音响小说游戏(Sound Novel Game)为例，音效和音乐成为引导阅读者及玩家的主要因素，也就是在体验小说中的气氛中，玩家参与选择剧情走向的互动性文字游戏。其题材主要以怪谈、悬疑、解谜为主，通过各种选择达到多重结局，实现“自己亲手控制剧情走向”的乐趣。从1992年SFC发售的《弟切草》到今天，音响小说游戏不仅限于用音效和文字推动游戏发展，而且也已加入精美动画、影视特效，使游戏的观赏性和娱乐性得到了很大提升。

图2-3 《暴雨》游戏截图

被众多玩家认为是索尼发行的经典之作《暴雨》(*Heavy Rain*)是一款交互式电影冒险游戏(Adventure Game，见图2-3)，其中在人物的表情及动作的精致刻画上给人们留下了深刻印象。更被玩家称赞的是玩家与游戏中的故事之间培养出的时而牢固时而消失的联系，这种联系将玩家带入到一个非读者而是参与者的角色中。

《超凡双生》(*Beyond: Two Souls*，见图 2-4)是一款在 2013 年 10 月上市的交互式电影动作冒险游戏，其中好莱坞影星艾伦·佩姬和威廉·达佛参与表演、动作捕捉及面部表情捕捉。《超凡双生》与《暴雨》相比，玩家完全操纵角色的比例大幅提升，甚至在过场动画中的部分画面也可由玩家操纵，交互叙事体验极强。

图 2-4　《超凡双生》游戏截图

无论是设计者还是游戏者，其实都是在下意识地考虑着每一个面孔之后所蕴含的意义，一个体格壮硕刺着文身的黑人形象所传递出来的信息，肯定与一个身材曼妙的年轻女郎是不同的，它们在游戏中的功能也一定有巨大差异——这一改变一方面得益于计算机技术的发展，另一方面也表明了人们对叙事近乎本能的需求。因为丰富的细节可以给游戏者带来更投入的热情和饱满的想象快乐。①

笔者认为，电子游戏的叙事性及交互性已成为玩家阅读故事时最主要的感受点，这也是受众在读书和看电影时不一样的感受。按照麦克卢汉(M. McLuhan)的理论，“新兴媒体在发展之初首先会去模仿之前的媒体形态，以汲取营养。比如说电影，就是先学摄影，后学唱

① 小鸟歪歪：《对比电影：谈游戏叙事时空关系》，《大众软件》2010 年 10 月上。

片、录音，最终实现声、画一体。”电子游戏也从电影中汲取其叙事的能力，比如，在电子游戏中常常会出现一个类似电影的片段，玩家不需要进行任何操作，只需要观看即可。但叙事功能和互动形式使电子游戏成为和电影完全不同的媒体形态。

二、严肃游戏与教科书

严肃游戏通常就是偏重于教育、教学意义的解决实际问题的游戏。从字面上来看，游戏参与感、特定教育性、模拟现场是我们看到严肃游戏能联想到的一系列词语。严肃游戏自20世纪80年代诞生以来，已经广泛应用于军事、医学、工业、教育、科研、培训、防灾、人道主义宣传等诸多领域，并取得了良好的效果。

由《中国远程教育》杂志市场研究室发布的《教育游戏产业报告》中提到过“电子教育游戏”一词，与“严肃游戏”颇为相似，报告中指出，“由游戏设计和制作人员创作、承载着具体的教育和娱乐目的”，童年时代的“小霸王”似乎有些许严肃游戏的味道。

国外的一款经典严肃游戏《美国陆军》(*America's Army*，见图2-5)是为训练士兵而发明的，讲的是在伊拉克战争的准备阶段，美军利用游戏模拟即将到来的战争，从而对不熟悉战争的新兵进行有针对性的训练。该款游戏不仅受到士兵喜爱，同样也受到了民间的热捧。注册用户过千万，甚至有报道称，曾有人用《美国陆军》游戏中见到的场景和知识成功救助伤员。

图2-5 《美国士兵》游戏截图

游戏经典大作《孢子》(*Spore*，见图 2-6)模拟宇宙，邀请玩家从一个单细胞生物入手，经历陆栖物种、物种部落、复杂文明的演化，最终打造出一个能够进入宇宙航行、设计星球的超级文明，从无到有地设计整个星系。每个玩家都可以创造并上传其游戏内容到生态系统大型数据库“孢子百科”里。玩家们利用“孢子百科”、论坛和维基百科来了解其他玩家创造的内容，以及如何改进自己的创作技术。至今，来自 30 多个国家和地区的《孢子》玩家已经创造分享了 1.44 亿个生态系统物体，从生物、建筑到航空航天交通工具，无所不包。①

图 2-6　《孢子》游戏截图

教授知识和技巧、提供专业训练使得严肃游戏和教科书画上了等号，但是，与科普性质的、教学性质的阅读相比较，正因为交互的存在，严肃游戏利于读者更好地掌握教学内容。例如驾校里的驾驶模拟器就可以算作是严肃游戏。从阅读的角度来看严肃游戏，它就像是把抽象的说明和具体的实践整合在一起的教科书。教育类的严肃游戏不仅被当成教学的辅助工具和手段，更是知识与游戏的高度融合，通过在游戏中的体验和交互，自由获取知识能量，彻底颠覆传统学习模式和认知路径。

目前我国严肃游戏发展较为缓慢，国内开发的严肃游戏主要为军事单位、银行、学校等购买，公益类严肃游戏匮乏，严肃游戏在我国的发展还需要游戏开发商及社会大众的共同关注和努力。

① 刘进:《中国严肃游戏发展思考》,《中国艺术报》2013 年 8 月 30 日。

三、游戏中的体验与表达

我们知道，游戏玩家在游戏世界中会不自觉地主动创造故事，而游戏制作者往往也非常重视游戏的这一功能，去创造一个具有无限可能性的游戏世界，以便游戏玩家进入游戏之后可以自行创造故事。索尼在线娱乐公司首席创意官 Raphael R. Koster 在《快乐之道——游戏设计的黄金法则》中曾提到，“当我们提及快乐的时候，我们实际上是指一堆不同的情感。”如此看来，电子游戏给玩家的无限体验更能带来快乐。

典型的例子如陈星汉的《风之旅人》。这款游戏实际上只是提供了一个世界和一个旅途终点，以及很简单的游戏方式，但这些简单的东西成功地激发了玩家自身的想象力与思考，整个游戏旅途变成了一个深邃感人的故事，且每个玩家都会有不同的体会，“更具故事性”和“平易近人的体验”是游戏开发者对“旅途”的自我评价。

电子游戏中，玩家按照个人偏好进行游戏，得到不同结局，在此过程中的体验对玩家是非常重要的。*Minecraft*（见图 2-7）是一个沙盒游戏（Sandbox Game），这个游戏非常重视玩家的体验和感受，玩家在游戏中做着建设、破坏等许多事，通过像乐高一样的积木来组合与拼凑，轻而易举地就能制作出小木屋、城堡甚至城市，但是若再加上玩家的想象力，天空之城、地底都市都一样能够实现。玩家不仅可以创造房屋建筑，甚至可以创造属于自己的都市和世界，玩家可以通过自己创造的作品来体验上帝一般的感觉。玩家在游戏中的形象可以用单人或多人模式，通过摧毁或创造方块来创造精妙绝伦的建筑物和艺术。现在很多爱好

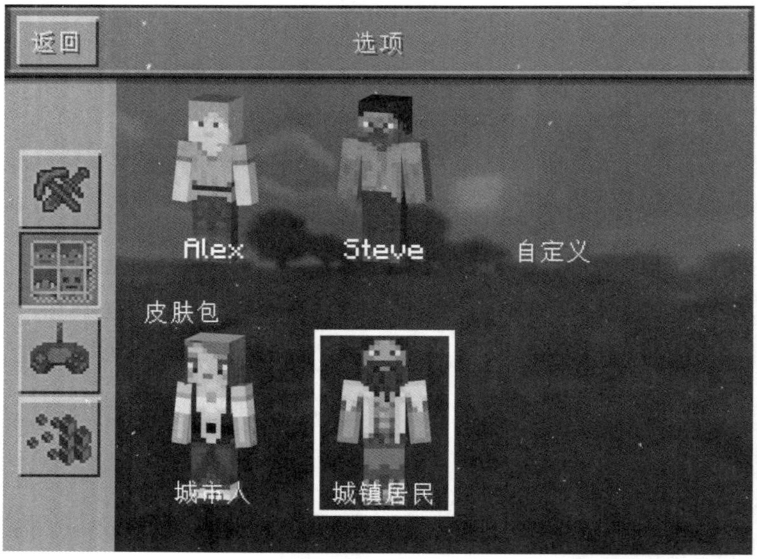

图 2-7　*Minecraft* 截图

者，诸如 Slamacow，DBL(Dig Build Live)的外国动画制作团队根据 Minecraft 制作了不少幽默的动画。

在电子游戏中，游戏本身作为游戏创作者的成果和工具，向玩家传递信息并提供参与平台，玩家以第一视角直接体验故事本身并在游戏环境中表达自己，同时供游戏“阅读”，其中的快乐也只有玩家自己去体会。

四、人工智能参与创作

人工智能，英文缩写为 AI(Artificial Intelligence，以下简称 AI)。它是研究、开发用于模拟、延伸和扩展人的智能的理论、方法、技术及应用系统的一门新的技术科学。游戏中的人工智能，一般说来是指游戏中，计算机控制的非玩家角色，能够模拟人类思维或者现实中的其他生物，表现出一定的智能行为，好的 AI 使游戏变得更加逼真。电子游戏中的人工智能可以增加游戏的挑战性和可玩性，帮助玩家展开游戏情节。

在电子游戏中，人工智能的含义不只停留在表面上。最显著的 AI 便是任何游戏中受计算机控制的对手，如 Non-Player Character，“非玩家控制角色”的缩写。除此之外，还有另外一种基于程序的 AI，这种程序有自己的存在模式，不受玩家控制并有可能对游戏有推动作用。

在传统游戏/桌面游戏中，玩家和机会是推动游戏进行的关键元素。而在电子游戏中并非如此。电子游戏拥有一个独立的游戏世界，不由任何玩家所创造或操纵。游戏中的智能角色可以增强游戏的体验并且改善游戏可玩性。非玩家角色可以使得单人游戏的实现成为可能，并能改善多人游戏的真实感。游戏中与玩家并肩作战的队友同伴、突然出现的杀伤性武器、特定方式的移动和特殊的背景环境都可以切实增强游戏的真实感、复杂感和可玩性，因此人工智能在电子游戏中是必不可少的。由此看来，正是因为人工智能的参与，玩家获得了更好的体验感，在游戏的叙述中，人工智能同样参与了游戏创作。

目前，许多电子游戏在扩展性方面给了玩家很大的空间，辐射 3 伊甸园的创造工具(Fallout 3 Garden of Eden Creation Kit，简称 G. E. C. K.)，玩家可以按照自己的想法以任何方式扩展游戏，用户可以创建、调整和编辑任何“辐射 3”的数据；各类 MOD 数量众多而闻名的《上古卷轴》系列中，玩家可以通过各种工具对游戏进行编辑、修改、添加内容。如果游戏中的 NPC 实现了真正意义上的人工智能，这些扩展性的玩法和人工智能在游戏中的体现将会把故事引向何处？这个有趣的问题值得我们一同去思考。

第三节　移动媒体与数字阅读

一、手机支付与数字阅读平台的兴盛

数字阅读的潜力毋庸置疑。近年来,电子书正在渗透进我们的日常生活,数字阅读逐渐成为人们主要的阅读方式之一。数字阅读时代软硬件一起上,Kindle曾是极客们的玩具,如今已成为文艺青年的身份符号。用iPad看电子书的用户也越来越多。当当、京东、亚马逊都提供了“海量”电子书,阅读体验更好的多看、豆瓣、唐茶,在小众的用户群中有着非常不错的口碑。

在硬件日渐普及的同时,国内的数字阅读也兴盛起来。随着数字阅读日益普及,数字阅读平台在数字阅读产业中扮演着日益重要的角色,平台的资源建设、产品规划和服务质量,都成为重要的竞争砝码。盛大文学云中书城、汉王科技汉王书城、新华文轩九月网、方正集团番薯网、中国移动通信手机阅读、中国电信天翼阅读等各色数字阅读平台接踵而至,并且纷纷推出各类适合用户阅读的软硬件设备。

2010年,盛大出了一款电子书阅读器Bambook,并且把旗下盛大文学云中书城作为内容平台,云中书城累计拥有近600亿字的原创文学内容、300万部版权作品、1000余种电子期刊、60家传统出版社、200多位中国当代传统作家和编剧、110万名盛大文学旗下作家辛勤写作,每日新增1亿字。在内容资源方面,Bambook以其云中书城的2000本免费网络下载预装书、300万部的容量、600亿字内容及日更新1亿字等特点遥遥领先。正版资源上,Bambook和Kindle以100%的正版持有率并列第一。

据调查研究资料显示,手机阅读已经超越网络在线阅读,成为数字阅读的首位,移动市场已成为数字阅读提供商的必争之地,云中书城在2014年就陆续推出了Android客户端、iPhone客户端、iPad客户端等,供用户随时随地通过多种终端设备下载阅读书籍。

数字阅读平台的不断发展,刺激着各方不断探索和升级赢利模式。2012年,国内领先的第三方支付厂商财付通宣布接入磨铁中文网。这是财付通将“微支付”业务覆盖到腾讯旗下的游戏、开放平台、视频等数字娱乐场景外,在数字阅读领域的又一重要尝试。除磨铁图书外,财付通还与红袖添香等达成“微支付”业务接入模式。

所谓“微支付”,就是指用户在处理从几分到几元的小额付款时,只需输入账号、密码而减去反复认证银行或资金账户等过程的便捷、安全支付方式。目前,数字阅读作为国家重点支持的领域,无疑有良好的前景。数字阅读以在线创作和阅读为体现形式,读者按阅读章节进行微额支付的模式非常契合财付通“微支付”业务。

数字阅读的发展，有用户付费基础，有版权保护态度，有优质内容供给，同时还需要有支付手段做支撑。如今在世界范围内，数字阅读付费已是普遍趋势。以美国《纽约时报》为例，在网上浏览它的新闻，超过10条就需支付一定费用才能继续阅读，被称之为“付费墙”。

作为腾讯旗下第三方支付平台财付通联合微信共同推出的互联网创新支付产品，微信支付的问世对各行业起到了显著的积极作用。2013年，《盗墓笔记》作者、网络文学领军人物之一的南派三叔表示，在微信支付的催化下，其微信公众号的商业化经营成果开始凸显。南派三叔说：“通过微信支付直接购买服务的读者人数，比其他渠道的高出一个数量级。”在2014年7月由艾瑞网发布的《2014年中国数字阅读用户行为研究报告》中指出：“2013年中国数字阅读用户经常使用的支付方式中排前三的分别是第三方支付、网银、手机充值。”微信支付已成为数字阅读的主要支付方式之一。

以往在移动端上阅读的用户可能仅仅是下载或者购买电子读物，现在微信支付涉足网络文学市场，不仅使阅读过程中的支付行为更方便简单，而且基于微信本身的特性，也使得用户间的交流更加方便、自由，从而开创了一个全新的阅读模式。

二、社交软件与内容传播

自从互联网发展起来后，人们社交的范围就已经不再局限于身边，而是遍布全国乃至全球，“地球村”的概念也才真正地深入人心。如果说互联网让人与人之间的社交习惯开始发生改变，那么移动互联网的迅猛发展，则将社交习惯推向了高潮。

人人网红火两三年，风头就被微博抢去；微博兴盛两三年，风头又被微信盖去。曾有评论人士如此调侃社交App圈的更迭：“江山代有新品出，各领风骚两三年。”而今，微信风靡也有两三年之久，公众号信息庞杂、朋友圈对心灵鸡汤文字过敏的声音渐次出现，恰似新婚燕尔过了甜蜜期，厌腻之感缓慢萌生。而正当看客们纷纷期待新的好戏时，微信却似乎在上演着一出不死的神话，微信朋友圈的转帖已成为手机用户阅读的主要内容来源之一。

下面先让我们盘点一下国内外知名社交软件。

（一）QQ

QQ是深圳腾讯计算机通讯公司于1999年2月11日推出的一款基于Internet的免费即时通信(IM)软件。我们可以使用QQ和好友进行交流，即时发送和接受信息和自定义图片或相片，还可以语音视频面对面聊天，功能非常全面。此外QQ还具有与手机聊天、3P机网上寻呼、聊天室、点对点断点续传文件、共享文件、QQ邮箱、楚游、网络收藏夹、发送贺卡等多种功能，是中国使用量最大、用户最多的面向个人的即时通讯软件。

（二）人人网

2009 年 8 月 4 日，千橡集团将旗下著名的校内网更名为人人网，所有人都可以来这里，从而跨出了校园内部这个范围。人人网是整个中国互联网用户的 SNS 社交网站，给不同身份的人提供了一个互动交流平台，它提高用户之间的交流效率，通过提供发布日志、保存相册、音乐视频等站内外资源分享等功能搭建了一个功能丰富高效的用户交流互动平台。2011 年 5 月 4 日，人人网在美国纽交所上市。

（三）微信

微信是腾讯公司于 2011 年初推出的一款快速发送文字和照片，支持多人语音对讲的手机聊天软件。用户可以通过微信与好友进行形式上更加丰富的类似于短信、彩信等方式的联系。微信软件本身完全免费，也因为灵活、方便、智能，且节省资费受到大家喜欢。在微信团队于 2015 腾讯全球合作伙伴大会上发布的《微信生活白皮书》中，到 2015 年 9 月，微信用户已达 5.7 亿人。

（四）微博

新浪微博是一种“微型博客”或者也被称为“一句话博客”，又被网友戏称为“围脖”，写微博又叫“织围脖”。在新浪微博可以将你看到的、听到的、想到的事情写成一段话，或发一张图片，通过电脑或者手机随时随地分享给朋友。你的朋友可以第一时间看到你发表的信息，随时和你一起分享、讨论。你还可以关注你的朋友，即时看到朋友们发布的信息。用户可以通过网页、WAP 页面、手机短信/彩信发布消息或上传图片。2014 年 4 月 17 日，中国新浪微博正式在美国纽约纳斯达克上市。微博传递信息之快之广让它在年轻人中大受欢迎，也是一种很热门的新闻媒介。

（五）Instagram

Instagram 是一款跨平台（IOS、Andior、WindowsPhone）的图片社交应用软件，以正方形照片和个性的滤镜效果受到用户的青睐，搭配强大的社交分享功能（支持 Facebook、Twitter、新浪微博、Tumblr 等社交网站），为用户搭建起快速分享生活瞬间的平台。Instagram 的创意来自于即时成像相机，命名取自“Instant（即时的）”与“telegram（电报）”，意为“像电报般即时分享照片”。用照片连接全世界爱好摄影的陌生人，把他们变成好朋友和彼此吹捧的粉丝，让影像成为他们唯一对话的语言，这其实是一款叫做“Instagram”的图片分享工具。

(六)汤博乐(Tumblr)

汤博乐(Tumblr,网友亲切称之为“汤不热”)成立于 2007 年,是目前全球最大的轻博客网站,也是轻博客网站的始祖。它还是一种介于传统博客和微博之间的全新媒体形态,既注重表达,又注重社交,而且还注重个性化设置,成为当前最受年轻人欢迎的社交网站之一。Tumblr 沿用了传统博客的形式,并将其演变成一种意识流式的琐碎叙述,日志短小精悍、触发点十分随意,可以是一幅照片、一段视频、一段引文、一条链接网址甚至一个闪念。

(七)豆瓣

豆瓣是一家 Web2.0 网站,主要通过用户点击及购买电子商务网站的相关产品来获得收入。在豆瓣上,用户可以自由发表有关书籍、电影、音乐的评论,可以搜索别人推荐的内容,所有的内容、分类、筛选、排序都由用户产生和决定,甚至在豆瓣主页出现的内容上也取决于用户的选择。从 2005 年 3 月至今,豆瓣的注册用户已经超过 5000 万,用户以受过高等教育的青年大学生为主。作为一个社区网站,豆瓣不像通常社区网站为增加访问量而设的积分和升级系统,它通过用户的收藏和评价来“推测”,靠自动排位上升。可用性、操作性、人性化,是豆瓣坚持的三大原则。

(八)YY 语音

YY 语音,又名“歪歪语音”,由广州多玩信息技术有限公司(NASDAQ:YY)研发,是一款基于网络团队语音通信平台的计算机程式,主要功能是进行在线多人语音聊天,也有截图等一些辅助功能。该款软件的用户群主要集中在中国内地,大多都用于网络游戏中的团队交流,是魔兽世界、CF 等网络游戏玩家经常使用的软件。这是一个网络语音软件,可以在游戏中使我们更加快捷地交流,可以和朋友语音聊天或者打字交流,提高了游戏的操作性能。同时可以在上面举行盛大的歌唱比赛以及游戏内的交流。

(九)WhatsApp

WhatsApp 公司 2013 年宣布,该应用的每月活跃用户数已经超过 4 亿,并且在移动领域的增长势头同样非常迅猛。目前,WhatsApp 已经涵盖了 iOS、Blackberry、Android、WindowsPhone 以及诺基亚 S40 等多个平台的全球用户。在 2012 年的最后一天,信息的发送量更是达到了 180 亿条。不过 WhatsApp 在加拿大和荷兰受到了涉嫌违反国际隐私法的指控。2013 年,WhatsApp 更是取得了不错的成绩,在同年 6 月份的最高值每天信息发送量达到了 270 亿条。WhatsApp 使用 3G 网络或无线网络(可用时)传送消息给家人和朋友。除了可以收发消息,还可以传送图片、音频和视频。第一年免费使用,之后每年也只收取 0.99 美元(约人民币 6 元)。

(十)Line

Line 是一款全新形态的即时通讯程序,可以随时随地享受免费聊天的乐趣。Line 除基本的文字信息和图片外,用户还可以轻松发送视频、语音短信及位置信息等。Line 的内购表情贴纸功能非常受欢迎,在 2013 年第三季度为该公司带来了 1.88 亿美元的收入。2014 年 8 月,Line 公司表示每月来自贴纸表情的收入就超过了 1000 万美元。之前曾经有报道表示,Line 正在筹划美国或日本的首次 IPO,最高市值将有可能达到 280 亿美元。

(十一)Viber

Viber 可以让天涯海角的人相互联系,交流轻松,免费。全球有 2 亿多的 Viber 用户在通过 WiFi 或 3G 免费发短信、打电话、发送照片和视频消息。Viber 支持 Android、iPhone、Mac、Blackberry、Windows 等多种设备和平台。目前 Viber 已经拥有超过 2 亿名的注册用户,每月安装量达 50 万。最新版 Viber 支持群聊和贴图等新功能。在 Viber 上,用户的电话号码就是 ID。

(十二)Path

WP8 版 Path 终于上架了,虽然目前还仅支持 Beta 测试版,也仅支持英语,但对 WindowsPhone 生态圈也算一个非常大的利好消息。诺基亚在 2013 年 7 月份 Lumia1020 发布会上时曾承诺 Path“将”会来到 WP8,现如今半年过去了,WP8 喜迎 Path 测试版上架。对于用户的私生活,Path 是一款可靠的应用程序。使用这款应用程序时可以回归自然,与最重要的人保持紧密联系,分享生活而不是链接。通过 Path 可完全控制分享生活瞬间并随意选择分享对象。

以微信的内容传播为例,微信内容扩散本质如同群发短信,你发的范围越广,知道的人便越多,这是信息流的基础属性。

“人际传播在本质上来说是个人之间相互交换精神内容的活动。精神内容交换的质量如何,在很大程度上取决于它的媒体。”社交软件中的内容传播是基于现实的人际关系构建的传播环境,多数内容主要在人际关系融合的情境中传播,其中娱乐内容占多数。对于知识性内容的传播情况并不理想,在整体内容传播中,分享功能的使用频率最高。

三、自媒体的兴起

2006 年年底，美国《时代》周刊年度人物评选特辑的封面与以往不同，并非任何名人照片，而是一个大大的英文单词“YOU”和一台电脑，《时代》周刊对此解释道——社会正从机构向个人过渡，个人正在成为“新数字时代民主社会”的公民，2006 年的年度人物就是“你”，互联网上内容的所有使用者和创造者。

美国新闻学会的媒体中心于 2003 年 7 月出版了由谢因波曼与克里斯威理斯两位联合提出的自媒体（WeMedia）研究报告，里面对自媒体下了一个十分严谨的定义：“在全球范围内数字技术把知识联系起来后，公民能够提供或参与提供他们知道的真相以及他们发现的新闻。”①国内也有媒体专家定义过自媒体：“私人化、平民化、自主化的传播者，以现代化、电子化的手段，比如邮件、手机、博客等，向不特定的大多数或特定个体传递信息的新媒体，称为自媒体。”

从全球范围来说，目前自媒体的主要形式是博客、播客、BBS、SNS、个人空间等，其中以博客的诞生、发展、成熟最为典型。在中国社会范围内，主要的几个具有代表性的自媒体有QQ 空间、新浪微博、人人主页、微信平台以及一些较大型的社区、论坛和贴吧。在这些蓬勃发展的自媒体中，以微博为代表的自媒体的社会功用最为显著。我们经常看到，电视上的一些新闻播报或者地方报纸已经融入“微博评论”“网友热议”诸如此类的板块，辽宁台的晚间新闻中融入“网友热议”这一现象最具代表性。自媒体不断发展壮大，它开始作为一种新兴的舆论场出现，并开始冲击主流媒体的强势地位。

2005 年，原来并不看好博客业务的国内几大门户网站，仿佛一夜之间认清这一巨大潜力股的价值，悉数加入博客阵营。从此博客盛极一时，一时间，各种聚会似乎变成了博友聚会。介绍人物时，有了“著名播客”这么个头衔。一个名人博客，每天访问量可以达到十几万次甚至几十万次，如此高速的传播效率，迅速引起一些广告商的关注，开始向博客投放广告。也正因此，有人干脆辞了工作，专门靠写博客维持生计。

2009 年开始，博客的“升级版”——“微博”又开始大行其道，各大门户网站又纷纷将资金、人力由博客事业抽调到微博上面，新一轮的微博大战顿时硝烟弥漫。

微信公众账号和微信公众平台是主要面向名人、政府、媒体、企业等机构推出的合作推广业务。由于其进入门槛低、受众集中、传播方便，加上早期尝到甜头的使用者大力推动，尽管微信公众平台还存在诸多问题，依然挡不住每天有大量的媒体、企业和个人入驻微信公众

---

① 自媒体的英文定义原文：“We Media as a way to begin to understand how ordinary citizens, empowered by digital technologies that connect knowledge throughout the globe, are contributing to and participating in their own truths, their own kind of news.”

账号，每天有无数高质量的原创内容产出，有少数自媒体更是打出“只在微信上发稿”的口号。微信用户也开始习惯通过订阅各种微信公众账号获得社会新闻、生活资讯、行业观察等信息。

信息碎片化、垃圾信息泛滥、用户活跃度下降，这是微博发展多年后遭遇的瓶颈。微博流行初期，随便一条微博就可获得成千上万次转发和评论，时下网友对“微博大V”的常规内容感到倦怠。微博信息泛滥，新鲜感消失殆尽，由于已不能在微博上获得归属感、认同感，底层微博用户出现大批转移现象。

当然，只有实现自身的赢利和可持续发展，自媒体才能真正体现存在的价值。然而，在这个自媒体泛滥的时代，能够做好的自媒体不多，能够赢利的自媒体更少。

2014年6月，微博支付推出，并在6月底全面开放。微博除了和360、UC等流量平台进行合作，增加自媒体的曝光率之外，在自媒体的商业化上，提供了广告分成、话题合作和商品售卖三种形式。微博支付把内容生产、内容发行、商业化、支付等四个环节完全走通，形成“浏览—兴趣—下单—支付—分享”的营销闭环。

微博支付的打通，拓宽了自媒体变现渠道，打通完整的社交商业闭环。微博支付的全面开放，使得每一个微博用户都具备提供商业服务的能力。粉丝服务平台能够助力自媒体影响力不断增大，不断增大影响力的同时，会带来越来越多的忠实粉丝，这个社交商业闭环良性循环，平台、自媒体人及用户三方共赢。

微博本身不但是一个自媒体，还能够把外部的内容接进来，成为自媒体的一个开放平台。微博从不缺乏作者，规模庞大的“专家”用户，成为微博发力行业自媒体的基础。关于自媒体，记得凯文·凯利早在《失控》里就提到过，一个作者如果有几千或上万个读者，每个读者都愿意每月为该作者所创作的内容消费几元钱，那么这作者完全可以靠这笔收入过上不错的生活，在如今的数字媒体时代，作品发布传播渠道如此广泛，以微信为代表的平台日益完善，自媒体也许会迎来一个发展的高峰。

四、手机对漫画创作方式和呈现形式带来的改变

当我们跨入新世纪之后，人类正在从传统的纸质阅读进入到数字阅读，已经不再是文字的平面阅读，而是文字、图形、音频、视频的立体阅读，在数字阅读时代，人们正在进入一个类像世界的“读图时代”。现代生活的快节奏，人们浮躁、慵懒的生活态度逐渐消磨掉了读者进行深度阅读的耐性，因此人们更倾向于舍繁求简，以“读图”方式满足感官上的刺激和精神上的愉悦。读物本身的图像化趋势正在改变我们的阅读习惯，把我们从抽象的文字解读中“解救”出来，转向林林总总的图像。数字阅读加大了图片的使用比重，强烈的视觉冲击增加了阅读的趣味性和吸引力，也更易于被不同层次的阅读者接受，但长此以往，人们的文字运用

和理解能力将逐渐退化。这种直截了当的图像符号在某种程度上扼杀了文字文本特有的情感韵味和“言有尽而意无穷”的感觉体验。阅读文字的抽象思维能力正日益让步于直观的感性思维，人类仿佛又回到了文字产生以前的结绳、画图以记事的时代，越来越喜欢用眼睛去看。

随着触屏类移动终端的普及，“长条”下拉式的漫画开始被广泛接受。图片类内容的良好传播性是因为新浪微博的特性所决定的，但图片类内容的最大难度就在于改编难度，PS也不是人人会用的，就算会，也不一定有时间有精力有意愿去做改编。但是，有了生成器之后，它就不仅是一条独立存在的内容，而是一套完全没有操作难度的模板。近年来暴走漫画的走红，很大程度上是因为开发了内容生成器，可以让任何人轻松地把自己的创意带入其中并分享给众人。这也就是我们说的媒介发生变化后，传播的内容形态也会随之改变。

现在微信、微博的“长条”式图片已成为人们分享和阅读图片的主要形式。传统漫画书一页多格的形态不再适合手机阅读，“长条”下拉式的漫画已广泛使用，正是因为手机、平板电脑中的触屏功能，导致了类似暴走漫画等漫画形式的涌现。

五、更多的交互方式与数字阅读相融合

无论未来如何，数字化都是不可避免的。现在正处于这样一个时期：印刷品和数字传播模式并存，新技术转眼就成明日黄花。我们正在见证我们熟悉的事物的消失：打字机——躺在古玩店里；手写书信——大多数年轻人不愿意写；明信片——成了老古董；日报——在很多城市销声匿迹；本地书店——被连锁书店取代，而这些连锁店自身又面临亚马逊公司这样的网络经销商的威胁。

数字阅读绝不是纸质换媒介的阅读，它可以做得更好。目前市面上已有的具有交互功能的数字阅读物有这样几种：语音转换、体感、GPS、虚拟增强现实等。

语音转换/Text To Speech 即“从文本到语音”，是人机对话的一部分，让机器能够说话。《纽约时报》与 Leap-Motion 公司共同开发了电脑体感控制新闻应用软件，通过这款工具，读者可以移动双手浏览新闻，通过一个圆形的手势移动，用户可以滚动文章，摇摇手，新闻就可以回到主菜单。另外，应用中的标题、图片、新闻摘要等内容，将以卡片的方式呈现。

美国教育类图书中有一个成功案例——Inkling，其最大的特点就是融入了“数字阅读＋社交”的概念。用户可在阅读的同时，针对某些知识点与同类用户交流、共享资料，这种模式正是契合了交互式阅读时代形成的“数字阅读＋社交”的需求而产生的。

还有一本亲子读物《神奇飞书》，它开启了阅读时代的新起点。《神奇飞书》带来一次阅读体验上的冲击，视野拓宽了，思路活跃了，欣喜之余，也在略显稚嫩的思考中继续前行。这本书巧妙地将移动设备与纸质书完美结合，从 iPhone 手机 App 里下载《神奇飞书》的数字阅读版《莱斯莫先生的神奇飞书》（见图 2-8）的增强现实应用功能，打开《神奇飞书》纸质书（不

限版本），将手机对准想要体验的页面，眼睛尽量不眨，因为很快映入眼帘的就是“飞出来的书”，有人称之为“环绕型阅读”。

图 2-8 《莱斯莫先生的神奇飞书》

我们不禁思考，未来的数字阅读是什么样？数字阅读的繁荣不是单纯的纸质书电子化，数字阅读和传统阅读的形式、思维方式已截然不同，传统阅读中可以进行大量的铺垫、渲染、陈述，而数字阅读则要求文字直指人心。在这种阅读方式改变下发展出来的“屏文字”不再是网络文学，一大批优秀的图书都可以为“屏幕”量身打造新的阅读内容，同时匹配新的阅读形式。未来的数字阅读，人们消费的是体验、品质，任何不能为读者提供优质、满意阅读体验的产品都将被淘汰。数字阅读革新的未来，除了自身技术的革新，更是读者阅读体验的革新。

思考题

1. 在你抛弃人人网、渐渐缩短刷微博的时间之后，平时阅读时间是否有增加？请记录一天当中你花在手机各类应用上的时间，试思考在互联网时代如何进行有效阅读。

2. 观看网易游戏视频《网易游戏 2015 年度情怀大片“游戏热爱者”》，请结合一个你最喜欢的或者最吸引你的电子游戏产品，谈一谈它吸引你的地方，并列举 3 款同类型游戏，试从叙事性、交互性进行对比分析。

3. 自媒体引发的网络语言的流行、碎片式阅读习惯的培养会不会给中文的写作与阅读带来低俗化、娱乐化、反智化的后果？

第三章　数字阅读产品前期策划

本章要点

1. 数字阅读产品可以通过多种渠道，在不同的软、硬件平台上发布与传播，应结合这些渠道与平台的特点，进行产品前期策划工作。

2. 理解数字交互技术为传统界面设计带来的变化。

3. 了解常用数字阅读产品开发工具的特性，能够根据产品类型对其进行合理的筛选。

第一节　数字阅读产品的发布平台

在传统阅读产品的创作过程中，虽然创作者们很重视作品的前期策划工作，但往往集中于对作品内容的构思方面，如文章的逻辑结构、叙事结构，图文排版的美观、易读等。但在数字阅读产品的创作过程中，前期策划工作所包括的项目则要远超前者。在正式着手创作之前，创作者必须对软件、硬件、渠道、技术等多方面问题进行细致的分析和考察，方可保证创作工作顺利进行。

首先需要考虑的是作品的发布平台。数字媒体不同于传统媒体，在内容载体方面有一套相对标准的规范。数字媒体一直处于快速的发展变化之中，各种新形态硬件设备、软件应用层出不穷，而数字阅读产品的内容呈现必须要依靠这些硬件设备以及各种软件平台来实现。面对如今形态各异的硬件产品，内容的设计排版工作变得比以往任何时候都烦琐复杂。

十年前，数字内容创作者们所面对的硬件显示设备比如今要简单得多。那时候还没有智能手机，甚至彩屏手机都非常罕见，视频的高清格式也没有普及开来，绝大多数产品的呈现都通过长宽比约为 4∶3 的电脑显示器来实现，显示器的分辨率也大都集中在 800×600 到 1280×960 的范围之内，因此当时只需把产品的图像宽度设置为 800 像素，就可以保证对大多数硬件平台兼容。但如今我们可以看到，硬件设备的屏幕形状和尺寸都发生了变化。在电脑显示器方面，屏幕长宽比从十年前主流的 4∶3 变为 16∶9，分辨率提高至 1920×1080，并且最近又出现了 4K 标准，也就是把分辨率又提高了一倍。智能移动设备不仅在屏幕分辨率方面更加多样化，而且更要考虑横竖屏切换的两种不同显示模式。

除了硬件设备以外，产品的软件平台也变得更加多样化。以网页浏览器为例，就有微软公司的 IE 浏览器、谷歌的 Chrome 浏览器、苹果公司的 Safari 浏览器、Mozilla 基金会的 Firefox 浏览器等，除此之外，我国各大 IT 企业也纷纷推出自己的浏览器，如 UC 浏览器、QQ 浏览器、360 浏览器等。因此，对基于浏览器的数字阅读内容产品来说，不仅要考虑产品针对的硬件平台，还同时要考虑对多种不同浏览器的兼容，这着实是一个非常棘手的问题（见图 3-1）。

图 3-1　种类繁多的网页浏览器产品

我们很难找到一种所谓完美的方案来实现产品对所有软硬件平台的兼容，目前的大多数方法在提高产品兼容性的同时会带来开发成本的剧增，必须在兼容性与成本之间衡量取舍。按兼容性从低到高排列，通常有三种制作方法。首先是仅针对某几种软、硬件平台，确保产品在目标平台上的正确显示和运行，这是成本最低的做法，但因产品兼容性问题，导致产品受众群相对狭窄。其次是给产品加入屏幕自适应功能，可以自行获取设备的屏幕尺寸并对画面进行缩放甚至重新排版，这也是目前比较流行的方法，网页设计中所谓的“响应式”布局就属于此类。但自适应功能并不能完美地工作于所有硬件设备和软件平台，如果屏幕长宽比与产品初始长宽比相差过多，则会导致画面比例失调或显示不全，如果产品本身的画面分辨率与设备屏幕分辨率相差太远，则会导致显示效果模糊或产品运行不畅。最后一种方法将产品做成不同的版本以适应不同的软硬件平台。这种做法能够达到最好的兼容性，但开发成本是最高的。

在软硬件平台的考察过程中，除了屏幕尺寸、分辨率之外，还有诸如设备本身提供的交互方式、设备音频播放效果、色彩显示效果等很多方面，需要设计开发人员结合产品本身的特性进行综合考虑。假如我们要制作一个与音乐相关的数字阅读产品，产品中要讲述各种音乐理论、乐器特性等，并且会结合一些交互要素，如模拟钢琴、鼓等乐器供用户来演奏。那么很显然，对于桌面电脑平台，因为缺少触摸屏，在模拟乐器交互的环节会失色很多，但桌面电脑往往配置了独立的音箱，因此在音乐的听觉效果方面会强于移动终端。对于移动终端，iOS 操作系统中的音频处理部分要优于安卓操作系统，在模拟乐器的交互过程中，从点击屏幕到设备发声之间的延迟很短，而安卓设备中则存在较大的延迟，以至于用户无法得到较好的演奏效果。同时，无论 iOS 还是安卓设备，作为移动终端，其内置扬声器的播放效果相对较差，因此要尽量避免选用包含低频成分较多的乐曲和乐器，或者在作品中加入相关提示，提醒用户选择耳机或外置音箱进行监听。

第二节　数字阅读产品的传播渠道

在数字媒体时代，大众获取内容的渠道比以往任何时期都要更为畅通，通过互联网和移动互联网，人们可以轻易地接触到海量的、不同类型的数字内容。这的确是数字媒体的巨大优势之一，但同样也造成了很多负面效应。我们都听说过“选择障碍”这个词，这似乎是人们日常生活中普遍存在的一种心理现象，意指当面对过多的选择时，人们会不知所措，例如一些人在去饭店吃饭的时候会拿着一本菜单翻来翻去，不知在众多菜品中究竟应该点哪一个才好。当然，很多时候选择障碍并不是指一种心理疾病，而是指选项过多但可供人们作出分析判断的信息却太少。在如今这样一个“信息爆炸”的数字媒体时代，更是如此。网络文学站点上的文学作品数以万计且每天都会有新书出现，应用市场上的各类软件、游戏也在以极快的速度增长，全球的艺术家每时每刻都在创作新的音乐、图画、电影，而所有这些，都罗列在每一个数字媒体用户面前，面对如此繁多的内容，用户根据什么标准来做出选择呢？内容创作者又该怎样做，才能保证自己的作品被选中呢？

也许会有人认为，只要确保作品的高质量，那么一部好作品自然会脱颖而出，获得受众的认可，得到广泛的传播，但实际情况并非如此。在传统媒体时代，文化产品往往被划分为“大众文化”与“精英文化”两类，这两种类别类似于电影中的“商业片”和“文艺片”。大众文化产品与精英文化产品并没有什么高下之分，简单来讲，大众文化产品内容比较通俗易懂，更加迎合大众口味，而精英文化产品则相对深刻，需要受众花些力气去认真思考和理解。这两类文化产品在传统媒体时代都有着充足的生存空间，优秀的作品要么通过大众的反馈，要么通过一些专业、权威人士或机构的推荐，被筛选出来。创作者们并不需要为作品的传播推广花费太多的心思。但在数字媒体时代，情况发生了变化，一部好作品想要浮出水面，如果要依靠大众自发的传播推广，那么首先这部作品需要在大众视线内停留相当长的一段时间。但是数字媒体上的产品柜台和传统书店、音像店是完全不同的，以往读者也许会愿意花费整天的时间在书店里徜徉搜寻，但在数字媒体时代，大多数人关注的只是首页和二级分类页面上的产品，这些产品要么是被重点推荐的，要么是最新发布或更新的。因此，在作品没有得到渠道运营商认可并进行重点推荐之前，只能在大众视线中停留很短的时间，随后就迅速被大量新作淹没，很难保证在短期内被广泛阅读或使用从而通过高质量内容吸引一部分热心用户进行自发传播。而在推荐方面，渠道或平台运营商取代了以往的专业机构、权威人士，他们决定着哪些作品更容易被受众看到、接触到，但他们作出评判的标准也许并非是根据作品质量。

总之，在数字媒体时代，作品想要脱颖而出、广为流传，除了在作品质量上下功夫之外，重要的是要保证作品能够在相当长的一段时间内停留在大众视线内，在这一过程中，渠道和平台运营商起着极其重要的作用。因此，在前期策划过程中，需要仔细斟酌，选择合适的传播渠道。在作品的传播过程中，也要对其保持持续关注，通过多种方法让人们可以发现该作品。例如对作品进行持续更新，目前各种数字产品总会持续地向用户推送产品更新信息，这种做法并非仅仅是为了对产品进行优化或者为产品增加新的功能，同时也可以通过版本更新让作品再次出现在大众视线中，重新引起人们的关注。当然，也存在一些产品未经大量宣传推广却突然火爆起来的案例，例如 *Flappy Bird*，作者将其发布于苹果应用市场之后就没有再继续关注它，但六个月之后，这款小游戏却被用户发掘出来并进行了广泛的自发传播（见图 3-2）。

事实上，目前数字媒体上对于内容的评价筛选机制并不合理，一些优秀的作品经常被埋没，很难被筛选出来。优秀作品的标准并不是仅仅看它是否符合大众的口味，它也许会非常独特，充满了奇异的、与众不同的想象力；也许会非常深刻难懂，需要反复思考体会；也许会显得平淡，需要静下心来长时间慢慢品味。这些类型的作品，并不会在数字媒体时代快节奏、浅阅读的环境中迅速引起注意。而作为产品重要筛选者、推荐者的运营商或主流媒体，严格来讲，他们并非单纯从作品本质出发来进行选择和推荐，而是作为产业链的一环，在很大程度上受到商业利益的驱使。因此，选择的标准就变成了内容是否能够在短期内汇聚大量关注，引起大量点击和转发，从而迅速产生商业价值。而早在十几年前，北京地铁里的报贩就知道什么样的新闻符合以上标准，在报贩们的吆喝声中，诸多港台娱乐明星会以各种新

图 3-2 *Flappy Bird*，一款未经宣传却意外热卖的游戏

奇的方式离婚、出轨甚至死亡，这些负面的、猎奇的、色情暴力的内容的确最容易引起大众关注。但对于已经成为主流大众媒体的数字媒体来说，这样的内容显然是与媒体本身的规模与影响力不符的。相信随着时间的推移，数字内容的筛选评价机制会逐渐完善，使创作者们可以忠于自己独特的想法，而不必费尽心思揣摩大众口味，想方设法找推荐、上首页。

第三节 数字阅读产品界面设计

“界面”一词的本意是两个或多个物体之间的接触面，作为物体之间的分界而存在。随着计算机的出现，“界面”一词开始被用来表示人与数字媒体进行互动的中间媒介，通过界面，人与机器之间的信息传递才得以实现。如今，随着数字媒体的发展，界面设计已经成为一种专门职业，成为交互设计中的重要环节，良好的界面设计，可以保证人机交互过程的顺利与高效。

那么，怎样的界面设计才算是良好的界面设计？关于这个问题，很难用三言两语给出明确的答案。我们可以简要分析一下，界面设计可以被归于交互设计范围之中，而交互设计的重要理论基础是心理学，尤其是认知心理学，也就是说，交互设计是研究人们如何通过感官接受信息，并通过这些信息来认知各种事物的过程。在交互设计中，人与计算机，或与运行于计算机之上的各种软件之间的交互，应该是符合人类认知习惯的，它应该是直观的、简洁明了的，甚至是无需任何解释说明就可以凭直觉来操作的，在直观、易懂的基础之上，再通过巧妙的设计尽量提高交互的效率，把一个复杂的过程压缩在尽可能少的操作之中。若能做到以上几点，基本可以算是良好的交互设计。对界面设计而言，以上原则同样适用。

但以上所述只是界面设计最基本的原则，在实际应用过程中，这些原则可以产生千万种不同的变化，我们必须根据产品本身的特点来进一步细化设计方案。为更好地理解这一点，我们可以用数字媒体出现之前的各种产品界面来做一个类比。按照对“界面”一词的定义，事实上人们生活中的各种用品都存在一个界面，通过界面，人们得以与这些物品进行交互，只不过随着数字媒体的兴起，“界面”与“交互”这两个词才被单独提取出来，特指发生于人与数字媒体之间的种种行为。为便于叙述，我们暂且将数字媒体中的界面称为“数字界面”，各种日常用品中的界面称为“模拟界面”①。模拟界面与数字界面在设计时遵循的基本原则是相同的，归根结底就是为了“便于使用，美观大方”，但这简单的八个字却衍生出无数变化。例如衣物上的纽扣、拉链，自行车的脚踏板、车把，汽车上的方向盘与挡把，钢琴的 88 个黑白键与吉他的六根琴弦，都可以被认为是界面，人们通过这些界面与衣物、交通工具、乐器等事物进行交互。

结合以上这些模拟界面的实例，我们可以发现，虽然交互设计与界面设计是两个新兴的领域，但实际上它们早就存在于人们生活的方方面面。学习交互设计与界面设计，实在不应将目光局限于数字媒体，而更应该扩展到现实世界中来，现实世界中的各种模拟界面，其实更能体现出优秀的设计思想，毕竟它们中的很多东西是经过千百年的不断发展和优化才变成如今的模样。以拉链为例，它是很简单的一种东西，在生活中随处可见，但却被认为是人类最伟大的发明之一，人们通过带有拉链的模拟界面来实现封闭、连接、固定等功能（见图 3-3②）。如果我们仔细考察人类历史上所有为实现这些功能而发明出的模拟界面，如绳索、胶水、纽扣等，深入研究这些看似简单的小工具的发展过程，会在其中发现很多交互设计、界面设计的精髓——更简单、更高效、更完美地完成任务。

某件产品的功能越丰富，其操作界面也往往会随之变得越复杂，想要保持产品界面的简单、直观、易懂就变成了一件非常困难的任务，这时候界面的设计过程，就好像参加“火柴棍搭桥”比赛——要求参赛者用尽可能少的木料，搭建出一座桥梁模型，承重能力最高者胜出。优秀的作品可以做到仅用 20 余克的木料，搭建出承重能力达到 80 公斤的桥梁模型。优秀的界面设计，也应该做到用最少的界面元素，在保证直观、易懂的前提下，承载尽可能多的交

① 此处为便于叙述暂且使用“模拟界面”一词，实际上“模拟界面”在专业领域有其自身的定义，往往用来指一些专业的设备上由按键、旋钮、推子等部件组合而成的实体操作面板。模拟界面与数字界面的区别类似于实体电脑键盘与操作系统提供的软键盘之间的区别。

② 图片授权信息：By Rabensteiner (Own work) [GFDL (http://www.gnu.org/copyleft/fdl.html) or CC BY 3.0 (http://creativecommons.org/licenses/by/3.0)], via Wikimedia Commons。

图 3-3 拉链，可以被视为一个优秀的“界面”

互功能。理论上我们完全可以仅用一个按钮来实现无数种交互功能，就像使用摩斯密码发送消息一样，但这种做法完全忽视了人的心理感受，虽然界面做到了极简，可是着实无法提供良好的用户体验。

对于数字阅读类产品，我们可以从最基础的电子书开始，探讨一下此类产品需实现哪些交互功能，在界面设计过程中应注意哪些问题。当我们拿起一本纸质书籍的时候，我们对书籍最常见的操作主要集中在前后翻页、添加书签、搜索目录。那么显然在一本电子书中也必须具备这些交互功能，而这些交互功能可以通过很多种方式排布成一个数字界面出现在读者面前。例如翻页功能，可以做成两个按钮放置在屏幕上，这种做法的优点是比较直观，无须任何说明即可让用户理解其功能。但这种看似直观有效的方法中其实存在很多问题，例如按钮的存在会占据一定的屏幕显示空间，或者按钮图形与书籍本身设计风格不符，破坏整体艺术效果。两个按钮的摆放位置应该如何安排？读者在阅读某些书籍时会持续向后翻页，一次性阅读完整本书，此时如果按钮间距太近，也许会导致操作错误，而针对有些书籍读者会在某几页之间持续跳转，尝试理解上下文之间的关系，此时如果按钮间距太远，则会使用户的频繁操作变得费力。另外，有时我们会快速翻页，一次翻过几页或几十页，这种快速翻页的功能在电子书中应如何实现？是否需要再单独设置按钮？还是将此功能通过长按等方式整合至现有的翻页按钮之中？当功能实现后如何保证读者在快速翻页的同时能够看到大概的文章内容以便于定位？这些看似最简单、最基础的功能，在实现过程中往往需要最复杂的思考。

当数字阅读内容之中加入更多的多媒体内容、交互内容之后，界面设计工作就变得更为烦琐，不仅要研究新功能如何以最好的方式实现，还需考虑不同交互功能之间是否会产生冲突。例如，我们已经设置好点击屏幕右半部分为向后翻页，但同时我们又添加了全屏显示书中图片的功能，同时图片中存在某些可点击交互的热点区域，此时必须保持清晰的逻辑思路，确保图片交互中的点击动作不会与基础的点击翻页动作产生冲突。

在电子书界面设计方面，iOS 平台上的交互式阅读产品 *Our Choice* 是一个非常好的案例（见图 3-4），曾在 2011 年获得苹果设计大奖。

图 3-4　交互式电子书 *Our Choice* 截图

这款应用是对同名纸质书籍的数字化重制，纸质书作者是美国前副总统艾伯特·戈尔。此书电子版具有优秀的界面设计，巧妙地将纸质书籍的各种翻阅功能整合在一起，并在书中添加视频、音频等多媒体内容，同时为书中的图片、图表、文字内容增加丰富的交互效果，帮助读者更好地理解作者想要传达的信息，是界面设计方面很好的参考资料。

第四节　数字阅读产品交互设计

我们可以把交互设计粗略划分为表层交互与深层交互两个层次，表层交互设计针对的是工具层面，也就是如何通过合理的规划，建立起简明易懂的基础交互方案，向用户提供良好的交互界面，便于用户更快更好地掌握产品中的各项功能，使人与产品之间的信息往来得以顺利进行。至于深层交互设计，可以认为是针对思想、情感层面，将交互设计与产品中想要表达的思想、情感融合在一起，使其更好地传达给用户。表层交互与深层交互在重要性上并没有什么分别，前者偏重于理性的设计思路，而后者则更多地偏向于感性的设计。如果我们要制作的产品是一款诸如 Maya、AutoCAD 之类的大型专业工具软件，这时候我们更多地是需要缜密思考，有逻辑有条理地把成千上万个小功能整合在软件中，确保用户可以用尽可能快的速度掌握所有这些功能的使用方法，这种情况就属于偏理性的表层设计。而如果我们要制作的产品是以传达某种思想或情感为主，例如我们要制作一款电子宠物应用，这款应用的主要目的是让用户与自己“饲养”的虚拟宠物之间形成紧密的情感联系，让用户喜欢这只电子宠物并且会为之喜悦、忧虑甚至气愤。对于这样的产品，在进行交互设计的时候我们更应该关注交互过程中的情感表达，更多地运用感性思维，将角色、故事与交互整合在一起，这种情况就属于深层交互设计。

对于数字阅读类产品而言，这些产品和大型专业软件性质不同，并不是一种帮助人们完成某项工作任务的工具。阅读的目的，更多的是为了接触并了解伟大的思想，或者感受多种多样的情感。因此在数字阅读产品的交互设计工作中，理应对深层交互设计进行更多的侧重。但问题在于，通过交互来传达思想和情感的难度要远远高于通过交互来完成某项具体任务。

目前，在深层交互设计方面取得最高成就的当属电子游戏行业。但即使是电子游戏行业，在交互与情感、思想相融合方面也仍处于初级的探索阶段，远远谈不上系统、完善的理论方法体系。而且电子游戏与数字阅读不同，纵观电子游戏的发展历史，我们不难发现，电子游戏是以交互为核心，向交互中添加思想与情感，而数字阅读则不然，它是以思想、情感为核心，向思想和情感之中添加交互。在电子游戏发展过程中，游戏制作者们已经发现，有些故事类型可以比较容易地与游戏交互相结合，而有些故事类型则很难，因此，游戏制作者们往往会刻意避开那些困难的故事，以及难以与交互相融合的情感与思想，而选择相对容易的类型。如果我们再横向考察一下市场上的各类游戏产品，会发现绝大多数的游戏中，剧情是以冒险、战争、惊悚、悬疑等为主。但是对于数字阅读产品制作者而言，必须面对那些与交互融合难度较大的情感与思想，例如探寻生命的意义、对往事的追忆、对时间的喟叹等，这些主题时常出现在优秀的文学、哲学作品中，如何通过交互设计来加强这些主题，这是数字阅读产业发展过程中必须面对的一大难题。

那么，为什么我们要如此强调将交互与情感表达、思想表达相融合这一目标呢？文字、影像、声音等传统媒体本身就具备这种能力，为什么一定要把交互融合进去？我们难道不能把交互设计的重心仅放在表层交互方面，即通过交互来更好地呈现内容，再通过内容本身来传递思想和情感吗？为什么一定要把交互也变成内容的一部分呢？

事实上每一种媒介都有其自身的特性，都具备其他媒介无法取代的优势，可以更好地传达某种思想或情感，例如音乐最容易调动起人的各种情绪，文字可以明晰地阐述抽象、复杂的思想，绘画可以以最小的失真展示人们脑海中浮现出的场景，这些媒介各自有其自身擅长的领域。同时，人们在感知世界与他人的时候是综合运用所有的感官，虽然视觉信息在感知过程中占主要地位，但只有将全部感官信息综合在一起，才能比较完美地描述出某个人在某时某地的感受。以摄影为例，一个好的摄影师关注的绝不仅仅是画面构图与色彩，他同时还会注意其他感官信息，并尽可能通过画面把其他感官信息表达出来，例如要拍摄一张阴暗小巷的照片，摄影师会通过强调各种物品的材质——粗糙的砖墙、长了青苔的台阶、布满铁锈的栏杆等——来调动观众的触觉信息，通过某些画面元素来引发人们的嗅觉信息，例如垃圾桶里发霉的食物以及上空灯光下围绕飞舞的蝇虫等。但即使做到了这些，再添加上对当时环境的录音，也仍然无法完美重现当时的场景，因为观众毕竟不在现场。

自古就有“百闻不如一见”“读万卷书不如行万里路”的说法，这些谚语强调的就是亲临现场的重要性，五感信息都可以通过媒介来复制重现，但这些信息的接收都是被动的，真正亲临现场需要主动参与，而在各种媒介之中，只有数字媒体能通过交互的方式实现这一点，这正是数字媒体最大的优势所在。我们可以再找一个更为浅显的例子，比如学习骑自行车，任何一种传统媒体基本上都不可能让受众学会骑车的方法，无论是数十万字的书籍还是数百小时的视频音频资料，通过被动的观看阅读的方式是无法真正学会的。骑车的过程中包括无数即时的，人与车之间的交互，这些技巧和方法只有通过亲身体验才可以习得，而通过数字交互的方法我们的确可以模拟出这些骑行体验。

当然，骑自行车只是一个非常浅显而且并不十分恰当的例子。不过我们的确可以从中看出，数字交互可以传达传统媒介无法传达的某些信息，对传统媒介作出弥补，增强信息传达效果。

在前文中也曾将数字阅读类产品按交互元素的比重划分为弱交互类产品和强交互类产品，在强交互类产品中，与内容、思想、情感紧密结合的深层交互必然是设计、开发过程中的重点，同时也是最大的难点。在本书后面的章节中，我们也将结合实例对与之相关的理论和方法进行更详细的论述。

第五节　数字阅读产品开发工具

交互元素的复杂程度以及在作品中所占的比重在很大程度上影响着开发工具的选择。对于弱交互类数字阅读产品，其内容开发主要以文字、图片、音频、视频的混合编排为主，交互部分的功能基本上集中于翻页、超链接跳转、简单的交互式动画效果等。因此这一类产品的技术难度相对较低，一般不需要专门的技术人员，可以由艺术家或设计师独立完成。目前很多厂商都开发了专门针对艺术家的交互式电子书创作工具，例如 Adobe 公司针对 iPad 平台开发的 Adobe Voice（见图 3-5），这款软件的目标用户是那些喜欢“讲”故事的人们。利用这款软件，人们可以把自己讲述各种故事的音录制下来，当完成一段录音之后，创作者可以根据当前故事情节，从软件预制的素材库中选择合适的图片、动画、音乐、音效，添加到作品中，最终整合成一本交互式有声读物。

图 3-5　一款用来“讲故事”的软件——Adobe Voice

此外还有苹果公司的 iBook Author，凭借苹果公司优秀的设计能力，iBook Author 中提供了很多华丽的模板，同时还可以与苹果公司的 Keynote 产品进行无缝对接，利用 Keynote

制作可交互的多媒体展示内容并且直接在电子书中使用。但苹果公司的产品一向比较封闭，iBook Author也同样如此，利用这款软件开发出的电子书产品只能发布于苹果iBook平台，在兼容性方面表现欠佳。另一款针对iBook Author的软件是由inkLing公司开发的Habitat，Habitat采用了html5技术，创作者可以轻易开发出包含多媒体内容、交互内容并且兼容性极佳的电子书产品，不仅可以通过浏览器进行阅读与交互，还可以发布为epub等通用电子书格式，甚至也可以发布于苹果iBook平台。Habitat的另一个特点是提供了基于云技术的团队协同创作模式，可以让开发团队中的每一个成员，通过网络进行即时高效的协同创作。

对于包含比较复杂交互功能的数字阅读产品，创作者们经常会选择一些可以进行跨平台产品开发的大型软件，例如Adobe公司的Flash Professional以及Unity Technologies公司的Unity3D(见图3-6)。

图3-6 跨平台3D游戏引擎——Unity3D

Flash Professional可以说是一款"历史悠久"的交互式多媒体内容开发软件，具有专业的矢量图形绘制、动画制作能力，同时向技术人员提供优秀的ActionScript3.0脚本语言，用于实现各种复杂的交互效果。早期Flash Professional开发的产品以运行于Flash Player上的swf格式文件为主，通过向网页浏览器上安装Flash Player插件来达到跨平台兼容的效果，后来Flash Player遭到苹果公司的抵制，随着iPhone、iPad等硬件设备的热卖，Flash软件逐渐进入一个低迷的时期。但Adobe公司随后推出了Adobe Air跨平台开发技术，Air的全称是Adobe integrated runtime(Adobe集成运行时)，这项技术使Flash Professional软件具备了跨平台桌面应用程序开发能力，产品可以直接打包为包括iOS和安卓操作系统的应用程序。同时，长期以来Flash在三维图像制作方面的不足，偏重于二维矢量图形制作，而矢量图的渲染运算无法依靠GPU图形处理芯片，而是完全要靠CPU来完成，因此导致硬件设备性能无法完全发挥，产品运行效率较低。为解决这一问题，Adobe 公司开发了 Stage3D 引擎，通过该引擎 Flash 或 Air 应用程序可以进行三维图像制作，并利用硬件设备的 GPU 进行图形图像的渲染工作，极大提高了程序运行效率。但 Stage3D 的学习难度较大，并未普及开来，后来由第三方开发团队基于 Stage3D 开发了 Starling 框架，目前被广泛应用于游戏、交互式电子书等内容开发。Unity3D 本身是一个 3D 游戏引擎，偏重于技术方面的制作，并不像 Flash Professional 那样适用于设计师和艺术家使用。早期 Unity3D 主要用于开发基于浏览器的三维互联网（Web3D）富媒体内容，如虚拟漫游、网页三维游戏等，但因其强大的跨平台开发能力以及在三维内容制作方面的优势，也被广泛应用于电子书、手机应用等产品的开发。

Flash Professional、Unity3D 等大型软件虽然也提供了功能强大的编程语言供开发者使用，可以用于任何复杂的程序设计，但对于目前快速发展的 iOS、Android 移动平台来说，它们仍属于第三方开发工具，在很多方面会受到限制，例如无法获取访问某些硬件设备接口的权限，运行效率也要低于原生开发语言。它们非常适用于消耗系统资源较少的程序开发，可以最便捷地实现跨平台兼容。例如最近比较流行的一款跨平台游戏《炉石传说》，就是利用 Flash Professional、Flash Builder 来进行产品原型开发，随后利用 Unity3D 制作产品的正式版本。但是对于需要获取较高的系统访问权限，视觉效果较为复杂，消耗系统资源高的程序，开发者会更倾向于选择操作系统原生语言来进行工作，如 Objective C、Swift 以及Java。比起利用电子书制作软件、Flash、Unity3D 等大型软件进行数字阅读内容开发工作，使用原生编程语言的难度较高，尤其是对于希望快速实现仅包含简单交互元素阅读产品的设计师和艺术家来说，学习和使用起来较为困难，通常需要寻找专门的技术人员组成团队进行创作。

除此之外，Html5 技术也是一个较为流行的选择，可以快速实现基于浏览器的跨平台富媒体内容，但前文中已经说过，Html5 技术比较适用于简单的内容制作，对于大型复杂项目的处理能力较弱，开发成本过高。

以上列举了目前较常见的几种数字阅读产品开发工具，在产品前期策划阶段，应结合产品的内容呈现形式、交互设计、兼容性、开发成本等多方面因素进行分析，对开发工具进行合理选择。

思考题

1. 我国首都北京的世贸天阶以其“天幕”而闻名，“天幕”是一块位于游客头顶，长 250 米，宽 30 米的巨型屏幕（标准 IMAX 巨幕电影的尺寸为长 22 米，高 16 米），假如你是一位电影导演，要为“天幕”量身打造一部影片，你会如何构思这部影片？

2. 承接上一题，假如你已经完成了这部影片的制作，此时你希望通过互联网，让更多的人了解你的作品，甚至能够在一定程度上身临其境地体验到这一部“天幕”电影的魅力，你会通过何种渠道进行宣传推广？你所制作的广告或者宣传片会采用怎样的界面设计和交互设计？

3. 找出一款你觉得使用起来最别扭、最难以适应的软件或游戏，从界面设计和交互设计的角度进行分析，是什么原因造成了如此糟糕的用户体验。

第四章　电子游戏中的交互叙事

本章要点

1. 结合电子游戏的发展简史，理解数字交互技术与叙事艺术之间的冲突与融合。

2. 借助马斯洛的“需要层次论”，理解“人的需要”在数字虚拟世界中发生了何种变化。

3. 结合电子游戏与交互叙事作品实例，思考数字交互技术怎样为“人的需要”带来虚拟的满足。

第一节　模拟时代的交互叙事

“交互叙事”这一概念随着数字媒体的发展而逐渐兴起，日渐变成业界学界的一个流行词语，但实际上，所谓的交互叙事，即听众或读者可以参与到故事之中，根据自己的想法去探索故事世界，接触故事角色，改变故事剧情的叙事形态，其出现时间远远早于数字媒体，也并非必须依赖数字媒体才能得以存在。

我们日常生活中经常会发生这样的情境，甲向乙讲述一个故事，在讲述过程中，乙也许会打断甲的讲述，并提出一些问题，向甲询问没有讲述清楚的故事中的某些细节，而甲也会根据乙的提问，对故事作出补充性的叙述。在这样一个叙事过程中，的确是存在交互的，只不过这一交互过程中没有数字媒体的参与。

早在千年之前，人类社会中就有专门以“讲故事”为生的职业，从事这一职业的人在西方被称为“吟游诗人”，在我国被称作“说书人”，他们讲故事的过程也同样是“交互式”的。吟游诗人和说书人会背诵大量经典故事、史诗、传记等内容，在向人群讲述的过程中，他们的注意力不仅集中在故事上，更要集中于听众，根据听众的反应来及时调整故事内容。当某一情节明显不能提起听众兴致时，就迅速结束并转换到另一情节，当听众明显对故事中的某个角色产生浓厚兴趣时，就迅速从自己头脑里的故事素材库中挑选出与该角色相关的其他剧情，向听众讲述。实际上这是一种非常优秀的交互方式，如今的数字媒体一直在努力尝试学习古老说书人“察言观色”的本领，通过识别用户的面部表情，感知用户心跳、体温数据等方式了解用户情绪，并根据用户情绪来改变叙事走向或其他软件程序的运行方式。

从上面说书人的例子中，我们可以了解到目前数字媒体交互叙事发展过程中面对的一个难点：目前的技术水平不足以制造足够聪明的人工智能，使其像人类一样对任何输入的信息都作出适当的分析并提供输出反馈信息。这也是为什么至今仍有为数众多的游戏玩家沉醉于传统的桌面式角色扮演游戏（Table RPG），而对数字化的电子游戏显得不屑一顾的原因。

这里所说的桌面式角色扮演游戏和我们平时谈论的“三国杀”“大富翁”等“桌游”是不同的，二者之间的区别类似于复杂的大型游戏和简单的休闲游戏。桌面式 RPG 通常必备的要素是复杂的游戏规则和宏大的故事背景设定。桌面 RPG 起源于军事领域的战棋游戏，其游戏规则形成于 19 世纪的普鲁士王国，游戏者在模拟真实环境的沙盘上，“指挥”不同兵种进行作战，并通过掷骰子的方式来模拟天气等影响战场环境、战争局势的随机因素。20 世纪初期，战棋类游戏被推广至民用市场，成为一种娱乐游戏。著名英国作家，经典科幻小说《时间机器》《隐身人》的作者赫伯特·乔治·威尔斯（H. G. Wells，见图 4-1）在战棋游戏民用化过程中发挥了重要作用，被称为“模型战争游戏之父”（father of miniature war gaming），赫

图 4-1　赫伯特·乔治·威尔斯

伯特在 1911 年和 1913 年撰写了 *Floor Games* 和 *Little Wars* 两本书，制定了最初的民用战棋游戏规则，*Little Wars* 如今被称为“战棋玩家的圣书”。但此类游戏在其发展的最初几十年内并未迅速风靡，究其原因，在于入门难度较高，需要学习较为复杂的规则，而且游戏设计大都基于现实中的经典战役，对军事爱好者而言这也许是一件好事，但对大多数普通玩家来说，游戏世界只是模拟现实世界，精彩的故事，需要娱乐性。

此后，在 20 世纪 60 年代，托尔金的《魔戒》三部曲问世，在欧美小说界掀起奇幻文学的狂潮，同时也为战棋类游戏的发展指出了一个新的方向——用奇幻文学中的世界设定来取代现实世界，在游戏中使用不存在于现实之中的全新兵种，重现奇幻文学作品中的经典战役。正是在这一时期，以“龙与地下城”系列桌面 RPG 闻名于世的 TSR 公司诞生了（见图 4-2）。

图 4-2　著名的桌面 RPG“龙与地下城”

此时的桌面 RPG 游戏亟须解决的问题是针对全新的世界观来制定整个游戏规则。我们知道，任何游戏都要保证平衡性，所谓游戏平衡性，可以认为是游戏难度要适中，既不能过难让玩家望而却步，又不能过于简单让玩家感到没有挑战。另外，游戏中不能存在任何漏洞，例如某个游戏角色的技能明显强于其他角色等情况。游戏平衡性要依靠游戏规则来实现，而实际上不仅是游戏本身，任何交互都需要保证“平衡”，如果以系统论的观点来分析交互过程，它包括输入、处理和输出三部分，在此过程中的所谓“平衡”，也就是系统对于输入的信号给出合理的输出反馈，这同样要通过合理地设置规则，让系统根据规则对输入信号进行分析处理来实现。在传统的桌面 RPG 中，人们设置规则所依据的各项数据都可以从现实世界中找到样本。例如步兵和骑兵的行动能力，弓箭与火炮的射程，坦克、飞机等不同冷热武器的攻击力等，现实世界中数千年的战争历史已经提供了充足的样本，以供游戏规则设计者分析参考。但当桌面 RPG 开始采用奇幻文学中的世界观作为游戏世界背景时，规则设计者们要面对大量根本不存在于现实之中的情况，他们需要思考巨龙、精灵、矮人等新物种的能力属性，以及各种千奇百怪的魔法对战争产生的影响。这是一项极为复杂的工作，是为一个全新的世界建立规则。通过 TSR 等行业巨头和大量游戏玩家的共同努力，桌面 RPG 的规则在“实践”的过程中被不断完善。但经过数十年的发展，这些游戏规则在数量上达到了一个惊人的程度，可以汇集成数十本厚重的书籍，这也是如今桌面 RPG 令大量游戏玩家望而却步的原因之一。

与桌面 RPG 不同，电子游戏中存在一个由电脑掌控的游戏系统，负责依据海量的游戏规则对玩家信息输入进行处理。表面上看来，这对于游戏而言是一个巨大的进步。以往在桌面 RPG 中，即使最基本的一项计算攻击伤害的工作，也要耗费人们相当长的一段时间，要根据角色本身的等级属性分析攻防双方的攻击力和防御力，这其中还要涉及各种武器防御装备，甚至角色所处地形产生的数值加成，对于某些特殊装备或特殊技能所产生的有一定几率豁免伤害的效果，还需要通过掷骰子来生成随机数进行判断(见图 4-3)。这些工作都是由玩家自己来完成的，相当复杂烦琐。但在电子游戏中，这些与规则相关的分析计算全部交由电脑来处理，快速高效而且很少出现错误，使得游戏玩家可以更多地沉浸于游戏世界。这的确是一种进步，有些观点认为，如果人类在未来要通过数字化技术构建一个数字虚拟世界，必须遵循的一个重要原则就是把虚拟世界的规则对人类本身封闭起来，完全交给电脑来处理，这样不仅可以提高虚拟世界的运转效率，同时可以在最大程度上保证一切规则被公正公平地执行。

图 4-3　传统桌面 RPG 游戏中用于生成随机数据的多面骰子[①]

然而，实际上由电脑掌控的游戏系统却正是当前电子游戏继续发展的最大障碍之一，也正是为何桌面 RPG 玩家对电子游戏不屑一顾的主要原因。因为电脑只能应付有限的情况，而一个完美的游戏世界应该是拥有无限可能性的。桌面 RPG 在游戏过程中会有一个被称

① 图片授权信息：By Dados_4_a_20_caras. jpg：es：Usuario：Sabbut derivative work：SharkD Talk (Dados_4_a_20_caras. jpg) [CC-BY-SA-3. 0 (http://creativecommons. org/licenses/by-sa/3. 0/) or GFDL (http://www. gnu. org/copyleft/fdl. html)], via Wikimedia Commons。

作DM(Dungeon Manager)的角色,是整个游戏系统的管理者,或者可以认为是游戏的主持人,在游戏过程中,DM负责向所有玩家讲述游戏背景故事,并即时根据玩家的各种行动作出反应。一个合格的DM首先需要对繁复的游戏规则有全面而深入的了解,同时应该反应敏捷并且具有丰富的想象力和创造力,从而无论玩家提出任何天马行空的想法,DM都可以在符合游戏规则的前提下对玩家行为对游戏世界和游戏角色造成的影响作出合理而有趣的结论,引导游戏进程得以良性发展,而这一点显然是电脑无法做到的,这使得很多富有创造性想法的电子游戏玩家感到沮丧。我们可以设想一个常见的游戏情景,玩家在游戏中遇到某个NPC(Non Player Character,由电脑控制的游戏角色),在电子游戏中,玩家和NPC之间所有可能的交互方式都被预先设置在程序中,而这些方式往往是非常有限的,例如简单的对话、交易或战斗,而玩家的想象力则是无限的,他们也许想知道这个NPC过往的生活,想邀请他一起去某个地方,想获得他身上的某件装饰品……电脑根本无法处理这些无限的可能性,使得电子游戏中的交互成为一种有限的交互,玩家因交互而在电子游戏中获得的自由感和参与感则成为一种自由的幻象。而人脑在处理这些漫无边际的玩家想法时,则具有电脑无法望其项背的雄厚实力。

电子游戏与传统桌面RPG的另一个重要区别在于信息的呈现形式,传统桌面RPG主要以缩微模型和卡片的方式来呈现游戏中的一切信息,包括游戏世界的地形地貌、角色的形象等,而电子游戏则主要通过二维、三维或立体成像的动态影像将游戏世界呈现给玩家。大多数人可能会认为电子游戏的视觉信息呈现方式更加高端、华丽,正如电视、电影出现以后迅速吸引了大量受众,人们认为影像符号比文字符号更富于表现力,视觉冲击力更引人入胜。但实际上,最华美的影像只存在于人类的想象之中,而通常越简单抽象的符号系统,在激发想象力方面却越具有强大的效果。根据小说改编而成的电影、电视剧经常会令人失望,因为读者在阅读小说时会在脑海中刻画出最符合自己期望的角色形象,这些形象对于读者而言是完美的,在现实世界中着实很难找到与之相符的真实人物。

如此说来,文字这种简单而抽象的符号体系是否反而应该是最具视觉表现力的媒介?对于这一问题,我们还必须结合读者本身的特性进行思考。能够抛开外界纷扰,全身心地投入到抽象的符号信息之中,充分发挥自身的想象力来补全抽象符号所欠缺的视觉、听觉、触觉等感官信息,这并不是一件容易的事,而且随着技术的发展,信息的呈现方式越来越丰富华丽,获取信息的途径越来越畅通便利,人们主动、积极思考和想象的能力,却似乎随之而退化。本雅明在《机械复制时代的艺术》一书中就曾写道:“面对画布,人们沉浸在他的联想活动中;而面对电影银幕,人们则不会沉浸于他的联想。因为面对电影画面,人们很难进行思考,当他想要思考时,电影画面已经改变了,无法让电影银幕的画面固定不变。”荷兰学者穆尔则针对具有交互性的数字媒体将本雅明的观点进行了扩展,在《赛博空间的奥德赛——走向虚拟本体论与人类学》一书中，他写道："相反，可以期望这种新型互动的传媒会在艺术中获得一席重要的位置。但由此设想一切事物都将会变得互动，抑或电脑将会使得每一个人都富于创造性，却是愚蠢的……不仅人类认识到需要互动性，而且人类本身也是以一种根本性的交互被动性为特征的……他们不仅想以一种非互动性的方式潜心创造艺术品，他们甚至想从拥有外源性器具或拥有他人成果的情况中获得这种被动的愉悦。"对于以上观点，简言之，电影和电视用一帧一帧不停向后跳转的画面使得观众沉浸于被动观赏的愉悦之中，无暇像阅读纸质书籍那样可以时常停下来思考回味。而交互式的游戏用实际上是有限的，被预先设置好的种种交互可能性束缚着参与者，虽然一个又一个事件接连发生，但这些事件的出现并不是由玩家交互所驱使的，而玩家并未感觉到这种对自由和想象力的束缚，反倒乐在其中。

从以上的对比之中，我们可以看出，模拟时代的交互叙事，其交互过程强调的是人与人之间拥有无限可能性的信息输入与反馈，强调的是人与媒介之间的潜心思考、凝神观照，这种交互可以带来最极致的审美体验，一如著名心理学家马斯洛所说的高峰体验，但这种交互方式也是最"累"的，需要人们在头脑中付出极大努力。而数字媒介中的交互，以电脑代替人脑去模拟一个看似复杂实则有限的世界，以丰富多彩的视听觉信息使人迅速沉浸在里面，为人们提供了一种极为轻松的融入故事世界、游戏世界的方法，同时也在一定程度上限制了交互的自由及想象力的发挥。当然，这并不是要对数字媒体进行批判，也不是试图证明传统媒体优于数字媒体，只是通过对比，从一个侧面来揭示数字媒体在实现数字交互过程中存在的一些问题，潜藏的隐患。实际上游戏产业目前也在这方面进行着不断的努力，尝试建造更复杂、自由的游戏世界，编写更"聪明"的人工智能，想方设法去激发玩家的想象力和创造力，让玩家在游戏世界中努力创造自己的故事。

桌面 RPG 游戏，可以说是模拟时代交互叙事最重要的类型之一。除桌面 RPG 以外，在20 世纪七八十年代还出现过一些交互式的小说，如著名的"choose your own adventure"系列，直译为中文即"选择你自己的冒险"，该系列由美国 Bantam Books 出版社出版，自 1979 年至 1998 年共出版 185 部，总销量达 2.5 亿册，成为当时最畅销的儿童图书之一。该系列也有数本被译为中文在我国出版，被称作"矮脚鸡"书系，该名称的来由是因为 Bantam Books 出版社以一只公鸡作为标

图 4-4　Bantam Books 出版社标识

识(见图 4-4)。此类图书中的故事往往包含三条以上的故事线,读者扮演书中的一个主要角色,并在故事发展至某个阶段时作出选择,根据读者的选择,故事会跳转至对应的页数以展开不同的故事情节,这种交互方式可以说是后来电子游戏中多分支、多主线游戏方式的雏形。

第二节　电子游戏中的交互叙事

在 20 世纪 60 年代初,电子游戏诞生初期,人们基本上没有考虑过将游戏与故事相融合,毕竟以当时的技术条件,在屏幕上用点和线完成游戏画面的绘制已经是一项大工程了,有限的存储空间和运算能力不足以完成使用大量图像文字进行叙事的任务。由 Steve Russell 制作的 *Spacewar* 是目前得到普遍公认的第一部电脑游戏,诞生于 1962 年,运行于由美国 DEC 公司生产的 PDP-1 型电脑。该电脑的存储设备是传统的打孔纸带,系统内存仅有 9KB,可想而知在这样一台设备上,想要实现哪怕最简单的叙事功能都是一件多么近乎不可能的任务。在相当长的一段时间里,游戏中的叙事都仅限于短短的几句文字描述,而这些文字,通常也不是通过屏幕展现,而是被印刷在大型街机的外壳上(见图 4-5[①])。

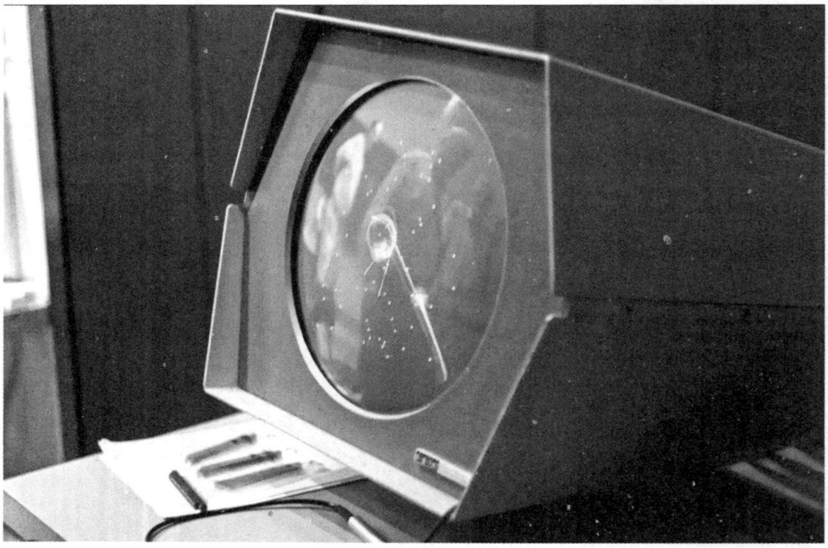

图 4-5　运行于 PDP-1 型电脑平台上的游戏《太空战争》

---

① 图片授权信息:"Spacewar! -PDP-1-20070512" by Joi Ito from Inbamura, Japan - Spacewar running on PDP-1. Licensed under Creative Commons Attribution 2.0 via Wikimedia Commons。

时间又过十余年，计算机技术高速发展，硬件机能得到飞跃式的提高，此时以雅达利公司为首，一大批面向家用市场的小型电子游戏机被制造出来（见图 4-6[①]），并迅速风靡市场。因处理和存储能力的提高，基于文字和静态图片的简单叙事元素开始广泛地应用于游戏制作之中。游戏制作者们发现，游戏中可以完全没有任何故事，然而一旦向游戏中添加哪怕是再简单的故事情节，都会极大增强游戏的魅力。同时也有研究表明，即使是那些完全没有故事情节的游戏，多数游戏玩家也会通过“脑补”的方式，运用自己的想象力，在脑海中自行构造出与游戏相关的故事情节。在这一时期，叙事与交互在数字媒体上的相互融合进入了萌芽阶段，人们开始探索属于数字交互叙事的独特艺术手法。

图 4-6　雅达利 2600 游戏主机

作为一种新兴的艺术形态，专属于游戏本身的艺术创作方法在其形成初期必然要对其他传统艺术形态进行借鉴，20 世纪 80 年代，电子游戏中开始大量出现常见于文学、漫画和电影中的叙事手法。1976 年，文字冒险游戏 *Colossal Cave Adventure* 问世。这款游戏中没有任何图形元素，全部游戏过程以文字叙述来呈现，类似于上文中提到过的“Choose Your Own Adventure”系列图书，根据玩家在某些特定情节点的不同选择来决定故事后继剧情的走向。这款游戏实际上可以认为是一部文学作品，是传统交互式图书的数字化版本。1981

① 图片授权信息：“Atari-2600-Wood-4Sw-Set” by Evan-Amos - Own work. Licensed under Public domain via Wikimedia Commons。

年，任天堂公司推出了首部 *Donkey Kong* 游戏(见图 4-7[①])，成为第一部采用文字与电影式镜头切换手法相结合，讲述完整剧情的游戏作品。1983 年，任天堂公司推出 Family Computer 家用游戏主机，开创了电子游戏发展的又一个黄金时期。在这一阶段，电影式的分镜头切换叙事手法被广泛应用于游戏中，开场动画、过场动画和结局动画成为必备的游戏要素。但当时的主机硬件能力仍不足以表现大量精致的动画和音乐，我们知道，电影艺术的精华很大程度上在于其自成体系的蒙太奇理论，但同样高质量的画面与音乐是保证情感与思想传达的前提条件。虽然没有必要追求过分华丽精致的音画效果，但显然也不能过于粗糙，20 世纪 80 年代的游戏机硬件，在画面与声音表达方面，如果按电影的标准，是远远达不到及格线的，因此也限制了其在叙事方面的表现力。

图 4-7　1981 年的街机游戏《大金刚》(*Donkey Kong*)

要解决这一问题，首先要提高游戏载体的最大容量。当时的游戏主机以卡带为主要载体，最大容量约为 1MB，以现在的眼光来看，这样的容量连一张高质量的静态图片都无法容纳，更谈不上精美的动态影像与音乐了。有一些游戏厂商尝试用光盘作为游戏载体，推出了一些大容量的，包含大量动画内容的游戏，例如 1983 年由前迪士尼动画师 Don Bluth 制作的 *Dragon Lair*，是第一部采用光盘载体，包含电影级动画效果的游戏。遗憾的是，虽然该游戏视听觉效果极佳，但在游戏性方面表现得不尽如人意，没有取得较好的市场反响。

总之，由于硬件性能的限制，电影式的叙事手法虽然早早地出现在电子游戏之中，但一直未能得到重视和普及，大都作为游戏交互部分的辅助内容而存在。然而这并不意味着游戏制作人不重视游戏中的叙事，20 世纪 80 年代末，由史克威尔公司推出的《最终幻想》系列和艾尼克斯公司推出的《勇者斗恶龙》系列游戏掀起了角色扮演游戏(RPG)浪潮的开端。实

---

① 图片授权信息："Donkey Kong Arcade" by Alexisrael-Own work. Licensed under Creative Commons Attribution-Share Alike 3.0 via Wikimedia Commons。

际上这两个系列并不是 RPG 电子游戏的鼻祖，早在 20 世纪 70 年代就出现过基于电脑平台的角色扮演游戏，雅达利主机上也有数款 RPG 游戏发布，更确切地说，《最终幻想》和《勇者斗恶龙》代表着日式 RPG 游戏的成熟和兴起。

因地域、文化的差异，在角色扮演类游戏的设计制作方面，欧美游戏和日本游戏有很大区别，这种差别至今仍然存在。当时除了“美式”和“日式”的说法之外，往往还用“电脑RPG”和“主机 RPG”的说法对其加以区别，毕竟当时主流的家用游戏主机厂商大都来自日本。总的来说，二者差异正体现在处理游戏与叙事相融合的方法上。延续桌面 RPG 的传统，早期美式 RPG 倾向于构造相对复杂的游戏系统，厚重而深刻的故事情节，并且在游戏过程中提供给游戏玩家更多的自由度，玩家需要自行探索游戏世界，在游戏过程中逐渐使自己的角色内涵丰满起来，去展开游戏中诸多分支的故事线。正如上一节中分析过的，这种形式的游戏对玩家本身的要求较高，玩起来会比较“累”，同时结合当时非常糟糕的游戏画面和音效表现，很难得到大众的广泛认可。而早期的日式 RPG 则偏重于相对封闭而简单的故事主线，预先设置好的故事角色，容易上手的游戏系统。玩家的交互基本上不会对游戏故事与游戏世界产生任何影响，只是用于带来道具收集、等级上升、战斗胜利的满足感，这种方法迅速得到了广大亚洲游戏玩家的认可。我们可以把美式 RPG 与日式 RPG 最明显的区别概括为游戏自由度与故事深度，RPG 游戏发展的早期阶段，过于追求自由交互与复杂深刻故事的角色扮演类游戏往往都不会取得较好的市场反响，这一情况产生的主要原因可以说仍然是由于主机硬件技能的限制，以至于画面和声音效果无法与复杂的剧情、宏大而自由的世界相匹配，在粗糙简陋的视听觉环境中，玩家很难花费几个小时去熟悉游戏系统并通过主动探索去了解游戏世界。

随着对游戏世界设定、游戏剧情编写重视度的提高，游戏制作者们也逐渐发现并非所有的故事类型都适合用游戏的方式来展现。20 世纪 80 年代，这种情况的成因主要还是因为有限的硬件机能造成的。例如由 Konami 公司制作的《潜龙谍影》① 系列，该系列游戏可谓潜入谍战类游戏的代表作，基于现实世界背景，属于复杂而宏大的军事题材剧情，以刻画孤军潜入敌后作战的紧张气氛而著称。甚至有很多人评价《潜龙谍影》的剧情比著名军事小说家汤姆·克兰西的谍战小说还要精彩。然而 1987 年 7 月，《潜龙谍影》系列的第一部作品在家用机平台上发布后，并没有取得较好的反响，甚至可以说是一部销量惨淡的失败作品。

《潜龙谍影》的制作人小岛秀夫重视的是游戏中的情感、气氛表达，他力求在游戏中表现出战争的沉重、危机重重的环境、潜入敌后的紧张感，以及在不同立场上对于战争正义与邪恶的思考等。为实现以上情绪的传达，《潜龙谍影》的游戏方式迥异于当时流行的以移动、跳

---

① 该游戏早期中文译名为“燃烧战车”或“合金装备”，英文原名为“Metal Gear”。

跃、射击为主的交互，游戏主角被设置为弱势的一方，没有强力的武器装备，面对大量敌人需要依靠不断的躲避、潜入来推进游戏进程。对营造紧张气氛而言，这种交互方式的设定很合理，然而一旦与当时8位机粗糙的画面音效相结合，则对整体气氛营造产生了破坏性的效果，很难真正把情绪和气氛传达给玩家（见图4-8）。直到11年后，借索尼 PlayStation 游戏主机在当时强大的硬件性能，游戏制作人的想法才真正得以表达。

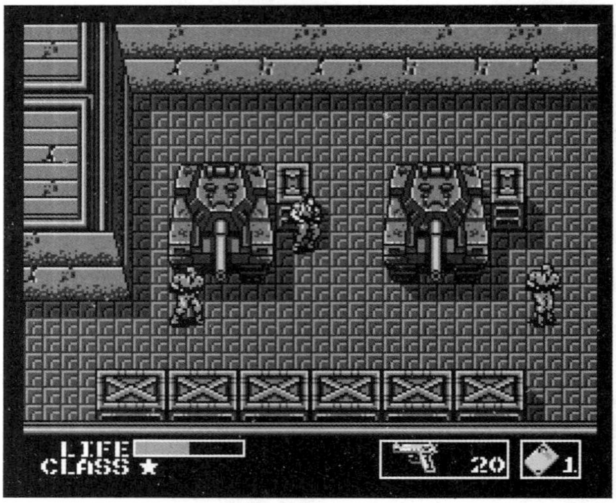

图 4-8　1987 年的《潜龙谍影》游戏画面

20世纪90年代，硬件性能对于游戏叙事能力的局限逐渐缓解，在当时已经取得广泛认可的日式 RPG 游戏开始尝试构造更复杂、包含更多情绪情感与深刻思想的游戏剧情。1991年，史克威尔公司在超级任天堂主机上发布了《最终幻想4》，游戏故事一改以往日式 RPG“王子拯救公主”“勇士拯救世界”之类的简单主线，刻画了大量性格鲜明，令人印象深刻的角色，以及设定了复杂而深邃的故事剧情。1994年，《最终幻想6》发布，该游戏成为日式 RPG 历史上里程碑式的作品，以其优秀的故事、华丽的画面以及由著名作曲家植松伸夫编写的游戏原声音乐打动了大量玩家。借助该作品，日本 RPG 游戏厂商终于敲开了欧美游戏市场的大门。《最终幻想6》不仅在亚洲热卖，同时也得到欧美玩家的认可和喜爱（见图4-9）。此时，越来越多的人开始将电子游戏作为一种新兴的艺术形态来看待，在此之前，电子游戏虽然也融合了音乐、图像、文字等艺术形式，但其本身通常并不被认为是一种新的艺术，因为电子游戏虽然可以令人沉浸于激动、快乐、兴奋的游戏过程中，但毕竟欠缺真正打动人心、令人流泪的力量。正是由于大量游戏故事的涌现，游戏终于可以令人感动，终于作为“第九艺术”被广泛认可。

20世纪90年代中期，电子游戏不仅在画面、音效质量上取得巨大进步，而且涌现出大量

图 4-9　首发于 1994 年的《最终幻想 6》

全新的游戏类型，在这些新类型中，不乏对于交互叙事的开拓性探索，例如多主线剧情与多分支剧情的游戏叙事开始广泛出现，以线性结构为主的游戏叙事逐渐向非线性结构转变，意味着玩家可以通过自己在游戏中的交互行动改变游戏故事情节的走向，导致完全不同的结局。同时，“由用户驱动的故事”开始逐渐兴起。

所谓“由用户驱动的故事”，其理想状态是游戏中的所有故事都是通过玩家的行动来生成的，而非预先设置好情节，玩家的行动只是触发预设情节的继续发展。早期此类游戏的代表类型是模拟经营类、养成类和策略类，通常此类游戏被简称为 SLG（Simulation Games）。其中最著名的莫过于 EA 公司的“The Sims”系列，以《模拟人生》（见图 4-10）为例，玩家在游戏中需要扮演一个没有任何预设背景的角色，该角色的整个生命历程都通过玩家的交互来决定，因此玩家的游戏过程也就是创造一个虚拟角色一生经历的过程。每个玩家在游戏中都会得到不同的体验，他们扮演的角色会有不同的外貌、不同的朋友、不同的职业、不同的住宅等。游戏制作厂商提供给玩家的实际上只是一个广阔的世界、表演的舞台，在此基础上，生成好故事的保障一方面在于舞台设置的优劣，另一方面在于玩家自身的想象力与创造力，因而如何设置一个良好的游戏舞台，可以充分激发玩家的“表演欲望”，就成为“由用户驱动的故事”的核心。直到现在，这种交互叙事的形式被越来越多的游戏制作者所重视，代表着电子游戏的一个重要发展方向。

20 世纪 90 年代中期也是 3D 游戏开始大规模涌现的时期。以索尼 Playstation、世嘉 Saturn 为代表的 32 位家用游戏主机，配备了当时顶级的 GPU 图形处理芯片，结合大容量光盘存储设备，终于使家用游戏机具备复杂三维场景、人物的处理能力。由此玩家不再局限于平面的二维游戏世界，而是可以如同在真实世界中一般，在虚拟的三维场景中进行自由探

图 4-10　EA 公司的《模拟人生》游戏

索，这一改变对交互叙事的发展产生巨大影响。要使一个故事变成可交互的故事，重要的一点在于故事中世界是否足够广阔和自由，即使在真实世界中，人们的交互也首先是人与世界的交互，其次是人与人之间的交互。世界中的一切事物，世界本身所具有的规则，影响着人们的行动，影响着社会关系、社会制度的形成，而这一切又是所有故事的来源。在 3D 游戏普及之前，强烈追求游戏自由度的美式 RPG 游戏也尝试用二维技术构造广阔的开放式游戏世界，例如由黑岛工作室开发的《辐射 2》（见图 4-11）。《辐射 2》是 2D 美式 RPG 中的巅峰之作，采用了斜四十五度俯视的视角，为玩家呈现一种“伪 3D”的效果。该游戏最大的亮点就在于向玩家提供了一个广阔而自由的世界，没有强制性的剧情推进，玩家可以随时中断主线剧情，转而探索游戏世界中丰富的场景，大量 NPC 身上的支线剧情。但遗憾的是，正如前文中所说，在游戏产业发展初期，追求高自由度的 RPG 游戏大都叫好不叫座，一旦将玩家安置在广阔而自由的游戏世界中，短暂的欣喜过后大部分玩家会感到迷茫和无所适从，迅速失去耐心，这对于此类“慢热型”游戏而言无疑是致命的缺点。而 3D 技术则提供了一个很好的解决方案，通过 3D 技术创造出华美、超现实的世界景观，从而吸引玩家在其中漫游和观赏，这样也就获得了足够的时间向玩家介绍游戏系统、游戏人物和背景故事，激发起玩家继续游戏的兴趣。

除了在构造游戏世界方面的优势之外，3D 技术与大容量光盘存储设备的结合也使电子游戏真正具备了与电影相媲美的影像叙事能力，因此电子游戏开始广泛采用电影蒙太奇手法，结合 3D 动画这一新兴技术，打造华丽的视听效果。这种手段确实极大增强了电子游戏

图 4-11　由黑岛工作室开发的《辐射 2》游戏

的视听觉表现力，使无数玩家为之赞叹，但同时也导致了一些批评，尤其是来自资深游戏爱好者的批评。他们认为游戏厂商越来越注重电影式的叙事，却忽略了游戏中最为重要的交互部分，导致游戏开发成本过多投入于 3D 动画的制作，而游戏交互方面却变得缺乏创新、粗制滥造。另外，当时的 3D 技术毕竟远逊于今日，很多精美华丽的 3D 动画无法依靠主机本身的硬件能力即时渲染生成，游戏开发商普遍的做法是把片头、片尾和过场动画预先渲染出来，以视频的形式存储在游戏中，当玩家观看完视频回到游戏中时，所有的角色场景再改为即时渲染。这样一来，实际游戏画面和预渲染的动画在视觉效果上呈现出巨大的落差，形成了交互与叙事的明显分界。除了视觉效果的区别之外，玩家在预渲染的 3D 动画的播放过程中无法进行任何交互操作，因此会产生心理上的落差，感觉自己忽然被强行从游戏世界中抽离出来，由主动参与变成被动观看。因此，3D 游戏发展初期，预渲染的动画着实是一种令玩家喜忧参半的东西，既希望看到更多更精美的动画，又要忍受交互带来的沉浸感与参与感被打断的"痛苦"。

3D 技术的普及也带来冒险类游戏的兴盛，冒险类游戏通常被简称为 AVG(Adventure Game)。实际上 AVG 与 RPG 的核心都是角色扮演，二者之间有很多共通的元素，包括另一种称作 ARPG(Action Role Playing Game)——动作角色扮演的游戏类型。时至今日，三者之间的分界已经越来越模糊。其主要区别在于对游戏中各种事件的展示，早期的 RPG 游戏通常采用"抽象"的展示方式，而 AVG 则更多采用"具象"的展示方式。如果用比较极端的比喻，RPG 游戏更像文学，AVG 游戏更像电影。我们知道，早期 RPG 游戏中，玩家的视角通常是俯视的“上帝视角”，与敌人遭遇的形式是“踩地雷”式的随机事件，遇敌后进入的战斗过程是类似于一种战棋式通过指令操作的回合制战斗；而 AVG 游戏则通常是以第一人称或第三人称视角，遇敌与战斗过程也是侧重于表现动作的真实感，将全过程用更加直观的方式呈现给玩家。在这一时期，游戏制作者开始关注经典叙事学中的理论与方法，例如叙事学中关于叙事“视角”的理论，探讨第一人称视角与第三人称视角对玩家沉浸感的影响等问题。同时，开始对游戏故事类型进行进一步的扩展，涉及当时在文学、电影叙事中颇为流行的对于角色精神世界的深入探索，例如《最终幻想 7》《最终幻想 8》以及《寂静岭》（见图 4-12）系列等。

图 4-12 《寂静岭 2》非常注重对角色心理世界的探索

近些年来，电子游戏机、家用电脑等数字设备的硬件性能快速提升，甚至可以说是进入了一个“机能过剩”的时代，借助强大的运算能力及图形图像处理能力，电子游戏的视听觉表现力达到前所未有的高度，交互与叙事的融合也得到了进一步加强。偏重于线性叙事的日式 RPG 开始被强调非线性叙事、注重游戏自由度的美式 RPG 抢去风头。电子游戏终于有能力创造出一个足够广阔，包含海量可交互元素，本身就足够吸引人的游戏世界，从而令玩家有兴趣在其中逗留足够长的时间，游戏设计者可以利用这段充裕的时间将游戏规则、操作方法、故事背景等信息有效地传达给玩家。当然,至今,即使最先进的技术也无法真正创造出如同现实世界一般复杂、拥有无限可能性的游戏世界,而因过高自由度引起的玩家迷惑也依旧存在,美式 RPG 制作者也开始借鉴日式 RPG 中的方法,在游戏中提供简单直白的线索,对用户的行动进行提示和指引。

互联网的发展也带动了网络游戏的兴起,在多人共同参与游戏的情况下,游戏世界本身不够复杂的缺陷得到了弥补,越来越多的人涌入大型网络 RPG 游戏(Massively Multiplayer Online Role-playing Game,简称 MMORPG)之中。此时,人们游戏的目的已经与四十年前电子游戏诞生之初完全不同,游戏从生活中的一种娱乐变成了生活本身。人们在游戏中去探索生活的更多可能性,通过游戏来满足自身对于友情、爱情,甚至自我实现的需求。而这种对于人类需求"虚拟式"的满足,在传统媒体时代大都是通过故事来实现的。我们将在下一节内容中,对游戏、阅读与人的需求之间的关系进行更深入的讨论。

第三节 故事、交互与人的需要

有人说,欲望即人的本质。的确,每一个人自其诞生于这个世界,就不断地产生一个又一个不同的欲望,为满足这些欲望而从事各种各样的活动,甚至因欲望的存在,才促进了生命的不断进化,社会的形成,科学、艺术、文化的发展。然而"欲望"这个词在中文里或多或少带有一些贬义色彩,更恰当的说法应该是人的"需求""需要"。今天,人的需要通常被分为物质需要与精神需要,当然,这只是对于人类需要最粗略的划分。关于人类需求的研究,美国著名心理学家马斯洛(见图 4-13)的"需要层次论"可谓其中翘楚,他将人类的需要分为五个层次:生理需要;对安全感的需要;对爱与归属感的需要;自尊需要;自我实现的需要。在这五个层次之外还存在对审美的需要以及对认知与理解的需要。在他的理论中,人的这些需要如果得不到满足,就会产生心理及生理上的病态。同时他认为,一个良好的理想状态的社会和世界,应该是致力于满足每个人自我实现的需要,而要实现这一点,最重要的就是提供给人充分的,可以选择自己的生活方式与职业的自由,在不断的选择中人们才会真正明白自己真正想要的是什么,自己应该成为什么样的人,并为实现这一目标而不断努力,这种努力的过程,正是满足其自我实现需要的过程。在马斯洛之前,马克思也提出过类似的观点,马克思认为一个理想的社会理应满足人们自由、全面发展的需要。

然而我们的现实世界远远不能满足以上条件,很多时候人们并没有太多选择的余地,时间、空间、资源方面的种种限制,使绝大多数人的一生局限于某种主要由外部条件决定的生活。马斯洛在其研究工作中发现,真正能够达到"自我实现"的人实在少之又少,然而自我实

图 4-13 美国著名心理学家马斯洛

现的需求又确实存在于每个人心中。这种无法满足的需求，正是数千年来故事深受喜爱的重要原因，故事让人们进入不同的人生，体验不同的经历和情感，让自己在现实世界中无法得到满足的需求在故事中获得满足。然而，大多数情况下，这种满足是短暂而虚假的，是一种“画饼充饥”“望梅止渴”式的满足，即使在故事中坐上国王的宝座，拥有强大的力量。但在传统媒体时代，故事的读者或听众始终被牢牢地控制在线性的故事结构中，无法按照自己的意愿去“做”任何事情。

数字交互技术的出现以及交互与故事的融合使这一情况得以改变。一个可交互的故事，意味着人们终于可以在故事中“做”些什么。因此，结合了数字交互技术之后，故事中的世界虽然是“虚拟”的，但并不是“虚假”的，人们可以在其中进行真实的实践与交往，在一定程度上，人们可以真实地生活在其中，按照自己的意愿去和他人往来，去某个地方探险，去赢得荣誉和声望。人们对于归属与爱的需求、自尊的需求，甚至自我实现的需求都可以实实在在地在虚拟世界得到满足。通过交互式的故事，人们终于可以自由地探索存在于短暂生命中无限的可能性，在通往自我实现的道路上走得更远。

也许有人会认为，人终究是要活在现实之中的，即使在虚拟世界中获得再多的收获和满足，也无法改变现实的匮乏。的确，虚拟世界与现实世界仍是两个相互独立的世界。但首先，关于人类的世界，一直以来都被分为物质世界和精神世界（在哲学家波普尔的观点中，还要再加上一个客观知识的世界）。人的精神需求，比如对于某个集体的归属感，对于亲情、爱情、友情的需求，对于受到尊重的需求，并不依赖于通常被称作现实世界的物质世界而存在。故而此类精神需求的满足，无论在现实中还是在虚拟中实现，对一个人本身所产生的影响都是真实不虚的。其次，我们可以看到虚拟世界与现实世界相互交融的一种趋势，例如“严肃游戏”的出现，通过游戏的方式培养和锻炼某种可以应用于现实世界之中的技能。同时，虚拟世界中的土地、货品逐渐产生现实价值，这无疑也是未来虚拟与现实相融合的重要标志之一。人们在虚拟世界中的很多交互活动，和现实世界中的劳动并无区别，而劳动产生价值，因此交互也理应产生价值。育碧(Ubisoft)公司的游戏行为研究专家 Nick Yee 认为，大型网络游戏已变成大型多人工作环境，只不过仍以游戏作为伪装，电脑被发明的初衷是为人类工作，但在电子游戏中，情况逐渐发生了变化，人们开始为游戏而工作。据统计，每一天，全球玩家在大型多人在线网络游戏《魔兽世界》中要“工作”超过 3000 万小时。遗憾的是，玩家们在《魔兽世界》中的劳动并不能转换为现实价值，而且玩家还要为之付出一定费用，但毋庸置疑，激励他们在游戏世界中努力“工作”的原因，正是现实世界中日益匮乏的归属感、成就感，参与重大事件并与无数志同道合的人们一起为某一目标努力，这使他们的生活有了积极的意义。

在《游戏改变世界》一书中，作者简・麦戈尼格尔为了描述游戏赋予生活更宏大的意义，采用《光环 3》(*Halo 3*)为案例。《光环 3》(见图 4-14)是由微软公司开发的，以宏大星际战争为背景的大型多人在线游戏。该游戏中有很多“成就”或“里程碑”设置，即为个人或群体玩家设立一个目标，当玩家在游戏中达成这一目标后，就获得相应的成就。在游戏的诸多成就设置之中，最宏伟的莫过于“消灭 100 亿敌军”，保护人类世界免遭外星联盟(Covenant)的侵略。简・麦戈尼格尔认为：“越来越多的玩家不再只是为了自己而投身游戏。他们投身游戏，是为了彼此，为了感受投身宏大事业而带来的快感。”“这正是在《光环 3》这类游戏中共同

图 4-14　由微软公司制作的游戏《光环 3》

合作的意义所在。干掉多少个外星敌人确实没有价值，但和数百万人共同追求一个庞大的目标，这让我感觉很好、很有意义。”故事塑造宏大背景与事件，交互使人们共同参与，通力合作，交互与叙事的结合，使人们的生命更具意义。

简·麦戈尼格尔进而指出，通过数字交互的方式，同样可以组织起大规模人群，一起参与现实世界中的宏大事件。例如维基百科就是最典型的，以大型多人在线游戏的模式建立起来的，人类历史上最复杂的百科全书体系。另外还有斯坦福大学开设的“Folding@home”项目。该项目力图将全世界的网络用户组织起来，通过分布式计算的方式，充分利用全体网络用户的电脑运算力，共同对蛋白质折叠这一难题进行分析计算，解决这一难题对于攻克阿尔茨海默病、疯牛病、艾滋病等威胁人类生存的疾病具有重大帮助。该项目于 2001 年启动，至今已有超过 17 万计算机用户参与进来。此外，2008 年，在索尼公司的 PS3 主机上也推出了 Folding@home 应用，随后索尼公司甚至将 Folding@home 作为预装软件随每一台 PS3 主机进行发售。至今已有超过 100 万 PS3 用户参与该项目。

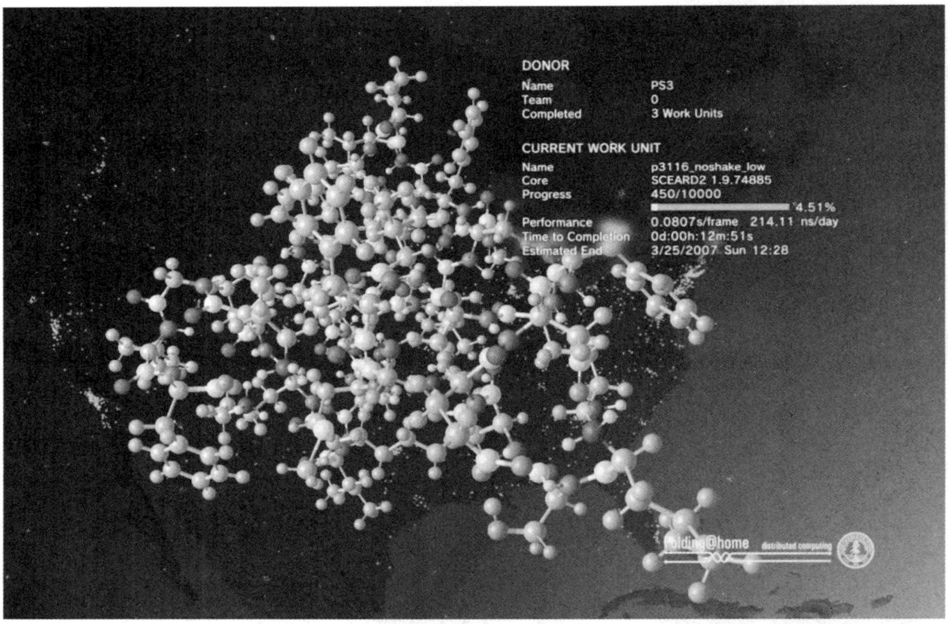

图 4-15　运行于 PS3 主机上的“Folding@home”

2008 年，印第安纳大学的卡斯特诺瓦教授，他同时也是一位资深的大型网络游戏《魔兽世界》玩家，根据其在游戏中的经历和思考，撰写了一本名为《向虚拟世界迁移》的著作。值得注意的是，原书英文书名中“迁移”一词，使用的是“Exodus”，这是一个带有宗教隐喻色彩的单词，除了“迁移”之意外，也是圣经中“出埃及记”的标题。卡斯特诺瓦教授以此暗示人类向虚拟世界的迁移活动正如摩西带领以色列人走出埃及一样意义深远。这些深远意义，正体现在虚拟世界很大程度上可以更好地满足人们的需求，使人们获得更多的机会，去自由地选择、尝试、体验，去发现自己、完善自己。这也是为何有人将当下这一数字媒体时代称作“第二次文艺复兴”的原因。第一次文艺复兴，将每一个人类个体从中世纪黑暗时代神权统治中解放出来，让人们的个性与思想得以自由发展。第二次文艺复兴，则尝试解除现实世界的种种限制和束缚，尽可能地满足每一个人对爱与归属、自尊与自我实现的需要。

当然，通过数字化技术手段构建起来的虚拟世界，迄今为止也远远谈不上完美，人们仍然在用多种多样的方式去继续建设它，故事与交互的结合，正是其中最重要的方式之一。人是社会性的生物，人的绝大多数需求，都产生于社会群体之中，并且只能在群体环境中得到满足。因此，在故事与交互的结合中，故事通过一系列世界背景和角色设置，构建起社会群体框架，并通过事件序列的安排，或者说故事情节的设置，指向人们某种具体的需要，交互则使人们“亲自”去参与故事，去完成某一事件，使自己的需要得到更加“真实”的满足。然而需要注意的是，交互的方式也决定了需要得到满足的方式，对于某一种需要，其得到满足的方式并不是唯一的，是具有高下优劣，甚至好坏之分的。例如，在马斯洛的《动机与人格》一书中，他曾举例说明人们对于满足自尊需要的不同实现方式。通常我们认为“正确”“好”“善”的实现方式是通过自身的努力，达成某些对他人、社会有益的目标和成就。但同样，普遍存在于人类社会之中的一些负面现象也往往是为了满足自尊需要，例如攀比、歧视、暴力等。古代的某些君王，通过酷刑与杀戮让臣民惧怕，实质上除了维护统治的目的之外，也是为了在他人的畏惧中得到自尊的满足。

同样，除了“好坏”或者“善恶”之分以外，满足需要的方式还有“难易”之别。而令人遗憾的是，最容易实现的方式往往在道德层面上处于较低的层次。获得财富可以通过长期的艰苦奋斗，也可以通过偷窃抢劫等不法手段，显然后者要更加“容易”。更令人遗憾的是，这一现象不仅存在于现实世界，也同样存在于虚拟世界之中。

虚拟世界是一个社会、一个世界，但同时它还是一个产业，作为产业，它需要实现其自身的商业价值，而且往往以此为最高目标。为实现更多的商业价值，自然要追求更高的生产效率——利用最少的资源，在最短时间内制造更多的产品。因此，在向故事中添加交互元素的时候，往往是那些最容易融合的交互方式被选用于故事之中。例如在游戏中，最常见的交互方式是战斗、冒险、解谜、收集、养成、交换。而这些交互形式也同样反过来影响对故事的选择，战争和探险类题材往往成为最佳选择，此类故事在游戏行业中被称作强调“外部冲突”的故事。而那些关于细腻的情感纠缠，对哲学问题的深入思考等题材，则被称作强调“内部冲突”的故事。

对故事与交互形式的倾向性，导致以游戏为典型代表的虚拟世界在满足人们需要的方式上出现一定偏颇。当然，出现这一情况的原因除了上文所说的商业价值方面之外，还有人们本身固有的对于交互方式的偏好。目前，传统的美式 RPG 已经发展为自由度极高的“沙盒”(Sand Box)游戏，理论上，在这样一种力求实现“一切皆可交互”的虚拟环境中，游戏制作者们已经初步构建成既缺少故事，但又处处都是故事的交互叙事模型，只不过这些故事需要玩家自行发掘与探索。而玩家们普遍对此类游戏表示喜爱，但只有少数玩家真正能做到主动探索与创造。以近期最典型的沙盒类游戏《侠盗猎车手 5》(*GTA5*)为例，宏大而自由的世界是该游戏广受赞誉的重要原因，但同样导致很多游戏者将此游戏作为发泄式的射击游戏来对待，通过在游戏中肆无忌惮的暴力宣泄来获得现实中无法得到的快感，或者从某种意义上来说，获得对于自尊需求的另类满足。

总之，我们可以将关于人类需要的理论作为分析交互叙事，甚至数字媒体、虚拟世界的良好工具。交互叙事之所以吸引人，是因为它作为构建虚拟世界的一种方式，相比现实世界能够以一种虚拟但并不虚假的形式，更充分地满足人们的各种需要。当我们以创作者的身份来分析交互叙事，或者其他构造虚拟世界的方式方法的时候，我们必须认识到，当用户或受众进入由我们构建的虚拟世界之后，他们的需要如何被满足，一方面是由他们自身的主动选择和参与决定的，另一方面是由创作者在产品中预先设置的。马斯洛理论中人的不同层次的需要，其本身并无好坏善恶之分，但满足需要的方式不同，也就使其具有了不同的性质。在进行交互叙事相关设计制作时，理应谨慎对待。

第四节　未来的游戏虚拟世界

对于未来的游戏虚拟世界，或者更宏观地说，未来由数字技术构造的虚拟世界，人们有许许多多的想象。早在 1984 年，美国著名科幻小说家威廉·吉布森撰写了《神经漫游者》(*Neuromancer*)一书，对未来构建于网络空间和虚拟现实技术基础之上的世界进行了描述，该书也是“赛博空间”(Cyberspace)一词的起源，并开创了“赛博朋克”(Cyberpunk)这一独特的小说流派。另一个广为人知的例子则是《骇客帝国》电影三部曲，影片中描述了这样一个故事：人成为机器的奴隶，肉体沉睡于现实世界，而精神则被欺骗，生活在由电脑构建出来的虚拟世界之中。在我国，科幻小说家王晋康也曾于 1997 年发表过《七重外壳》一文。在这个故事里，人类发明了一种名为“外壳”的中介系统，通过它，电脑可以完全模拟真实的外部环境，欺骗人类的感官，以至于如果不借助系统的帮助，根本无法分辨自己身处现实还是虚拟之中，当故事的主人公穿上“外壳”之后，就深深陷入这样的困境。除了这些大众化的电影与小说之外，在学术领域也同样存在相似的设想，例如哲学家笛卡尔在《第一哲学沉思录》中曾想象过也许有一个“邪恶精灵”的存在，“它（邪恶精灵）用尽了它的一切机智来骗我。我要认为天、地、颜色、形状、声音以及我们所看到的一切外界事物都不过是它用来骗取我轻信的一些假象和幻象。我要把我自己看成是本来就没有手，没有眼睛，没有肉，没有血，什么感官都没有，却错误地相信我有这些东西。”希拉里·普特南在《理性、真理和历史》一书中提出了著名的“钵中之脑”假说，设想有一个邪恶的科学家，将人的大脑浸泡入营养液中使其继续存活，并将大脑的各类神经末梢连接至计算机，通过计算机模拟的各种感官信息，对大脑来进行欺骗，使其认为仍然存在于某具身体之中，活在现实世界之中。希拉里·普特南向他的每一个读者提出这样的问题：“你怎么知道你现在不处在这种困境之中？”

以上诸观点，其共同之处在于以一种忧心忡忡的态度来思考真实与虚幻之间的问题。这种怀疑论的思想早在几千年前就已经出现，柏拉图在其《理想国》一书中也曾写过一个关于“洞穴”的寓言故事：有一群囚徒自出生起就生活在洞穴之中，他们的头颅被牢牢地固定，因此永远只能目视前方，在前方有一面墙壁，墙壁上只能看到火光映出的影子。因此，这些囚徒会认为影子就是真实世界的模样。偶然的机会，一名囚徒得以脱困，走出洞穴来到地面，他终于见到了太阳、天空、青草、山川河流，终于知道了什么是真实。于是他回到洞穴，想把关于真实世界的消息散布给其他囚徒。但他的做法引起了群体性的恐慌，人们恐惧、愤怒，不愿自己平静的生活被破坏，不愿自己思想中根深蒂固的已知世界改变模样（见图 4-16）。这些恐惧与愤怒的来源，归根到底是由于人们感到失去了最基本的安全感——对自己与身边世界的确定性认知。对身边世界与自己真实性的思考，在很长一段时间内都只是哲学家们

图 4-16 柏拉图的洞穴寓言

的工作，但随着数字技术的出现，虚拟现实的发展，越来越多的普通民众也开始关注此类问题。可是，大众对于可以完全欺骗感官的虚拟世界所保持的态度并不像哲学家们那样警惕乃至悲观，大多数时候反而是感到充满期待与向往，我们可以从目前最通俗的网络文学中发现这样的心态。

在世界范围内，我国的网络文学产业最为发达。在网络小说的诸多类别中，"网游类"已经成为一个重要的文类，受到网络文学读者的普遍喜爱，从网游类小说中，我们可以看到大众心目中未来虚拟世界的模样。首先值得注意的是，网游类小说与赛博朋克类小说不同，似乎从来没有注意过当虚拟与现实不可区分的时候会引发的诸多问题，在网游类小说中，虚拟与现实永远是可以被区分清楚的，"系统"不会刻意欺骗玩家，进入与离开是两个明确而肯定的行为，即使玩家长时间停留在虚拟世界中，也可以根据世界的外观、系统界面、自身被量化的属性数值等要素来区分虚拟与现实两个不同的世界。在网游类小说的作者与读者群体中，大家心照不宣地默认虚拟世界永远是与现实世界不同的，如果与现实世界相同，就失去了自身存在的意义。当虚拟世界发展到极致，它的终点不是对现实的完美复制，而应该是对现实的超越，成为一个独立的、比现实世界更加美好的新世界。

在网游类小说中，未来的虚拟世界通常会具备以下几种特性：虚拟世界中的一切人与物都应该是可交互的；虚拟世界中的一切事物之间都可以产生联系；虚拟世界的人工智能是一种真正的智能；虚拟世界的输入输出设备不再是鼠标、键盘或者体感之类的硬件，而是某种可以直接与人类脑电波相连接，让人们感觉自己真正地进入虚拟世界，可以在虚拟世界中自如控制身体的设备；游戏者在虚拟世界中取得的任何成就或财富，都可以作用于现实世界；虚拟世界是提倡个人英雄主义的世界，个人的力量可以超越集体，个人不必依附受控于集体，集体的存在更多地是为了满足个人在归属感、亲情、友情等情感方面的需求；当虚拟世界开始运转之后，这个世界的控制权就交给电脑，除非虚拟世界本身面临崩溃的危险，否则人类不能干涉虚拟世界的"游戏规则"。

从以上这些对于未来虚拟世界的想象中，我们可以看出，正如上一节探讨的关于交互与人类需要的话题，人们普遍期待虚拟世界可以作为现实世界的补充或提升，使自身需要得到满足。数字技术发展至今，在大众眼中，数字媒体已经不仅仅是一种作为信息载体的媒介，而是一个社会、一个世界，可以让人们在其中生活、劳动、交往。但对于虚拟世界的建设者们来说，虽然大众的期待确实可以作为指导虚拟世界继续建设的重要参考，但事实上，目前的技术根本不能保证在未来把虚拟世界建设成为人们期待的样子。甚至这不是一个可以随着时间推移，技术不断进步就可以解决的问题，而是在目前的以二进制算法为核心的技术基础之上，无论技术再如何发展都无法解决的难题，人们期待中的虚拟世界，终究只是镜花水月。

数学并不能完美地描述和解释世界，真实世界与真实世界的数学表述之间始终存在着差异。计算机科学家克努特在《电脑程序设计的艺术》一书中对计算机算法作了如下定义："一个算法，就是一个有穷规则的集合，其中之规则规定了一个解决某一特定类型问题的运算序列。"段永朝在《互联网：碎片化生存》一书中指出以上算法定义中值得注意的五个关键点：有穷性、确定性、输入、输出、可行性。他认为："当把输入作为质料投入到计算过程之前，真正被计算的对象其实仍然没有进入'计算'，即被计算的对象在未计算之前，就已经历了一次'隔绝'。"用更简单的话来讲，计算机算法，或者说一切数学方法，在计算现实问题之前，首先需要把现实问题转换为数学问题，这种转换本身就是一个抽象过程，也可以说是一种"翻译"过程。而我们知道，任何翻译，都存在"失真"，就好像英汉互译的时候，很难真正将语言词汇本身所具有的一些微妙的含义与情绪完美转换。因此，当我们使用数学方法、计算机算法来构造虚拟世界的时候，我们所采用的方法本身就决定了我们并不是在构建如同现实世界一样"完整"的世界，而是经过抽象、翻译之后，带有失真的不完整的世界。美国学者卡斯蒂在《虚拟世界——计算机仿真如何改变科学的疆域》一书中如是说："对于我们是否正在对真实世界的数学表述做出数学论证，或者对于是否正在对真实世界系统的某种隐式因果链作出真实世界的断言，我们必须保持清醒的认识。"他认为"没有先验的理由使我们相信，自然界与人类的任何过程都一定基于规则。如果自然界中的确存在不可计算的过程……我们将永远不可能在计算机中看到真实事物，假如这种不可计算的量甚至的确存在于数学的原始世界之外的话。"

随着科学的发展，"不可计算的过程"也被越来越多地发现，成为令科学困扰的难题。例如人类的智能，有很多人认为，由计算机模拟的人工智能最终可以达到像人类一样思考的程度，但事实上，真正从事人工智能研究工作的科学家对此往往持悲观态度。被誉为"计算机之父"的冯·诺依曼（见图 4-17）就曾在《计算机与人脑》一书中强调："计算机使用的是数学语言，这与人脑的语言有很大差别，人脑的神经系统基于两种类型的通讯方式：一种是不包含算数形式体系的，一种是算数形式体系的。这就是说，一种是指令的通讯（逻辑的通讯），一种是数字的通讯（算数的通讯）。前

图 4-17　美国著名科学家冯·诺依曼

者可以用语言叙述，而后者则是数学的叙述。"英国著名物理学家罗杰·彭罗斯认为人类的认知过程涉及超越简单规则推理的活动，大脑的工作过程将永远不可能被计算机捕获。如果事实确如罗杰·彭罗斯所说的那样，那么对于广大虚拟世界的"居民"而言，他们期待中的那些可以像人类一样思考，与人类交流交往的人工智能系统也就永远无法实现。

现实世界是一个复杂的有机系统，人类的大脑也同样如此，但计算机构建的虚拟世界则是一个简单的机械系统。而关于简单机械系统如何向复杂有机系统演变的方法，至今仍未被发现。因此，无论是游戏行业还是互联网行业，一切从事虚拟世界构建工作的人们都会思考应该通过怎样的方式让虚拟世界显得"复杂"。现实世界如此美好，很大程度上是依靠人类数千年来的不断努力，是人类的创造行为导致的。而"创造"这种行为本身，正是前文中所说是人的最高需要，自我实现需要的满足方法。如果一个世界不够复杂，只停留在简单的机械系统层次，它必然无法应对人类的创造力，毕竟创造意味着无限，而无限是计算机系统的梦魇。

从而我们可以了解，叙事与交互是两种相互补充的要素。叙事通过一种事先规定好的线性结构，不断地告诉人们下一个目标、任务、目的地，将人的思维限制在某一具体方向，使其不至于过分发散，在此基础上，添加交互内容的工作就会变得容易很多。并且，随着交互内容的丰富，人们也会在一定程度上忽视线性叙事结构对自身想象力的束缚，认为自己真正参与了故事的进程，进入了故事的世界。互联网的出现，使交互叙事变为"多人模式"，在虚拟世界中人与人之间的交互，为简单的、机械的虚拟世界增加了更多复杂性。

思考题

1. 请选择一种棋牌类游戏，例如象棋、围棋、五子棋、桥牌等，不考虑因计算能力造成的游戏难度差异，在此基础上分析人类对手和计算机对手（人工智能）的区别。

2. 请找出你最喜欢的一个故事，并思考自己是否曾希望能进入故事的世界。如果真的有机会进入故事世界，自己会做些什么？这些想法是否有可能通过交互叙事的方式来实现？

3. 在现实世界和虚拟世界（互联网、电子游戏等数字虚拟世界）中，你是否会表现出不同的性格？请结合马斯洛的需要层次论，对自己在现实世界和虚拟世界中的需要层次体系进行分析思考。

4. 在你看来，未来的虚拟世界应该是什么样子的？

第五章　交互对数字阅读产品艺术结构的影响

本章要点

1. 理解艺术结构的重要性。

2. 结合约瑟夫·坎贝尔的“英雄之旅”理论，对传统的线性叙事结构进行分析。

3. 理解数字交互元素对传统线性叙事结构造成的“破坏”，并结合实例，寻找合理的解决方案。

第一节　计算机、艺术与结构

在一切艺术形式中，结构都具有极其重要的意义，绘画要讲究构图，音乐要追求不同声部之间的和谐，小说、电影要合理安排叙事结构，更不用说建筑艺术，建筑本身就是结构的最直观体现。艺术创作的过程，正是通过人类的智慧和灵感，从无数散乱无序的素材质料中挑选出合适的对象，并遵循一定的规则将其在时间和空间上组装起来，使孤立的素材之间产生复杂的联系，这其中时间与空间上的规则，正是所谓的结构。离开结构，艺术创作将无从谈起；离开结构，一切创作都无从谈起。人类之所以在智慧上优于地球上其他物种，正是因为人类具有创造力，能够通过思考发现事物的本质，发现事物之间的深层关联，并将其归纳为指导实践的理论方法。有一个很有趣的关于猴子与打字机的例子：如果有一只喜欢用打字机不停打字的猴子，假设这只猴子的寿命有无限长，那么它每天不停地打字，绝大多数时候，它所“创作”出来的作品都是一些无意义的字母组合，但随着时间的推移，也许是几万年甚至是几亿、几十亿年，这只猴子总能“创作”出一部可读的甚至是优秀的文学作品，它甚至可以一字不差地把整部《莎士比亚全集》写出来。按照概率论，小概率事件一定会发生，以上的推论是合理的。但很显然，任何人都不会把这只猴子当作艺术家。即使它用打字机完成了一部鸿篇巨制，但事实上它并不知道自己在做什么，它并不知道键盘上那些字符的不同组合会产生不同的意义，这些意义编织在一起可以构成恢弘的叙事篇章，在其他的智慧头脑中掀起惊涛骇浪。

20 世纪末兴起的计算机艺术，实质上就类似于那只会打字的猴子。计算机按照预先设置好的算法，从大量素材中随机筛选组合，生成包括诗歌、小说、绘画、音乐等艺术作品。这样看来，似乎对于结构的把握在计算机出现之后变得不那么重要了，借助计算机远远超过猴子的运算处理能力，可以不需要亿万年的时间，在短期内便可遍历大量随机组合并筛选出符合艺术标准的作品。这当然不是一种正确的理解，但在某些方面却也的确如此。计算机的确"掌握"着一些艺术创作的方法，它的出现也对这些传统的艺术创作技法造成了毁灭性的打击，例如"重复"。在传统的艺术创作中，"重复"是一种非常重要的技法，常见于具有宗教性质的艺术作品中，例如石壁上雕刻的佛像、壁画中繁复的纹样。以往这些大量重复的素材都要完全依靠手工完成，这其中蕴含的大量劳动为作品赋予独特意义，当同一素材重复数千次，呈现于人们面前时，人们会为之而感慨赞叹，潜意识里对其中包含的漫长劳动时间与烦琐的创作过程产生敬畏之情。可以说，在计算机出现之前，"重复"是最繁重的艺术创作技巧之一，其独特效果也正因其繁重而产生，但在数字媒体时代，数字化的创作将"重复"变成了最简单的事情，由此也必然导致其意义和价值的沦丧。

但大多数情况下，计算机本身并不具备艺术创作的技能。计算机艺术这一概念的成立，首先是因为它的新颖。艺术是一个与时间、地点有关的概念，在不同的时代和地区都存在不同的艺术形式。一件具有极高价值的古董艺术品，其价值所在也许并非其创作者的艺术水准，而是凝聚于其本身具有的历史意义。当一种全新的艺术形态出现时，也同样是一件具有重要历史意义的事情，这种意义构成了其艺术价值的重要组成部分。其次是因为计算机艺术同样融入了人为因素，融入了人的主观意志，与其说是计算机自行创作了艺术品，更恰当的说法应该是计算机作为人的强大辅助手段，帮助人们进行艺术创作。而在计算机所能够提供的这些辅助功能之中，最值得注意的莫过于它可以帮助人们突破思维的局限，打破已有的结构模式。通过计算机大量高速的运算，人们得以在遵循一定基本规则的前提下，对海量素材进行各种排列组合的尝试，得到超乎自己想象的、前所未见的结果。

计算机的这种随机筛选组合活动，在某种程度上意味着对艺术结构的破坏，毕竟在无数组合结果中，占大多数的是形式上新颖独特但并不包含丰富意义与情感的作品。而同时，这种随机性的创作也似乎正成为人类艺术家中一种流行的创作方式，尤其是在绘画领域，摄影摄像技术以完美重现现实的方式对传统写实风格绘画造成严重威胁，抽象派与印象派又似乎已经过时，当代绘画艺术中出现了越来越多看起来晦涩难懂，由大量无意义图像符号拼凑而成的作品，因其难以理解，所以也难以评判。在这一现状下，作为计算机艺术创作"撒手锏”的随机算法似乎与艺术领域一直强调的感性思维、发散思维、非理性思维画上了等号。

早在工业革命时期，艺术家与思想家们就已经感到了技术发展对艺术产生的威胁，本雅明认为机械复制时代的艺术品可以通过机械生产的方式轻易进行大规模复制，从而造成艺术“光晕”的丧失。换言之，传统的艺术创作方式方法受到了机械生产复制的冲击与打压，想要继续保持艺术中强调的个性与独特，就必须寻找新的创作方法，而创作的方式方法从根本上影响着艺术的结构。这也许正是结构主义与解构主义理论在艺术领域掀起巨大反响的重要原因。

结构主义的主旨是分析一个系统的深层架构，分析组成系统的各部分之间所具有的联系，当这些联系组合在一起之后又如何对系统整体产生影响。而“解构主义”一词给人的第一印象是要对结构进行分解和破坏，似乎与结构主义具有相反的含义。在常见的具有解构主义风格的艺术作品中，散乱与不合逻辑的元素排布随处可见，这不禁令人疑惑，结构本身对于艺术的重要性是否正在降低，传统美学中强调的“和谐即是美”的观点是否已然改变，在这样的环境中，艺术创作与计算机随机生成的作品有何区别？以上这些疑问实际上是由于对解构主义存在一定误解而产生的，当然也同样是因为按照解构主义的理念进行创作往往会导致作品与电脑随机生成的作品极其相似。我们需要注意的是，解构主义强调的并非破坏结构，而是在破坏现有的惯例式的结构之后再重建新的结构。换言之，解构主义想要从结构的角度寻找一条全新的道路，他们并没有试图改变艺术的本质——对人类情感进行符号化的表达。显然，这并不是一件容易的事，人类自身被强大的思维惯式所束缚，很多思维方式似乎是被烙印在基因深处无法更改，而语言作为思维的重要工具也具有其自身的局限性，想要突破这些束缚又必须依靠人本身的创造力，然而关于创造力的研究，从古至今也没有任何人能够真正作出令世人信服的理论。

关于创造力的产生，精神分析学派的创始人弗洛伊德（见图 5-1）有如下推测：弗洛伊德将人的意识分为表意识与潜意识，它们就好像两条并行的河流，平时并无交汇，而当人努力思索或者沉浸于艺术构思时，两条河流会开始激荡，如果两条河流中涌起的波浪之间发生了碰撞，在碰撞的一瞬间，正是灵感产生的时刻，人的创造力也正来源于此。计算机

图 5-1　奥地利著名心理学家弗洛伊德

对多种素材的随机排列，解构主义尝试打破常规惯例的束缚，也许在某种程度上与弗洛伊德所述人类灵感产生的过程相似，它们都在力求找到那些不同寻常的，存在于普遍日常思维之外的奇妙组合。唯一的不同在于，这些被找到的奇妙组合最终能否经得起验证。作为艺术，如果某种组合不能承载意义，不能唤起人们内心深处的情感与思考，那么它唯一的艺术价值也就只是它的新奇。

我国有一个著名的典故是关于“推敲”一词的来源：唐代诗人贾岛新作一诗，其中有一句“鸟宿池边树，僧推月下门。”但他对于句中的“推”字并不满意，想将其改为“僧敲月下门”，犹豫不决间路遇韩愈，在韩愈的建议下终于决定采用“敲”字，因该字能在静夜中引发一些声响，使诗歌呈现的画面意境更为生动，同时敲门本身是客人登门拜访前有礼貌的动作，更能显示诗中访友僧人的修养。另一关于诗词的典故是北宋诗人宋祁，他的《玉楼春》词中有“绿杨烟外晓云轻，红杏枝头春意闹”一句。该词绝妙之处就在于一个“闹”字，王国维在《人间词话》中点评：“着一‘闹’字而境界全出。”宋祁也因此被世人称作“红杏尚书”。以上两个案例，表面上看来是关于诗词中用词的精妙，因使用了某一出人意料又极其生动的字，而带来全诗艺术境界的飞跃。然而如果深入分析，我们会发现其高明之处并非源于单个的字或词本身，而是源于将某一字放置于全诗中的某一位置，使整体与局部之间形成微妙而精彩的联系，其高明之处不在局部，而在整体，在于结构。艺术承担着传递情感与思想的任务，这些情感与思想或者蕴含在某一事件中，或依附于某一事物上，因此当观众被艺术打动时，他们关注的往往只是具体的一事一物，而忽略了整体。但对创作者而言，作品的整体结构才是最终能够将意义赋予事物的关键，离开了整体结构，孤立的事件或事物难以产生任何艺术价值。

对于整体结构的把握、塑造能力，是优秀的艺术家或内容创作者必备的素质，计算机和普通大众与优秀的内容创作者之间的差距也很大程度上体现于此。如果让计算机来处理“僧敲月下门”一句，计算机可以在短时间内提出大量解决方案，它可以把字典里所有的动词都找出来，替换那个“敲”字，但它绝对做不到自己判断哪个结果具有更高的价值。如果让诗词水平一般的普通大众来处理“红杏枝头春意闹”一句，人们真的很难想到一个“闹”字，而是会更多地集中于一些常见词语，如“春意好”“春意绕”“红杏枝头春意报”等，但这些词语明显难以与原作比肩，降低了整首词的艺术高度。

当人们欣赏一段音乐，或观赏一部电影、阅读一本小说的时候，他们期待的是获得某种情感与思想上的冲击，这一目的的实现过程有些类似于游乐园里的过山车。人们喜欢乘坐过山车是因为它的惊险刺激，当车厢缓缓爬至一个顶点随后又突然急速坠落时，人们会因此产生剧烈的紧张刺激的情绪。这种情绪的产生必然需要一个过程，需要对整个过山车轨道进行良好的设计，在最刺激的急速坠落或360度旋转轨道之前，往往需要一个相对平缓的过程，以此来形成对比，而“对比”正是一种结构。人对于某种高峰情绪的体验无法长期保持，对有经验的创作者而言，当他希望通过作品引起人们喜悦的情绪时，会先让人悲伤；在他描述作品主角成功的瞬间之前，往往会先花费大量笔墨去描写角色的失败；当剧情达到一个小高潮时，往往会随即趋于平缓，以便为下一个故事高潮做好准备。并不是每个人都能够设计出有趣的过山车轨道，过于剧烈频繁的起伏或者过于漫长的平稳都会使乘坐者感到厌烦，艺术创作也同样如此，如果不能很好地把握结构、控制节奏，就很难做到情感、意义的良好传达。

叙事是阅读类产品的重要功能之一，当传统阅读产品发展为数字阅读产品，传统被动式的阅读过程出现了交互元素，意味着以往由作者牢牢掌控的叙事结构或多或少被“破坏”了，读者和计算机参与到对作品结构的创建工作之中，这一情况有极大的可能导致产品本身艺术水准的降低。因此，当我们试图向传统阅读产品中添加交互元素之前，有必要事先了解叙事结构方面的理论与实践技巧，这样才可以理解交互元素有可能对作品结构产生的破坏性效果，进而有针对性地寻找解决方案。

第二节　叙事结构

提到叙事结构方面的理论，对其研究最为深入的莫过于叙事学这一学科。叙事学的正式出现是在 20 世纪中期，但与叙事学相关的理论早在古希腊时期就已出现。在我国也有《文心雕龙》《原诗》等相关著作。20 世纪初，随着俄国形式主义、结构主义的兴起，叙事学也随之得到迅速发展，涌现出大量学术著作。如普罗普的《民间故事形态学》、茨维坦・托多罗夫的《十日谈的语法》都是早期叙事学方面的经典著作，“叙事学”这一名称也是在《十日谈的语法》一书中正式出现。但这些著作多偏向于理论研究，并没有广泛地被那些真正从事故事写作的人们接纳。

当然，在实践领域，也有着深得人心的理论指导体系。我们在中小学的语文课本中也都会学到小说的三要素，即时间、地点、人物，故事结构分为开端、发展、高潮、结局，叙事顺序分为顺叙、倒叙、插叙、补叙等。在电影领域，剧本作家也已组建了自己的群体，有很多关于剧本创作的著作问世，经过多年的发展也已自成体系，并逐渐渗透到游戏行业，对电子游戏的故事创作产生重要的影响。这些与叙事结构相关的理论至今仍随着媒介的演进而不断发展变化。

在所有的这些理论、方法中，影响力最大的莫过于约瑟夫・坎贝尔（见图 5-2）的“英雄之旅”。约瑟夫・坎贝尔是美国著名神话学家，在研究世界各国神话传说的过程中，他发现了一种“元神话”（Monomyth）结构，这是一种不受语言、地域差别的影响，广泛存在于世界各地

图 5-2 美国著名神话学家约瑟夫·坎贝尔

叙事作品中的基本结构模式。坎贝尔认为这种模式直接指向人的深层本质，是一种“嵌入人类 DNA”中的认知特性，千百年来被一代又一代人类无意识地接纳采用，用于叙事作品的创造和阅读。坎贝尔将这一基本故事结构整理为名为“英雄之旅”(The Hero's Journey)的理论体系，出版了《千面英雄》(*The Hero with a Thousand Faces*)和《上帝的面具》(*The Masks of God*)等著作。他的理论甫一问世便引起巨大反响，尤其是在电影行业。著名导演乔治·卢卡斯对其推崇备至，在《星球大战》三部曲的故事创作过程中深入借鉴了“英雄之旅”的结构模式。随后的很多好莱坞经典影片也深受其理论影响，如《骇客帝国》三部曲、《印第安纳·琼斯》三部曲、《蝙蝠侠》《狮子王》等。从 20 世纪末期至今，坎贝尔的理论在文学界也引起了广泛关注，文学创作者们认为坎贝尔提供了一把可以成功打开人类认知理解模式之谜的钥匙。在美国《纽约时报》对著名小说家、畅销书《达芬奇密码》《天使与魔鬼》的作者丹·布朗的一次访谈中，丹·布朗坦承坎贝尔的著作和理论对自己的小说创作提供了显著的帮助，尤其是《神话的力量》与《千面英雄》两本书，因借鉴其中的理论，丹·布朗成功地创作出罗伯特·兰登这一家喻户晓的故事角色。

坎贝尔的“英雄之旅”理论对于叙事结构的分析，其核心思想可以用非常简短的一句话进行描述：绝大多数受人喜爱的叙事作品，在结构上都可被划分为三部分——离别（the Departure）、启程（the Initiation）和归乡（the Return）。当然，这只是对“英雄之旅”最凝练的描述，在正式使用过程中，以上三个部分往往被继续细化，形成 10 至 17 部分的故事结构，在每一个细分部分中，又包括对当前叙事任务的详细描述和解释。我们将采用由乔瑟亚·莱布维茨（Josiah Lebowitz）和克里斯·克拉格（Chris Klug）撰写的《电子游戏中的交互叙事》一书中的方法，将其细化为由 11 个部分组成的故事结构，对叙事中的结构以及交互对故事结构的影响等问题进行更详细的论述。

在这种故事结构划分方式中，11 个组成部分分别是：1. 日常生活的世界；2. 来自冒险的召唤；3. 对召唤的拒绝；4. 导师；5. 第一个临界点；6. 旅途；7. 最终的地下城；8. 最严峻的考验；9. 奖励；10. 回家的路；11. 归乡。其中第 1、2、3、4、5 部分共同构成故事的第一幕：离别；第 6、7、8 部分共同构成第二幕：启程；第 9、10、11 部分构成故事第三幕：归乡。

首先让我们来看一下故事的第一部分——日常生活的世界。这是故事的开始阶段，此时我们应对故事发生的环境以及故事主要角色的设定给出一定的交代，应该让读者知道，这是一个怎样的故事世界，我们的主角处在怎样的环境中，他正在从事什么样的工作，他的家庭与生活状况等基础信息。这些基础信息对于故事的继续展开具有至关重要的作用，通过这些信息的传达，就像是一种催眠术一样，将读者或游戏玩家从他们所在的现实世界中抽离出来，慢慢进入由我们构建的故事世界。但在此阶段时常会出现的一个错误，就是过多地对世界和角色的背景进行描述。有时候我们会构思非常宏大的故事，故事发生在一个迥异于现实生活的世界中，因此在故事开始的时候，我们急于让读者知道那些奇妙的故事设定，花费巨大的篇幅对其进行详细解说，这其实并不是一种合理的做法，但又的确是初学故事写作的人们常常会采用的做法。读者或玩家们期待的是事件，当故事发生后，他们迫切希望知道接下来会发生什么，而并不希望观看一部关于探索发现故事世界的纪录片。因此，在故事最初的阶段，重要的任务并不是详细地向读者或玩家介绍整个故事世界的背景信息，而是用不太长的时间，让人们知道故事的主角是谁，这里的技巧是将故事的主角放在一定的矛盾冲突之中，通过他的行动和反应，让人们迅速了解主角的性格——他支持什么、反对什么、期待什么。当然，对于角色的描写，在此处同样应有所保留，尤其是当想要刻画一个“没有表面上看起来那么简单”的角色时，切忌将角色所有的经历背景都一下交代清楚，而是应该在后继阶段随着故事剧情的展开来慢慢叙述。

故事的第二部分是“来自冒险的召唤”，意味着主角正常的生活将被某一事件所打破，预示着他将要踏上探险的旅途，去探索更广阔的世界。这一事件可以设置成多种多样的形式，它可以是一个突发性的事件，也可以是缓慢浮现的事件。在电子游戏和电影中，采用突发事件的方式更为常见。这主要是出自对叙事节奏的考量，对那些受众兴趣不大的内容，应严格控制其长度。例如在好莱坞标准的剧本创作中，对开端、发展、结局这种三段式故事结构的每一部分长度都有着严格的要求，故事的开头过于冗长会使观众失去兴趣，使整个故事显得头重脚轻。另外需要注意的是，对突发性事件的设置应考虑到事件与故事主线剧情之间的联系，应极力避免设置与主线剧情完全无关的事件。这样的做法，可以使有限的资源——主要是叙事的篇幅——得到最高效的利用，同时在故事发展过程中也可以避免过于生硬的转折。故事进行到此处，同样是进一步刻画角色形象性格的良机，当某一事件发生后，角色对该事件的心理反应与实际行动，可以令读者和玩家更充分了解角色是一个怎样的人。性格鲜明的角色是任何优秀叙事作品必备的要素，同时也是在读者和作品之间建立起情感联系的最佳桥梁。在 RPG 游戏中，故事的开始通常是主角在家中醒来，随后与某一角色展开交谈，接受一个简单的小任务，为完成此任务，开始在自家所在的村落或城市中行走或探索。在此过程中，一部分关于角色以及故事世界的信息可以通过画面或 NPC 对话的形式被传达出来。紧接着就会有某一突发事件出现，也许是匪徒将要进攻村落，也许是火山意外爆发等，此时主角的反应也许是毫不犹豫地采取行动，也许是虽然心里畏惧却仍然义无反顾，也许是虽然心里非常急切但因某种不明原因只能隐忍……角色的种种表现，都是让玩家了解角色，对角色产生感情的良机。

故事的第三部分是“对召唤的拒绝”，这是一个有争议的剧情设置，有些人认为这一部分剧情可有可无，有些人则认为这一部分剧情绝对有存在的必要，他们认为如果故事中缺少了这一部分内容，故事的读者或游戏玩家就不会清晰地意识到未来冒险旅程中存在的种种艰险和考验，由此导致对后继剧情重视程度的降低。总而言之，这是剧情的第一次小波动，第一次矛盾冲突出现的地方。故事的主角因为某种或明或暗的原因拒绝冒险的召唤，但故事显然不可能就此终止(有些多结局结构的 RPG 游戏的确会就此将故事完结，作为一种令人惊讶的结局出现)，当主角拒绝了冒险的召唤之后，需要发生一些新的事件，使主角改变初衷，踏上冒险的旅途。通常，这些使主角改变想法的事件都是悲剧式的，因主角的拒绝行动，导致了某些悲剧式的后果，为避免悲剧扩大或者是为了承担起责任，主角终于接受了召唤，但此时他心中往往并不是非常情愿就此踏上冒险之旅的。

故事的第四部分“导师”，顾名思义，在此阶段，往往会出现一个新的角色，以导师的身份，对故事的主角进行指引和教导。“导师”这个角色的设置，对于传达整个故事的背景信息有着重要的作用。在介绍故事开端的时候我们曾强调过，切忌用过长的篇幅向人们介绍故事以及角色的背景设定，这种说明文式的描写会显得枯燥无趣、令人厌烦。诸如《指环王》《龙枪编年史》《黑暗精灵三部曲》之类带有史诗色彩的奇幻故事往往具有非常繁杂的故事背景设定，其中甚至包括了故事世界中数千年的历史事件，如果读者能够深入地了解这些背景信息，对于故事正式剧情的展开当然是一件好事。正如在文学赏析过程中，我们不仅要针对文本进行细读，还要了解作者生平，翻阅作者所处时代社会背景，这样才能更清晰透彻地理解文本中蕴含的意义。但大多数情况下，教科书式的历史讲解显然不如故事书有趣，我们有必要让读者了解与故事相关的背景信息，更有必要通过合适的方式，让这些信息的呈现传达过程变得有趣。其中一个有效的做法，就是让这些信息与故事中的角色产生更紧密、直接的联系，例如通过介绍主角“导师”的身份来历，通过导师与主角之间的对话等方式，间接传达与故事背景相关的重要信息。在很多经典的故事中，都存在一种套路式的“导师”形象，他们通常是充满智慧的老者，并且经常带有悲剧色彩，在剧情发展到非常关键的时刻，他们会为了正义而牺牲自己的生命，为整个故事增加悲壮的气氛，使读者情感受到触动。

故事第一幕的最后一部分是“第一个临界点”，故事的主角往往会在此处克服心中最后的一丝顾虑和障碍，义无反顾、心甘情愿地踏上冒险旅途。故事的剧情会在此处出现一个小高潮，随后又降至一个低谷。在游戏中，故事的小高潮往往是一次战斗的发生，在战斗过程中，故事的主角会向玩家展示其拥有的令人钦佩的品质与性格，例如善良、注重情义、坚毅果敢等，这些正面的品质与此前主角拒绝召唤时的犹豫不决又会形成一种鲜明的对比，从而使人物的刻画更加完善丰满。同时在交互方面，这场战斗会是出现在玩家面前的第一个难度较大的挑战，我们在此应注意游戏难度与游戏剧情之间的关联，随着剧情的起伏波动，游戏的交互部分也同样应随之做出调整，不同的难度会导致玩家不同的专注度与紧张感，这与电影叙事中不同的情节要对应不同气氛的背景音乐有类似之处。在战斗之后，也就是故事的小高潮结束之后，通常我们会让紧张激烈的气氛重新缓和下来，甚至降低到谷底，这样才能更好地为下一个故事高潮做好准备和铺垫。人的情绪不可能无限制地提升，当情节的紧张气氛与矛盾冲突达到一定程度之后，我们很难做到让它更加紧张、更加剧烈，而是必须让它平复下来，让受众的情绪缓和，经过一段时间之后才再次爆发。当故事进行到这里，第一次重要的战斗结束，通常会营造出一种主人公从此无法回头，必须孤身上路，面对前方艰险漫长旅途的感觉，这种气氛的营造不仅是为了让剧情从高峰处重新回归平缓，更可以在心理上加强人们与故事主角之间的联系，背井离乡，孤身面对前路艰险的角色具有扣人心弦的吸引力。

故事的第六部分“旅途”，也是故事第二幕的开始。从故事整体内容的比重上来看，“旅途”所占的篇幅是最长的，但我们在此没有对其进行更多的划分，仅将其归纳为一个部分。究其原因，对于整体故事的构建工作而言，故事的开始与结局在创作难度上要比故事中段的剧情发展难得多。如果在故事开始阶段做好一切准备工作，那么整个故事世界就如同拥有了自己的生命一般，可以自行发展并延续下去。很多技艺娴熟、经验丰富的故事创作者都会有这样的感觉，如果在创作之前对故事发生的世界以及故事中的角色进行了精密完善的构思，那么当剧情展开时，似乎并不是作者在通过想象力编写故事，而是如同一个记录者一样，观看着故事世界中一个接一个事件自行出现，看着角色们的喜怒哀乐、聚散离别，然后将看到的这些场景和事件复述出来。当然，在进行“旅途”部分的创作时也同样有一些需要注意的地方以及创作上的技巧。首先需要完成的任务是“对比”，当旅途开始之后，意味着故事的主人公已经完全脱离了故事第一幕中“日常生活的世界”，换一个角度来讲，故事的第一幕中其实一直在暗示读者：前方有一个完全不同的、充满奇遇与冒险的世界在等待着故事的主人公。既然埋下了这一伏笔，引起了读者兴趣，那么就必须做好收尾工作，满足读者的好奇心。因此在旅途开始阶段，需要着力展示眼前新世界的不同之处，与主人公以往的日常生活形成鲜明对比，如果处理得当，这种对比可以带给读者极大的满足感。如果结合交互要素，那么此时前后两个完全不同的环境正是刺激玩家或用户主动去探索的动力，玩家们此时会处于主动性较强的阶段，因此我们可以把一些相对枯燥的内容，例如对系统的操作说明、对背景信息的交代等工作放在此处，相对而言就不会轻易引起玩家的厌烦。随着故事主人公在旅途上不断地前行，他会遇到各种奇妙的事件，会认识各种各样的人，朋友、恋人、竞争对手或者敌人，这段旅途是故事最精彩的地方，但创作过程中经常会犯的错误在于：正因为其精彩，作者往往容易编织出过于复杂的情节线索，导致最后结局时手忙脚乱，无法将四处飞散出去的线头一一收回。对于那些自由度较高的“沙盒式”游戏来说，“旅途”阶段就更加令创作者头疼，玩家们会在游戏世界中漫无边际地行动，导致偏离甚至遗忘了故事主线的存在。

故事的第七部分是“最后的地下城”，这是故事最高潮的剧情爆发之前短暂的平静期，在这一部分首先要完成的任务是对整个冒险旅途的总结，完成绝大多数仍未完成的任务。例如对此前故事中埋下的伏笔作出解答，对故事角色之间悬而未决的情感纠缠给出一个结果等。同时，故事进行到这里已经接近尾声，读者或玩家已经伴随或操纵着故事主人公完成了绝大部分的冒险旅程，那么在经过这么漫长的跋涉，经历了一次又一次的冒险和战斗之后，我们有必要在面对故事最终挑战之前向读者和玩家展示旅程中的收获。那些在旅途中与同伴们建立的友情与爱情，那些通过不断的磨炼和战斗而获得的实力，以及比起旅途初始阶段更加坚强的意志，所有这些收获，都应该通过恰当的方式展示出来，这样整个旅途才更有意义和价值。在故事中，主人公此时往往会遇到很久以前的老对手，当时看起来不可匹敌的对手在如今的主人公面前已显得不堪一击。当然除此之外，还有很多种方式来呈现旅途的收获，读者和玩家们会为故事主人公的成长而感到欣喜、感动和满足，同时对故事最终的挑战充满斗志和期待。另外，故事的这一部分也经常作为剧情发生重大转折的时刻而出现。

故事的第八部分是“最严峻的考验”，这是故事情节的最高潮，在游戏中则通常是最终的决战时刻。可以说，全部冒险旅程都是在为这一时刻做准备，这一点对于那些自由度极高的“沙盒式”游戏也同样适用。在自由度较高的游戏中，玩家经常会忽略主线剧情而在广阔的游戏世界中探险，但即使偏离了游戏故事主线，也一定要尽可能地在主线故事之外的各分支剧情中建立起与这一时刻的联系，这样才能保证故事的整体性，不至于让剧情显得支离破碎。例如在《无主之地 2》这部游戏中，游戏主人公有一个最终的敌人 Jack（见图 5-3），在游戏的大量支线剧情中，虽然已严重偏离了故事主线，但各个事件人物无不与 Jack 有着千丝万缕的联系，甚至通过这些支线剧情，对 Jack 其人的形象性格刻画得以更加生动和深入。当然，这种做法也存在一些弊端，此类自由度较高的游戏通常又被称作开放式结局游戏，即完成游戏主线剧情之后仍可在游戏世界中继续探索，此时就产生了一些令玩家困惑的情况，已经随着主线剧情的完成而被打败的 Jack 依旧活跃在游戏世界中，《无主之地 2》对故事的这种处理方式其实有些欠妥。更合理的做法当然是设置两种不同的处理方式，当一个支线剧情展开时，系统会首先判断主线剧情的完成情况，根据判断结果来呈现不同的情节。但想要真正实现这一目的，其成本也确实太过高昂。

图 5-3　电子游戏《无主之地 2》中的反面角色——Jack

关于故事的第八部分，另一个需要注意的要点是，这一场最严峻的考验不仅发生在故事角色所处的物质世界中，同样也发生在角色的精神世界里，这是在故事终结之前对角色精神世界的一次升华。在很多老套的情节里，故事的主人公都会在实力逊于敌人的情况下，凭借顽强的意志和信念反败为胜。这种剧情安排确实已经成为俗套，但又的确行之有效，能对观者的心灵产生触动。但同样，这种剧情上“约定俗成”的模式又为交互增加了麻烦，在故事结构方面，最终的挑战理应具有最大的难度以便将情绪推上顶峰，但在很多 RPG 游戏中，有些玩家会主动地为迎接这场挑战而进行大量“准备工作”，用通俗一点的话来说，玩家会在挑战最终 Boss 之前疯狂练级、打装备，他们希望通过自己的努力，游戏主人公可以以碾压之势轻松战胜敌人。这就给游戏设计人员造成了一种两难的局面，究竟是应该牺牲玩家的努力来保全游戏叙事结构，还是应该牺牲故事结构来满足玩家对于压倒性胜利的渴望？关于这个问题，至今也没有一个真正令人满意的答案。

以上八个部分，构成了故事的前两幕，第九部分“奖励”是第三幕故事的开始。此时，故事的主人公已经完成了整个旅程中最严峻的考验，到了对其进行奖励的时候。“奖励”与我们此前在第七部分中谈过的“旅途的收获”不同，“旅途的收获”是让读者或玩家看到角色的成长，对整个故事而言，此时所展示的旅途收获是局部性的、偏重于角色方面的，而第九部分的“奖励”则是全局性的，更多的是通过对整个故事主线中最主要矛盾冲突的解决，将奖励呈现出来。当然，使用“奖励”一词在某些类型的故事中似乎显得并不贴切，尤其是对那些悲剧故事而言，当情节发展到最后，呈现出来的却并非一个完美而圆满的结局，这种结局似乎很难用“奖励”一词来描述，它更像是一种惩罚和折磨。对于纯粹的、无交互元素的故事创作来说，过于完美的结局的确不是最佳选择，任何事物总要留有一丝遗憾，才会更具内涵和魅力，才能更长久地留下一丝余韵，引人回味。但对于包含了较多交互元素的故事来说，例如对于一个流程较长的 RPG 游戏来说，应该尽量避免让故事的结局带有悲剧色彩。

为什么在交互式的故事中应避免悲剧式结局？这是一个很值得思考的问题。在传统叙事作品中，因为没有交互的存在，所以作品的受众始终处于一种“被动”观看的状态，故事主人公的一切经历，都是“他人”的经历，读者会因其悲剧结局而感到同情、悲伤、遗憾。但在那些交互式的故事中，例如在游戏中，故事主人公的行动和冒险，是由游戏玩家来控制的，因此故事主人公的经历更像是玩家“自己”的经历，故事主人公为某一目标所付出的一切努力也确实就是玩家“自己”的努力。在这样一种主动参与并能够更多地将自己代入角色的状态下，悲剧式的结局在玩家中引发的情绪主要是愤怒，这种愤怒并不是对故事中某一情节或某一人物的愤怒，而是对整个作品本身所产生的愤怒。而作为一个游戏创作者，很显然，他创作的目的不是为了拿出一部作品来挑衅游戏玩家。我们可以用一个更加直观的例子来说明以上论点，我们有时会看到一些打工者被拖欠工资或受到不公正待遇的新闻，此时我们的同情心会被激发，会同情那些受到欺压的弱势群体，对欺压他们的恶人产生愤怒之情，但我们不会去怨恨讲述这些故事的载体。然而对于交互式的故事而言，就好像是我们自己努力工作了数十个小时，因游戏世界与现实世界中不同的时间流逝速度，这个工作时间在心理上也可以是数年、数十年，而且因为游戏会令人更加全神贯注，全身心地投入其中，但当一切工作任务完成之后却没有收到任何回报时，任何人都会因此而感到愤怒，而且这种愤怒针对的对象正是故事的载体本身。因此，在交互式的故事中，如果通过交互使玩家或故事读者将其自身代入了角色，那么一定要在故事的最后对其“劳动”给予合适的奖励。当然，结局中也可以包含一定悲剧色彩的情节，但总的来说，玩家得到的奖励和成就感一定要高于那些悲剧情节所引起的负面情绪。这些奖励和成就感正是游戏创作者支付给玩家的酬劳，因为游戏中的交互可以被认为是一种工作、劳动,劳动产生价值,必须及时毫无拖欠地将其兑现。

故事的第十部分是“回家的路”。对大多数人来说,“衣锦还乡”都是一件令人愉悦的事情。我们在此前的内容中已经谈过关于人类基本需要的话题,在马斯洛关于需要层次的理论中,人有归属感与爱的需要,有自尊的需要,也许正是出于这两方面的需求,故事的主人公会踏上回家的路。人本质上是一种社会性的生物,所谓对归属感的需要,也就是说一个人需要被某一社群所接纳,他希望和某一个社群之间建立起紧密的联系,这种联系越紧密,他所得到的归属感也就越强。对一个人来说,他的家庭、他的家乡、他的母校,这些社群与他自身之间具有一种牢不可摧的密切关联,无论何时何地,无论发生什么事,这种紧密的关联都始终存在,使其得到心理上的安全感、归属感,使其心灵得到安慰与满足。同样,所谓自尊即得到他人的尊重与认可,那么对一个人来说,如果认可和尊重他的人并不和他处于同一个让他具有强烈归属感的群体,那么他得到的自尊上的满足显然也会有所欠缺。因此,从以上两方面考量,“衣锦还乡”着实是一个吸引人的情节设置,重新回到与自己具有天然紧密联系的群体中,并得到该群体成员的尊重与认可,这可以使每个人内心深处固有的需求得到极大满足。

当然,对于一个故事来说,如果要安排主人公踏上回家的路,那么首先我们需要做的,是在故事中为主人公安排一个合适的故乡。如果主人公的故乡是一个充满钢筋水泥的大都市,人与人之间相互冷漠甚至互相敌视,主人公在故乡中没有任何朋友,在这样的情况下,就没有必要安排回家的情节了。总之,“回家的路”这一部分内容存在的目的,是为了让故事中的角色有所归属,有了归属感才算是一个安稳的终结。主人公可以回到故事开始之初“日常生活的世界”中去,带着冒险旅途中所有的收获和奖励,重新见到阔别已久的故乡亲人与朋友,得到他们的欢迎和赞扬。或者主人公可以和冒险旅途中遇到的朋友们一起,去往一个全新的地方,建立自己的家,安顿下来。同时,在这段回家的路上,我们也得到为整个故事增加最后一点起伏的良机。在故事最高潮的情节结束之后,如果就此将剧情平淡推进直至结束,多少会令人感到有些遗憾和失落,这就好像从高空着陆时需要一定缓冲一样,剧烈碰撞之后适当的形变、弹跳会令人觉得更加合理,不会显得过于机械、生硬。例如在很多游戏中,当玩家最终打败了对手,收获了奖励之后,敌人的城堡往往会启动自动毁灭程序,屏幕上出现倒计时,警报声响起,这时候游戏的玩家往往是一边抱怨一边又心满意足地拿起手柄继续投入战斗。在很多故事中,也会将一些重要的悬念和伏笔留到此处解开,或者出于制作续篇的考虑,在这一部分让主人公发现隐藏在幕后的新敌人。总之,这一部分的内容,应该是让人带着回归的喜悦踏上一段不太坎坷但也绝不平坦的回家之路。

故事的最后一部分是“归乡”。这可以说是故事写作中难度最大的一部分内容,即使是对于那些有着丰富经验的创作者来说,往往也会因面对此前故事中出现的诸多角色,埋下的诸多伏笔，纷繁散乱的故事线索而头疼不已。也许有人会对这种情况表示不解，即使故事内容再庞杂纷乱，只需一一梳理，总可以全部交代清楚，然而我们必须再次强调一个重要的问题——故事每一部分所占的内容比重。一个好的故事结局，它所占的内容比重绝对不应该过大，如果写了一部百万字的小说，当情节发展到八十万字时就已经完成了最严峻的挑战，此后二十万字都用来收尾，这显然是不合理的。虽然这样做确实可以在很大程度上保证对故事中的任何分支线索都给出一个结果，但过于冗长的结局会导致当读者合上书本之后，故事给他留下的印象不是意犹未尽的满足，而更可能是烦躁和厌倦。从读者感受的角度，任何故事的创作者，都会希望读者能长久地记住自己创作的故事，即使他已经读完很久，但仍会时常记起。为实现这一目标，篇幅短小的结尾才是更好的选择。因此，故事结局的难点也就在于，既要在有限的篇幅中确保一切故事线索的收尾工作，又要避免平铺直叙，通过多种手段让读者在获得满足的同时有意犹未尽之感。然而这个难题在那些自由度较高的游戏中，似乎又变得简单了。毕竟在大多数自由度高的游戏中，主线故事的终结并不意味着游戏的终结，因此很多发散出去的故事线索，完全可以在主线故事结束之后，由玩家自行探索解决。

以上就是关于约瑟夫·坎贝尔“英雄之旅”故事结构的详细分析。需要注意的是，“英雄之旅”为我们提供了一个非常完整的故事结构框架，但这并不意味着我们在创作故事时一定要严格依照此框架来进行。“英雄之旅”只是一种辅助工具，如果完全依照它来进行创作，无异于通过模子来快速复制产品，虽然可以提高工作效率，降低失误的几率，但也会造成产品千篇一律，欠缺个性与生气。我们应该体会的是这套故事框架之所以得以成立的深层原因，从中体会故事结构与人类认知理解习惯之间的联系，体会到这些之后，我们才能够通过进一步的创造，去打破这个框架。而如何在打破叙事结构的基础上仍保证故事本身的吸引力，也正是我们在故事中融入交互元素时不得不面对的“最严峻的考验”。

第三节　交互对故事结构的破坏

故事的结构，或者其他任何艺术形式中的结构，对作品的总体质量而言非常重要，对结构的探索与研究，也是一切艺术创作理论中最核心的组成部分之一。但对于大多数艺术作品的受众来说，当他们尝试将自己从一个阅读者、观看者、聆听者的身份转换为创作者时，当他们真正开始学习艺术创作方法时，他们首先关注的往往不会是关于结构的知识，甚至他们最容易忽视的，也正是结构。为什么会出现这样的情况？因为结构是隐藏在表象之下的，是不会被直接看到、听到的东西，它并不是直观而具象的，而是一种隐蔽而抽象的存在。故事结构中蕴含的深意，很难被普通读者察觉。

当然，即使是普通读者，在一定程度上也能理解结构的重要性。例如对于侦探悬疑类的小说，任何读者都知道，一定要在故事的最后才揭露真相，将故事中案件凶手的身份显示出来。但对于更复杂一些的结构技法，普通读者们能够感受到的只是因巧妙故事结构而引发的情感，但同时却忽略了故事结构在情感产生过程中的作用。而在叙事方面，叙事的主要媒介是语言，语言是一种通用的艺术创作工具，每个人都至少掌握着一门语言，但作为交流工具的语言和作为艺术创作工具的语言，在使用技巧方面存在着的差异却往往被忽略。每个人都会讲故事，但并非每个人都能讲得好，讲得吸引人。我们在现实生活中往往也会有这样的经历，同样一个故事，当我们听别人讲述时会觉得这个故事非常有趣，但当我们自己尝试着向亲朋好友复述时，却发现自己的讲述远达不到理想的效果。一方面当然是因为表情动作、肢体语言等的差异，另一方面就在于对故事结构、叙事节奏的控制。总而言之，故事创作，是一件看起来容易，但做起来极难的事情。著名的漫画理论家斯科特·麦克劳德（Scott McCloud）曾在《理解漫画》一书中指出，漫画创作的关键之处并不在于那一格又一格的画面，而是两格画面之间的空白处，画格之间的空白才是“漫画核心的魔法和神秘的主人”。斯科特·麦克劳德所说的这些画格之间的空白，实际上正是深藏在作品表面之下的结构。但每个看过漫画的人都知道，读者关注的是漫画格子里的画面内容，很少有人会注意其间的空白。现实中也有很多绘画技艺高超，但漫画创作能力不强的作者，他们所遇到的障碍，主要就存在分镜方面——他们可以把每一个镜头都绘制得美轮美奂，但不知道怎样把镜头衔接起来。

因此，要保证一个故事的质量，实际上需要那些具备高超叙事技巧的“专业人士”对整体故事结构进行把控。然而交互元素的介入，意味着以往完全由作者掌控的封闭式故事结构被破坏了。最令人烦恼的是，这种对结构的破坏正是读者们长久以来期待发生的事情，但同时良好而封闭的故事结构也是读者们长久以来喜爱阅读故事的原因，这是一个自相矛盾，令人进退两难的问题。当然，并非没有解决的办法，最理想的方案当然是让每一个参与交互叙事的人都具备良好的故事创作能力，同时努力构建起一个适合所有人进行故事创作的虚拟环境。然而这显然是一种过于理想化的假设，无论是目前的技术水平，还是大众的故事创作水平，都无法达到要求。向故事中融入交互元素之后，经常会出现一些破坏性的结果。

我们仍然以电子游戏为例，来观察交互是如何破坏故事结构，进而对整个故事的质量产生影响的。20 世纪 80 年代，多主线、多分支、多结局的游戏类型开始大量涌现，这种游戏叙事模式受到广大玩家的喜爱，因为玩家可以在游戏过程中通过自己不同的行动对故事的发展产生影响，这就制造了一种更强烈的参与感。然而可改变的游戏故事主线，意味着比起封闭式的叙事结构，不再具有足够的能力来承载具有重大意义和内涵的主题。我们知道，大多数具有深刻内涵，能够强烈震撼人们心灵的主题都往往带有悲剧色彩，而这种悲剧色彩得以成立的前提，在于时间与生命的不可逆转。生存与死亡永远是人类思想、艺术中最为严肃、重大的主题，在以往的叙事作品中，经常会通过对生与死的描写来引发人们的沉思。在游戏叙事中当然也不例外，虽然我们在上一节内容中已经讲过，因交互的出现，要尽量避免悲剧式的结局，但这并不意味着整个游戏叙事中绝对不能出现悲剧式情节——例如一个重要角色的牺牲。典型的案例有《最终幻想 7》中女主角艾莉丝之死，《仙剑奇侠传》里赵灵儿的生死难测、下落不明，可以说，正是这些悲剧式的情节使游戏成为经典，二十年来令无数玩家念念不忘。然而，在游戏中安排此类情节是存在很大风险的，很容易引起玩家的愤怒。仍然以《最终幻想 7》和《仙剑奇侠传》为例，曾经有很多玩家，花费大量时间精力，试图在游戏中通过自己的努力来挽救那些“注定”要死去的角色，他们期待发现游戏中隐藏的另一个美好结局，可最终都以失败告终。玩家们必然会为此感到愤怒，在 20 世纪末，玩家们的愤怒尚不足以凝聚成一股强大的力量，但随着互联网的发展，时至今日，任何游戏制作者，任何网络文学创作者都不敢对玩家和读者的反馈加以怠慢。如果故事激起了玩家和读者的愤怒，这种愤怒可以迅速在网络上形成规模浩荡的舆论，对创作者造成巨大的压力。

面对这种情况，多主线、多结局的故事结构无疑是一种解决方案，除了带有悲剧色彩的故事线之外，再向玩家提供一条可以达到完美大团圆结局的故事主线，或者在故事中设置一些关键的交互点，当玩家在游戏过程中达成某些条件时即可发现隐藏的结局。例如在冒险游戏《生化危机 1》中，游戏为玩家设置了多个不同剧情主线，这些故事主线会通往不同的结局，其差异在于游戏中主要角色是否能够在故事中幸存下来。通过这样的方式，岂不是既可以将悲剧式的剧情呈现给玩家，同时又能通过相对美好的另一条主线来安抚玩家的情绪，达到一举两得的效果。然而正如上文中所言，悲剧之所以成为悲剧，在于它的不可逆转性，如果生命可以死而复生，如果人生可以像游戏一样读取存档，将一切错过的、失去的东西都重新弥补回来，那么生命和时间也就失去了其本身具有的震人心魄的力量，人与人之间的情感也就不会再显得如此弥足珍贵。游戏同样如此，多主线、多结局的出现，使悲剧情节失去了其内在的力量，使其中蕴含的严肃、深刻而又沉重的意义无法得到良好的传达。绝大多数玩家都会在看到悲剧情节之后，马上想尽各种方式，将游戏中其他相对完美的故事情节挖掘出来。而一旦玩家重新体验了其他结局，他的潜意识里就会将故事多个结局中最“好”的那一个当作是故事的真正结局，而忘记其他一切“坏”结局。如此一来，当游戏的故事结构被交互破坏之后，故事本身所承载的深刻内涵也就丧失殆尽。

交互元素通过破坏故事结构而导致的负面作用不仅存在于以上情况之中，在叙事学理论中，结构本身就具有表达意义的作用。也就是说，当我们通过故事向读者传达情绪、情感、思想时，并非仅仅通过具体的语言文字或声音画面来实现，结构本身也参与了这一传达过程，并在此过程中起到语言等媒介本身无法实现的作用。我们知道在叙事顺序中有顺叙、倒序、插叙、补叙四种方法，同一个事件如果用不同的叙事顺序进行讲述，就会产生截然不同的效果，究其原因，正是因为不同的结构使得故事具有了不同意义。

我们可以分析两部动画短片，一部是 2009 年奥斯卡最佳动画短片《积木之屋》（见图 5-4），另一部是 2000 年的奥斯卡最佳动画短片《父与女》。通过这两部影片，我们可以尝试体会并思考，类似的故事主题思想，如何因叙事结构的不同而产生情感与意义表达方面的微妙差异。

图 5-4　动画短片《积木之屋》

这两部影片具有共同的主题：思念。但采用了不同的叙事顺序，《积木之屋》（见图 5-4）采用了倒叙的手法。在《积木之屋》的故事中，主角是一位独居的老人。故事中的世界被描绘为一个洪水肆虐的环境，地球上的海平面不断上涨，以至于每隔几年，人们就必须在自己的房屋上面加盖一层，以免住宅被海水淹没，当新的楼层被搭建完成之后，人们会在地面上留一个通道，以便将下层的家具更快捷地搬运到上方的新楼层里。故事开始时，老人的房子已经被加盖了很多层，但海水仍在上涨，于是他辛苦地搭建了一个新楼层，但当他通过楼层间的通道搬运家具时，不慎将心爱的烟斗落入水中，烟斗顺着楼层之间的通道沉了下去。失去了心爱的烟斗，老人寝食难安，他购买了一身潜水装备，沿着楼层间的通道一直向下寻找。在下潜的过程中，他经过了自己曾经居住过的一层又一层的房间。而每一个房间中，都还仍然遗落着一些引起他回忆的东西，他想起了已经逝去的妻子。于是，老人向下潜水寻找烟斗的过程,就如同时光回溯,他与妻子一生中的点点滴滴、一幕一幕重新涌上心间。当他抵达最底层的房间时,他的思绪也逆着时间的河流回到了生命中最初的那段时光。当时还没有洪水,地面上仍然布满了郁郁葱葱的青草和树木,他和妻子都还年少,他们在树下初识、相知相爱,在这个熟悉又陌生的房间里举行婚礼,一切仍历历在目,又恍如隔世。在故事的结尾,老人带着烟斗和一只在房屋底层发现的、他和妻子年轻时用过的玻璃酒杯回到楼顶。他为两个杯子斟满酒,举杯示意,仿佛妻子仍坐在餐桌的另一边。

《父与女》则采用顺叙的手法。故事中的世界与现实并无太大区别,在故事的开始部分,一位父亲带着自己年幼的女儿,父女二人一起骑着自行车,经过一条长长的林荫路之后,来到湖边。随后,父亲将女儿留在湖岸上,自己登上一只小木船,划着桨驶向湖水深处。女儿在岸边独自等待,直到夜色降临,父亲也没有回来。日子一天又一天地过去了,小女孩慢慢长大,她仍然时常独自骑着自行车,去湖边等待她的父亲,可每次都是失望而归。后来,当年的小女孩已经有了自己的家庭、自己的孩子,她仍然盼望着父亲归来,时常去凝望那广阔的湖面。很多年之后,女孩已经变成老妇人,她甚至已经虚弱得只能推着自行车一步一步缓慢

图 5-5 动画短片《父与女》

前行。然而她依然慢慢走过当年的林荫路，来到那片湖水岸边。时间已经过去太久了，她发现当年幽深浩荡的湖面，如今已消失不见，湖水早已干涸，露出水下的地面，地面上长满了茂盛的芦苇。老人缓缓地从湖岸走入湖底，在茂密的芦苇丛中，沿着当年父亲离去的方向前行。不知走了多远，她看到芦苇丛中一只破旧的小木船，似乎正是父亲当年离开时乘坐的那艘，可是船舱里空空如也，不见父亲的身影。老人已经疲惫不堪，她蜷缩在船上，沉沉睡去。恍惚中，她仿佛回到了从前，又变成那年轻的少女。一抬头，少女看见父亲熟悉的身影，向她张开双臂，等待一个久别重逢的拥抱。

我们可以试着思考一下，为何以上两个故事要分别采取倒叙与顺叙的结构。如果我们将《积木之屋》的结构改为顺叙，从老人年幼时开始讲起，叙述他与妻子一生中美好的点点滴滴，直到妻子辞世，他独自一个居住在汪洋之中，深深地思念自己的妻子。这样的结构同样可以把整个事件陈述清楚。然而，顺叙的结构显然使整个故事的情感变成了另一种味道。通过倒叙的方式，在故事的一开始，就把老人放置在一种“已经失去心爱之人”的状态里，在这种状态下，一切对于美好往昔的回忆，都会与老人当前所处的孤单状态形成强烈对比，使思念变得更加强烈，使回忆变得更加美好，更加值得珍惜。如果用顺叙的手法，则从故事开始直到老人妻子去世这段占据了大部分影片时长的情节中，老人所处的状态是“与心爱之人快乐生活在一起”。如此一来，在影片结尾部分，老人最终失去了妻子，但对于观众的心理感受而言，因为影片前半段表现了很多未曾失去爱人时的幸福，这对于最终的失去爱人形成了一种弥补，一定程度上令观众得以释怀。《父与女》也同样如此，同样是表达思念亲人的主题，但《父与女》在“思念”这一核心主题之下，蕴含着女孩那种微妙的对于“父亲归来”这一小概率事件得以实现的期冀，并且致力于用一种残酷的手段，随着时间的推移，让女孩的希望日益趋向破灭，并在影片最后通过一种虚幻式的满足让观者体会到一种令人心碎的圆满。如果改用倒叙的手法，讲述一个老妇人每天都会去湖边等待，并且在故事中让时光倒转，回溯到老人年幼时，父亲驾船离去的场景，从而让观众知道老妇人等待了一生，始终没有盼到父亲归来，这样的叙事顺序，显然无法表达那种随着时间推移，希望也逐渐破灭的绝望感。

因此，通过以上两个案例，我们可以体会到由故事结构本身所营造出的意义与情感，一旦改变结构，这些情感和意义也随之消散。让我们再深入一步思考，如果在以上两个案例中融入交互元素，将其改变为自由度极高的游戏，又会发生什么情况？我们如何确保由玩家扮演的故事主角，在《积木之屋》里不会通过多种多样更有效率的手段重新取回落入水里的烟斗，如何在保证玩家行动自由的前提下，让他能够按照原作的故事顺序，一层一层地向下潜水，在回忆里追溯逝去的时间？在《父与女》中，如何确保由玩家扮演的女孩，愿意在湖边等待，直到整个游戏结束，而不是在父亲失踪后的第一时间就想方设法弄到另一只小船，驶入湖中去搜索寻找？如果一个游戏中的故事让玩家着迷，游戏中的角色让玩家喜爱，那么他往往会想方设法了解更多，去探索更多，去与游戏中的世界和人物进行更多的交互，这时候，线性的故事结构就变成了对玩家的束缚。但一旦放开了这种束缚，玩家的交互就会将故事结构破坏，很多因结构而产生的意义与情感也就无法继续存在。

第四节　如何避免交互元素对叙事结构的破坏

事实上在当前阶段，对于数字阅读产品的设计开发工作而言，我们并不会频繁遭遇到交互与故事结构之间的冲突，毕竟与电子游戏相比，数字阅读产品属于“弱交互”类产品，也就是说，绝大多数数字阅读产品并不以交互功能为核心，交互元素仅仅是作为原始阅读内容的辅助和润色而存在。再加上数字阅读产品也并不是仅仅包含叙事类型，纸质书籍中除了小说类作品之外也有科普、哲学类等不以讲故事为主要任务的读物，在这一类产品中添加交互元素时，更多地是考虑结合其内容的说理、教学部分，利用交互功能对文本做出良好的补充，使用户更透彻地理解文本所要讲解的知识、要分析的道理。相对而言，向议论说理类的阅读产品中添加交互元素的难度较低，其工作要点比较直观，易于把握，而叙事类产品则要困难很多。而我们之所以要在当前阶段重视交互与叙事的深层融合，思考如何避免交互元素对叙事结构的破坏，更多地是为将来考虑。“更高的自由度”是目前电子游戏产业极为关注的目标，它的确是来自广大游戏爱好者的心声，甚至是一切虚拟世界“居民”们内心深处的渴望。作为数字内容产业的重要组成部分，在数字阅读产品的设计与开发过程中，也理应对此加以重视。

在电子游戏产业中，早在二十余年前就已经开始寻找交互与叙事结构和谐共处的解决方案，虽然至今也仍未找到堪称完美的办法，但毕竟积累了大量经验，可以供我们参考。

在日本的游戏产业中，游戏制作者们更注重保持叙事结构的完整，绝大多数知名的日式RPG产品都不会过多地强调游戏自由度，而是致力于向玩家呈现精彩的故事。当然，日式RPG也并不排斥多分支、多主线、多结局的游戏类型，在此类游戏中，游戏制作者们会采取一些手段和技巧，避免前文中说过的，因多结局的出现而导致故事难以传达深刻意义与内涵的情况，例如想方设法提高玩家看到多个结局的难度。例如史克威尔公司在2000年3月发售的《前线任务3》(见图5-6)，这是一个多主线剧情的战争题材游戏，其设置多分支剧情的目的，是希望玩家可以加入战争中不同的阵营，从而可以站在不同的立场上对同一场战争进行思考。这种做法，如果用叙事学的理论来分析，属于对叙事视角的运用。每个人都有不同的思想、不同的立场，因此看待某一事物的观点也会有所区别。而真实世界中的大多数事物都不存在绝对的好与坏、对与错，站在不同的立场，通过不同的视角来进行观察，有助于更全面、透彻地对某一事物进行理解。从叙事视角方面来考虑，该游戏中多分支剧情的设置实际上促使了玩家对战争这一沉重的题材进行深刻的思考。当玩家完成了故事的第一条主线，重新开始游戏并选择第二条游戏主线时，他会发现自己加入了曾经的敌对阵营，在第一次游戏过程中的敌人如今变成了战友。他会发现曾经恨之入骨的敌人也同样具有值得钦佩和亲近的特质，而他曾经的战友如今却变成了不得不以性命相搏的敌人，他会深深体会到在历史的洪流中，面对战争，人类个体的无奈、痛苦与挣扎。

图 5-6　由史克威尔公司制作的《前线任务 3》

同时，该游戏将导致剧情改变的交互点设置在游戏故事的开端部分，而且设置为一个极其不起眼的小事件，从而使得玩家完成了第一条故事主线，想要看到故事的另一个结局时，他不得不从游戏的最初重新开始。而整个游戏的流程大概需要花费 20—30 个小时来完成，从而极大地增加了玩家看到多种结局的难度和工作量。这种做法，在一定程度上可以缓解不同结局之间造成的相互抵消作用，使故事中蕴含的深意得到较好的传达。然而，该游戏为人诟病之处也正在于此，很多游戏玩家认为改变剧情的关键交互点被设置得过于隐蔽，很容易被忽略过去，以至于自己错过近乎半数的游戏内容。但总而言之，该游戏通过提高第二游戏结局获取难度的方法，有效降低了交互对故事结构的影响，不仅如此，还结合游戏交互，巧妙地利用不同叙事视角，提高了游戏故事的内涵。

与日本游戏厂商相反，欧美的游戏制作公司在20世纪80年代就开始关注游戏自由度，致力于构建更为广阔自由的游戏世界，将交互的优先级放置于故事之上。欧美游戏厂商的这种做法，首先建立在欧美地区在当时已经具备非常发达的桌面RPG基础之上，因此在构建故事方面底气十足。这里提到的“底气”并不是指欧美游戏厂商认为自己有大量优秀故事创作人才，可以保证创造出高质量的游戏故事，而是他们已经有大量优秀的故事可以选择，以这些已经为人熟知的故事背景、故事角色为基础，可以继续以交互为核心，构建出一个自由度极高的游戏。在当时由桌面RPG游戏衍生出的欧美奇幻文学已经颇具规模，例如基于“龙与地下城”游戏规则的“被遗忘国度”故事体系，既产生了当时最畅销的奇幻文学，也成为频繁被美式RPG电子游戏借用的故事体系，包括1998年由BioWare制作的《博德之门》，以及2000年由黑岛工作室制作的《冰风谷》等。借用这些已经相当成熟完善的游戏规则与故事体系，游戏制作者们可以不用绞尽脑汁地向玩家介绍游戏世界以及游戏人物的背景信息，了解故事原著的玩家们可以迅速融入游戏世界之中。

利用已经广为流传的故事，对其加以改编制作自由度较高的游戏，的确是一个相当有效的手段。例如目前在我国颇为流行的桌游“三国杀”，其游戏模式实际上在欧美早已出现，但并未取得良好的市场反响，至于在我国能够如此受欢迎的原因，与其将《三国演义》的人物、故事与卡牌式桌面游戏系统相融合的做法密不可分。另外，近年来我国网络文学日益发达，规模宏大的网络文学读者群体也同样是潜在的游戏玩家群体，因此越来越多的游戏制作者将目光投向了网络文学领域，希望借助网络流行小说的读者基础带动游戏销量。当然，这种做法必然存在一些问题，由小说改编而成的游戏对于那些不了解故事原作的玩家欠缺吸引力，造成了目标玩家群体的局限性。而且即使有一个已经搭建好的故事背景，也同样要在游戏中编写新的故事情节，但此时玩家的注意力往往会被故事原著中的“知名”角色与场景所吸引，反而会忽略游戏中的原创剧情。

对于那些制作原创故事的欧美游戏厂商，有一段时期他们的做法是通过弱化故事主线，添加大量支线剧情来吸引玩家。在由Bethesda公司开发的“沙盒式”游戏中，例如《辐射3》《上古卷轴·天际》等，游戏的主线剧情已经被压缩到极致，甚至很多支线剧情在复杂程度方面要远远超过故事主线。通过这种极端的方式，在一定程度上可以避免玩家在游戏中因为过高的自由度而经常“分神”，脱离故事主线去做其他事情，从而导致遗忘故事主线，使剧情难以衔接。同时，游戏制作者不仅会在主线剧情之外安排繁多的支线情节，更重要的是他们会想方设法增加游戏中一切人物、事物之间的联系，这一行为的目的首先是为了弱化主线与支线剧情之间存在的明显界限，力求使游戏中的一切故事最终融合为一。其次，通过建立更紧密的联系，游戏中任何人物、事物不再是孤立存在的元素，这就为玩家自行在游戏世界中创造故事打下了良好的基础。“故事”的内涵在于一系列有关联的事件，如果虚拟世界中的一切元素都是相对孤立的存在，那么玩家的交互行为也终将导致一系列无关联的事件，无法构成叙事。当事件之间产生了关联，就形成了结构，这是叙事得以成立的基础。

然而，建立这样的游戏世界绝不是一件容易的事情。在目前的游戏中，最常见的用于增加游戏世界中事件关联性的手法莫过于为游戏主角设置一个“道德值”(Karma)属性，该项属性的数值会随着玩家在游戏中的行为而产生变化，例如当玩家在游戏中进行了过多的杀戮、偷窃等行为，就会导致道德值继续下降。更为重要的是，游戏中的一切 NPC 都会根据玩家的道德值而产生不同的态度。当道德值过低时，所有处于正义与中立阵营的 NPC 对游戏主角的态度就会变成冷漠或敌对，因此也会导致游戏中的某些任务无法完成。但有得必有失，此时游戏中的邪恶阵营反而会对玩家控制的角色产生友好态度，引发新的事件。如果从玩家心理的角度来分析，当玩家看到某个 NPC 角色表现出明显的亲近或憎恶姿态时，他会更多地认为这些态度是因自己以往的行为而引发的，而不是游戏预先设置的，因此他眼前发生的事件就与此前经历的事件产生了一定的联系，从而有更大的潜力在玩家脑海中构成精彩的故事。

通过设置“道德值”属性来增强游戏的叙事潜力已经成为游戏中很普遍的手法，但很显然，这一手段虽然有效，可毕竟只能在事件之间建立比较薄弱的联系，而同时仅仅是为了这一丝薄弱的联系，在游戏设计开发的过程中却会导致成本和工作量激增数倍。假设玩家的道德值属性将其所归属的阵营划分为正义、中立与邪恶三种，并且游戏中大多数 NPC 都会根据玩家所处的三种不同阵营做出至少两种反应，这就意味着游戏的内容要增加近乎一倍。内容量的增加并不是最令人头疼的，更麻烦的问题是那些预先设置的游戏故事的逻辑架构，以及如何保持各种不同阵营之间的平衡性，使玩家不至于刻意偏向某一方。对游戏制作者来说，“高自由度”一直意味着高成本和高开发难度，参与《侠盗猎车手 5》(*GTA5*)开发工作的总人数达 2000 余人，其开发成本更是高达 2.66 亿美元，对于世界上绝大多数游戏设计开发团队来说，这是只能仰视、不敢想象的数据。

另一种常见的用于减少交互对故事结构破坏的手法是尽量让游戏玩家无法察觉游戏中“限制”的存在，甚至将游戏对自由度的限制本身就转换为叙事的一部分。这种手段类似于叙事学理论中的“限知视角”。“限知视角”是与“全知视角”相对的概念，在人类早期的叙事作品中，对宏大场面、历史事件的记载往往会采取全知视角进行描述，例如要记述一场战争，作者会将参与战争的各个势力所采取的行动一一向读者交代清楚，其中不存在任何隐藏和悬念。但人们发现这样的描述方式，虽然可以确保读者对故事全局的理解，但在吸引力方面削弱了很多，显得不够生动有趣，因此导致了限知视角的后来居上。

我们可以通过一个实例来理解这两种视角在读者心理上造成的差异，假设我们要向读者讲述一个恐怖惊悚的场景：一个小女孩被一只凶猛的野兽追赶，她跑进一个房间，躲进衣橱里。当剧情进行到此处时,全知视角会这样描述:小女孩躲进衣橱,那只凶猛的野兽紧跟着她冲进房间,发现女孩失去了踪影,野兽开始暴躁不安,在房间里四处搜寻破坏。它慢慢地接近了女孩藏身的衣橱,女孩越来越紧张。而限知视角则会这样描述:小女孩躲进衣橱,紧紧关上门,她眼前一片漆黑,只能听到门外一阵咆哮——野兽跟着她冲进了房间。女孩越来越紧张,她不知道自己是否已经被发现了,外面房间里开始发出巨大的声响,玻璃破碎的声音,桌椅被劈开的声音,这些声响越来越近。

很显然,在上面的例子中,限知视角是通过小女孩的感官来描述事件的进行,她躲在衣橱里什么也看不到,只能通过听觉感知外界的一切。通过这样的方式,可以更好地表达其内心紧张、恐惧的情绪。读者在阅读时,虽然也会对外界发生的事情产生强烈的好奇,但他们不会因视角的限制而感到不满——因为这是一种合情合理的限制。在游戏中也同样可以通过这样的方式来限制玩家的交互行动,换言之,在希望保证游戏叙事结构不受玩家交互行为破坏的时候,可以通过合情合理的剧情设置,将玩家的行动局限于某一范围,或引导至某一方向。例如在《生化危机 1》中,在故事的开场阶段,主角一行人来到某个犯罪现场进行调查,但很快遭到了强大敌人的攻击,被迫躲进一所别墅。这时候游戏开始,游戏的主要内容基本都发生在这所别墅之内,此时如果玩家想要打开别墅大门,就会被自己的队友劝阻,因为外界仍存在致命的危险。但很显然,这种手法不能频繁、长期使用,以免引起玩家的不满。

思考题

1. 请挑选一部自己喜欢的故事电影,结合坎贝尔的“英雄之旅”,对影片的叙事结构进行分析。

2. 承接上一题,如果由你将这部电影改编为游戏,你认为影片原本的叙事结构会不会被游戏交互破坏?如果叙事结构遭到破坏,该怎样做才能使影片中的故事保持原本的精彩?

3. 在你的生命中,是否曾遇到过两难的选择?如果生命可以重来一次,你是否会做出与当初不同的决定?为什么?

4. 游戏修改器、游戏外挂等工具可以降低游戏的难度,使玩家在游戏过程中获得更多“自由”,为什么有很多玩家拒绝使用这些工具,认为它们会降低游戏乐趣?

第六章　交互设计与情感表达

本章要点

1. 考察数字交互艺术与传统艺术在情感表达方面的异同。
2. 结合实例,理解交互元素对艺术情感表达的破坏与增强。
3. 结合实例,思考如何针对情感表达这一目标进行作品的交互设计。

第一节　"交互"无法独立完成情感表达

在如今的数字化时代,"交互艺术"已经成为一个相当流行的名词,但这一说法是否成立却是一个值得商榷的问题。如果我们用最简练的方式来定义"艺术"一词,所谓艺术应该是对人类情感、思想的符号化表达。在人类世界中,存在着绘画、雕塑、建筑、文学、音乐、舞蹈、戏剧、电影这八大艺术形态,近些年来,随着电子游戏的快速发展,人们也经常将电子游戏称作"第九艺术"。这里我们应该注意到,虽然电子游戏相比其他艺术形态,最独特之处在于具有交互功能,但电子游戏艺术并不等同于交互艺术。交互似乎是一种可以被添加到任何艺术形态中的功能,可以有交互式的绘画、交互式的小说,交互式电影、音乐,甚至对建筑艺术来说,"交互"本身就是建筑固有的功能,建筑是供人居住、使用的,人们在建筑中从事各种活动,与建筑的各个部分发生交互,只不过并非数字化的交互。

由此观之,所谓交互艺术似乎是一种泛指,它指代的是人类已经存在的八大艺术形态与数字交互功能相融合之后的产物。电子游戏实际上正是这样一种存在,它本质上是绘画、文学、音乐、电影与交互的融合体。只是因为在所有交互艺术形态之中它出现的时间较早,并且在交互与其他艺术形态相融合的理论与实践方面探索得最为深入,因此被单独提取出来,被称作"第九艺术"。当然,当数字交互与其他艺术形态相结合之后,会如同化学反应一般,产生奇妙的“1＋1＞2”的功效，形成一种全新的形态，具有其独特的艺术表现力以及自成体系的一套创作手法，在情感与思想的表达方面，起到传统艺术形态无法实现的效果。但是数字交互本身无法独立构成一种艺术形态，孤立存在的数字交互无法完成情感与思想表达的重任。

我们可以尝试对以上问题进行更深入的思考。任何艺术形式，都存在一套基本的符号体系，或者说最基础的组成元素。例如绘画中的点、线、面，线条又可分为直线、曲线、波浪线等，还有色彩里的红、橙、黄、绿、青、蓝、紫。音乐的基础是十二平均律，将不同频段的声音按八度间隔区分开来，每个八度区间包含 12 个音符，在这 12 个音符中进行筛选就构成了不同的音阶体系，如自然音阶、布鲁斯音阶、民族五声音阶、日本音阶等。在时间方面，音乐有不同的节奏型，如每分钟 120 拍，每小节 3 拍等。其他的艺术形态也同样如此，人们可以找到一些最基本的组成元素，文学中的字与词、电影中的镜头、舞蹈里的动作。当然，提起数字交互，我们也可以找到类似的基础组成元素。例如在目前常见的电容式触摸屏上可以进行点击、长按、滑动、二指夹捏、二指旋转等动作。与其他艺术形式明显不同的是，这些基本元素本身不带有感情色彩，不包含意义。或者更确切地说，其本身具有的感情色彩与意义内涵太过于稀薄、隐晦，以至于无法将其归纳整理，建立起一套完整的艺术体系。

艺术被归属于人文学科，与以数学为代表的自然科学相比，它们对应着人类理性思维与感性思维两种不同的思维方式。在艺术创作方面，直觉式的、感性、非理性、发散式思维往往得到推崇，也是衡量一个艺术家是否具有良好艺术感觉的重要标准。这种现象出现的原因在于那些能够构成某种艺术体系的基本符号与人类思维之间存在一种天然的、直觉式的联系。人们不需要通过逻辑思考，不需要通过后天的努力学习，就可以体会到某些符号中蕴含的情感与意义。这些情感和意义在数千年的人类历史中，因自然环境、社会文化环境等多种因素的影响已经深深烙印在人类思维之中。

红色可以引发人们热烈的情绪，绿色和蓝色让人感到平静和忧郁。短促的直线给人力量感，长长的波浪线让人们感到柔和温暖。不同的绘画笔触造成不同的质感，或光滑、或粗糙、或陈旧，这些质感都会引起不同的情绪。音乐中不同的音符组合在一起，会形成和谐与不和谐、稳定与不稳定的效果，大三和弦是恢弘的和谐，小三和弦是忧郁的和谐，当加入第七音、第九音之后，七度和二度的不和谐音程为和弦增加了新的变化，使其黯淡、紧张。在一套音阶中，每个音都有不同的“性格”，以自然音阶为例，第一音最稳定，第四音会趋向第五音，第五音带来不稳定的紧张感，让人们迫切希望回归到稳定的第一音。每种乐器的音色也具有不同的情绪，即使用它们演奏同一个音符，二胡的凄凉和小提琴的甜蜜、钢琴的明亮活泼、小号的苍凉开阔也会形成鲜明的差异。电影中远、全、中、近、特的画面景别，正、侧、俯、仰视角，推、拉、摇、移、跟、升、降的镜头运动，以及光线的布置等，也都具有各自的特性。当艺术家们想要表达某种特定的情绪和意义时，会自然而然地在脑海中浮现出对应的艺术元素。但我们很难在数字交互的基本元素中发现这些固有的“性格”和“气质”。

如果从数字交互本身的基本元素进行分析，所有的交互元素似乎都是一些“动作”。从这个角度来看，交互似乎与舞蹈这种艺术形式类似。在《毛诗序》中，作者提到过关于肢体动作与情感表达：“诗者，志之所之也。在心为志，发言为诗，情动于中而形于言。言之不足，故嗟叹之。嗟叹之不足，故咏歌之。咏歌之不足，不知手之舞之、足之蹈之也。”这段话的意思是，诗歌是内心情感与志向的表达，当人们用语言的形式将内心情感呈现出来，就形成了诗歌。但当情感过于强烈，语言不足以表现时，人们会因之感慨嗟叹。如果仍然觉得不能尽兴，就会用歌曲的形式将情感表达出来。当歌曲也不足以表达内心情感时，人们会手舞足蹈，用这种最原始的方式来宣泄内心的情绪。舞蹈正是关于人类肢体语言的艺术，也可以说是所有艺术形态中最为原始、直接的一种。但与交互不同的是，舞蹈本身是直觉式的行动，即使存在规定动作，设置这些动作的根本依据也是人类的情感。而交互是规定式的行动，交互动作的设置依据更多的是对于产品功能实现的考虑，是为了使用起来更便捷。舞蹈的每一个动作，或急或缓，或柔顺或僵直，都可以直接引发人们表达自身的情绪，但大多数交互动作不具备这一功能。但是，值得注意的是，随着任天堂公司 Wii 游戏主机的体感手柄，以及微软公司Kinect体感装置的问世，通过肢体动作来进行交互也成为目前电子游戏发展的一个主流趋势。甚至早在 20 世纪 90 年代末，就出现过各种各样的舞蹈类游戏，在街机游戏厅中有“跳舞机”，家用主机可以配置“跳舞毯”。但这些产品，如果将其称为“交互式舞蹈”，似乎并不恰当，它们并非数字交互与舞蹈艺术的融合，而是通过数字交互对舞蹈进行的一种模拟。然而舞蹈艺术的确为我们提供了一种思路，是否可以通过挖掘以功能性为主的交互动作中蕴含的情感意义，将其归纳为一套艺术符号呢？

我们的确可以在点击、双击、长按、滑动等动作中发现一定的情感因素，但正如前文中所说，这些情感因素实在太过于稀薄、隐晦，实在难以独自完成更强烈、复杂的情感意义表达任务。这就好像乐器演奏，钢琴的演奏其实与数字交互中的点击动作类似，提琴则是滑动，但对于音乐艺术来说，人们关注的是因这些动作而引发的声音，而绝对不是这些动作本身，声音是主要的，而动作是次要的，动作仅可以作为是一种对娴熟技巧的呈现，在某些时刻对音乐中的情感传达进行补充。同理，数字交互必须与其他艺术形态结合起来，被放置到某种情境之中，在这种情况下，交互才可以起到情感表达的作用。

毕竟“交互”一词的本意就应该至少包含两个对象，当其中一方向另一方发出动作时，另一方会对此动作做出反应，并将此反应以某种方式反馈给另一方。如果我们在数字化技术出现之前谈论所谓的“交互艺术”，实际上绘画就对应于“使用画笔的艺术”，音乐则变成“使用乐器的艺术”，建筑也许是“堆砌石头的艺术”。然而在数字交互中，动作的发出者可以被默认为人，但动作的接收者则是包罗万象的，因此数字时代的“交互艺术”也只能是一种泛指。但毋庸置疑的是，当数字交互技术与传统艺术形态结合之后，可能引起巨大的变化，使这种艺术形态产生质的飞跃，生成和以往迥然不同的产品。而只有经过这种结合，各种基本的交互元素才有可能被赋予明确的情感与意义。我们仍以最基础的“点击”动作为例，在不同的情境中，这个动作也具有完全不同的意义，它可以是打开一扇门，可以是发射一颗子弹，也可以是按动琴键。在《太鼓达人》这个完全由“点击”行为构成所有交互环节的游戏中，随着不同的音乐，按照不同的节奏，每一次点击都形成不同的情绪，当音乐进行到高潮部分时，经常会出现要求玩家快速连续点击的情况，此时“点击”动作本身就产生了强烈的情感宣泄的效果。在 *Flappy Bird* 这款手机游戏里，玩家需要通过点击屏幕的方式控制向前飞行的小鸟，使其振翅高飞，躲避上方和下方的障碍物，因其制作者刻意设置出较高的游戏难度，每一次点击屏幕的动作都伴随着玩家不安、焦躁的情绪。

因此我们不难理解，在艺术领域的交互设计工作，其难度极高。一个优秀的交互设计师不仅要实现产品在功能方面良好的用户体验，同样要保证交互与各种艺术形态的良好融合，而要实现这种融合，他必须首先了解，最好是精通各种门类的艺术理论与技法。当然，精通所有艺术门类，几乎是一件不可能完成的任务，音乐、绘画、雕塑等任何艺术形式，都足以耗费一个人的毕生精力去钻研。但至少在进行交互设计之前，应对涉及的艺术形式进行全面的了解与较深入的研究。对于数字阅读产品中的交互设计工作而言，叙事学等文学创作理论无疑是必选的研究对象，这也正是我们在上一章内容中详细介绍约瑟夫·坎贝尔“英雄之旅”故事结构的原因所在。

第二节　交互元素对情感的破坏与增强

在这一节内容里，我们仍结合电子游戏中的实例，来探讨一下交互元素对于艺术效果，或者说对于游戏本身在情感、意义的表达效果上所产生的正面与负面作用。我们已经在叙事结构的部分提到过，交互的出现意味着以往封闭、线性的故事结构被打破，而一个精妙的结构正是艺术效果得以实现的重要保障，甚至结构本身也承载着传递意义的重任。因此，交互元素时常会通过破坏艺术结构的方式产生负面作用，这可以被认为是一种“宏观”的破坏。与此同时，交互元素也会产生“微观”的破坏，在结构以外的各个方面，对传统的艺术创作产生负面效果。

例如，在电影艺术中，导演和摄像会仔细研究每一个镜头的构图、景别和视角，利用这些镜头元素去加强影片气氛的营造，去体现某种意义和情绪，可以说多种多样的镜头组合应用正是实现电影艺术魅力的关键所在。在早期的3D游戏作品中，也有一部分游戏是以固定视角的方式进行制作的。也就是说，玩家在游戏过程中，无法自由控制摄像机视角，只能以唯一的某种角度对游戏中的环境、角色进行观察，参与到游戏中的各种事件中。这种做法可以在很大程度上提高游戏画面的构图效果，起到烘托气氛的作用。假设游戏中出现一个强大的敌人，那么游戏会为玩家提供一个固定的低机位仰视视角，以此呈现敌人的高大威猛，制造一种紧张的压迫感。但很显然，玩家们对于此类固定视角的游戏体验呈现出强烈的抗拒心理，数字交互与3D场景的结合又被称作虚拟现实，既然是虚拟现实，那么理所当然应该向用户提供“漫游”功能，以便用户在场景中漫步观赏。而固定视角就好像是给游戏玩家套上沉重的枷锁，让他们无法转身，甚至连眼球的转动都做不到，这会导致玩家心理上非常明显的抗拒感。游戏与电影不同，通常电影每分钟会向观众呈现10个左右的不同镜头，信息传递的节奏要比游戏快得多，因而在单位时间内电影呈现给观众的信息是过剩的，观众的注意力会被这些信息牢牢吸引，无暇他顾。但游戏则不然，大多数游戏中，玩家可以随意选择停在原地还是继续向前走，当玩家停留的时候，出于人类的天性使然，他必然会希望观察身边的环境，因此也就必然会明显察觉到视角设定对他产生的约束。

因而游戏设计者们开始向玩家提供自由视角，玩家可以在任何时刻对游戏中的虚拟摄像机进行操作，对游戏角色所在的环境进行旋转缩放控制，模拟现实中的观察过程。但这样一来，显然造成了气氛烘托与情感传达效果的削弱。在游戏的战斗过程中，玩家心理期待更多的是如何战胜敌人，为此他必然希望能够以一种更明晰的方式观察敌我双方所处的环境，会倾向于选择全景或远景的平视镜头或俯视镜头，然而很显然，这些镜头过于平淡。这就是为什么如今的很多游戏中，会在最精彩的战斗画面暂停下来，将镜头切换为特写，并结合一定慢动作效果，其目的正是为了弥补因视角欠佳而导致的平淡感。这就好像我们在观看足球、篮球等体育比赛时经常出现的慢动作回放一样。大部分时间里，比赛提供给观众的都是俯视的全景画面，一旦出现进球或其他精彩动作，导播会切换到其他机位，对刚刚发生的精彩画面进行多角度的慢动作回放。这种做法的目的不仅仅是为了让观众看得更清楚，更是为了通过不同镜头的运用，来增加激烈紧张的气氛。

在电影中引发观众情绪的常见手法还有音乐和音效。我们知道，在人的多种感官中，虽然视觉的重要性最高，但在引发情绪的效果方面，实际上最占优势的是嗅觉和听觉。人们经常会在不经意间嗅到某种气味，并随之不由自主地将思绪抽离现实，一瞬间仿佛回到过去的某个时间地点，这正是嗅觉信息的强大之处。但至今仍未找到记录并重现嗅觉信息的方法，因此我们也不必对其详加讨论。声音则不同，一段乐曲可以在短短几分钟甚至几秒钟内将听众引入乐曲的情境之中，使人产生忧伤、喜悦、振奋等不同的情绪。而文字、影像等媒介则要逊色很多，不仅耗费的时间更长，还要在很大程度上依赖受众自身的全神投入。绝大多数电影中，都会利用不同的音乐音效来加强气氛的营造与情感的传达，有了音乐的存在，观众才更容易为悲伤的情节而悲伤，为恢弘的场景而振奋。甚至在恐怖惊悚题材的影片中，音乐与音效的作用还要高于画面，一些胆小的观众经常在看恐怖电影的时候把音量调低或者完全关闭声音，以此减少影片营造的惊悚气氛，声音的强大功效由此可见一斑。

对游戏来说同样如此，任何优秀的游戏都会重视音乐、音效的制作。与电影配乐一样，游戏音乐也应该与游戏中正在出现的情境相匹配，然而游戏与电影不同，电影的“当前情境”是固定不变的，影片的第三十分钟永远是同样的情节，通过音乐强调的情绪是作为艺术创作者的导演根据剧情的需要而制定的情绪，它不会也没有必要根据观众身份的不同而变化，但游戏中却完全不是这样。游戏制作者根本无法确定玩家会在游戏的某个场景中做什么，也很难判断某场战斗对玩家来说是困难还是简单。

我们可以假想这样一个情景，在某个自由度较高的游戏中，有一片废弃的工厂，里面有锈迹斑斑的机器和破旧的厂房，在夕阳西下的黄昏时分，周围的景物都被夕阳罩上了一层金黄的色彩，远远地，由玩家控制着游戏的主角正向此处走来，此时我们应该选择怎样的音效和配乐呢？如果根据电影方面的理论来分析，此时的音乐应结合故事剧情加以考虑，然而在高自由度的游戏中，剧情是非线性的，甚至是可以由玩家自行创造的，也就是说我们很难判断当前剧情处于何种状态。另一个办法是根据场景来配乐，夕阳掩映中的破旧工厂，很适合搭配一些舒缓的带有怀旧风格的曲目，但很有可能玩家来到这里的目的是进行一场战斗，激烈的战斗搭配舒缓的怀旧金曲似乎不太协调。这样的话，我们是否可以让程序来进行判断，玩家身边是否存在敌人，当敌人靠近时将音乐变得紧张，当战斗发生时让音乐变得激烈呢？这当然不失为一种很好的解决方案，但问题在于战斗只是玩家众多行为中的一种可能，而且战斗中还会出现不同的局势，有可能是实力悬殊，有可能是势均力敌，还有可能在快要战败的时候突然召唤同伴来协助，从而反败为胜。这其中存在着太多的可能性，如果要依靠游戏程序来进行判断，即使不考虑技术实现的难度，仅仅是要制作的曲目数量，就可以让制作预算迅速上涨。

通过以上实例，我们可以发现因交互的存在，游戏制作者在音乐与情绪的搭配方面遇到了难题。如何制作“交互式音乐”目前也已经成为游戏产业关注的问题，“交互式音乐”在游戏行业里通常也被称为“自适应音乐”或“动态音乐”，交互式音乐的目标是希望可以通过对游戏程序的判断，使音乐、音效与游戏玩家当前所处的环境与事件相符，从而更好地营造游戏气氛。例如由 Audiokinetic 公司开发的 Wwise 游戏声音引擎，通过建立一个庞大的声音库，并对其中的一切音频信息提供多种参数控制，如音量、相位、效果等，来实现根据游戏情景实时提供不同情绪音乐的效果。

当然，交互同样可以起到增加艺术作品中情感表达效果的功效，这样的案例在游戏中屡见不鲜。例如成功的喜悦之情,在电影或小说中,虽然也能很好地让观众和读者因某个角色的成功而感到欣喜,但电影和小说显然无法像游戏那样,真正使玩家感到一种带有强烈成就感的喜悦。这种成就感正是来源于游戏中的交互行为。在被动式的阅读与观看中,无论作者再怎样苦心孤诣地展示故事角色的努力拼搏、角色所克服的艰难险阻,但这些挫折与苦难,不亲身经历就根本无法体会。而对游戏玩家来说,历经数十小时,经过无数艰苦的战斗,绞尽脑汁解开复杂的谜题,忍受着孤独与枯燥进行挖矿、采集、合成、交换等“劳作”,当他获得成功的那一刻,他真的可以深深地体会到成功背后隐藏的艰辛与努力,这些付出也就造成了强烈的成就感,此时的喜悦远胜于观看一部励志影片。

我们甚至可以通过游戏中的交互,来表达传统艺术形式无法提供的情感与深意,例如自责与悔恨的情绪。在小说和电影中,时常会看到这样的情节:故事的主角无意中犯下大错,导致自己的亲人、朋友遭遇不幸,或者是主角面临一个道德上的两难困境,必须做出艰难的选择。对电影观众而言,如果他在观看影片时将自己代入了角色,那么此刻,往往正是他的角色代入感消失的时候。对被动式的阅读和观赏来说,足以令人沉浸于剧情并将自身代入故事角色的情绪大多是积极、正面的,与之对应的情节也往往是主角在争斗中无往不胜,感情事业双丰收之类的剧情。毕竟人们都希望好事天降,幸运与成功来到自己身边,没有人希望每天与厄运和挫折为伴。对于小说和电影的情节来说也是如此,当情节开始向低处行进,主角开始遭遇困苦与不幸时,很少有人会把自己代入角色中,而是会下意识地从角色中脱离出来,以旁观者的身份注视着主角的痛苦与挣扎,对其遭遇表示同情与遗憾。

在游戏中,玩家无法逃避。故事的继续发展需要角色的行动,而角色的行动来自于玩家的交互,玩家的交互意味着游戏中发生的一切事件不是故事角色完成的,而是玩家完成的,是玩游戏的人在游戏中“做”出了某件事。而这些事经常伴随着一些令人痛苦纠结的选择,游戏制作者们非常喜爱这些令人陷入两难境地的选择题,并将它们当作设置关键交互点的绝佳选择,而这样的设置也成功地激发出玩家强烈的自责、痛苦、悔恨等情感。例如在《合金装备·食蛇者》(见图 6-1)中,故事的主角 Snake 要面对他昔日的好友和导师 the Boss,游戏着力刻画了二人之间深厚的、生死之交的情感,但因某些理念的冲突,两个人变成了敌对的关系。在一场激烈的战斗之后,画面定格在这样一幕:Snake 战胜了昔日的好友,并将枪口对准她(the Boss)的头颅,要求她停止自己发动核战争的计划。然而,对于 the Boss 来说,放弃比死亡更令她惧怕,她宁愿被 Snake 杀死。此时 Snake 面临一个艰难的抉择,一边是昔日的好友,另一边是人类的命运,他必须做出选择。当然,最终扣动扳机的行动,是由玩家来完成的。当玩家发出指令的那一瞬间,悲伤与自责的情绪会深深地涌上心头。

更直观的案例是那些虚拟宠物类游戏,例如任天堂公司制作的《任天狗》系列。此类游戏属于对饲养宠物过程的模拟,我们可以想象,如果在现实中,因为我们自身的疏忽大意、照

图 6-1　Konami 公司发行的游戏《合金装备·食蛇者》

料不周，导致心爱的宠物重病甚至死亡，那么我们的心情一定是极度悲伤和自责的。在模拟宠物类的电子游戏中，也同样如此。然而如果我们在某本小说里阅读到这样的情节，我们的情感只会集中在难过，以及对故事主角的气愤的情绪上，基本上不会出现自责这种情绪。除非读者在现实生活中就有过类似经历，才会因故事情节而导致共鸣。由此可见，在情感表达方面，交互元素的介入可以带来传统艺术形式无法实现的效果。

第三节　加强读者与角色之间的情感联系

人类丰富而细腻的情感，大多数来自于不同生命之间的复杂关联。正如我们在前文中列举的那些案例一样，情感的产生都是因发生在自己、亲人、朋友、敌人，乃至宠物这些有生命的个体身上的事件。这些包括宠物在内的有生命的个体，在小说、电影、游戏中被称作“角色”，受众与角色之间的情感联系越紧密，当某一事件发生在角色身上时，其所能在受众心中引发的情绪情感也就越强烈。我们可以设想一下，当某一事件发生在我们自己身上，或者我们的亲朋好友身上，与该事件发生在千里之外某个素不相识的陌生人身上相比，在我们心里引发的情感是完全不同的。因此，如果在作品中，我们能够掌握加强受众与角色之间情感联系的方法，那么作品的成功也就有了更多的保障。

在传统的叙事学理论中，有很多关于如何塑造角色的要点和技巧。例如要使角色性格鲜明，并且在全部故事进程中使其性格保持一致，要注重细节，角色的衣着打扮、行为举止、言谈措辞都要与其性格相符，而且更为重要的是，要通过角色面对某一事件时所做出的选择，来真正赋予其生命。正如在《生化奇兵》游戏开场时一句旁白所说的：“We all make choices, but in the end, our choices make us.”（我们一生中都在不停地做出各种选择，但到了最后，其实是这些选择造就了我们自身）。小说、电影等传统媒介通过向受众展示角色经历的一个又一个事件，让受众在不断了解角色的同时，对其产生爱憎等不同情感。然而很明显，这种与故事角色之间的情感联系，对受众而言既是一种精神上的享受，又是一种折磨。当故事的读者对某一角色产生兴趣时，他会希望与其一起经历精彩的故事世界，希望能够坐在一起闲谈，或者共同取得战斗的胜利。

几年前，我国网络小说中出现了一个独特的门类——无限类。这个名称来自于一部著名的网络小说《无限恐怖》，故事的主要内容是关于男主角郑吒意外来到一个奇妙的空间，在这里他身不由己，不得不进入一个又一个恐怖电影中的故事世界，例如“生化危机”“异形”“咒怨”等，通过完成这些故事世界中的不同任务，他才可以提高自己的实力并继续生存下去。《无限恐怖》得到了广大网络文学爱好者的强烈反响，网络文学作者也纷纷对其进行仿效，以“进入电影世界”为核心创作故事，大量作品的涌现使此类题材成为独立的小说门类。那么，读者们为什么喜欢这样的故事？一个很重要的原因在于，在“无限类”小说中，读者们可以遇到很多自己早已熟知的、其他故事中的经典角色，并与这些角色一起经历更多的冒险。这种感觉，就好像一个失散多年的好友，当以为此生已难以相见的时候，突然又出现在面前，令人欣喜感慨。

当一部小说结束时，故事的角色就离读者而去，没有电话号码，没有通信地址，读者只能在脑海中想象，那个角色今天又遇到了什么事，他在经历怎样的冒险。但这样的想象显然是不能令人满足的，除非小说又继续推出续集，否则读者与故事角色无法再次相遇。但交互式的故事则不同，尤其是在那些自由度较高的游戏里，开放式结局在一定程度上意味着故事永远不会完结，故事的世界、故事的角色就在那里，随时等待着玩家拿起游戏手柄，以便再次相遇，一起去经历新的冒险。而且正如我们反复强调的，交互使故事中虚构的情节，变成真实发生的事件，玩家不是在被动地体验，而是主动去参与。因此，玩家与游戏故事角色之间的联系，也会因为这种共同参与的存在而变得更加紧密。这一点正如我们在上一节中谈论“自责”的情绪时所说的，一个人亲自做了某件事，和他看到别人做了某件事，所引发的情感是完全不同的。

同时，为了满足玩家这种期待和故事角色“保持联系”的心理，近年来推出的大型游戏往往都会向玩家持续推出 DLC(Downloadable Content)——可下载内容扩展包。通过向游戏添加 DLC 文件，新的剧情、地图、人物会呈现在玩家面前，以便玩家与游戏角色之间的情感联系得以更长久地维持下去。

传统媒介也时常使用类似的手法，除了推出故事续集之外，也会通过更多的方式让读者了解故事角色们的“生活状态”。例如由英国 BBC 广播公司拍摄的著名英剧《神探夏洛克》(*Sherlock*)。该剧是对《福尔摩斯探案集》的改编，是名侦探夏洛克·福尔摩斯与其助手华生医生探案故事的现代版本。影片中的华生医生有一个习惯，他喜欢写博客，时常将自己与福尔摩斯经历的案件整理出来，写成文章发布在自己的博客上。有趣的是，作为一个影片角色，他的个人博客却真的存在于现实世界中。影片的制作组专门为此建立了一个网站(见图 6-2)[①]，观众可以在该网站上查看华生医生发布的所有个人日志，而且还可以看到影片中其他角色对文章的评论。这种做法使故事中的角色形象鲜活起来，似乎他们真的生活在观众的身边，拉近了角色与观众之间的距离，产生更紧密的情感联系。

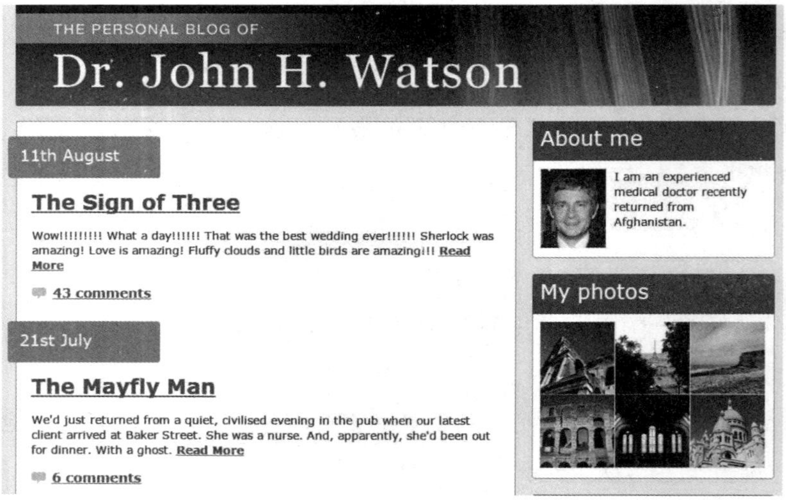

图 6-2　华生的个人博客

① 网址：www.johnwatsonblog.co.uk。

当数字交互与角色塑造相结合之后，内容创作者们遇到的最大挑战仍然来自故事读者的想象力和创造力。虽然目前已经出现了诸如苹果 Siri 这样的智能机器人，可以通过对话的方式，为用户提供帮助，以及回答用户提出的千奇百怪的问题。但对真实的人际交往而言，情况要复杂得多，朋友们可以一起聊天、吃饭、郊游、看电影，在不同的时间地点，人与人之间可能会发生的事件不计其数。显然我们不能以枚举的方式，把每一种可能的情况都罗列出来，并制作成游戏内容存储在数据库里以供随时挑选。最理想的方式当然是具有较高智慧的人工智能，然而以目前的技术水平，人工智能的智商很难提高，无法和玩家进行更多的交流。

网络游戏的出现为以上问题提供了解决方案，即利用人类玩家来代替人工智能。在网络游戏中，每个玩家都会扮演不同的游戏角色，在游戏过程中形成不同的群体，建立起不同的情感联系。在这种情况下，的确有效避免了由 NPC 角色给人带来的呆板、迟钝等印象。然而此时内容创作者们遇到的挑战仍然来自于玩家自身的想象力和创造力，必须尽可能地激发出玩家的积极性，而不能让他们如同现实的陌生人那样，即便相遇也只是擦肩而过。因此，对多数大型网络 RPG 游戏来说，都预先设置好不同的玩家阵营，使其处于敌对竞争状态，刻意营造一种可以激发群体矛盾的游戏背景。实际上这种方式也常见于小说或电影之中，困境是人格的试金石，处在危机四伏、矛盾重重的环境中，才更有利于制造强烈的情感冲突，刻画出更生动的角色。相对而言，在一个安静祥和的故事幻境中，有些情感联系就很难建立起来。例如任天堂公司的模拟经营类游戏《动物之森》（见图 6-3），其游戏的核心目的是

图 6-3　任天堂公司发行的游戏《动物之森》

营造一种宁静田园生活的气氛，玩家扮演的角色在动物之森中居住下来，建造自己的房屋，打理花园，和森林中的动物交朋友，购买各种家具和装饰品来布置房间。游戏的一个亮点是其联机功能，可以进入其他玩家所在的动物之森，去他们的家中做客，去森林中采集某些特产，进行物品交换等。在这种童话式的游戏世界里，玩家们之间，以及玩家与游戏 NPC 之间形成了一个秩序井然的生活社区，他们之间的情感联系更类似于邻里之间互助互爱的友谊。

第四节　交互方式与故事情境

数字媒体的一种特点是产品的迅速推陈出新，以个人电脑、手机等硬件设备为代表的数字媒体，在其发展之初重视的是硬件性能方面的提升。在 20 世纪 90 年代，购买新的硬件设备来更新个人电脑，以提升硬件性能是大多数电脑用户习以为常的事情。当时也许仅需一年时间，一台全新的电脑在性能上就已经无法满足用户需求，不能流畅运行新上市的大型游戏和行业软件，3D 游戏的兴起、视频标准从标清到高清的过渡，这些事件都曾掀起过硬件更新的狂潮。时至今日，硬件性能的提升已经到达一个瓶颈期，大多数硬件设备处于“机能过剩”的状态，广大用户也不再盲目追求设备硬件性能的强大，毕竟对于除游戏玩家的大多数人来说，两三年前的老设备在机能方面也足以胜任上网、办公、看电影等大部分工作。即使在游戏领域，通过调低游戏效果设置的办法，老设备也可以提供不错的运行效果，不至于像从前那样出现根本无法运行程序的情况。

就目前而言，数字媒体硬件设备的更新换代，其重点主要集中在交互方式的改变上。短短数年时间，手机媒体的物理键盘已经基本被多点触控式电容屏所取代，“手势”以其更直观便捷的操作效果得到广大用户的欢迎。在此基础上，手机媒体更结合多种传感器，对光线、方向、地理坐标等信息进行采集，并将其转换为不同软件的输入信号源。游戏主机方面则首先是改进传统的游戏手柄，在十字方向键和动作按键的基础上增加左右摇杆，为玩家提供更准确的操作精度，以及更多的按键动作组合方式。随后又出现了形态各异的动作捕捉设备，对玩家的肢体动作进行数字化处理，将其转换为输入信号。更将其与包含立体成像技术的头戴式显示设备相结合，开发出诸如 Oculus Rift 这样的数字化设备，使用户可以如同身在现实世界中一样，通过头颈的动作来改变自己在虚拟世界中的观察视角，通过实际的行走来操控角色在虚拟环境中进行漫游。智能手表、智能手环等可穿戴设备以及智能家居、物联网等新兴产品更是将人们现实生活中的各项数据、行为全部数字化，例如心跳、血压、环境温度、视线的移动、面部表情等，形成更加多样化的数字交互方式。

因此，在数字阅读产品的设计开发过程中，可供我们选择的交互方式日益增多，我们必须根据作品的内容来设计合理的交互方式，尤其是在叙事类作品中，要根据故事的情境来随时对玩家的交互方式加以改变，这样做可以在很大程度上增强情感与意义的表达。

我们可以在很多产品中发现交互方式与产品内容相匹配的实例，例如赛车类游戏。早期家用主机的赛车类游戏是通过游戏手柄上的十字按键来控制车辆的方向，但由此导致的问题是我们不能如同现实中一样对车辆方向进行线性的改变，十字键发出的指令是“左”与“右”，但不能像现实中驾驶车辆一样，通过旋转方向盘的不同角度，来控制向左和向右的程度。在其他类型的游戏中，当玩家想要控制角色移动时也同样存在这个问题。因此才导致家用机手柄上左右摇杆的出现，通过摇杆可以实现精度更高的控制。而在移动终端上，玩家在体验赛车类游戏的时候可以利用设备内置的动作感应装置，通过左右倾斜游戏设备来模拟现实中旋转方向盘的动作。这些交互方式的改进，使游戏操作变得更加直观，在降低玩家入门难度的同时增加了游戏的乐趣。

1999 年，世嘉公司的著名游戏制作人铃木裕发布了运行于 DC 主机平台上的动作冒险类游戏《莎木 · 横须贺》（见图 6-4），该游戏的问世也带来了“QTE”（Quick Time Event）交互方式的兴起。所谓 QTE，是指当游戏中的某些事件发生时，屏幕上会出现某些操作指令，玩家需要在有限的时间内按照提示准确地完成输入，倘若输入成功，则游戏顺利进行，如果输入失败，则会受到一定惩罚甚至直接导致游戏结束。

QTE 这种交互模式之所以会得到广大游戏制作厂商的认可，主要原因在于通过这样的方式，可以保障游戏剧情中那些充满紧迫感、危机感的情境不会被中途打断，同时可以通过

图 6-4　世嘉公司发行的游戏《莎木 · 横须贺》

设置具体的 QTE 指令，进一步加强当前情境的紧张感，对游戏气氛的渲染和烘托起到积极作用。QTE 的出现，实际上是在暗示玩家，危机即将发生，必须要在极为有限的时间内迅速作出决断并采取行动。例如在《古墓丽影 9》中，有一个场景建立在悬崖侧壁上的长廊上，女主角劳拉需要从长廊的一端前往另一端，此时出现了危机，长廊开始断裂，劳拉用尽可能快的速度，借助仅存的长廊残骸不断跳跃，脱离这一危险的处境。在这个场景中，传达危机感的要点在于每一块可供劳拉立足的建筑残骸都极不稳定，都将在短短数秒内坠入深渊。因此当劳拉找到一个落脚点之后，并不意味着她处于安全状态，如果不能在有限时间内找到并且到达下一个落脚点，她就会随着脚下的建筑一起落入深谷，导致游戏失败。在以往的动作类游戏中，例如经典的《超级马里奥兄弟》，也有类似场景。在这样的场景中，游戏对玩家是没有任何提示的，正如同射击之前要先静心瞄准一样，玩家在当前落脚点也往往会停留片刻，以调整状态，正因为这片刻的停留，导致了游戏的失败。对于这种情况玩家心里显然是会愤慨万分，因为这不是他们的错误，而是游戏系统没有告诉他们：脚下的砖块已经松动，不能久留。后来，有些游戏把这些“松动的砖块”绘制成与其他砖块不同的样子，或者干脆在游戏进行至该场景时添加文字说明。但这些方式都存在明显的弊端，首先是有可能破坏画面的整体效果，而且在逻辑上显得荒谬，其次是玩家不一定能理解这些仅通过图像传达的“此处危险”的暗示，在游戏产品中添加与游戏情节无关的文字说明，本身就是游戏设计中应尽量规避的做法。而 QTE 则有效地解决了以上这些问题，尤其是当目前 QTE 已经成为一种通用的、符号化的交互提示之后。当玩家看到屏幕上出现操作指令时，在紧张的游戏氛围中，他会下意识按指令进行操作，即使操作失败，也不会将责任归于游戏系统，而更多地是认为自己没有及时做出反应。

除此之外，QTE 以不同形式的指令组合，使其自身在交互形式上更符合当前游戏情景所表达的气氛。例如在《生化危机 6》中，主角里昂要逃离一座即将坍塌的高楼，他从楼顶飞身跳入对面赶来救援的直升机中。但此时紧张的一幕发生了，驾驶员被流弹击中，导致直升机失去平衡，当里昂匆忙赶赴驾驶舱，试图对直升机进行控制的时候，机舱里又冲进了敌人，从背后紧紧抱住他，让他难以自由行动。这时候游戏的情境是，直升机在剧烈地颠簸，主角里昂必须尽力抓住操纵杆，并且用手枪在最短的时间内击毙身后的敌人，否则就将面对机毁人亡的失败结局。此时的 QTE 指令中，包含了一个剧烈波动的指针，玩家需要在指针恰好指向中心位置的时候按下射击键，否则便无法击中敌人。这样的设置，很好地再现了当时剧烈颠簸的环境中，难以瞄准的状况，同时又带有时间紧迫的危机感，使当前游戏情境得到很好的表达。

一个优秀的动作类游戏，理所当然地要保证游戏在操作方面的直观、流畅，但在某些具体情境中却也往往会反其道而行之。例如在《古墓丽影 9》中，主角劳拉不小心落入陷阱，跌落至一条地下河流之中，此时玩家需要控制劳拉以使其找到一条逃生的道路。然而就当前的情境而言，高处坠落带来的伤害，以及地下河里齐胸高的河水，都为劳拉的行动造成巨大的障碍。此时游戏的设计者会使游戏操控变得非常“别扭”，玩家必须耐着性子，控制劳拉一步一挪地蹒跚前行，当走到某些狭窄地段时，甚至连改变视角都做不到，交互方式的改变很好地模拟出了角色所处的困境。在《生化危机·启示录》中，女主角吉尔被困在一艘海上游轮里，因某些意外事件，导致她所在的船舱起火。当吉尔在火焰与烟雾中匆忙逃生时，她发现自己的队友瘫坐在墙角，因腿部受伤而无法行动，于是她不顾船舱即将被火焰吞没的危险，搀扶着队友艰难前行。在这样的游戏情境中，玩家的操控同样受到了限制，他无法做到像正常状态时一样控制角色快速奔跑，这种操作模式很好地传达了当时的紧迫感，一边是越来越汹涌肆虐的火焰，一边是无法抛弃的队友，此时玩家操作方面的“别扭”，使其更投入地沉浸于游戏情境之中。这些设置，是符合人们心理的，就好像在看到电影紧张情节时，观众会下意识地握紧拳头一样，符合情境的交互设计，使人们获得一种比握拳更有效果的情绪表达方式。

第五节　如何应对“不适合”添加交互元素的主题

人类世界中现有的书籍数量之多如恒河之沙，并且每年都会不断地涌现出大量新作品，这些传统阅读产品与数字阅读产品在其核心功能上并无差异，都是传播与传承人类情感、思想的载体。因此，对数字阅读产品而言，其内容所涵盖的范围，也必然不会与传统书籍有太多差异，它们的内容都可以包罗万象。然而数字阅读产品与传统书籍同样具有很多不同之处，这些差异不仅体现在内容呈现形式方面，更重要的是体现于内容与数字交互的融合方面。正如我们在前文中反复强调的，“交互”是数字媒体与其他传统媒介最显著差异之所在，也是数字媒体之所以拥有如此独特魅力的原因。对数字阅读产品的设计开发工作来说，数字交互与传统阅读内容的融合，应该是制作人员重点关注的问题。

针对这一问题，当然有很多不同的解决方案，最简单的办法莫过于将交互部分的设计制作停留在比较表面化的程度，也就是说不考虑交互与内容的深层融合。就目前市场上存在的数字阅读产品而言，大多数都属于此类。反而是电子游戏产业，在交互与内容的深层融合方面，尤其是交互叙事方面，走在了所有行业的最前列。如果我们从内容的角度来观察电子游戏与阅读产品的区别，我们会明显地发现，电子游戏中的内容，或者说电子游戏中所表达的情感与意义、思想，所讲述的故事，其涵盖的范围比书籍要窄得多。即使我们抛开科学、哲学、艺术这类专业性较强的书籍不谈，只是将小说这类以讲故事为主要表达方式的书籍与电子游戏做一对比，也可以得到同样的结论。

以我国经典的四大名著为例，我们可以想一想这四本著作被电子游戏行业改编的频率。其中被改编最频繁的莫过于《三国演义》，自 20 世纪 80 年代起，日本光荣公司就推出了三国题材的战略类游戏《三国志》，而且至今仍在不断地推出更新版本。此外还有《三国群英传》《诸葛孔明传》《吞食天地》《三国无双》等大量涵盖了各种游戏类型的作品。另外《西游记》与《水浒传》被改编的次数也相当可观，但以四大名著中《红楼梦》为题材的游戏作品则非常罕见。其主要原因在于故事题材与游戏交互相结合的难易度，《三国演义》《水浒传》《西游记》这三个故事中充满了战斗与冒险的情节，而《红楼梦》则偏重于描述诸多人物丰富细腻的内心情感世界。相对而言，前者被改编为游戏的难度要比后者低得多。

经过数十年的发展，游戏行业对于玩家喜爱的游戏形式，或者说游戏交互形式已经有了非常清晰的认识。战斗、冒险、解谜、收集、养成、交换，这些交互形式是最受游戏玩家欢迎的，因此也在游戏设计中得到最广泛的应用。与此同时，在游戏故事剧本创作方面，也必然要考虑到故事与以上交互类型的“兼容性”。那些偏重于内心情感描写的故事，显然很难在其中添加大量战斗、冒险之类的交互元素，因此这一类的故事题材通常被游戏行业认为是较难与交互元素相融合的，“不适合”被选作游戏故事。

当然，“不适合”并不意味着“不可能”，只是其实现难度较高，需要新颖的创意和更周密的思考，并且在市场反响方面存在较高的风险。对大型游戏公司来说，他们更倾向于制作基于已经成熟的游戏模式，具有顶级音画效果，投资成本较高的游戏“大作”，为规避风险，通常不会轻易触及那些难度较高的游戏题材。但随着近些年来独立游戏的发展，小型游戏团队或个人制作者在故事题材选择方面却显得更有勇气。这一方面是由于独立游戏的投入成本较低，对风险承受能力较强，另一方面也是因为独立游戏想要在市场上诸多大作中脱颖而出，只能靠作品本身的与众不同，因此必须拼创意，而不是拼技术、拼效果。在近年来游戏市场上出现的大量独立游戏中，我们可以发现很多精彩案例，通过种种巧妙的设计构思，将交互元素与以往那些“难度较高”的故事题材良好地融合在一起。

我们可以回忆一下动画短片《积木之屋》的剧情，该短片的故事主题是“回忆”，如果描述得再具体一些，该动画想要表现的中心思想是：当生命将要走到终点时，对一生中最重要的人，对那些最美好瞬间的回忆，以此表达人们对生命的珍惜、眷恋与遗憾。我们可以设想一下，如果想要以游戏的形式来表达这一主题，的确是一件非常有难度的事情。但有一款名为《去月球》的独立游戏却很好地完成了这一任务（见图 6-5）。该游戏的剧情如下：在未来社会，人类的记忆可以通过某些技术手段被修改，这些技术主要被用于满足那些即将去世的人们未了的心愿，通过修改他们的记忆，让他们不带有任何遗憾地离去。游戏的主角伊娃博士与尼尔博士正是受雇于向人们提供此项服务的西格蒙德公司。在一次“工作”中，他们的客户是一个名为约翰尼的老人，老人的临终心愿是"去月球"，然而当伊娃与尼尔进入老人记忆之后，却发现这一任务并不像表面上那么简单。随着他们在老人的记忆中不断探索，老人与其已经去世的妻子和双胞胎兄弟之间充满情感纠缠的一生也慢慢展现在他们面前。伊娃和尼尔努力地拼凑起老人记忆中的碎片，终于弄清了"去月球"这一愿望的真相，在老人生命的最后一刻，让他的愿望得到了满足。

图 6-5　独立游戏《去月球》

《去月球》的游戏画面效果非常"古老"，采用的是 16 位机时代像素风格的游戏画面，看起来很像老式的 RPG 游戏，但其游戏过程中完全没有任何战斗、升级之类的典型 RPG 要素。该游戏的成功主要在于剧情与音乐，如果仅从交互方面考虑，《去月球》可以说是一款缺少游戏性的作品。当然，这款游戏也可以像其他 RPG 游戏一样，将复杂的战斗、道具、专职系统引入游戏交互部分，然而这样一来，则容易引起交互与叙事之间的冲突，会冲淡游戏故事营造在追忆中迷惘与忧伤的情调。我们在制作数字阅读类产品时会经常遇到此类问题，毕竟阅读类产品所涉及的故事类型要比电子游戏宽泛得多。《去月球》这部作品为我们提供了一些很有价值的解决方案。

首先是通过塑造性格鲜明的角色,《去月球》游戏中的两个主角是一对欢喜冤家,他们之间经常会发生一些令玩家感到新奇、有趣的对话和事件。其次是剧情中环环相扣的悬念设置,引起玩家的好奇心,从而可以使玩家在并非十分有趣的游戏交互过程中始终保持较高的兴趣。最后是关于成就感,或者说对玩家的奖励,《去月球》中的奖励机制并不是像大多数游戏那样以财富、装备或等级的形式出现,而是更偏重于心理上的回报。在剧情设置中,主角们所做的一切,都是为了满足一个老人临终前的愿望,这是一种有意义的善举。基于这样的设置,"无趣"的游戏交互过程与在心理上具有重要意义的事件产生了联系,在游戏结束的时候,老人的愿望得到满足,这样的结果就是对玩家游戏的回报与奖励。我们在前文中提到过《光环》中众玩家协力完成"击败 100 亿外星人"的目标,《光环》中游戏交互的意义是让玩家感觉自己参与了一场规模宏大的事件,为完成某个伟大壮举贡献了力量。此时通过《去月球》的例子,我们可以发现,相比起那些宏大的壮举,某些"微不足道"的小事也同样具有强烈的吸引力,当人们完成这些小事的时候,也同样会感到骄傲与自豪,会产生强烈的成就感与满足感。

在由陈星汉监制的独立游戏《风之旅人》(*Journey*)中,通过一种抽象而富含哲理的手法,将"目标"与"意义"这两个对于游戏交互设计极为重要的概念诠释得淋漓尽致。这款游戏的场景是一片广阔的沙漠,沙漠中有远古时期遗留下来的建筑废墟,玩家操作的角色将在这片沙漠中展开一段漫长的旅程。作为一款游戏,《风之旅人》(见图 6-6)着实欠缺典型的游戏交互元素,玩家能够做的,只是控制角色在沙漠中行走、飞翔,偶尔可以在废墟中找到一些久远的符号和图画,从中获得与游戏世界中相关的历史信息。游戏为玩家设置的目标也非常简单,在远处天际最高的山峰之上,有一扇高耸入云、闪耀着光芒的大门,游戏的目标,就是穿过沙漠,越过高山,到达那扇门。

可以说这是一款"朝圣"式的游戏,游戏中的角色就像是一个虔诚的信徒,一步一拜,经过漫长的道路,前往心中的圣山。前往远处山顶的那扇门,这一游戏目标的设置可以说是既抽象又具体。游戏中的角色为什么会在这个沙漠中?为什么要去往远方的山峰?山峰之上那扇闪耀着光芒的大门背后有什么?游戏对这些问题没有给出丝毫的解释,但每一个游戏玩家,在游戏的过程中,心里又都会产生虽各不相同,但非常明确的理解。游戏的这段旅程就像是在模仿人的生命,虽然道路崎岖漫长,然而远方总闪耀着梦想的光芒,这些梦想让人们勇敢坚强,在艰辛的旅途中不断前行。同时,沙漠中的各种遗迹充满了具有宗教色彩的符号和建筑,向玩家讲述着游戏世界中悠久的历史、种族兴亡的故事,以及一个又一个向着那扇门前进的先人的故事。至于这款游戏想要表达的主题,每个人都会有不同的解释,总体上

图 6-6　独立游戏《风之旅人》

游戏想表达的是关于人生的理解与感悟，生命就像一场既漫长又短暂的旅途，梦想与希望是每个人努力向前的动力，每个生命都会有一个终点，但终点也许意味着一个未知的、全新的开始。

游戏中还有一个非常成功的设置，在玩家进行游戏的过程中，他有可能随机遇到另一名玩家，与其一起完成这段旅程。与其他网络游戏不同的是，《风之旅人》中玩家之间没有战斗、交换之类的游戏交互，也没有提供玩家之间相互交流的游戏功能，没有文字聊天、语音对话之类的设置，玩家之间甚至看不到彼此的名字。他们之间的相遇，仅存在于游戏进行的两个小时之中，在游戏世界的旅途中相互帮助，走完全程。当游戏结束时，他们之间唯一的联系也将被中断，成为广阔世界茫茫人海中的两个陌生人。这样的游戏设置成功地激发起人性中正面的情感，对相遇的珍惜、对同伴的关爱以及离别时的不舍，离别后的怀念等。这些情感，在绝大多数游戏中是很难表现的。

《风之旅人》成功的主要原因可以归纳为两方面：其一是巧妙的多人游戏模式设置，通过刻意阻碍玩家之间交流的方式，使玩家更加珍惜游戏旅途中偶然的相遇；其二是通过象征、隐喻的手法，在游戏世界中成功地塑造了许多艺术意象，例如沙漠、雪山、山顶闪耀着光芒的巨门等。所谓“意象”，也就是将情感与意义凝聚于某一具体的事物，是艺术创作中常用的，也是重要的方法。将意象与交互相结合，有助于我们更好地表达那些复杂而抽象的意义和情感。

让我们再分析一个独立游戏的案例——《请出示文件》(*Papers Please*)。该游戏的故事背景是这样的:一场大规模战争刚刚结束,但世界局势仍非常紧张,随处可见大量的难民、间谍与恐怖分子,作为一名海关检查人员,玩家每天的工作都非常紧张而繁重。玩家需要仔细审核每一名入境者的通关文件,判断其真伪,并根据工作手册上的条例来决定文件持有者是否符合通关标准。当完成审查工作后,玩家需要在"允许通行"与"禁止通行"两枚印章中选择一枚,盖在入境者护照上。如果玩家判断正确,并且工作效率较高,每天就可以得到较多的工资奖励。如果判断失误,则不仅会受到减少工资的惩罚,更有可能要面对被捕、炸弹袭击等悲惨结局。

在这样的游戏剧情中,"印章"成为一种艺术意象。即使在现实生活中,印章也在某种程度上象征着权力,游戏的背景故事使印章所象征的权力更加具体化。对游戏中那些申请通过海关的角色而言,这两枚印章决定着他们各自的命运。也许是终于可以在乱世中获得安稳,也许是又将回到流离失所的逃亡生活,也许是能够与久别的家人重逢,也许是更加长久的离别……游戏中生动地塑造出一幅乱世众生相,每个人都在为命运挣扎,玩家手中的两枚印章,将带来他们的希望或绝望。

此时,因为印章中所凝聚的意义已经被很好地刻画出来,玩家在游戏交互过程中,选择印章并盖下这一交互动作自然会引起玩家更多的感触。这一个简单的举动,却决定着他人的未来,即使这里所指的"他人"只是游戏中的虚拟角色,玩家同样会因此而产生诸多复杂情绪。在这里我们可以假想一下,如果我们改变游戏设置,将筛选符合通过海关条件的入境者,改为筛选工厂流水线上符合标准的零件。玩家扮演的角色是一名工人,他手中同样有两枚印章,面对他面前传送带上接连不断通过的零件产品,他需要在零件上盖章,标注"合格品"或"残次品"。在这样的情境下,游戏交互部分虽然没有任何实质性的变化,但交互本身所具有的意义却完全消失了(见图 6-7)。

《请出示文件》中另一个巧妙的设置是玩家完成每一天工作任务后的数据统计画面,在这些数据中,不仅显示了当天完成的工作量、正确率和收入,还包括玩家所扮演角色的一些生活支出,以及亲属的状态。虽然这些亲属从未正式出现在游戏中,但通过每天数据统计画面中的数值,玩家可以发现自己的工作对游戏中的家庭具有重要影响。如果每天出错较多,或者工作速度较慢,就无法获得足够的报酬来支付房租、购买食物。长此以往,会导致游戏主角亲属健康状态的下降,他们会生病甚至死亡。这一简单而巧妙的设置,为游戏交互行为赋予了更深一层的意义,游戏中简简单单的盖章动作,不仅决定着其他角色的命运,也同样影响着游戏主角自身的命运。因此有时会导致玩家陷入左右为难的境地,他面前也许有一个与亲人失散多年的老人,希望通过海关去与家人团聚。然而老人并不符合通关条件,那么玩家此时究竟是应该大发善心,让老人通过,还是应该狠下心来在老人的证件上盖一个否决

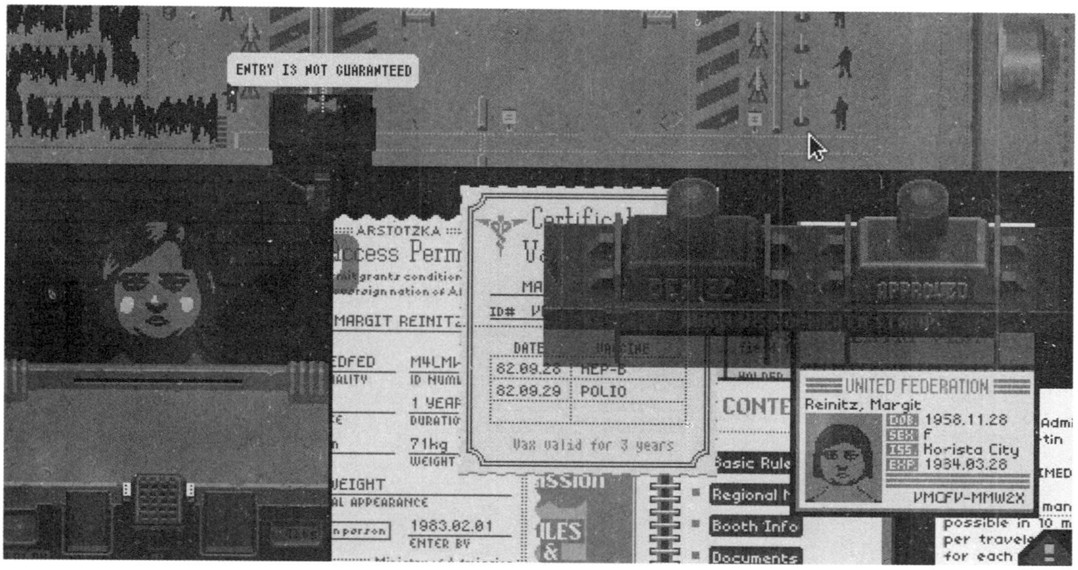

图 6-7 《请出示文件》游戏截图

章。无论怎样选择，都会导致内心的纠结与痛苦。但玩家必须做出选择，因为这不是一个故事，而是一个交互式的故事。

《请出示文件》为我们提供了这样一种思路：当我们面对一些较难与交互元素相融合的故事情节时，不妨先尝试提炼出故事想要表达的意义与情感，然后寻找一个合适的具体事物作为载体，并将其放置在恰当的背景中，以此构建出一种意象，使该事物成为情感、意义的象征或隐喻。随后就可以用具体事物作为切入点，分析与之相关的行为，再通过数字交互的方式将其表现出来，实现交互与叙事的良好融合。

思考题

1. 像设计舞蹈动作一样，设计一套操作电脑键盘和鼠标的动作，用于表达“喜”“怒”“哀”“乐”等不同情感。当设计完成后，尝试为这套动作设置一种游戏情境，使其成为一个完整的游戏，并评估其在情感表达方面的效果。

2. 绘画、音乐、小说等传统艺术形态是否能让受众产生“自责”和“成就感”这两种情感？你认为电子游戏等交互艺术是否可以更有效地表达这两种情感？

3. 你认为真实的人是否会对故事或游戏中的虚拟角色产生友情、亲情甚至爱情等情感？为什么？

4. 你认为虚拟世界中的交互行为是否可以在某种程度上等同于现实世界口的劳动、工作？为什么？

5. 承接前两题，在某种程度上，虚拟角色、虚拟财产是否也应该受法律保护？虚拟世界中是否也应具有道德标准？

6. 请挑选几部不同题材的电影或小说，尝试将其改编为交互式的故事。

图书在版编目(CIP)数据

数字阅读产品设计与开发/韩帅,赵宁编著. 一北京:中国传媒大学出版社,2016.6

(数字媒体艺术专业“十二五”规划教材)

ISBN 978—7—5657—1571—6

Ⅰ.①数… Ⅱ.①韩… ②赵… Ⅲ.①电子图书—产品设计—高等学校—教材 ②电子图书—产品开发—高等学校—教材 ③阅读机—产品设计—高等学校—教材 ④阅读机—产品开发—高等学校—教材 Ⅳ.①G255.75②G258.94

中国版本图书馆 CIP 数据核字(2015)第 316654 号

数字媒体艺术专业“十二五”规划教材

数字阅读产品设计与开发

SHUZI YUEDU CHANPIN SHEJI YU KAIFA

编　　著　韩　帅　赵　宁

责任编辑　张　旭　吴　磊

装帧设计指导　吴学夫　杨　蕾　郭开鹤　吴　颖

设计总监　杨　蕾

装帧设计　徐源、刘欣怡等平面设计创作团队

责任印制　阳金洲

出 版 人　王巧林

出版发行　中国传媒大学出版社

社　　址　北京市朝阳区定福庄东街 1 号　　邮编:100024

电　　话　86—10—65450532 或 65450528　　传真:010—65779405

网　　址　http://www.cucp.com.cn

经　　销　全国新华书店

印　　刷　北京艺堂印刷有限公司

开　　本　787 mm×1092 mm　1/16

印　　张　8.5

版　　次　2016 年 6 月第 1 版　2016 年 6 月第 1 次印刷

书　　号　ISBN 978—7—5657—1571—6/G·1571　　定　价　39.00 元

致力专业核心教材建设　提升学科与学校影响力

中国传媒大学出版社陆续推出

我校15个专业“十二五”规划教材161种

播音与主持艺术专业（10种）
广播电视编导专业（电视编辑方向）（11种）
广播电视编导专业（文艺编导方向）（10种）
广播电视新闻专业（11种）
广播电视工程专业（9种）
广告学专业（12种）
摄影专业（11种）
录音艺术专业（12种）
动画专业（10种）
数字媒体艺术专业（12种）
数字游戏设计专业（10种）
网络与新媒体专业（12种）
网络工程专业（11种）
信息安全专业（10种）
文化产业管理专业（10种）

传媒人书店（For IOS）　传媒人书店（For Android）　微博关注我们　微信关注我们　访问我们的主页

本书更多相关资源可从中国传媒大学出版社网站下载
网址：http://www.cucp.com.cn
责任编辑：张　旭　吴　磊　　　意见反馈及投稿邮箱：cucpoffice@cuc.edu.cn
联系电话：010-65783283